W0047976

ALLES
WAS ICH
WISSEN
WILL
UND NOCH VIEL MEHR!

Bibliografische Information der Deutschen Nationalbibliothek

Die Deutsche Nationalbibliothek verzeichnet diese Publikation in der Deutschen Nationalbiografie. Detaillierte bibliografische Daten sind im Internet über http://dnb.d-nb.de abrufbar.

3   C B A

© 2015 Ravensburger Buchverlag Otto Maier GmbH,
Postfach 1860, 88188 Ravensburg
Alle Rechte, auch die des auszugsweisen Nachdrucks,
der fotomechanischen Wiedergabe und der Übersetzung vorbehalten.

Titel der Originalausgabe: Know it all!
The Children's Encyclopedia of Everything'
Text: Moira Butterfield und Pat Jacobs
© 2013 Red Lemon Press Limited

Deutsche Ausgabe
Übersetzung und Redaktion: Christina Braun
Technische Umsetzung und Satz: Sabine Dohme, München

ISBN 978-3-473-55342-6
www.ravensburger.de

FSC
MIX
Aus verantwortungs-
vollen Quellen
www.fsc.org
FSC® C114500

Bildverzeichnis:
Legende: ol oben links, oM oben Mitte, or oben rechts, Ml Mitte links, MM Mitte Mitte, Mr Mitte rechts, ul unten links, uM unten Mitte, ur unten rechts.
Alle Fotos in diesem Buch stammen von Shutterstock, außer Alamy 174or Permian Creations; Argosy Publishing 2ol, 226u, 227 or, 227r, 228, 229, 230ul, 231M, 231r, 232r, 233u, 233r, 236o, 236u, 237 M, 238u, 239, 24or, 241r, 242 M, 242 ur, 243, 244ul, 245, 246 M, 246u, 247, 248, 249, 250, 251, 252; Cern 259 or, 26 ou.; Corbis Umschlagrückseite ol, 30 Ml Ye Shuhong / Xinhua Press, 30 uM Ye Shuhong / Xinhua Press, 95 M Pallava Bagla, 95 Ml Karen Kasmauski, 122 ol Alison Wright, 124 Poodles Rock, 131 Ml Stefano Bianchetti, 132 or Nathan Benn / Ottochrome, 132 ur Mauricio Abreu / JAI, 133 ol Gianni Dagli Orti, 133 Mu Nik Wheeler, 134 Ml PULSE, 134 Ml Alfredo Dagli Oti / The Art Archive, 136 u, 137 ul Gustavo Tomsich, 141 M Bettmann, 143 ur Alison Wright, 144 ul Tino Soriano / National Geographic Society, 145 ul Reuters, 145Mo Historical Picture Archive, 146M, 148Mo Hulton-Deutsch Collection, 149or Chrstie's Images, 150or Stefano Bianchetti, 154ul Lebrecht Music&Arts, 154o M Bettmann, 155 Mu Bettmann, 156Mo Chris Hellier, 156ul, 156 Mr Bettmann, 157 Mo Hulton-Deutsch Collection, 157 ur Dennis Denan, 157 Ml The Dimitri Baltermants Collection, 158Mr Bettmann, 158 ol Bettmann, 158 uM Reuters, 194 ol Ali Meyer, 195 uM Emily Anne Epstein, 195 Mr Marcelo Hernandez/dpa, 197 Ml Sandro Vannini, 199 Mr Poodles Rock, 199 ol Bettmann, 204 ol Gérard Rancinan / Sygma, 205or Joe Lederer / Columbia Pictures / Bureau L.A. Collection, 205 M Rick Doyle, 205 ur Bettmann, 209 ur, 212 ur Heritage Images, 215 ul Iganinechina, 219 uM Bettmann, 220ol Jochen Schlenker / Robert Harding World Imagery, 223 or Douglas Peebles, 223 uM Bernd Settnik / dpa, 230ur Michel Setboun; 298 ol TOBIAS SCHWARZ / Reuters; Gary Hanna / The Art Agency 140 ul Getty Images 97 ul Dorling Kindersley, 123 ol Danita Delimont, 198 ol SSPL, 215 ur Mark Matyslak, 218 M, 218 ul Jonathan Ktichen, 245 Mr Dorling Kindersley, 245 M Science Picture Co; GODD.com (Markus Junker, Rofl Schröter, Patrick Tilp) 2900, 2920; iStockphoto.com 42 Mr, 43 or, 58 or, 80 or, 130 ol, 131 Mo, 131 ur, 151 ul, 216 Ml, 218 ul, 278 Ml, 299 or, 311 or; Malcolm Goodwin/Moonrunner Design 6 uM, 136 ol, 29 ou, 299 l, 300, 302 l, 313 u; Mark A. Garlick 9 ul 10 l, 11 M, 11 r, 14, 15, 16 M, 17, 18 M, 190, 200, 210, 22, 23, 240; Mick Posen / The Art Agency 143 ol; MBA Studios 29 M; Nasa 8 or / WMAP Science Team, 8l ESA / G. Illingworth / D. Magee / P. Oesch (University of California, Santa Cruz) / R. Bowens (Leiden University) / HUDF09 Team, 8 ur WMAP Science Team, 90 Nick Wright UCL / IPHAS Collaboration, 9 r NOAO / ESA / the Hubble Helix Nebula Team / M. Meixner (STscl) / T.A. Rector (NRAO), 13 Far-infrared: ESA / Herschel / PACS / SPIRE / Hill, Motte, Hobys Key Programme Consortium; X-ray: ESA / XMM_Newton / EPIC / XMM-Newton_SOC / Boulanger, 161 SDO; 17 u Johns Hopkins University Applied Phyiscs Laboratory / Carnegie Institution Washington, 18 u, 200 l JPL-Caltech / MSSS, 20 Mr JPL-Caltech / Cornell / Arizona State Univ., 20u JPL-Caltech / Cornell / U.S. Geological Survey, 21l JPL, 21 Mr JPL / DLR, 22 l JPL, 23 u JPL / USGS, 240 l Halley Multicolor Camera Team, Giotto Project / ESA, 24 ul JHUAPL, 25 l, 25 M JPL-Caltech, 25 r, 26 JPL-Caltech, 26 l, 27o, 27u, 28 l, 28 r, 29 u, 300, 30 M, 40 ol, 40 or Donald Water (South Carolina State University) / Paul Scowen and Brian Moore (Arizona State University), 40 ul J.P. Harrington & K.J. Borkowski (U. Maryland), 40 M The Hubble Heritage Team / AURA / STScl, 4 or JPL-Caltech / CXO / Wiyn / Harvard-Smithsonian CfA, 126 ol, 126 oM, 191 Mr, 260 Ml, 26 rM JPL-Caltech; photos.com 159 ol; REX 194 ol Jeff Barbee; Science Photo Library 35 Ml Gary Hincks, 45 ol Claus Lunau, 46 ol Gary Hincks, 49 oM PlanetObserver, 99 ol G Newport, 104 ol Manfred Kage, 295 ol Victor Habbick Visions, 309 ol Nigel Cattlin; Spellcraft Studio 144 ur; Steve Hobbs 20 u, 21 u, 23 u.

ALLES
WAS ICH
WISSEN
WILL
UND NOCH VIEL MEHR!

Ravensburger Buchverlag

Inhalt

Einleitung

Dieses Lexikon enthält eine Fülle von Informationen über unseren Planeten und die Menschen, die ihn bewohnen.

Starte zu einer Reise in die Weiten des Weltalls und staune über die Wunder der Natur. Lerne die Tiere, Pflanzen und Menschen kennen, mit denen du diesen faszinierenden Planeten teilst. Besuche fremde Kulturen und erkunde ferne Orte. In diesem Buch erfährst du etwas über die Errungenschaften und Leistungen der Menschheit, aber auch über ihre Probleme. Großartige Bilder, wissenswerte Zahlen und Fakten, Übersichtskarten und Zeitstrahlen vermitteln dir alles, was du wissen willst und noch viel mehr.

Dieses Buch ist in 10 Kapitel unterteilt. Diese Symbole verraten dir, wo du was im Buch findest:

- Weltall
- Planet Erde
- Tiere
- Pflanzen
- Geschichte

- Land und Leute
- Kunst und Kultur
- Der menschliche Körper
- Wissenschaft
- Technik

KAPITEL 1

WELTALL

Das Universum

Zum Universum zählt das gesamte Weltall: Milliarden Sterne und Planeten, Monde und Asteroiden. Niemand weiß sicher, wie weit das Universum reicht.

Das Universum entsteht

Das Universum ist etwa 13,7 Milliarden Jahre alt. Seine Geburtsstunde wird auch Urknall genannt. Nach der Urknall-Theorie entstand das Universum durch eine plötzlichen Ausbreitung des Raumes. Diese war voller Energie und sehr, sehr heiß. Seit diesem Urknall dehnt sich das Universum immer noch weiter aus und kühlt dabei ab. Während es sich allmählich abkühlte, bildeten sich zuerst Gase, dann Sterne und Planeten. Der Urknall war so mächtig, dass man seine Auswirkungen noch heute spüren kann. Die Sternenhaufen im Weltall bewegen sich immer noch nach außen und driften auseinander.

Wissenschaftler glauben, das Universum könnte rund, flach oder sattelförmig sein.

Die Form des Universums

Wissenschaftler haben unterschiedliche Vorstellungen zur Form des Universums. Einige meinen, es könnte rund wie ein Ball sein. Andere glauben, dass das Universum flach ist oder gekrümmt wie ein Pferdesattel. Sie sind sich auch nicht einig darüber, was mit dem Universum passieren wird. Einige Theorien besagen, dass in vielen Milliarden Jahren alle Sterne verglüht sein werden oder das Universum sogar auseinandergefallen ist. Jedoch ändern sich die Theorien jedes Mal, wenn wieder etwas Neues über den fernen Weltraum entdeckt wird.

Die Größe des Universums

Niemand weiß, wie groß das Universum ist. Wir wissen nur, dass man mit einem Teleskop Licht sehen kann, das etwa 13,7 Milliarden Lichtjahre entfernt ist. Das befindet sich noch am äußeren Rand des Universums. Aber es könnte auch noch Licht geben, das von viel weiter entfernt kommt, das uns nur noch nicht erreicht hat. Viele Wissenschaftler glauben sogar, dass es noch andere Universen geben könnte.

Ein Baby-Universum

Dieses Bild des fernen Weltraums zeigt einen der am weitesten entfernten Teile des Universums, der je entdeckt wurde. Er liegt so weit entfernt, dass das Licht rund 13,7 Milliarden Jahre gebraucht hat, um die Erde zu erreichen. Es ist ein Schnappschuss des Universums etwa zur Zeit seiner Geburt.

Heiße Info!

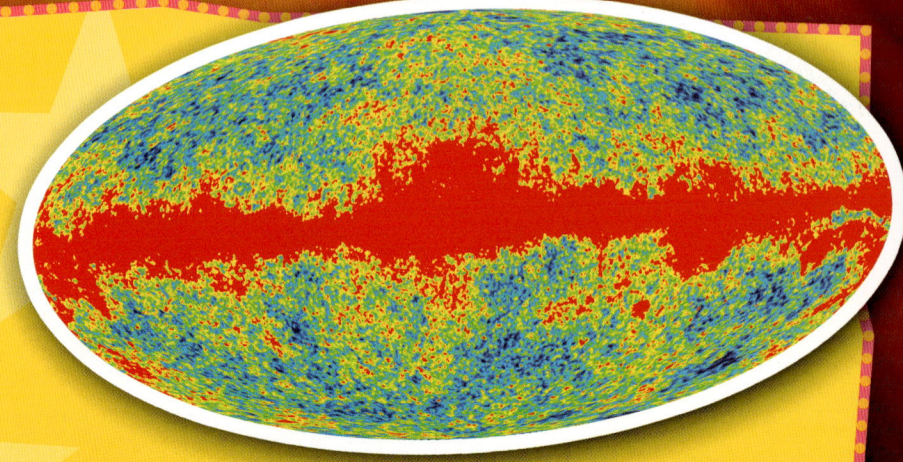

Die Sterne

Sterne sind riesige Bälle aus Gas, die Hitze und Licht abgeben. Es entstehen immer wieder neue und alte sterben. Die Sonne ist unser nächstgelegener Stern.

Ein Stern wird geboren

Sterne entstehen aus großen, sich drehenden Wolken aus Gas, die man auch Nebel nennt. Wenn ein Teil des Nebels zu schrumpfen beginnt, sich erhitzt und anfängt zu rotieren, bildet sich ein neuer Stern. Manchmal kann man einen heißen, neugeborenen Stern durch ein Teleskop beobachten. Der Stern heizt das Gas im Nebel auf und lässt ihn leuchten (wie im Bild zu sehen).

ZAHLEN & FAKTEN

> Entfernungen im Weltall werden in Lichtjahren gemessen. Ein Lichtjahr ist die Strecke, die das Licht in einem Jahr zurücklegt. Das Licht bewegt sich mit einer Geschwindigkeit von 300 000 km in der Sekunde. In einem Jahr sind das 9 460 800 000 000 km.

> Die meisten Sterne sind sehr weit von der Erde entfernt und ihr Licht braucht lange, bis es uns erreicht. Manchmal sogar Milliarden Jahre. Wenn wir ihr Licht sehen, schauen wir eigentlich in die Vergangenheit.

> Der nächstgelegene Stern ist unsere Sonne. Sie liegt 150 Millionen Kilometer oder 8 Lichtminuten entfernt.

Zwerge und Riesen

Sterne gibt es in unterschiedlichen Größen und Farben, da sie unterschiedlich heiß sind. Die größten werden Überriesen genannt. Sie sind hundertmal größer als unsere Sonne und leuchten viel heller. Weiße Zwerge nennt man die kleinsten Sterne. Sie sind etwa so groß wie unsere Erde. Blau-weiße Sterne sind die heißesten, gefolgt von den weißen, gelben, orangefarbenen und roten. Die kältesten Sterne sind zu dunkel, um sie zu sehen.

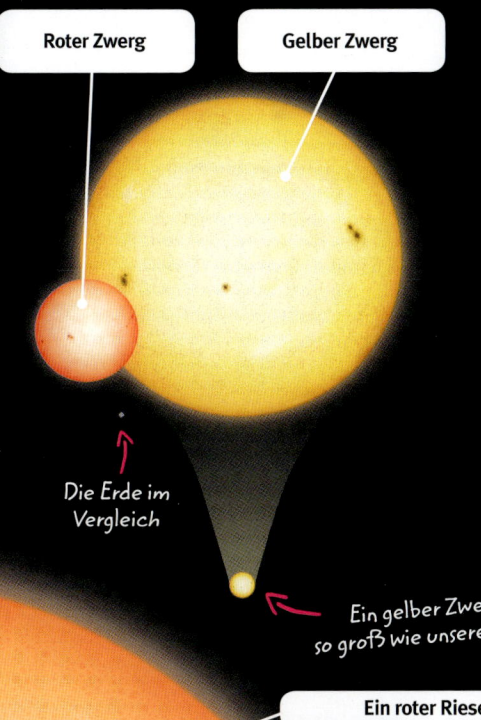

Roter Zwerg

Gelber Zwerg

Die Erde im Vergleich

Ein gelber Zwerg, so groß wie unsere Sonne

Ein roter Riese

Ein blauer Riese

Ein roter Überriese

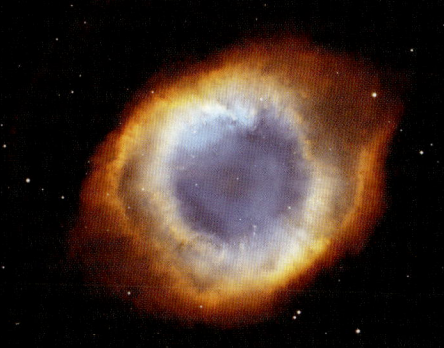

Wenn Sterne sterben

Sterne sterben, wenn es kein Brennmaterial mehr gibt. Im Falle eines langsam brennenden roten Zwergs kann das viele Milliarden Jahre dauern. Die heftig brennenden Überriesen sterben schneller. Ein durchschnittlich großer Stern wie unsere Sonne wird kurz vor seinem Ende zu einem roten Riesen. Danach erlischt er oder explodiert in einer spektakulären Supernova.

Galaxien

Eine Galaxie ist eine riesige Ansammlung von Sternen, Gas- und Staubwolken. Man glaubt, dass es Milliarden von Galaxien im Universum gibt. Eine einzige Galaxie enthält Milliarden von Sternen und Planeten. Galaxien kommen meist in Gruppen vor, die auch Haufen genannt werden.

Linsenförmige Galaxie ❶

Elliptische Galaxie ❷

❸ Irreguläre Galaxie

Balkenspiral-galaxie ❹

Spiralgalaxie ❺

Alles über Galaxien

Es gibt fünf Haupttypen von Galaxien:

1. **Geformt wie eine Linse:** Diese Galaxie besitzt im Zentrum eine Ausbuchtung, die von einer flachen Scheibe umgeben ist. Sie besteht meist aus älteren Sternen.

2. **Heimat alter Sterne:** Elliptische Galaxien sind rund oder leicht oval. Sie setzen sich aus alten Sternen zusammen und haben nur wenig bis keine neuen Sterne.

3. **Chaotische Jugend:** Irreguläre Galaxien haben keine klare Form. Sie sind ziemlich klein und bestehen aus Gas, Staub und jungen Sternen.

4. **Unsere eigene Form:** Unsere Galaxie, die Milchstraße, ist eine Balkenspiralgalaxie. Sie besteht aus einem geraden Band heller Sterne, dem Balken. An dessen Enden sitzen die gebogenen Spiralarme aus jungen Sternen und Gaswolken.

5. **Form eines Windrads:** Eine Spiralgalaxie besitzt mehrere Arme, die sich um ein Zentrum drehen. Das Zentrum besteht aus hellen, älteren Sternen. In den Armen finden sich junge Sterne und Gaswolken.

Schwarze Löcher

Man nimmt an, dass es in vielen Galaxien ein Schwarzes Loch im Zentrum gibt. Dort ist die Anziehungskraft so stark, dass alles in unmittelbarer Umgebung eingesaugt wird. Nicht einmal Licht kann entkommen. Wahrscheinlich bildet sich ein Schwarzes Loch nach der Explosion eines großen Sterns und der übrig gebliebene Kern fällt in sich selbst zusammen.

Vorstellung eines Künstlers von einem Schwarzen Loch.

Die Milchstraße

Unsere Galaxie ist die Milchstraße. Sie umfasst etwa 100 bis 300 Milliarden Sterne, die gemeinsam mit Milliarden von Planeten um ein Zentrum kreisen. Unsere Sonne und das Sonnensystem befinden sich in einem der Spiralarme.

Aus was besteht die Milchstraße?

Die Milchstraße erhielt ihren Namen, da der sichtbare Teil von ihr so aussieht, als hätte jemand Milch am Himmel verschüttet. Die gesamte Galaxie misst im Durchmesser etwa 100 000 Lichtjahre (viele Trillionen Kilometer). Entlang der Spiralarme liegen Sterne, Planeten und Wolken aus Nebel und Gas. Im Inneren jedoch soll es ein supermassives Schwarzes Loch geben.

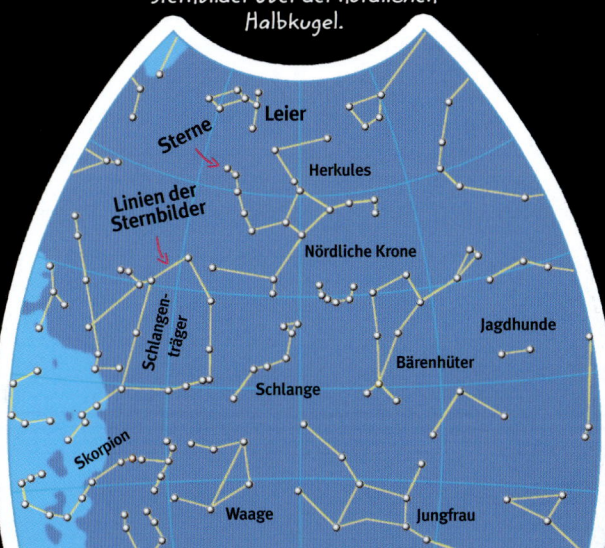

Von April bis Juni findest Du diese Sternbilder über der nördlichen Halbkugel.

Sterne
Leier
Herkules
Linien der Sternbilder
Nördliche Krone
Schlangenträger
Jagdhunde
Bärenhüter
Schlange
Skorpion
Waage
Jungfrau
Wolf
Rabe
Zentaur
Kreuz des Südens
Milchstraße

Die Milchstraße von der Erde aus gesehen

Hier befindet sich unsere Sonne in der Milchstraße

Die Sternbilder

Bereits seit der Antike formen die Menschen aus den Sternen am Nachthimmel Sternbilder.

Da sich die Erde um die Sonne dreht, sieht man während der unterschiedlichen Jahreszeiten immer wieder andere Sterne und Sternbilder am Himmel. Sternenkarten, wie die oben, zeigen dir die Sternbilder zu einer bestimmten Jahreszeit.

Überall auf der Welt geben die Leute den Sternbildern auch eigene Namen. Zum Beispiel heißt das Sternzeichen „Großer Bär" auf den Marschall-Inseln im Nordpazifik „Kanu".

ZAHLEN & FAKTEN

Die nächstgelegene Galaxie zur Milchstraße ist die Andromedagalaxie. Sie ist etwa 2,5 Millionen Lichtjahre entfernt. Die beiden Galaxien bewegen sich jedoch mit etwa 500 000 km/h aufeinander zu. Irgendwann stoßen sie zusammen, doch das wird Milliarden von Jahren dauern.

Drehen und schneller werden

Unser Sonnensystem dreht sich um die Mitte der Milchstraße, genau wie alle anderen Sterne und Planeten der Galaxie. Die Sonne braucht allein etwa 225 Millionen Jahre, um sich einmal um das Zentrum zu drehen. Während sie sich dreht, bewegt sich auch die gesamte Milchstraße mit etwa 600 km/s durch das All.

Das große Ganze!

Ein Stern entsteht

Dieses Bild zeigt einen Teil des Adlernebels in einem Arm der Milchstraße. In dieser gigantischen Gaswolke werden Sterne geboren.

Ein Teil des Adlernebels wird auch „Säulen der Schöpfung" genannt. Dieses Bild der Säulen wurde vom Hubble-Weltraumteleskop aufgenommen, das über der Erdatmosphäre seine Runden dreht. Seine Sensoren sammeln Daten wie z. B. das Infrarot-Licht, das von den Wolken kommt. Diese Daten werden von einem Computer analysiert, zu einem Bild zusammengefügt und eingefärbt, damit man das Phänomen besser sehen kann.

 EXPERTENWISSEN

> Die höchste „Säule der Schöpfung" ist insgesamt vier Lichtjahre hoch.

> Dichte Gastropfen lösen sich von den Säulen und im Inneren der Tropfen beginnen Sterne zu wachsen. Unser Sonnensystem ist möglicherweise auch auf diese Weise entstanden.

> Das Gas und der Staub im Nebel werden von jungen Sternen erleuchtet, die im Inneren geboren werden.

> Die Griechen des Altertums nannten die Milchstraße „Milchkreis" und die Römer „Milchweg". Beide hatten keine Ahnung, dass sie nur auf einen kleinen Teil einer riesigen Galaxie schauten.

> In Wirklichkeit blinken Sterne nicht. Da sich das Licht auf dem Weg zu uns durch die Erdatmosphäre in Wellen fortbewegt, scheinen sie zu schimmern.

> Der nächstgelegene Stern zu unserer Sonne ist Proxima Centauri. Der rote Zwerg ist etwa 4,24 Lichtjahre entfernt.

Die „Säulen der Schöpfung", fingerähnliche Gebilde des Nebels, in denen Sterne geboren werden.

Sonnensystem

Unsere Erde gehört zu einer Gruppe von Planeten, die die Sonne umkreisen. Monde, Asteroiden, Kometen und Zwergplaneten begleiten sie. Alles zusammen wird Sonnensystem genannt.

ZAHLEN & FAKTEN

› Mehr als 160 Monde umkreisen die acht Planeten im Sonnensystem. Und es werden immer noch neue entdeckt.

› Es existieren Milliarden von Kometen und Asteroiden im Sonnensystem.

Was beinhaltet das Sonnensystem?

Es gibt 8 große Planeten im Sonnensystem, unter anderem die Erde, und einige kleinere Welten, die Zwergplaneten genannt werden. Außerdem befindet sich eine riesige Anzahl Asteroiden (Felsen und Metallbrocken) im All. Die meisten kreisen im sogenannten Asteroidengürtel zwischen Mars und Jupiter. Außerhalb der Bahn des Neptuns liegt der Kuipergürtel, eine Region aus Eis- und Gesteinsbrocken. Umschlossen wird das Sonnensystem von der sogenannten Oortschen Wolke, die aus Kometen und Staub besteht.

Venus · Mars · Saturn · Neptun

Merkur · Erde · Jupiter · Uranus

* Die Planeten sind nicht im richtigen Maßstab abgebildet.

Von der Sonne angezogen

Die Schwerkraft der Sonne ist die entscheidende Kraft, die alle Objekte im Sonnensystem an ihrem Platz hält. Das Drehen um die Sonne verhindert, dass die Objekte auf sie prallen, während die Anziehungskraft der Sonne die Objekte daran hindert, hinaus ins Weltall zu fliegen. Je mehr Masse ein Gegenstand besitzt, umso stärker ist auch seine Anziehungskraft. Die Sonne besitzt weitaus mehr Masse als irgendetwas anderes im Sonnensystem.

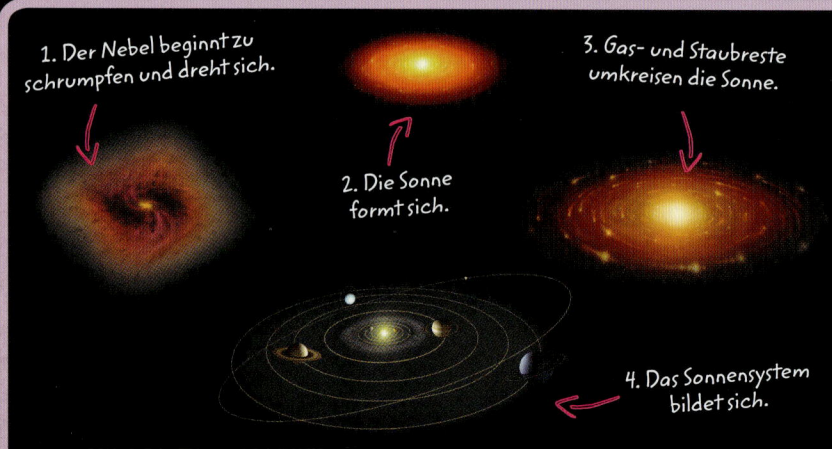

1. Der Nebel beginnt zu schrumpfen und dreht sich.

2. Die Sonne formt sich.

3. Gas- und Staubreste umkreisen die Sonne.

4. Das Sonnensystem bildet sich.

Die Entstehung des Sonnensystems

Unser Sonnensystem bildete sich vor etwa 4,5 Milliarden Jahren aus einem Nebel aus Staub und Gas. Ein Teil des Nebels begann sich zu drehen, während er schrumpfte, heizte sich auf und bildete die Sonne. Die Reste aus Staub und Gas formten sich zu den Planeten. Steinplaneten liegen näher an der Sonne, Gasplaneten weiter entfernt.

Maße des Sonnensystems

Das Sonnensystem ist so riesig, dass wir immer noch nicht wissen, was sich an seinen Grenzen befindet. Unbemannte Sonden erreichen jetzt erst diese entlegenen Gebiete und schicken uns Informationen.

1400 Mal passt die Erde in den Jupiter

926 Mal passt der Jupiter in die Sonne

Größe der Planeten

Die acht großen Planeten teilen sich in zwei Kategorien – Gasriesen und kleine Steinplaneten. Jupiter ist der größte Gasriese und die Erde der größte Steinplanet. Um sich die Größe der Planeten vorzustellen, vergleicht man sie miteinander: Über 1400 Erden würden in Jupiter hineinpassen und 926 Jupiter-Planeten passen in die riesengroße Sonne. Zwergplaneten sind die kleinsten. Wahrscheinlich sind viele von ihnen noch unentdeckt.

Umlaufbahn und Drehung

Objekte umkreisen die Sonne und drehen sich auch um sich selbst. Die Erde braucht 1 Jahr, um die Sonne zu umrunden, und 24 Stunden, um sich einmal um sich selbst zu drehen. Planeten, die weiter entfernt liegen, haben einen weiteren Weg um die Sonne. Zum Beispiel braucht Uranus 84 Jahre, um die Sonne zu umrunden. Die Planeten drehen sich auch unterschiedlich schnell um sich selbst. Z. B. dauert ein Tag auf dem Saturn nur 10,6 Stunden, da er sich schneller dreht als die Erde.

Heiß und kalt

Planeten, die nah an der Sonne liegen, sind am heißesten. Auf der Erde herrscht eine Durchschnittstemperatur von 15 °C, während auf der Venus brennende 464 °C vorherrschen. Der weit entfernte Uranus hat eine Temperatur von – 201 °C. Gasplaneten besitzen keine feste Oberfläche. Daher messen Satelliten die Temperatur am oberen Ende der Gaswolken.

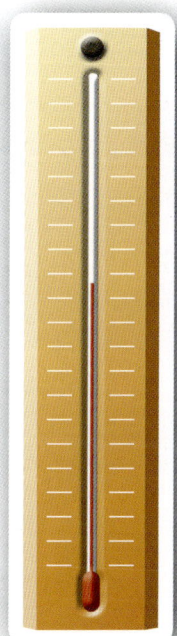

Venus 464 °C

Merkur 452 °C *(Tagseite)*

Erde 15 °C *(Durchschnitt)*

Mars −63 °C

Jupiter −108 °C

Saturn −139 °C

Neptun −197 °C

Uranus −201 °C

EXPERTENWISSEN!

> In unserem Sonnensystem würdest du auf den Planeten mit größerer Masse mehr wiegen. Ihre Anziehungskraft ist stärker, als die der Erde. Auf den kleineren Planeten und Monden hingegen würdest du weniger wiegen. Dort ist die Anziehung schwächer als auf der Erde.

Jupiter besitzt zweimal mehr Masse als alle anderen Planeten zusammen.

Die Sonne

Die Sonne ist ein extrem heißer Ball aus Wasserstoff. Der Wasserstoff ist gleichzeitig auch ihr Brennstoff. Die Sonne besitzt genug davon, um noch weitere 5 Milliarden Jahre zu scheinen.

Superheiße Oberfläche

Die Oberfläche der Sonne besteht aus sprudelndem Gas, welches 5 500°C heiß ist. Es verändert sich stetig. Sonnenwinde brechen aus und gigantische Sonneneruptionen tauchen auf. Dabei schießen sogenannte Sonnenfackeln hoch über die Oberfläche hinaus. Manchmal kühlen einige Gasstellen leicht ab und es entstehen Sonnenflecken. Diese wachsen und schrumpfen. Die Sonne ist so groß, dass diese Sonnenflecken zwar klein aussehen, aber oft viel größer sind als unsere Erde.

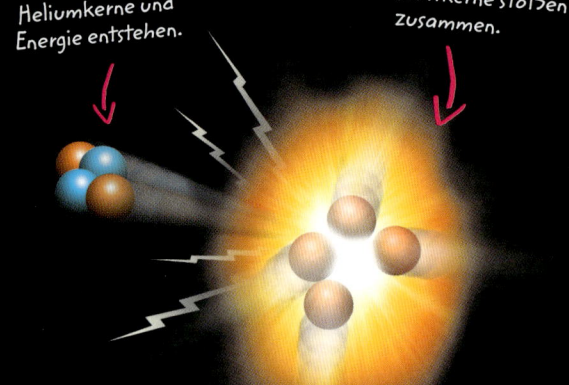

Heliumkerne und Energie entstehen.

Wasserstoffkerne stoßen zusammen.

Die Superkraft der Sonne

Die Sonne brennt nicht so, wie ein Stück Holz auf der Erde brennen würde. Sie erhält ihre Hitze von den superheißen Wasserstoffkernen, die tief im Inneren zusammenstoßen. Es entstehen Heliumkerne und diese setzen Energie frei. Dieser Prozess wird Kernschmelze genannt.

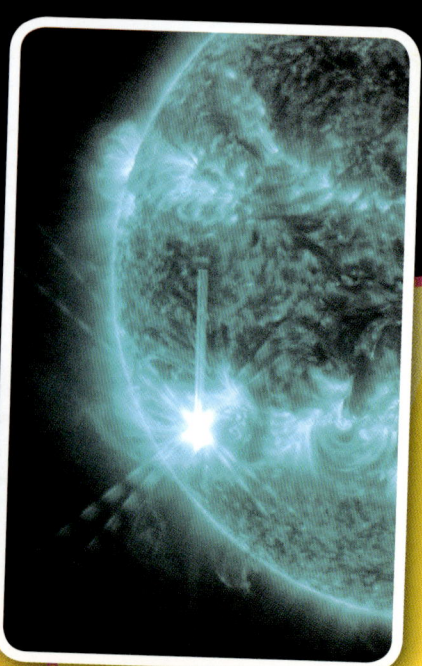

Heiße Info!

Fackel los

Dieses Bild wurde mit einer Spezialausrüstung aufgenommen und zeigt eine Sonnenfackel, die gerade über der extrem heißen Oberfläche der Sonne erscheint.

EXPERTENWISSEN

> In früheren Zeiten verehrten die Menschen die Sonne als eine Art Gott. Im antiken Griechenland hieß der Sonnengott Helios.

> Astronomen können die Sonne nur durch eine spezielle Ausrüstung beobachten. Blicke niemals direkt in die Sonne, denn sie kann dein Augenlicht schwer schädigen.

Sonnenwinde auf dem Weg zu uns

Kleine Teilchen der Sonne werden ständig durch die Sonnenwinde verteilt. Dieser Luftstrahl mit magnetisch aufgeladenen Teilchen weht in alle Richtungen. Bricht eine Sonnenfackel an der Oberfläche der Sonne aust, gelangen Böen mit Partikeln in das gesamte Sonnensystem. Treffen viele dieser Teilchen auf die Erde, können sie sogar die Radioübertragung stören. Und am Nord- und Südpol sorgen sie für ein wunderschönes Schauspiel am Himmel, das Polarlicht (siehe oben).

Merkur und Venus

Merkur ist der nächstgelegene Planet zur Sonne, gefolgt von Venus. Beides sind kahle, unbewohnbare Planeten, auf denen kaum etwas überleben kann.

Mondähnlicher Merkur

Merkur ist, wie unser Mond, eine luftleere, trockene Welt. Seine Oberfläche ist mit Kratern übersät, die durch Asteroideneinschläge entstanden sind. Bis zu 3 km hohe Felsklippen ziehen sich über die Oberfläche, die sich in Gebirge und Tiefebenen teilt. Tagsüber ist es unglaublich heiß, doch während der Nacht gefriert es.

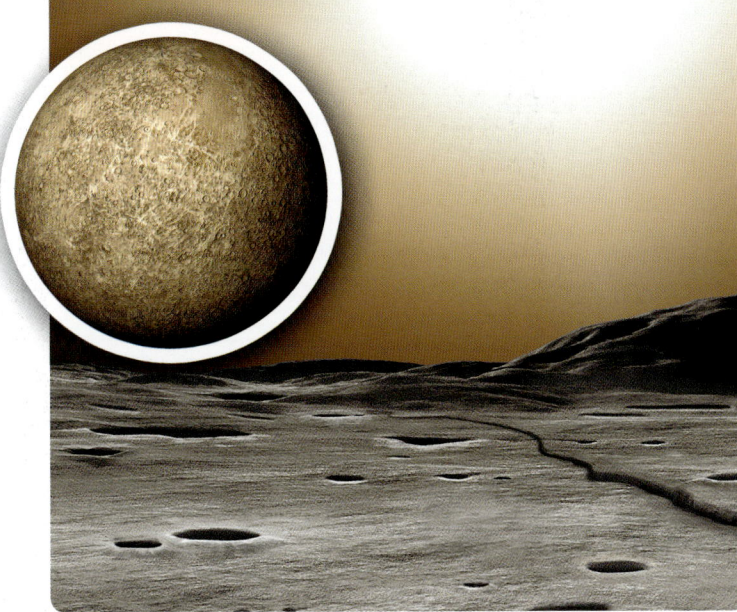

Höllische Venus

Venus besitzt eine hochgiftige Atmosphäre, die 90-mal dichter ist als die der Erde. Sie ist so kompakt, dass sie jedes Flugobjekt bei der Landung zerquetschen würde. Die Atmosphäre besteht aus Kohlendioxid und aus Schwefelsäurewolken. Diese stinkenden gelben Wolken schließen die Hitze ein und machen die Venus zu einem höllischen Ort. Riesige Vulkane ragen über den Weiten empor, aus denen früher wahrscheinlich Ströme aus flüssigem Schwefel flossen.

Im Vorbeiflug

Zur Erforschung der inneren Planeten wurden unbemannte Raumsonden entsandt. So überflog die NASA-Sonde MESSENGER mehrmals die Oberfläche Merkurs in großer Höhe und machte Aufnahmen von der kraterübersäten Oberfläche (siehe rechts). Sie schoss auch Bilder der Venus.

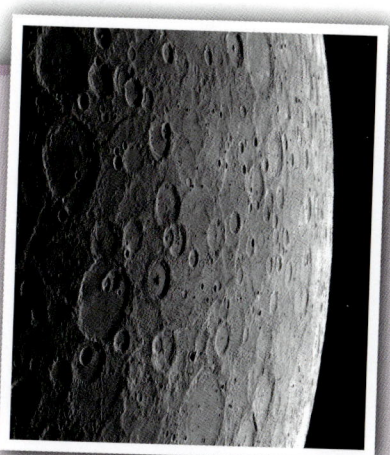

💡 ZAHLEN & FAKTEN

> Merkur hat einen Durchmesser von 4879 km.

> Venus' Durchmesser beträgt 12 104 km.

> Ein Tag auf dem Merkur ist so lang wie 58,6 Erdentage.

> Ein Tag auf der Venus dauert so lang wie 243 Erdentage.

Unsere Erde

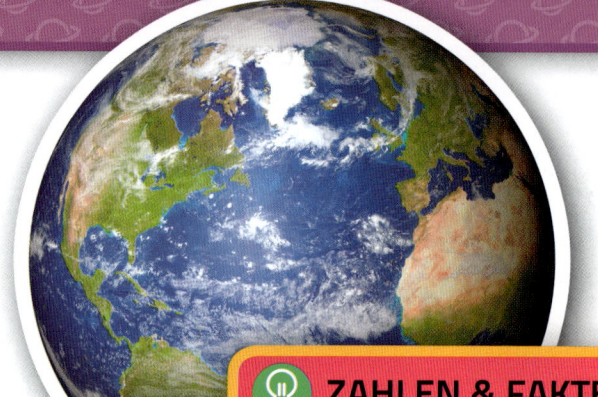

Die Erde ist der drittnächste Planet zur Sonne. Sie ist der einzige Planet unseres Sonnensystems, an dessen Oberfläche flüssiges Wasser vorkommt. Die Erde ist ein Gesteinsplanet mit einem flüssigen Metallkern.

Drehen und wenden

In 24 Stunden dreht sich die Erde einmal um die eigene Achse. Während auf der einen Erdhälfte gerade Tag ist, ist auf der anderen Nacht. Da sich die Erde dreht, erscheint die Sonne immer an einem anderen Ort am Himmel. Um diese zu umrunden, braucht die Erde genau 365,25 Tage. Dieser Vierteltag ist auch der Grund, warum wir alle vier Jahre ein Schaltjahr mit einem Zusatztag haben. Würden wir diesen nicht einfügen, käme unser Kalender langfristig mit den Jahreszeiten durcheinander.

ZAHLEN & FAKTEN

> Der Durchmesser der Erde beträgt 12 756 km.

> Sie liegt 150 Millionen km von der Sonne entfernt.

> Die Temperatur der Oberfläche reicht von −88°C bis zu 58°C.

> Erdalter: 4,6 Milliarden Jahre

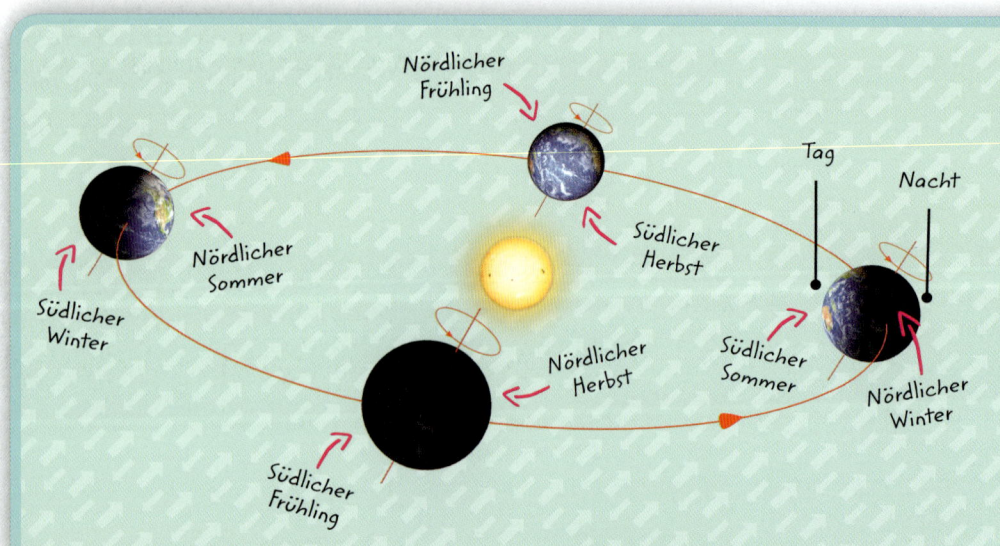

Nördlicher Frühling

Nördlicher Sommer

Südlicher Winter

Südlicher Frühling

Nördlicher Herbst

Südlicher Herbst

Tag

Nacht

Südlicher Sommer

Nördlicher Winter

Sonnige Jahreszeiten

Die Erdachse ist leicht geneigt. Das sorgt beim Umrunden der Sonne für die Jahreszeiten. Für ein halbes Jahr ist die nördliche Erdhälfte – die nördliche Hemisphäre – der Sonne zugewandt (im Frühling und Sommer), während in der südlichen Hemisphäre Herbst und Winter herrscht. Nach und nach kehren sich die Jahreszeiten um.

Heiße Info!

Erster Blick

Das ist das erste Farbfoto, welches vom Weltall aus die Erde zeigt. Es wurde Weihnachten 1968 von Astronauten der US Apollo geschossen und verzauberte die Welt.

Einzigartig?

Für Wissenschaftler ist die Erde ein gutes Beispiel für einen Planeten in der habitablen (auch bewohnbaren) Zone. Auf der Erde ist es nicht zu heiß und nicht zu kalt, es gibt flüssiges Wasser an der Oberfläche und Leben kann existieren. Sie liegt genau im richtigen Abstand zu unserem Stern, der Sonne. Wissenschaftler haben mittlerweile noch weitere habitable Planeten in der Nähe von Sternen entdeckt. Vielleicht gibt es dort flüssiges Wasser und sogar Leben!

Der Mond

Der Mond ist ein felsiger, luftleerer Himmelskörper, der die Erde umrundet. Es ist ein trockener, kahler Platz, der jedoch einen großen Einfluss auf uns ausübt. Zusammen mit der Sonne ruft er die Gezeiten auf unserem Planeten hervor.

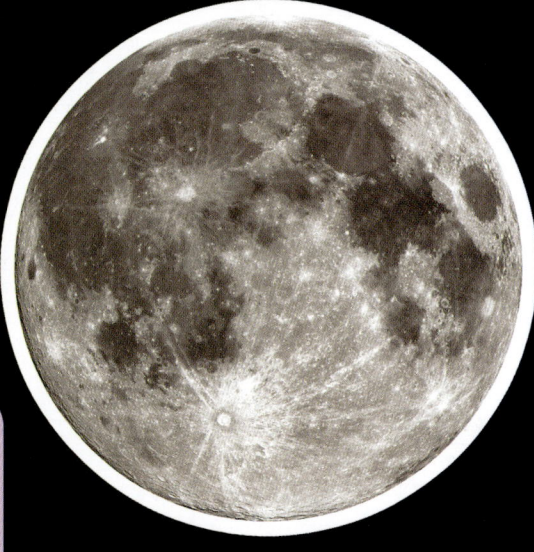

Ein kleiner Planet kracht in die Erde.

Die Trümmer des Einschlags. Daraus bildete sich schließlich der Mond.

Der Mond umkreist die Erde.

Der Mond wird geboren

Wissenschaftler glauben, dass die Erde kurz nach ihrem Entstehen von einem anderen kleinen Planeten getroffen wurde. Steinerne Trümmer flogen um die Erde herum und bildeten schließlich den Mond. Eine Analyse des Mondgesteins, das von Astronauten gesammelt wurde, bekräftigt diese Theorie.

Die Oberfläche des Mondes

Der Großteil der Oberfläche ist rau, mit bergigen Höhen und mit Kratern durchlöchert. Diese entstanden durch Einschläge von Asteroiden, Meteoriden oder Meteoriten. Wenn wir von der Erde aus auf den Mond schauen, erscheinen die höheren Gegenden hell und die weiten Flächen eher dunkel. Der Mond hat keinen Boden aus Erde auf der Oberfläche. Stattdessen findet man dort fein gemahlene Felsen.

Wenn Sonne, Mond und Erde auf einer Linie sind, gibt es besonders starke Gezeiten auf der Erde.

Ebbe

Sonne

Mond

Erde

Flut

An der Erde wird gezogen

Die Schwerkraft des Mondes wirkt auch auf die Erde und die Ozeane. Sie sorgt dafür, dass sich die Ozeane zu zwei Ausbuchtungen an den gegenüberliegenden Seiten des Planeten auftürmen. Während sich die Erde dreht, bewegen sich auch die Beulen und verursachen die Gezeiten. Der Meeresspiegel des Wassers steigt und fällt zweimal am Tag und führt so zu Ebbe und Flut. Wenn Mond, Erde und Sonne in einer Linie stehen, ist die Schwerkraft so groß, dass sie Springfluten hervorruft.

EXPERTENWISSEN

> Das Apollo-Raumfahrtprogramm der NASA brachte insgesamt zwölf Astronauten auf den Mond. Alle ließen Teile ihrer Ausrüstung dort zurück. Sie ist immer noch auf dem Mond.

> Die Astronauten haben ihre Fußspuren im Mondstaub hinterlassen. Diese Fußspuren sind immer noch dort zu sehen, da es keinen Wind gibt, der sie verwehen könnte.

Der Mars

Mars ist der viertnächste Planet der Sonne in unserem Sonnensystem. Es ist ein felsiger Planet mit einem Metallkern wie die Erde. Doch die Oberfläche sieht ganz anders aus.

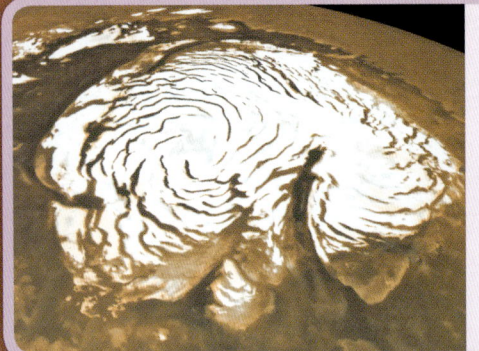

Gab es auf dem Mars Wasser?

Auf dem Mars ist es furchtbar kalt. Alles Wasser ist gefroren, und am Nord- und Südpol gibt es Eiskappen (siehe links). Raumsonden haben aber Hinweise gefunden, dass es früher einmal warm genug für fließendes Wasser gewesen sein muss. Vielleicht gab es sogar einmal Salzwasser in Seen und Meeren, die verschwanden, als sich der Planet abkühlte.

Erforschung des Mars

Unbemannte Raumsonden sind bereits auf dem Mars herumgewandert und haben seine Krater, Ebenen, Vulkane und Canyons erforscht. Die Analyse von Felsstücken legt nahe, dass es früher einfaches, an Wasser gebundenes Leben auf dem Mars gab. Jedoch wissen wir das nicht sicher. Es wurden unterschiedliche Mengen an Methangas in der Atmosphäre des Planeten gemessen, von dem Wissenschaftler glauben, dass es von einer Art Bakterium produziert wird, das unter der Oberfläche lebt.

Ein Bild von der Marsoberfläche, das von der Sonde Mars Rover aufgenommen wurde.

Ein vergifteter Platz

Die Mars-Atmosphäre besteht größtenteils aus giftigem Kohlenstoffdioxid. Wirbelstürme fegen regelmäßig über die Weiten hinweg und gigantische Staubstürme toben über einen Monat auf der Oberfläche. Der Staub auf dem Mars ist rötlich, da er aus Eisenoxid besteht, das wir als Rost kennen.

Heiße Info!

Wasser ist heiß!

Dieses Bild vom Mars, aufgenommen vom Mars Rover, zeigt kleine, runde Steine, die im flüssigen Wasser entstanden sind. Dies kann darauf hindeuten, dass der Mars früher ein nasser und warmer Planet war.

Jupiter und Saturn

Jupiter und Saturn sind Gasriesen – Planeten, die fast komplett aus Gas bestehen, ohne Oberfläche, auf der man landen könnte. Sie sind viel größer als die Gesteinsplaneten des Sonnensystems.

| Io | Europa | Ganymed | Kallisto |

Größter im Kiez

Jupiter ist der größte Planet in unserem Sonnensystem und besitzt die meisten Monde. Er dreht sich sehr schnell um sich selbst und verwandelt die tödlichen Gaswolken in rasende Stürme. Es gibt einen gewaltigen Sturm, der schon seit Jahrhunderten wütet. Er wird „Großer roter Fleck" genannt. Das Bild wurde von einem unbemannten Raumschiff aufgenommen.

Verblüffende Monde

Jupiters vier größte Monde heißen Ganymed, Callisto, Io und Europa. Alle vier sind größer als unser Mond. Sonden zeigen sie als faszinierende, fremdartige Plätze. Ganymed besitzt viele Vulkane und liegt eingehüllt im Schwefelnebel. Io ist der feuerspeiendste Ort im gesamten Sonnensystem, mit riesigen Vulkanen und Lavaseen. Callisto und Europa sind aus Eis und besitzen vielleicht unter ihrer Eiskruste Meere.

EXPERTENWISSEN!

❯ Jupiters Sturm „Großer roter Fleck" ist etwa 24 000 km breit.

❯ Jupiter und Saturn drehen sich unglaublich schnell um sich selbst. Jupiters Tag dauert nur 9,9 Stunden und ein Tag auf dem Saturn 10,6 Stunden.

❯ Es werden immer noch neue Monde entdeckt, die diese gigantischen Eisplaneten umkreisen.

Ringe aus Eis

Der Gasplanet Saturn ist für seine Ringe berühmt, die man durch ein Teleskop von der Erde aus sehen kann. Diese Ringe bestehen aus wandernden Eispartikeln, einige so klein wie Schneeflocken, andere so groß wie Felsbrocken. Die Cassini-Huygens-Raumsonde (rechts) umrundete Saturn, entdeckte die stürmische Wolkendecke und viele Monde. Diese beinhalten die seltsame Welt von Titan – Saturns größtem Mond. Er besitzt große Flüsse, Seen aus Methan und ist in Smog gehüllt. Er ist der einzige Mond im Sonnensystem mit einer planetenähnlichen Atmosphäre.

Uranus und Neptun

Uranus und Neptun sind die äußersten Planeten des Sonnensystems und eisig kalt.

Gaswolken auf Neptun

Schmierige Stellen

Uranus und Neptun scheinen hauptsächlich aus einer schmierigen Mischung aus Eis, Wasserstoff und Helium zu bestehen. Auf beiden Planeten ist es sehr stürmisch. Neptun ist der windigste Planet im Sonnensystem mit Windböen bis zu 2 400 km / h. Auf der Erde erreichen die stärksten Winde gerade mal 370 km/h.

Auf die Seite gedreht

Uranus dreht sich seitlich, ganz anders als alle anderen Planeten im Sonnensystem. Irgendwann gab es wahrscheinlich eine Kollision mit einem großen Gegenstand, der den Planeten auf die Seite gedreht hat. 84 Jahre dauert es, bis die Sonne einmal umrundet ist. Daher ist dort eine Jahreszeit 21 Jahre lang und einige Teile des Planeten liegen Jahrzehnte im Dunkeln.

Uranus wurde wahrscheinlich durch eine Kollision mit etwas Großem auf die Seite gedreht.

Die Rotationsachse kippte genauso wie der Planet.

Aus den Trümmern des Zusammenpralls formten sich Monde und Ringe, die den Planeten immer noch umrunden.

Viele Monde

Sowohl Uranus als auch Neptun besitzen eisige Ringe und Monde. Auf Triton, einer von Neptuns Monden, befinden sich riesige Geysire, die flüssigen Stickstoff nach außen stoßen. Dieser friert dann und regnet als Stickstoffschnee wieder auf die Oberfläche hinab. Über viele der Monde in dieser Gegend des Sonnensystems wissen wir nur sehr wenig. Regelmäßig werden jedoch neue Monde entdeckt.

💡 EXPERTENWISSEN

› Uranus erhielt im Jahre 1789, als er entdeckt wurde, zuerst den Namen Georgium Sidus.

› Uranus und Neptun sehen bläulich aus. Das liegt vor allem daran, dass das Methangas in der Atmosphäre die roten Bestandteile des Sonnenlichts absorbiert und nur die blauen Lichtteile reflektiert.

Zwergplaneten

Die Zwergplaneten sind eine Ansammlung von meist kleinen, eisigen Welten am äußeren Rand des Sonnensystems. Diese Gegend nennt man auch Kuiper-Gürtel.

Wie lange dauert es noch?

Die meisten größeren Planeten haben eine kreisförmige Umlaufbahn. Die der Zwergplaneten verläuft jedoch meist elliptisch (oval) um die Sonne, so dass diese Jahrhunderte für eine Runde brauchen. Sedna, der bis jetzt am weitesten entfernte Planet im Sonnensystem, braucht ca. 10 500 Jahre, um die Sonne zu umrunden. Ein Jahr auf dem Pluto dauert etwa 248 Erdenjahre.

Pluto, der Mini-Planet

Pluto zählte früher zu den Planeten, obwohl er kleiner ist als unser Mond. Man nimmt an, dass seine Oberfläche fast komplett mit Eis und Schnee bedeckt ist. Er besitzt fünf Mini-Monde, u.a. Charon, Nix und Hydra. Mit einem Weltraumteleskop kann man diese kalten, eisigen Welten nur schwach erkennen. Eine Raumsonde soll in den nächsten Jahren zu diesen Planeten fliegen, Fotos machen und Messungen vornehmen.

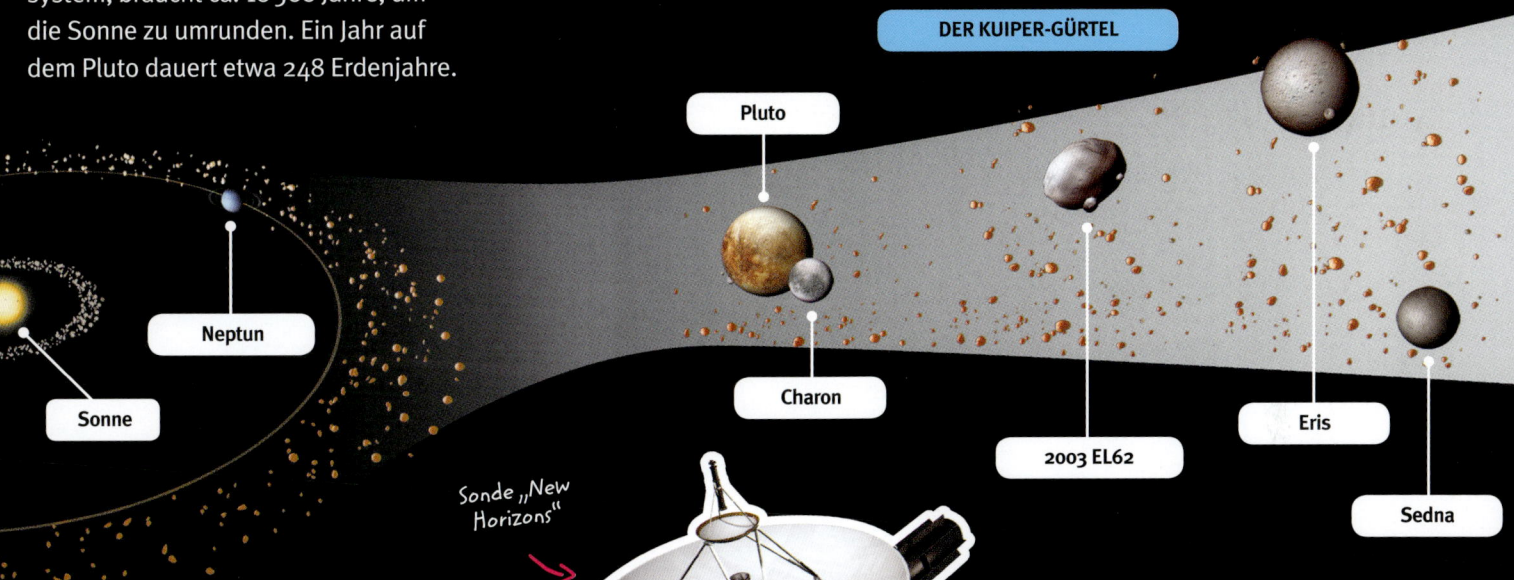

DER KUIPER-GÜRTEL

Pluto

Neptun

Sonne

Charon

2003 EL62

Eris

Sedna

Sonde „New Horizons"

Auf zu neuen Horizonten

2006 schickte die NASA die Sonde „New Horizons" zum Pluto. Der Zwergplanet ist Milliarden von Kilometern entfernt. Die Sonde reiste 9 Jahre durchs All, ehe sie Pluto 2015 erreichte. Von dort schickte die Sonde Bilder von der Oberfläche des Planeten und wichtige Daten zur Beschaffenheit und zur Atmosphäre. Anschließend machte sie sich auf zur Erkundung des Kuiper-Gürtels.

ZAHLEN & FAKTEN

> Pluto ist 5,9 Milliarden km von der Sonne entfernt.

> Ein Tag auf Pluto dauert so lange wie 6,39 Erdentage.

> Man nimmt an, dass die durchschnittliche Oberflächentemperatur – 230 °C beträgt.

Kometen und Asteroiden

Kometen und Asteroiden tauchen auf ihrem Weg rund um die Sonne manchmal an unserem Himmel auf. Gelegentlich fallen Fragmente dieses Weltraumgesteins auf die Erde hinunter.

Schneebälle im Weltraum

Kometen sind gigantische Brocken aus dreckigem Eis, die im Sonnensystem ihre Bahnen ziehen. Geraten sie auf ihrer Bahn nah an die Sonne, geben sie eine Wolke aus Gas und Staub ab, die in zwei langen Schweifen – einer Gas, einer Staub – von den Sonnenwinden verweht wird. Einige Kometen tauchen regelmäßig über der Erde auf und haben Namen, so wie der Halleysche Komet, der alle 75 bis 76 Jahre erscheint.

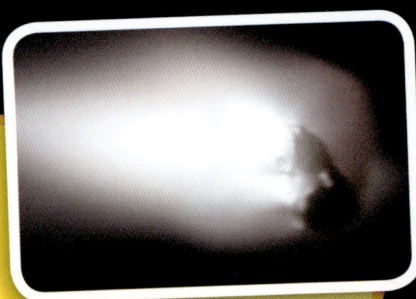

Heiße Info!

Halleys geheimes Zentrum

Die Sonde Giotto nahm dieses Bild des Halley-schen Kometen 1986 auf. Der dunkle Bereich ist der Kern (das Zentrum). Dieses Zentrum gibt Staub- und Gasstrahlen ab, während sich der Komet der Sonne nähert.

Ein Meteorit, der auf der Erde gefunden wurde.

Besucher auf der Erde

Meteroiden sind steinige Fragmente, viel kleiner als Asteroiden. Manchmal dringt einer in die Atmosphäre der Erde ein, verbrennt während des Fallens und flammt einmal am Himmel als Meteor auf. Wenn er auf die Erde auftrifft, wird er Meteorit genannt (im Bild rechts). Meteoriten können klein und nur staubkorngroß sein, aber auch groß wie ein Felsbrocken. Jedes Jahr fallen Tausende auf die Erde.

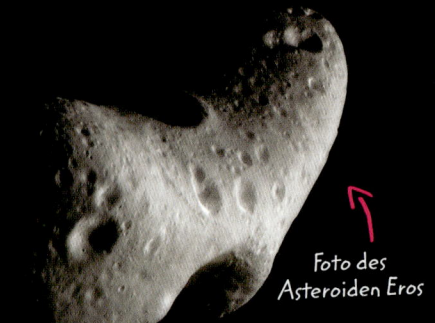

Foto des Asteroiden Eros

Fliegende Kartoffeln

Asteroiden sind unregelmäßige Felsen und Metallklumpen, die in ihrer Größe variieren. Die meisten drehen ihre Runden im Asteroidengürtel zwischen Mars und Jupiter, doch ein paar kommen der Erde auf ihrer Reise sehr nahe. 2005 umkreiste die japanische Sonde Hayabusa den Asteroiden Itokawa mehrmals, ehe sie auf der Oberfläche landete. Schließlich kehrte sie mit Staubproben zur Erde zurück.

Die Weltraumforschung

Für die Weltraumforschung benötigt man jahrelange Planung und eine große Menge an Geld und Erfahrung.

Menschen im All

Zwischen 1969 und 1972 brachte das Apollo-Programm Astronauten auf den Mond. Zugleich begann der Bau bemannter Raumstationen. Dort wird erforscht, wie Menschen im All längere Zeit überleben können. Wenn 2025 die erste bemannte Marsmission startet, wird dieses Wissen notwendig sein. Der Flug dorthin dauert mehrere Monate.

Die Sonde Voyager 1 erreichte das Äußere des Sonnensystems.

Das Forschungsfahrzeug Curiosity auf der Mars-Oberfläche.

Flucht von der Erde

Raumschiffe und Satelliten sind mit kräftigen Raketen ausgestattet, um die Schwerkraft der Erde zu überwinden und ins All und damit in die Umlaufbahn geschossen zu werden. Die Rakete wird später abgetrennt, gelangt wieder in die Erdatmosphäre und landet meist im Meer. Startraketen werden von riesigen Treibstofftanks angetrieben. Beim Start beginnt der Treibstoff zu brennen und produziert Gase, die aus den Düsen herausströmen und die Rakete nach oben schieben.

Unbemannte Forschung

Unbemannte Sonden eignen sich für die Erkundung weit entfernter und gefährlicher Ecken des Sonnensystems. Mithilfe von Antennen, Kameras und Sensoren sammeln sie Daten und nehmen Proben. Die Ergebnisse übertragen sie elektronisch nach Hause. Nur sehr selten kehren sie mit Materialproben zur Erde zurück.

EXPERTENWISSEN!

› Es dauert nur wenige Minuten, bis eine Startrakete den gesamten Treibstoff verbraucht hat. Allein in einer Sekunde verbrennen riesige Mengen an Treibstoff.

Im Laufe der Zeit

Weltraumreisen

Folge den Pfeilen und entdecke einige der wichtigsten Ereignisse in der Geschichte der Raumfahrt.

1965

Der sowjetische Kosmonaut Alexei Leonov unternimmt den ersten Weltraumspaziergang.

1963

Die sowjetische Kosmonautin Valentina Tereshkova wird die erste Frau im Weltraum.

1961

Der sowjetische Kosmonaut Yuri Gagarin ist der erste Mann im Weltraum.

1986

Das Spaceshuttle Challenger explodiert kurz nach dem Start. Alle sieben Astronauten werden getötet.

1988

Die Arbeiten an der ISS beginnen, der ersten Internationalen Raumstation.

2000

Die ersten Bewohner leben an Bord der ISS, die die Erde umrundet.

EXPERTENWISSEN!

› Hunde und Schimpansen wurden für erste Weltraumexperimente in Raketen gesteckt und ins All geschossen, noch bevor die Technik an Menschen ausprobiert wurde.

1969

US Apollo 11 bringt die ersten Männer auf den Mond.

1971

Die Sowjetunion nimmt die erste erfolgreiche Raumstation Salyut 1 in Betrieb.

1972

Das Jahr der letzten Apollo-Mission und das letzte Mal, dass jemand auf dem Mond war.

1981

Der erste Flug des amerikanischen Spaceshuttles Columbia.

1986

Die Sowjetunion nimmt die Raumstation MIR in Betrieb (das russische Wort für Frieden).

2011

Die letzte Spaceshuttle-Mission Atlantis bringt Crew und Vorräte zur ISS.

 EXPERTENWISSEN!

❯ US-Astronaut Neil Armstrong (oben im Bild) war der erste Mensch, der den Mond betreten hat. Nach ihm kam sein Kollege Buzz Aldrin.

❯ Der Weltraumtourismus steckt in den Kinderschuhen. Weltraumflugzeuge werden Passagiere bis zum Rand des Weltraums und zurück bringen, damit sie die Schwerelosigkeit erleben können.

❯ Wie die meisten frühen Astronauten war auch Yuri Gagarin ein ausgebildeter Pilot. Er starb 1968 bei einem Flugzeugabsturz.

Die Internationale Raumstation

Eine Raumstation ist wie ein Raumschiff, das die Erde umkreist. Astronauten können sie besuchen, eine Weile bleiben und dann nach Hause zurückkehren. Die größte, die bisher gebaut wurde, ist die Internationale Raumstation ISS.

Die ISS umkreist die Erde. Sie ist ungefähr so groß wie ein Fußballfeld.

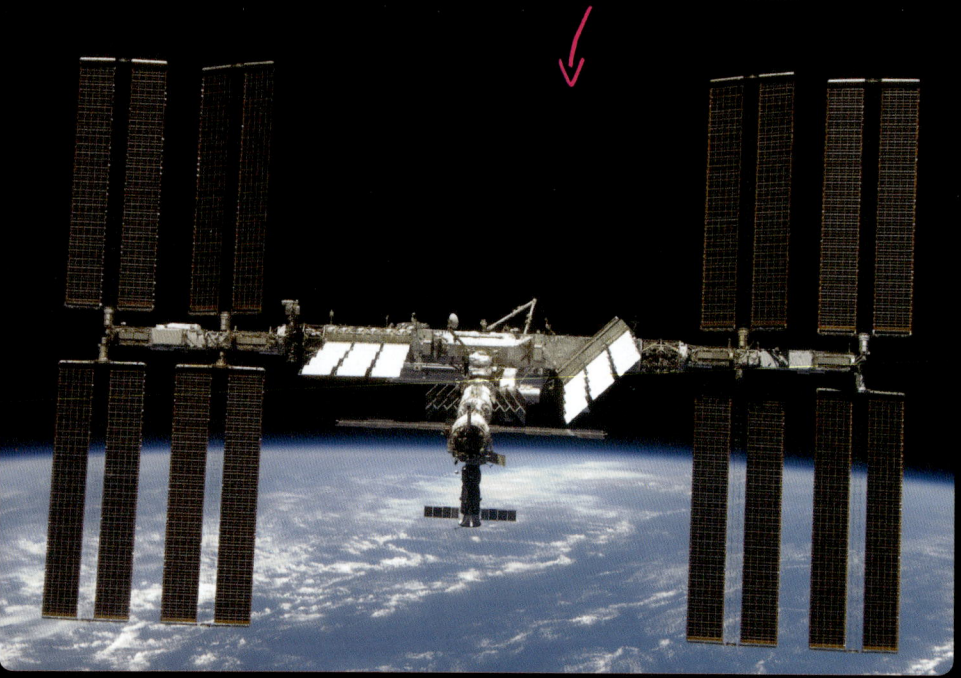

Groß gebaut

Die ISS wurde von Astronauten aus vielen verschiedenen Ländern gemeinsam gebaut. Es waren mehrere Lieferungen an Ausrüstung und Mitarbeitern und viele Stunden an Spaziergängen im Weltall nötig, bis die erste Langzeitcrew 2000 einziehen konnte. Die Station besteht aus mehreren Modulen – unterschiedliche Abschnitte –, die zusammengesteckt wurden.

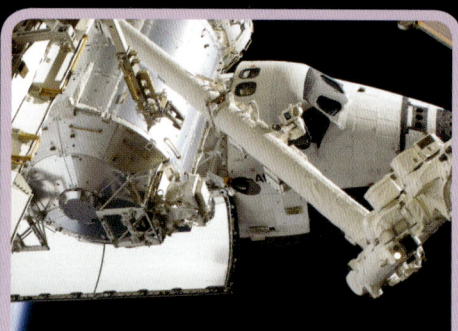

Die Teile der Station

Die ISS wird von riesigen Solarplatten betrieben, die das Sonnenlicht in Elektrizität umwandeln. Sie besitzt neben den wissenschaftlichen Laboren für Weltraumexperimente auch Wohnbereiche für die sieben Crewmitglieder. Alle paar Monate bringt ein Raumschiff von der Erde neue Vorräte. Das Bild oben zeigt den Besuch eines US-Raumschiffs.

ZAHLEN UND FAKTEN

> Mit Kosten in Höhe von etwa 76 Milliarden Euro ist die ISS das teuerste je gebaute Objekt.

> Die Quartiere, in denen die Astronauten wohnen und arbeiten, sind so groß wie zwei Passagierflugzeuge.

> Die ISS umrundet die Erde in 90 Minuten.

> Für die Stromversorgung wurden ungefähr 13 km Kabel verlegt.

Das Leben an Bord

Die Astronauten müssen sich erst daran gewöhnen, dass sie wie alles, was nicht festgemacht ist, durch die Kapsel schweben. Zum Schlafen gurten sie sich an der Bordwand fest, um nicht umherzutreiben. Und sie müssen immer aufpassen, dass sie keine Gegenstände fallen lassen. Ein umherschwebendes Werkzeug könnte sonst wichtige Instrumente an Bord beschädigen. Die fehlende Schwerkraft führt auch dazu, dass die Muskeln schrumpfen. Um dem entgegenzuwirken, muss die Besatzung jeden Tag zwei Stunden trainieren (siehe Bild rechts).

Der Raumanzug

Gehen Astronauten im Weltall spazieren, müssen sie einen Raumanzug tragen. Der ist dann ihr eigenes kleines Raumschiff. Ohne ihn würden sie sehr schnell sterben.

Bequem muss es sein

Im Raumanzug gibt es Sauerstoff zum Atmen und Wasser zum Trinken. Die darunter liegende Schicht ist voller Kanäle, durch die kaltes Wasser fließt und so die Haut der Astronauten kühlt. Astronauten tragen eine Weltraumwindel. So können sie auf die Toiletten gehen, obwohl sie sich im Weltraum befinden. Der Rucksack auf dem Rücken hält Sauerstoff und Strom bereit und nimmt das ausgeatmete Kohlendioxid der Astronauten auf.

Sicherheit geht vor

Die Raumanzüge der NASA werden auch EMUs genannt. Sie besitzen 11 Schichten aus Stoff und Folie. Diese schützen den Astronauten vor der Sonnenstrahlung, vor der Kälte und der gefährlichen UV-Strahlung. Während eines Weltraumspaziergangs sind die Astronauten etwa die Hälfte der Zeit (45 Minuten) im Dunkeln und brauchen Licht an ihrem Helm. Während der anderen Hälfte sind sie im hellen Sonnenlicht. Dafür benötigen sie ein Visier am Helm, welches mit Gold überzogen ist und gefährliche UV-Strahlung abblockt.

In Kontakt bleiben

Im Inneren des Helmes gibt es eine Kappe, die mit Kopfhörern und einem Mikrofon ausgestattet ist, um mit den anderen Astronauten und der Erde in Kontakt zu bleiben.

Die Astronauten können die Kommunikation, die Temperatur, den Sauerstofffluss und das Licht steuern. Dazu nutzen sie das Steuerelement vorne auf der Brust. Ein Haltegurt sichert sie an ihrem Raumschiff. Ohne ihn würden sie ins Weltall hinaus schweben.

Helm aus unkaputtbarem Plastik

Im Rucksack befindet sich das Lebenserhaltungssystem.

Steuerelement, kontrolliert die Funktionen des Anzugs

Unterwäsche mit flüssigen Kühlschläuchen

Dicke, beheizbare Handschuhe

Werkzeuge werden mit Haltegurten befestigt

Der Anzug besteht aus zwei Teilen, dem oberen und dem unteren.

Die Weltraumstiefel sind mit den Beinen des Anzugs verbunden.

Heiße Info!

Ab ins Testbecken

Astronauten trainieren auf der Erde für einen Weltraumspaziergang in einem Schwimmbad.

Ein Blick ins Weltall

Teleskope funktionieren, da sie mehr Licht als ein menschliches Auge einfangen können. Sie sammeln und messen das Licht, das von verschiedenen Objekten aus dem All kommt.

Auf dem Boden

Ein Teleskop fängt Licht ein und leitet es über Spiegel zu den Messinstrumenten weiter. Auf der Erde stehende Weltraumteleskope sind mit sehr großen Spiegeln ausgestattet. Diese sind in einem Haus untergebracht, dessen Dach man zum Himmel hin öffnen kann. Meist kommen sie in sehr einsamen Gegenden zum Einsatz. Dort ist der Himmel klar, trocken und nicht verschmutzt. Eines der größten Teleskope, das VLT (Very Large Telescope), steht in der Atacama-Wüste im Norden Chiles. Dort gibt es kaum eine Wolke, die die Sicht versperren kann.

Aus dem All ins All

Teleskope, die im Weltall ihre Bahnen ziehen, haben eine viel bessere Sicht als die auf dem Boden, denn sie befinden sich außerhalb der Erdatmosphäre. Diese verbiegt und blockiert das Licht, das aus dem All kommt. Das Hubble-Weltraumteleskop wurde 1990 ins All geschickt und hat bisher Tausende atemberaubende Bilder des Weltalls geschossen. Diese halfen den Astronomen, Antworten auf bisher ungelöste Fragen zu finden, z. B. wie alt das Universum ist. Das James-Webb-Teleskop soll sogar noch bessere Arbeit leisten.

Das James-Webb-Teleskop hat in etwa die Größe eines Tennisplatzes.

Das Hubble-Weltraumteleskop hat schon weit in die Tiefen des Weltraums geschaut.

Suche nach Licht

Weltraumteleskope können mit ihren Instrumenten das Licht auf viele verschiedene Arten untersuchen. Sie erfassen die unterschiedlichen Längen des Lichtes und die Strahlungsenergie, die ein Gegenstand im All aussenden könnte. Das sind z. B. Ultraviolett-, Infrarot-, Röntgen- und Gammastrahlen. Die Auswertung dieser Daten kann uns Auskunft über die Temperatur eines Gegenstands, das Material und die Größe geben.

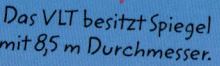

Das VLT besitzt Spiegel mit 8,5 m Durchmesser.

EXPERTENWISSEN!

> Das Hubble-Weltraumteleskop dreht in einer Entfernung von 569 km zur Erde seine Runden. Das James-Webb-Teleskop soll 1,5 Millionen km über der Erde kreisen und hat so einen noch besseren Blick ins All.

Entdeckungen

Weltraumteleskope haben den Astronomen bereits bei vielen faszinierenden Fragen geholfen. Hier sind ein paar wunderbare Beispiele dafür, was sie entdeckt haben.

⬆ Blasen im Weltall

Sterne werden in verwirbelnden Gaswolken, genannt Nebula oder auch Nebel, geboren. Diese dramatisch aussehende Blase erscheint um den Stern und die Gaswolke des Nebels herum.

⬆ Schmetterlingsnebel

Bilder des Weltraums können wunderschön sein. Dieser Nebel in Form eines Schmetterlings ist in Wirklichkeit der letzte Atemzug eines sterbenden Sternensystems.

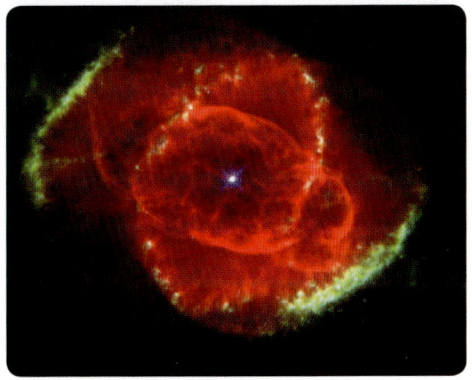

⬆ Glühendes Auge

Hubble nahm das oben gezeigte Bild auf. Es zeigt eine glühende Gaswolke, auch planetarischer Nebel genannt – die Trümmer eines explodierten Sterns.

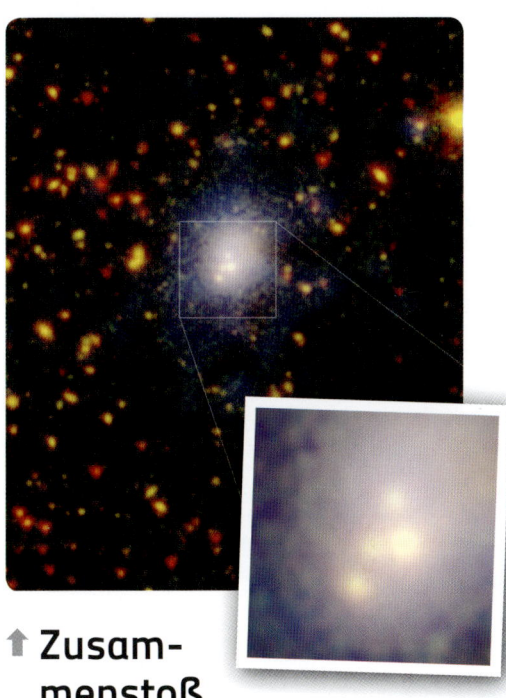

⬆ Zusammenstoß

Vier Galaxien verschmelzen hier in einem riesigen Weltraumzusammenstoß. Weltraumteleskope haben viele solcher Zusammenstöße entdeckt.

⬆ Supernova voraus!

In diesem Bild sieht man die Supernova 1987 A. Diese riesige Explosion beim Tod eines gewaltigen Sterns, wird hier von Gas und Sternen der Galaxie umgeben.

💡 EXPERTENWISSEN!

❯ Weltraumteleskope haben schon so manch seltsame Entdeckung gemacht. Eines der größten Geheimnisse ist die scheinbare Existenz von dunkler Energie im Weltall. Diese kann man nicht sehen. Der Großteil des Weltalls besteht jedoch daraus und die dunkle Energie beeinflusst das Verhalten unserer Galaxien. Eins ist jedoch sicher: Wenn es um den Weltraum geht, sind wir eben doch nicht immer Experten!

Worterklärung

Andocken Wenn sich ein Raumschiff im All an ein anderes koppelt.

Andromeda Die nächstgelegene Galaxie in Form einer Spirale.

Apollo Eine Reihe von Weltraummissionen der Amerikaner zum Mond (zwischen 1968 und 1975).

Asteroid Ein unregelmäßig geformter Klumpen aus metallisch felsigem Material, der einen Stern umkreist.

Asteroidengürtel Ein Bereich zwischen Mars und Jupiter, in dem sehr viele Asteroiden die Sonne umrunden.

Atmosphäre Eine Schicht aus Gas um einen Planeten, einen Mond oder einen Stern.

Aurora (Polarlicht) Ein Lichtschauspiel am Himmel über den Polen, das von elektromagnetischen Partikeln verursacht wird, die von der Sonne kommen.

EMU Ein Raumanzug; die Buchstaben stehen für den englischen Ausdruck Extravehicular Mobility Unit. Das bedeutet: eine Einheit für die Mobilität außerhalb eines Raumfahrzeuges.

Galaxie Eine große Gruppe von Sternen zusammen mit ihren Planeten, Monden, Asteroiden und Kometen.

Gammastrahlen Eine Strahlungsenergie, die von manchen Gegenständen im Weltall abgegeben wird.

Gasplanet Ein Planet, der zu großen Teilen aus Gas und kaum aus festen Bestandteilen besteht.

Habitabler Planet Ein Planet, der genau die richtige Temperatur für Leben besitzt. Man spricht auch von bewohnbaren Planeten.

Hubble-Weltraumteleskop Ein Teleskop, das 1990 in die Umlaufbahn der Erde geschossen wurde und seitdem weit hinein in den Weltraum schaut.

ISS Die Internationale Weltraumstation befindet sich auf einer Umlaufbahn um die Erde und bietet Astronauten-Teams ein Zuhause.

Kernschmelze Wenn zwei winzig kleine Partikel sich vereinen und Energie freisetzen. So erhalten Sterne ihre Energie.

Komet Ein großer Klumpen aus Staub und Eis, der die Sonne umrundet. Wenn sich ein Komet der Sonne nähert, entwickelt er zwei fließende Schwänze aus Gas und Staub.

Konstellation Die Stellung, also das räumliche Verhältnis der Himmelskörper zueinander. Sie verändert sich je nach Standort des Betrachters.

Kosmonaut Die russische Bezeichnung für Astronaut.

Kuiper-Gürtel Eine Region unseres Sonnensystems weit hinter den Planeten, in der viele Eisklumpen die Sonne umrunden.

Lichtjahr Die Strecke, die Licht in einem Jahr zurücklegt. Ein Lichtjahr sind ungefähr 9,5 Billionen km.

Meteor Wenn ein kleines Stück Fels (ein Meteorid) in die Erdatmosphäre eintaucht und als heller Streifen am Himmel erscheint.

Meteorit So wird ein Meteorid (ein kleines Stückchen Fels) genannt, wenn er auf der Erde landet.

Milchstraße Der Name der Galaxie, in der sich die Erde, die Sonne und alle Planeten unseres Sonnensystems befinden. Zusammen mit vielen weiteren Sternen und Planeten.

Mond Ein großes, ballförmiges Objekt, das einen Planeten umkreist.

NASA Eine amerikanische Organisation, die Reisen ins All und dessen Erforschung zum Ziel hat (NASA = National Aeronautics and Space Administration).

Nebula Eine riesige Weltraumwolke aus Gas und Staub.

Oortsche Wolke Eine Ansammlung von Kometen, die sich angeblich im äußeren Bereich des Sonnensystems befinden soll.

Quasar Das strahlende Zentrum einer entfernten Galaxie. Man glaubt, dass dieses von einem schwarzen Loch ausgeht.

Roter Zwerg Ein Stern, der im Vergleich zu größeren, heißeren Sternen ziemlich klein und kalt ist.

Schwarzes Loch Ein Gebiet des Weltalls, in dem die Macht der Schwerkraft nichts entkommen lässt – noch nicht einmal Licht.

Schwerelosigkeit Wenn etwas fliegt und schwerelos zu sein scheint.

Schwerkraft Die Anziehungskraft zwischen Objekten. Die Schwerkraft ist eine ziehende Kraft.

Sensoren Sensoren dienen dazu, die Umgebung zu untersuchen. Sie sammeln Daten – etwa über die Beschaffenheit der Mondoberfläche –, die dann zur Erde gesendet werden können.

Sonnenfleck Ein etwas kühlerer Fleck an der extrem heißen Oberfläche eines Sterns.

Sonnensystem Die Sonne und all ihre Planeten, Monde, Asteroiden und Kometen, die sie umrunden.

Sonnenwind Ein Strom aus sehr schnellen Partikeln, die von der Sonne abgeschossen werden.

Stern Ein riesiger Ball brennenden Gases.

Sternenkarte Eine Karte des Nachthimmels mit allen Konstellationen (Sternengruppierungen), die in einer klaren Nacht zu sehen sind.

(Ab-)Strahlung Energie, die von etwas abgegeben wird. Licht und Hitze sind beide Strahlungen.

Umlaufbahn Eine Strecke, die sich immer auf demselben Weg rund um einen Gegenstand befindet.

Urknall Eine plötzliche Ausdehnung des Weltalls, die wahrscheinlich für die Entstehung des gesamten Weltalls vor etwa 13,7 Milliarden Jahren verantwortlich ist.

Weltraumsonde Eine Raumsonde, die von der Erde aus losgeschickt wird, um Objekte im Weltall genauer zu erforschen.

Weltraumstation Ein Weltraumgefährt mit Arbeits- und Lebensquartieren für Astronauten, die von und zur Erde fliegen.

Weltraumteleskop Ein Satellit, der im Weltraum mithilfe von Spiegeln Licht einfängt und daraus Bilder zusammensetzt.

Weltraumtourismus Eine privat organisierte Reise in den Weltraum.

KAPITEL 2

PLANET ERDE

Das Erdinnere

Der Boden, auf dem wir stehen, ist nur die dünne Kruste der Erde, wie die Haut eines Apfels. Darunter liegen mehrere Schichten, die viel dicker und heißer sind.

Der Erdkern

Der Kern der Erde besteht aus einem inneren und einem äußeren Erdkern. Der äußere Teil ist etwa 2 260 km dick. Er besteht aus flüssigen Metallen, einer Eisen-Nickel-Mischung. Der innere Kern ist fest und besteht aus einer etwa 2 400 km dicken Schicht aus Eisen und Nickel. Wissenschaftler haben die Maße und Bestandteile des Kerns durch Auswertung seismischer Wellen berechnet. Diese Energiewellen werden von Erdbeben hervorgerufen. Sie dringen durch alle Erdschichten. Jedoch ändert sich ihre Länge, wenn sie durch unterschiedliche Materialien fließen.

Peridotit ist das Gestein, aus dem der Großteil der Erdkruste besteht.

Die Erdkruste

Die äußere Erdkruste besteht aus der ozeanischen und der kontinentalen Kruste. Die ozeanische Kruste liegt unter den Meeren und nimmt ungefähr 60 Prozent der Erdoberfläche ein. Im Durchschnitt ist sie 20 km dick und besteht hauptsächlich aus dem Gestein Peridotit. An Land gibt es die kontinentale Kruste. Im Durchschnitt ist sie 30–40 km dick und besteht aus Granit und Basalt.

Flüssiges Gestein wird Magma genannt. Während eines Vulkanausbruchs blubbert es aus dem Mantel nach oben (siehe Seite 44).

Tiefer und heißer

Unter der Erdkruste gibt es eine dickere Erdschicht, genannt Mantel. Sie ist etwa 2 900 km dick und macht etwa 2/3 des Gewichts der Erde aus. Wir wissen noch nicht genau, wie der Mantel überall aussieht. Jedoch wissen wir, dass das Gestein sehr heiß ist.

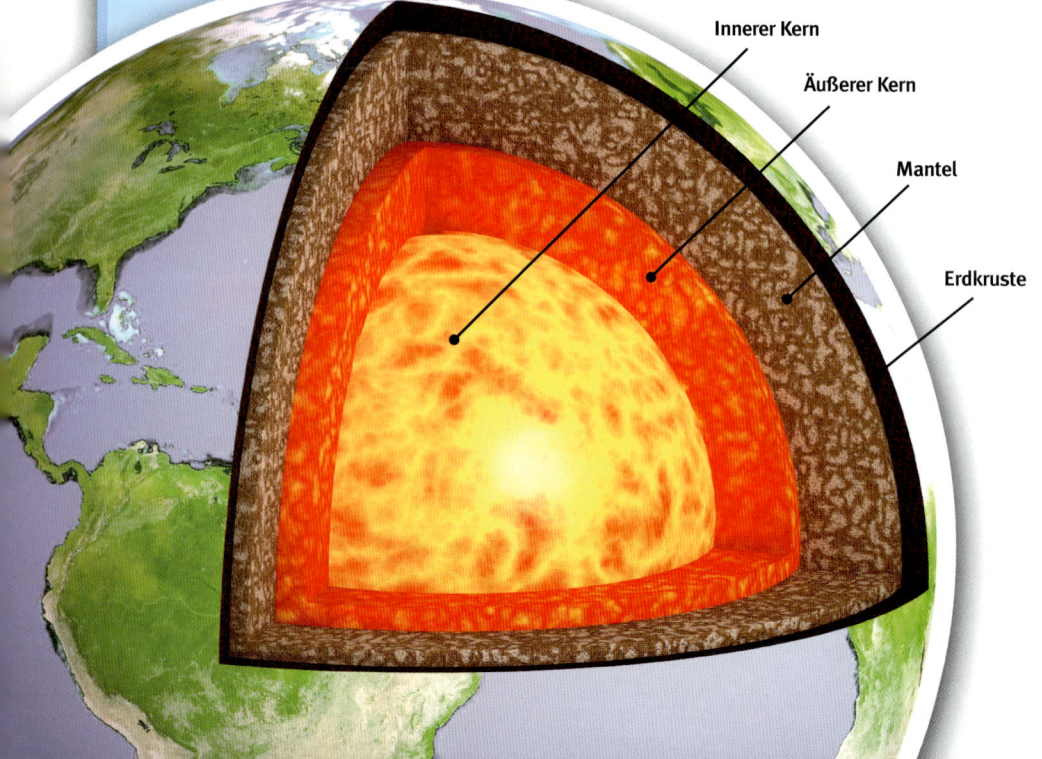

Innerer Kern

Äußerer Kern

Mantel

Erdkruste

EXPERTENWISSEN!

› Diamanten entstehen im Erdmantel. Durch Vulkanausbrüche kommen sie an die Oberfläche.

› Wissenschaftler haben bei ihren Untersuchungen schon fast bis zum Erdmantel gebohrt. Sie hoffen, dass sie ihn etwa im Jahre 2020 erreichen werden.

Die Erdoberfläche

Die Erdkruste ist keine durchgehende Fläche. Sie besteht aus einzelnen Teilen, den Erdplatten, die wie ein gigantisches Puzzle zusammenpassen.

ZAHLEN & FAKTEN

Plattentektonik

> Die Platten der Erde bewegen sich zwischen 1,3 und 10 cm in einem Jahr.

> Die Bewegung der Platten sorgt dafür, dass sich manche Ozeane im Jahr zwischen 1 und 10 cm ausdehnen.

Platten in Bewegung

Die Stücke, aus denen die Erdoberfläche besteht, nennt man tektonische Platten. Auf den Platten befindet sich Land oder Wasser. Unter ihnen liegt der rötlich-heiße Stein des Mantels. Die Platten bewegen sich auf dem Erdmantel, jedoch nur sehr langsam. Es gibt einige große und viele kleine Platten. Die Ränder der Platten werden Plattengrenzen genannt.

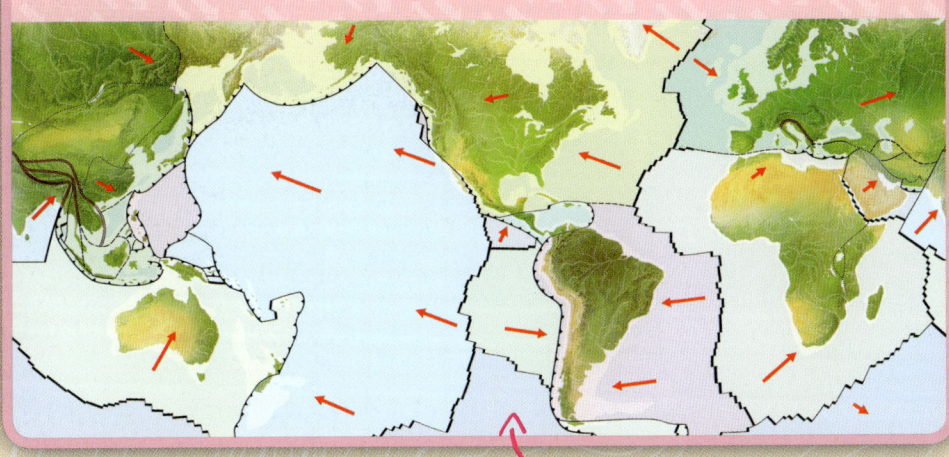

Eine Karte der tektonischen Platten. Die Pfeile zeigen die Richtung an, in die sie sich langsam bewegen.

Neue Kruste

In großen Spalten entsteht ständig neue Kruste. Diese Spalten werden mittelozeanische Rücken genannt. Sie befinden sich am Boden des Ozeans zwischen zwei Platten. Ein mittelozeanischer Rücken ist ein Unterwassergebirge, das von einem tiefen Tal getrennt wird. In dieser Erdspalte kommt das sprudelnde Magma heraus, das im Wasser abkühlt und die neue Kruste bildet.

Heiße rote Gesteinsströme

Flüssiges Gestein fließt in Strömen durch die Mantelschicht unter den Platten, ähnlich wie die Meeresströmung in den Ozeanen. Diese konstante Bewegung verschiebt die Platten auf der Oberfläche.

Heiße Info!

 **Schornsteine!**

Extrem heißes Meerwasser wird aus Schlitzen am Meeresboden herausgespuckt. Erhitzt wurde es vom vulkanischen Gestein in der ozeanischen Kruste. Strömt es heraus, färben die darin enthaltenen Mineralien das Wasser weiß oder schwarz. Wie ein Schornstein, aus dem Rauch emporsteigt.

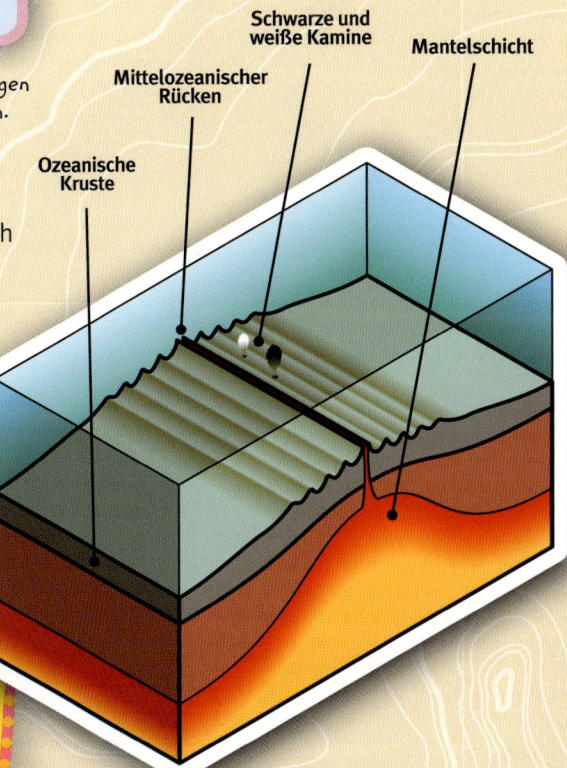

Schwarze und weiße Kamine

Mantelschicht

Mittelozeanischer Rücken

Ozeanische Kruste

Platten in Bewegung

Während sich die Platten der Erde bewegen, nehmen sie das Land und den Meeresboden mit. So verändert sich die Oberfläche des Planeten.

Zusammenstoß

Stoßen zwei Platten zusammen, wirft die Erdkruste Falten, stellt sich zu Bergen auf und bildet lange Gebirgszüge. Der Himalaya entstand vor etwa 45 Millionen Jahren auf diese Weise, als der indische Subkontinent mit Asien zusammenstieß. Bei anderen Zusammenstößen schiebt sich eine Platte unter die andere. Heißes Magma sprudelt an der Kante hervor und bildet eine Reihe von Vulkanen. So sind die südamerikanischen Anden entstanden.

Voneinander weg

Wenn die Platten sich voneinander wegbewegen, entstehen riesige Spalten und das flüssige Gestein kommt heraus. In den Ozeanen führt dies zu den mittelozeanischen Rücken (siehe Seite 35). An Land entstehen lange Becken, auch Grabenbrüche genannt. Ein Beispiel hierfür ist der Große Grabenbruch, der über 6 000 km zwischen Syrien und Mozambique verläuft.

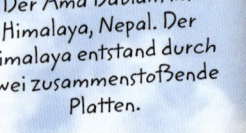

Der Ama Dablam im Himalaya, Nepal. Der Himalaya entstand durch zwei zusammenstoßende Platten.

> **EXPERTENWISSEN!**
>
> ❯ Die Platten unserer Erde haben Namen. Sechs der größten Platten wurden nach den Kontinenten benannt.
>
> ❯ Die größten Frischwasser-Seen werden in Grabenbrüchen überall auf der Welt gefunden. Diese Seen entstehen durch Platten, die sich auseinander bewegen.

Heiße Info!

Gefalteter Felsen

Dieser Fels wurde durch die Bewegung der Erdkruste gefaltet. Man sieht die Falten in jeder Schicht des Felsens.

Der San-Andreas-Graben liegt unter dieser kalifornischen Landschaft.

Erdbeben-Gebiet

Wenn zwei Platten aneinander vorbeischrammen, staut sich Spannung auf, die sich dann in einem Erdbeben entlädt (siehe Seite 46). In Kalifornien schieben sich zwei Platten im sogenannten San-Andreas-Graben aneinander vorbei. Wissenschaftler beobachten dieses Gebiet die ganze Zeit und versuchen so, mögliche Erdbeben vorherzusagen.

Die Kontinente

Die Kontinente bewegen sich mit den Platten, auf denen sie liegen. Diese Bewegung ist viel langsamer als das Wachsen eines Fingernagels. Es hat Millionen von Jahren gedauert, bis die Kontinente sich an ihrem heutigen Platz befanden.

Vor 200 Millionen Jahren

Vor 120 Millionen Jahren

✔ Aus Eins mach Zwei

Vor über 200 Millionen Jahren existierte ein riesiger Superkontinent, der Pangäa genannt wird. Vielleicht gab es vorher noch andere Urkontinente, doch das wissen wir nicht. Das große Meer um ihn herum hieß Panthalassa. Pangäa begann vor etwa 200 Millionen Jahren auseinanderzubrechen. Es bildeten sich zunächst zwei Kontinente – Laurasia und Gondwana. Aus diesen entstanden schließlich unsere heutigen Kontinente.

Die Kontinente entstehen

Nach und nach zerbrach Laurasia und die Kontinente Nordamerika, Europa und Asien entstanden. Aus Gondwana gingen Afrika, Südamerika, die Antarktis, Australien und Indien hervor. Die Kontinente bewegen sich auch heute noch, allerdings sehr langsam. Nordamerika und Europa entfernen sich jedes Jahr um etwa 2 cm voneinander.

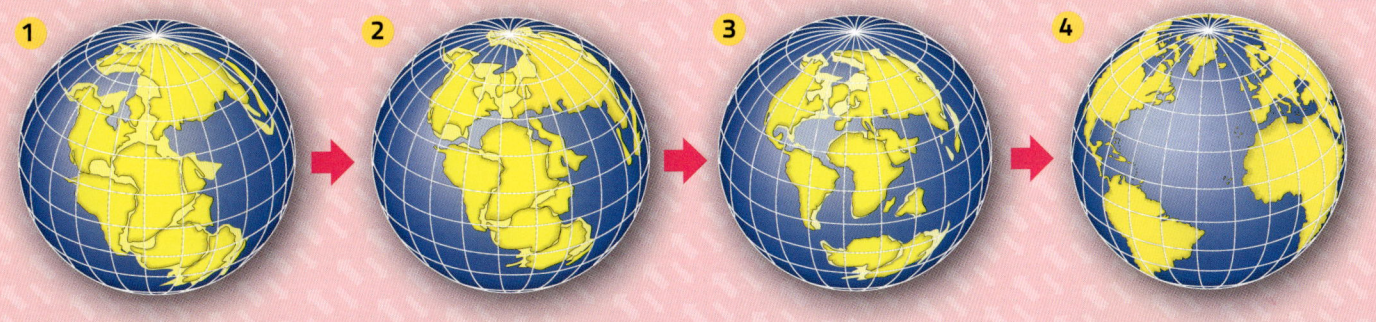

Woher wissen wir das?

Pflanzliche und tierische Fossilien liefern uns Beweise für das Auseinanderbrechen der Kontinente. Die Insel Spitzbergen liegt heute im kalten Arktischen Ozean, doch wir wissen, dass sie im Laufe der Zeit nördlich gewandert ist. Es wurden dort pflanzliche Fossilien entdeckt, die nur in einem warmen, tropischen Klima in der Nähe des Äquators überlebt hätten. Gleichzeitig finden sich ähnliche Dinosaurierfossilien auf unterschiedlichen Kontinenten, in Afrika, Indien und Australien.

Das kalte Spitzbergen war früher mal ein warmer, tropischer Ort.

 **EXPERTENWISSEN!**

› Die Ostküste Südamerikas und die Westküste Afrikas hingen mal zusammen. Sieh dir mal ihre Form an! Sie passen wie zwei Puzzlestücke zusammen.

🌐 Das Erdgestein

Es gibt drei unterschiedliche Gesteinstypen auf der Erde: magmatisches, metamorphes und Sedimentgestein.

Obsidian ist ein glänzend schwarzes, magmatisches Gestein. Es wurde verwendet, um dieses aztekische Zeremonienmesser zu fertigen.

💡 **EXPERTENWISSEN!**

› Die seltensten Gesteine entstehen tief unten im Erdmantel. Kugelförmiger Granit ist der ungewöhnlichste und wurde bisher nur an drei oder vier Stellen der Erde gefunden.

Magmatisches Gestein

Magmatisches Gestein bildet sich, wenn heißes, geschmolzenes Gestein aus dem Erdmantel an die Erdoberfläche kommt, abkühlt und erhärtet. Bimsstein, Granit und Obsidian sind Beispiele für magmatisches Gestein. Sie sehen jedoch unterschiedlich aus, da sie verschieden schnell abgekühlt sind: Granit sehr langsam und Obsidian sehr schnell.

Sedimentgestein

Sedimentgestein bildete sich meist unter Wasser. Es besteht aus verschiedenen Materialschichten, die gequetscht wurden und gehärtet sind. Die Schichten können aus Matsch, Sand, Kies und Ton bestehen. Oder auch aus toten Pflanzen und Tieren, die auf den Meeresboden gefallen sind. Kalkstein, Sandstein und Tonstein sind Beispiele für Sedimentgesteine.

Marmor ist ein metamorphes Gestein. Es ist für seine Schönheit bekannt und wird verwendet, um Gebäude zu dekorieren.

Metamorphes Gestein

Metamorphes Gestein bildet sich tief unter der Erdkruste, indem magmatisches oder Sedimentgestein sich unter großer Hitze oder Druck verändert. Das Gestein bricht und verwandelt sich in eine neue Gesteinsart. Beispiele hierfür sind Marmor, Schiefer und Quarzsandstein.

Die Pyramiden im antiken Ägypten wurden aus Kalkstein gefertigt.

Energie aus der Erde

Einige unserer wichtigsten Energiequellen – Öl, Kohle und Gas – lagern unter der Erdoberfläche.

EXPERTENWISSEN!

> Kohle und Öl werden auch fossile Brennstoffe genannt, da sie aus Tier- und Pflanzenfossilien gewonnen werden.

> In den sumpfigen Regionen der Welt entsteht noch heute Kohle.

Öl wird oft unter dem Meer entdeckt und mithilfe von Ölplattformen nach oben gepumpt.

Kohle wird in unterirdischen Minen gefördert.

Erdgas wird verbrannt, um Hitze zu erzeugen.

Alles über Öl

Öl entstand aus primitiven, einzelligen Organismen, die vor Millionen von Jahren gelebt haben. Als sie abstarben, sanken sie auf den Meeresboden hinab. Durch gewaltigen Druck wurde aus diesen Schichten irgendwann Erdöl. Mithilfe von Bohrungen und Pumpen wird es aus der Tiefe geholt.

Kohle aus Bäumen

Kohle entstand aus Bäumen und Farnen, die vor etwa 300 Millionen Jahren wuchsen, als die Erde noch ein dampfender, sumpfiger Ort war. Als die Bäume und die anderen Pflanzen starben, sanken sie auf den Boden der Sümpfe und wurden schrittweise unter den Steinen gequetscht. So lange, bis sie all ihre Flüssigkeit verloren haben und sich zu Kohle verwandelten.

Erdgas

Erdgas bildete sich aus toten Tieren und Pflanzen, die vor etwa 100 Millionen Jahren verrottet sind. Es lagert meist tief unter der Erde und wird gefördert, um Brennstoff daraus zu gewinnen. Es besitzt keine Farbe und riecht auch nicht. Energiekonzerne fügen dem Gas den Geruch nach verfaulten Eiern hinzu, damit man Gaslecks schneller findet.

Tolle Metalle

Metalle stammen aus den Gesteinen der Erde. Es gibt viele verschiedene Arten. Manche Metalle sind sehr gute Elektrizitäts- und Hitzeleiter, andere helfen beim Bauen und wieder andere sind sehr hart.

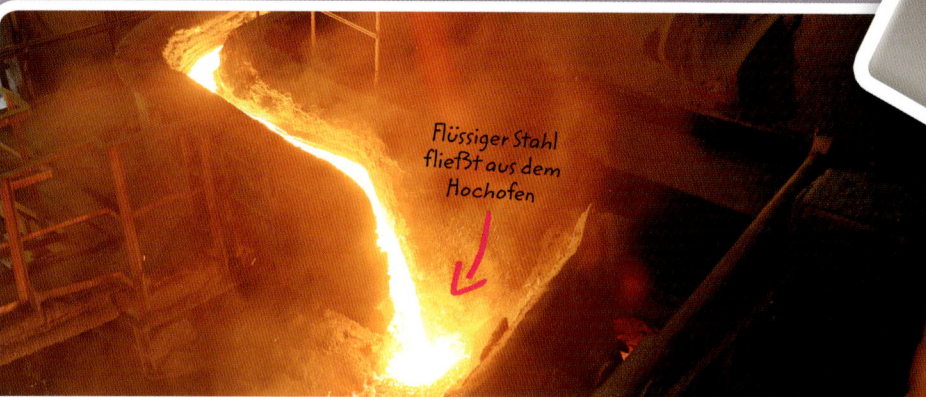

Flüssiger Stahl fließt aus dem Hochofen

Ein Barren Rhodium, das teuerste Metall der Welt

Das Fördern von Metall

Gesteine, die Metalle enthalten, werden Erze genannt. Erz wird unter Tage gewonnen. Anschließend wird das Metall durch Chemikalien, Wasser oder einen Hitzeprozess (auch Verhüttung genannt) aus dem Gestein gelöst. Eisen wird zum Beispiel aus Eisenerz gewonnen. Das passiert in einem Hochofen, in dem das Eisen so lange erhitzt wird, bis es flüssig ist. Anschließend wird es meist mit anderen Materialien vermischt. Ein Metall, das mit anderen Materialien gemischt wird, nennt man auch Legierung.

Die wertvollsten Metalle

Gold, Platin und Palladium sind sehr seltene und kostbare Metalle. Das wertvollste Metall von allen ist Rhodium. Eine Art Platin, das nur schwer extrahiert werden kann und nur in Teilen Südafrikas, Nordamerika und Russland vorkommt. Es wird für Schmuck oder in den Abgasanlagen von Autos verwendet.

Historische Metallarbeiten

Die Frühmenschen fanden heraus, wie man Metall fördert und Legierungen wie Bronze (eine Mischung aus Kupfer und Zinn) herstellt, um daraus Gegenstände zu formen. Eine der ältesten Minen ist die Löwenhöhle in Swaziland. Dort förderten die Menschen seit etwa 40 000 v. Chr. eine Art Eisen, genannt Hämatit. Sie zermahlten es und stellten rote Farbe für ihre Wände her. Durch Metallverarbeitung konnten die Menschen die ersten Münzen herstellen.

Eine alte griechische Silbermünze aus dem Jahre 128 v. Chr.

ZAHLEN & FAKTEN

Die weltweit größten Produzenten:

> **Kupfer**–Chile

> **Gold**–China

> **Silber**–Mexiko

> **Eisenerz**–China

> **Rhodium**–Südafrika

> **Stahl**–China

> **Zinn**–China

Edelsteine

Edelsteine entstehen als Kristalle im Gestein und variieren in Farbe, Form und Größe. Da sie selten und schön sind, werden sie seit Jahrhunderten geschätzt.

Rohdiamanten

Edelstein oder Halbedelstein?

Edelsteine werden nach unterschiedlichen Kategorien bewertet: wie klar sind sie, wie schön sehen sie aus und wie selten und hart sind sie. Ein Diamant ist die härteste natürliche Substanz auf Erden. Andere Edelsteine, wie z. B. der Opal, sind viel weicher und leichter zu beschädigen. Die Kategorie Edelsteine beinhaltet Diamanten, Rubine, Saphire und Smaragde – die teuersten und meistgeschätzten Edelsteine.

Rohsmaragde in einem Stein

Farbe und Gewicht entscheiden

Diamanten befinden sich in einem magmatischen Gestein, Kimberlit genannt. Dieses wird als Erz gewonnen und dann bearbeitet, um die Diamanten im Inneren zu finden. Die Farbe eines Diamanten kann stark variieren und bestimmt seinen Wert. Er kann klar oder blau sein, rot, gelb, pink oder auch schwarz. Je nachdem, welche Mineralien er beinhaltet. Farbige Diamanten sind sehr selten und daher am teuersten. Das Wort Karat bezieht sich auf das Gewicht. Je schwerer, desto mehr Karat und desto höher der Preis.

Edelsteine aus Felsen

Wenn magmatisches Gestein als Magma an die Oberfläche kommt, kühlt es ab und kristallisiert. Amethysten, Smaragde, Granate und Diamanten sind magmatische Gesteinskristalle. Aber auch in Sedimentgestein finden sich Edelsteine. Sie bestehen meist aus verschiedenen Schichten magmatischen Gesteins, das zusammengepresst wurde. Jaspis und Opal gehören zu dieser Gruppe. In metamorphem Gestein findet man Rubine und Saphire.

Eine russische Diamantenmine an der Stelle eines erloschenen Vulkans

💡 EXPERTENWISSEN!

Dort muss man suchen:

> Rubine sind viel seltener als Diamanten. Die feinsten kommen aus Myanmar (Burma).

> Die besten Saphire kommen aus Myanmar, Kashmir und Montana (USA).

> Die feinsten Smaragde findet man in Kolumbien.

> Die schönsten Opale kommen aus Australien.

Was Du wissen musst

🌐 Der richtige Schliff

Seit Jahrhunderten werden wertvolle Edelsteine poliert und geschliffen – sie bekommen Facetten (Ecken), die sie glitzern lassen. Dieser Bearbeitungsprozess benötigt viel Können und bestimmt ihren Wert.

Der Schliff eines Diamanten

1. Ein roher, ungeschliffener Diamant wird ausgewählt und jegliche Brüche werden abgeschlagen.

2. Der Diamant wird mithilfe einer Schleifmaschine in seine Form geschliffen.

3. Er wird immer wieder mit verschiedenen Feinkörnern poliert.

Diamantformen

Die verschiedenen Formen des Diamantenschliffs haben ihre eigenen Namen. Hier findest du die geläufigsten:

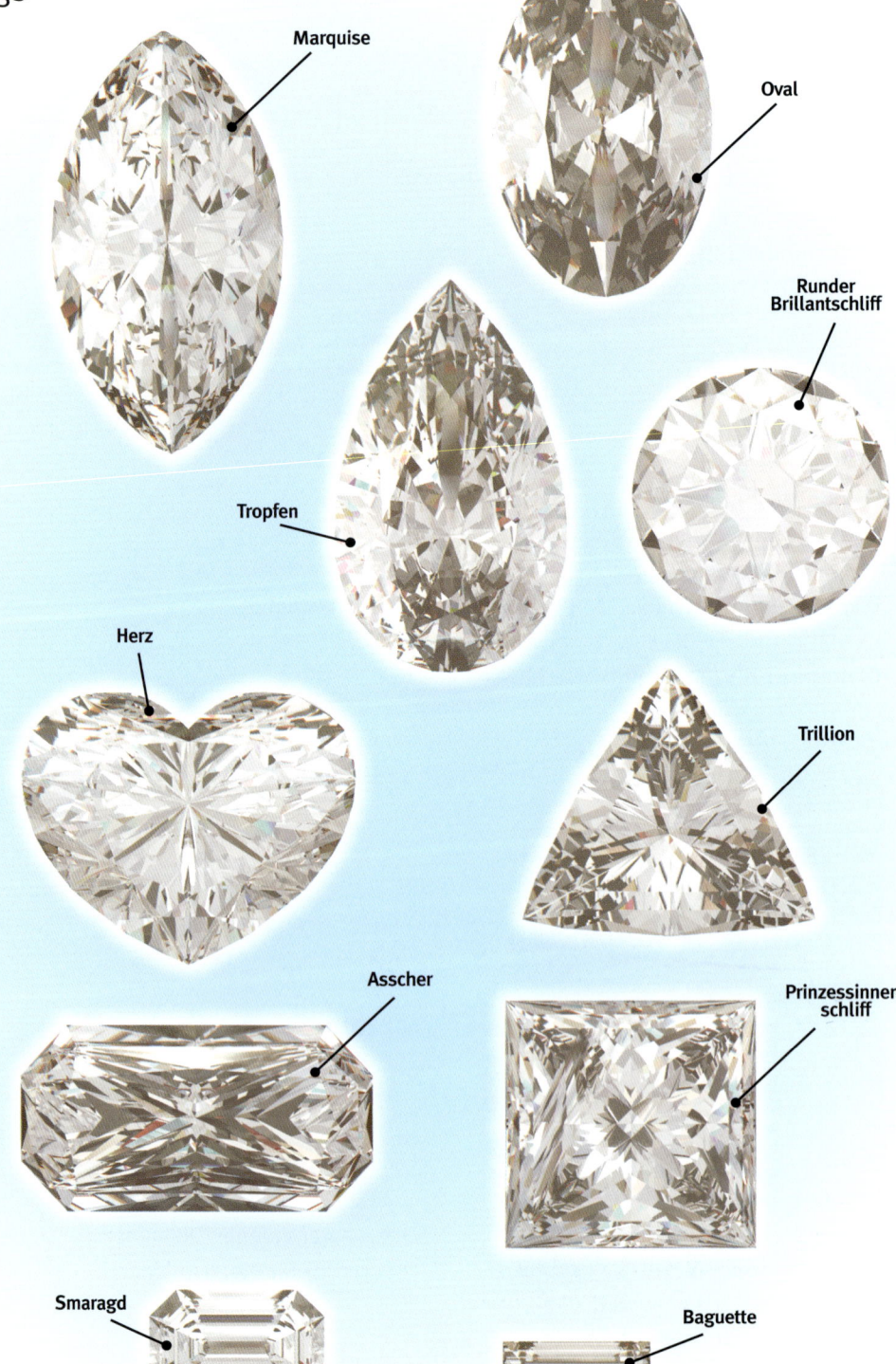

Marquise

Oval

Runder Brillantschliff

Tropfen

Herz

Trillion

Asscher

Prinzessinnenschliff

Smaragd

Baguette

Erstaunliche Juwelen

Hier findest du eine Auswahl der berühmtesten oder ungewöhnlichsten Edelsteinschätze weltweit.

⬆ Synthetische Edelsteine werden auch im Labor hergestellt. Türkise, Saphire und Rubine entstehen durch Techniken, die die natürliche Bildung imitieren, aber sehr viel schneller sind. Solche Steine lassen sich kaum noch von echten Edelsteinen unterscheiden. Künstliche Diamanten sind hingegen viel weicher als das Original.

⬆ Die britischen Kronjuwelen beinhalten einige der größten Diamanten weltweit. Die Imperial State Crown (siehe oben) besitzt etwa 3000 Edelsteine, unter anderem den riesigen Diamanten „Kleinerer Stern von Afrika".

⬆ Jade ist ein wunderschöner grüner Stein, der in metamorphem Gestein steckt. Er ist sehr teuer. Im Jahr 1997 wurden einige Jadeperlen für die Rekordsumme von 9,3 Millionen Dollar verkauft.

➡ Dieses königliche Zepter wurde 1661 für König Karl II. von England angefertigt, später jedoch verändert, um den Großen Stern von Afrika einzuarbeiten. Das ist ein berühmter Diamant mit einem Gewicht von 530 Karat. Einst war er Teil des größten jemals gefundenen Diamanten, des 3000-karätigen Cullinan.

⬆ Der Hope-Diamant (siehe oben) ist ein extrem seltener, dunkelblauer Diamant. Kein anderer blauer Diamant in dieser Größe und Qualität wurde je gefunden. Er ist Teil einer wunderschönen Kette und wird im Smithsonian-Naturkundemuseum in Washington (USA) aufbewahrt.

EXPERTENWISSEN!

❯ Bernstein sieht vielleicht wie ein gelb-oranger Stein aus, doch es ist in Wahrheit gehärtetes Baumharz.

❯ Perlen stammen auch nicht aus der Erde. Sie werden im Inneren von Austern und Miesmuscheln geformt.

Vulkane

Vulkane bilden sich, wenn Magma, also heißes und flüssiges Gestein, aus dem Erdinnern an die Oberfläche sprudelt. Das passiert oft am Rande von Erdplatten (siehe Seite 36).

So bilden sich Vulkane

Unter der Erde steigt der Druck und presst das Magma aus einer Kammer an die Oberfläche. Sie sprudelt als Lava aus einem Spalt in der Erde. Asche, Steine und Lava kühlen ab und bilden einen Kegel mit einem Krater in der Mitte. Manchmal strömt die Lava durch einen Riss an der Seite, diesen nennt man Nebenkrater.

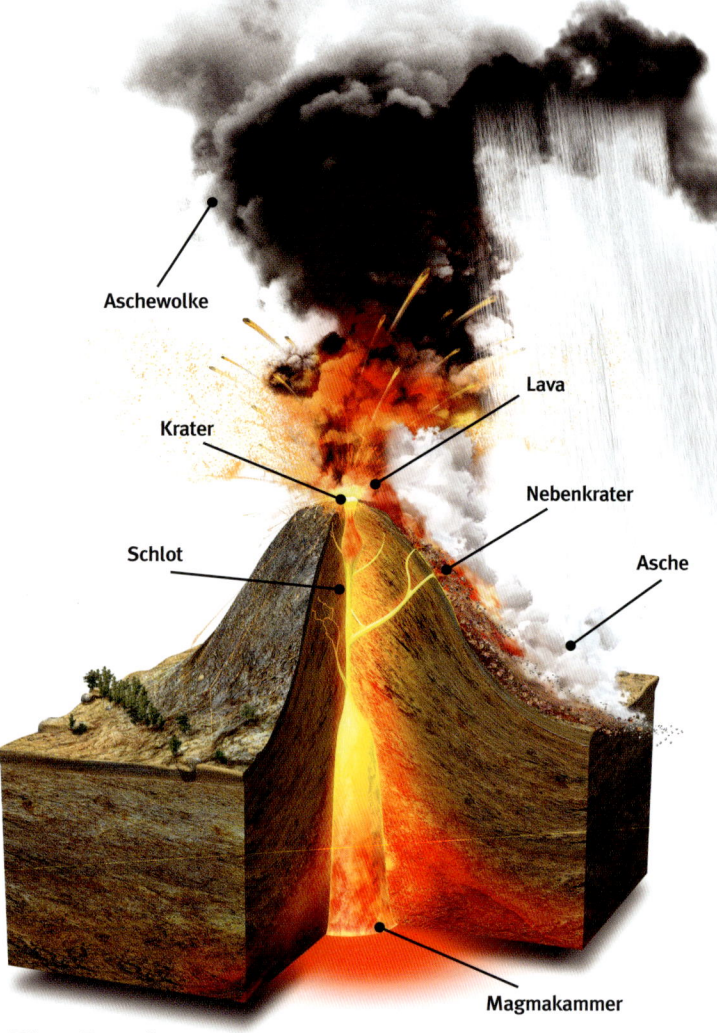

Aschewolke

Lava

Krater

Nebenkrater

Schlot

Asche

Magmakammer

Der Vesuv ist ein aktiver italienischer Vulkan.

Aktiv oder nicht?

Vulkane, die immer noch ausbrechen, nennt man aktiv. Vulkane, die vielleicht mal ausbrechen werden, werden als ruhend bezeichnet und Vulkane, die nicht mehr ausbrechen, nennt man erloschen. Zu den bekanntesten aktiven Vulkanen zählen der Fuji in Japan und der Vesuv in Italien. Im Jahre 79 n. Chr. brach der Vesuv aus, begrub die römischen Städte Herculaneum und Pompeii unter sich und tötete viele Menschen.

Ein Ausbruch

Es ist unmöglich vorauszusagen, wie ein Vulkan ausbrechen wird. Aus einigen quillt ein dicker Lavastrom, der langsam in glühenden Flüssen hinab fließt. Andere explodieren lautstark und werfen große Brocken flüssigen Gesteins nach außen. Diese werden auch Lavabomben genannt. Die größten Ausbrüche bestehen aus gewaltigen Explosionen, die große Wolken eines tödlichen Gases und Lava ausstoßen.

EXPERTENWISSEN!

› Zerkleinerter Vulkanstein wird in Zahnpasta, Make-up, Badreiniger und Straßenbelag verwendet.

› Jährlich brechen zwischen 50 und 70 Vulkane aus. Zum Glück liegen die meisten davon unter Wasser.

Heiße Info!

Marsmonster

Der größte bekannte Vulkan befindet sich nicht auf der Erde, sondern auf dem Planeten Mars. Der Gigant hat einen Durchmesser von 600 km.

Geysire und heiße Quellen

Heiße Quellen und Geysire findet man in den vulkanischen Regionen der Welt, in denen heißes Erdgestein ganz nahe unter der Oberfläche liegt.

Warum dampfen Geysire so?

Geysire und heiße Quellen treten auf, wenn Wasser unter der Oberfläche von heißen Steinen erhitzt wird. Das kochende Wasser schießt durch Spalten im Boden nach oben. Heiße Quellen sind warme Becken, wohingegen Geysire regelmäßig dampfendes, kochendes Wasser ausspucken. Sie tauchen dort auf, wo das Wasser unterirdisch gesammelt wird und dann durch Druck nach oben schießt. Nachdem sie ausgebrochen sind, ruhen sie ein Weilchen, bis sich der Druck wieder aufbaut.

EXPERTENWISSEN!

> Das heiße Wasser der Geysire wird in der isländischen Hauptstadt Reykjavik zum Heizen von Häusern und Büros verwendet.

> Heiße Quellen wurden schon immer mit Heilkraft in Verbindung gebracht. Jahrhundertelang badeten Menschen in ihnen, um ihre Gebrechen und Hautkrankheiten auszukurieren.

> Die frühen Römer dachten, dass heiße Quellen Eingänge zur Unterwelt sind. Ein magischer Ort, an dem Götter und Göttinnen leben.

Schneeaffen lieben es, in den heißen Quellen von Nagani, Japan, zu entspannen.

Ein Geysir in Island

Die heißen Quellen von Pamukkale in der Türkei haben terrassenförmige Becken gebildet.

Die größten Geysire

Etwa die Hälfte aller Geysire weltweit befindet sich im Yellowstone-Nationalpark in Wyoming (USA). Der dortige Steamboat-Geysir ist der höchste der Welt. Seine dampfende Wassersäule schießt ein oder zweimal im Jahr bis zu 120 m in die Luft. Der berühmteste Geysir des Nationalparks heißt jedoch „Old Faithful". Er bricht alle 91 Minuten aus und besitzt eine eigene Webcam.

Heiße Quellen als Baumeister

Das Wasser der Geysire und heißen Quellen beinhaltet Mineralsalze – ein Material, das sich aus den unterirdischen Gesteinen im Wasser gelöst hat. Wenn das Wasser die Oberfläche erreicht und abkühlt, lagern sich die Salze ab und verhärten zu wunderschönen Formen. Über die Jahre können daraus Becken und Vorsprüngen entstehen.

Erdbeben

Erdbeben sorgen dafür, dass die Erde wackelt. Sie entstehen durch plötzliche Bewegungen in der Erdkruste. Besonders häufig sind sie dort, wo zwei Erdplatten zusammentreffen (siehe Seite 36).

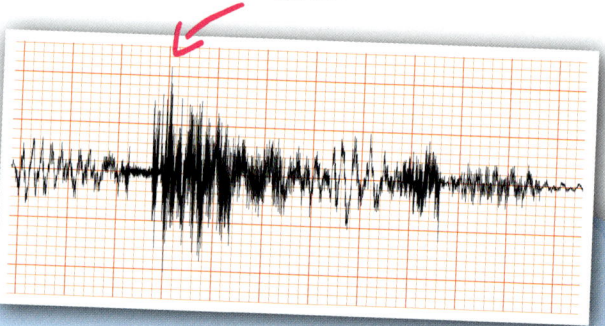

Das Ergebnis eines Seismografen. Je höher die Linie, desto stärker das Beben.

Erdbeben (als rote Punkte markiert) finden meist an den Grenzen der Erdplatten statt (graue Linien).

Erdbeben messen

Ein Seismograf ist ein Instrument, das Erdbeben misst. Er erfasst die Schockwellen und zeigt eine Linie an, die festhält, wie stark jede Welle ist.

Erdbebengebiete

Die meisten Erdbeben treten am Rand des Pazifischen Ozeans oder in bergigen Gegenden wie dem Himalaya auf. Hier drücken und rutschen die Platten unter der Erdoberfläche am meisten. Wissenschaftler beobachten diese Gebiete ganz besonders, um Erdbeben voraussagen zu können. Zu den Warnsignalen zählen etwa kleinere Vorbeben.

ZAHLEN & FAKTEN

Die Richterskala

Die Richterskala teilt Erdbeben in zehn Stufen ein.

Skala	Auswirkungen	Frequenz
0 – 2,0	Nicht spürbar	ca. 8 000-mal pro Tag
2,0 – 2,9	Nicht spürbar, jedoch gemessen	ca. 1 000-mal pro Tag
3,0 – 3,9	Spürbar, jedoch keine Schäden	ca. 49 000-mal im Jahr
4,0 – 4,9	Leicht spürbar im Inneren	ca. 6 200-mal im Jahr
5,0 – 5,9	Bei anfälligen Gebäuden ernste Schäden	ca. 800-mal im Jahr
6,0 – 6,9	Zerstörung im Umkreis von 160 km	ca. 120-mal im Jahr
7,0 bis 7,9	Zerstörung über weite Gebiete	ca. 18-mal im Jahr
8,0 – 8,9	Zerstörung im Bereich von 1 000 km	ca. 1-mal im Jahr
9,0 – 9,9	Zerstörung im Bereich von 10 000 km	1-mal in 120 Jahren
10,0	Noch nie registriert	

🌐 Berge

Berge sind gigantische Gesteinsmassen und mindestens 600 m hoch. Sie bedecken etwa ein Viertel der Erdoberfläche und stehen meist in Gruppen zusammen, den Gebirgen.

💡 **EXPERTENWISSEN!**

> Der Mount Everest gilt mit seinen 8 848 m als höchster Berg der Erde.

> Noch höher, nämlich 10 203 m, ist der Mauna Kea, ein Vulkan im Pazifischen Ozean. Er ragt jedoch nur 4 205 m aus dem Meer heraus.

Ein kuppenförmiger Berg in den Adirondacks (USA)

Der Mount Everest im Himalaya-Gebirge, einem Faltengebirge. Die Alpen und die Anden sind ebenfalls Faltengebirge.

Ein Schollengebirge in der Sierra Nevada (USA). Bäume wachsen nur an den niedrigeren Hängen der Hochgebirge.

Die Entstehung der Berge

Die höchsten Gebirge der Welt entstehen dort, wo Erdplatten zusammenstoßen. Die Erdoberfläche hebt sich langsam aber stetig an (siehe Seite 36). Der Prozess der Gebirgsbildung dauert Millionen von Jahre. Die höchste Gebirgskette ist der Himalaya. Er begann vor etwa 70 Millionen Jahren zu wachsen und hebt sich noch heute um jährlich 1 cm.

Die Form der Berge

Berge haben unterschiedliche Formen, je nachdem wie sie entstanden sind. Faltengebirge entstehen, wenn Gestein nach oben gebogen wird, wie ein Papier, das gefaltet wird. Schollengebirge bilden sich, wenn riesige Gesteinsbrocken vom Magma nach oben getrieben werden, und Plateaugebirge entstehen, wenn eine weite Fläche Land nach oben gedrückt wird.

Das Profil der Berge

Am Fuße eines Berges gibt es noch Bäume, doch ab einer bestimmten Stelle können sie nicht mehr wachsen. Diese Stelle nennt man Baumgrenze. Über ihr können nur sehr zähe Pflanzen wie z. B. Moose überleben. Weiter oben gibt es keine Pflanzen und es liegt meist das ganze Jahr über Schnee. Die Linie zwischen dieser Zone und der Gegend, in der Schnee im Sommer schmilzt, wird Schneegrenze genannt.

Gletscher

Ein Gletscher ist eine riesige, unglaublich schwere Masse aus Eis, die sich als großer Eisfluss einen Berg hinunterbewegt.

Das vordere Ende des Perito-Moreno-Gletschers in Patagonien (Argentinien)

ZAHLEN & FAKTEN

Gletscherfakten

> Über 10 Prozent der Erdoberfläche ist von Gletschern bedeckt.

> Gletscher beinhalten zwischen 70 und 80 Prozent des Frischwassers der Erde.

Der gigantische Franz-Josef-Gletscher schlängelt sich durch die Landschaft Neuseelands.

Wo gibt es Gletscher?

Gletscher findet man auf jedem Kontinent der Erde, doch die meisten weit im Süden oder Norden – in der Arktis und der Antarktis. Der größte Gletscher der Welt ist der Lambert-Gletscher in der Antarktis. Er ist gigantische 400 km lang, 100 km breit und etwa 2 500 m tief. Gletscher bewegen sich ganz unterschiedlich, je nach ihrer Größe, doch sie kommen 20 bis 30 m pro Tag voran.

Die Geburt eines Eisbergs

Die meisten Eisberge entstehen durch das abgebrochene Stück Eis eines Gletschers, das ins Meer fällt. Die Geburt eines Eisbergs wird auch Kalben genannt. Etwa 10 000 bis 15 000 Eisberge kalben jedes Jahr. Eisberge, die aus Gletschern entstehen, sind meist dünn zulaufend und spitz. Eisberge, die von der riesigen Eisdecke an den Polarregionen abbrechen, sind flach.

Das Land gestalten

Während sich ein Gletscher bewegt, gestaltet er auch die Erdoberfläche, indem er eine weite, U-förmige Schneise schlägt. Er lässt sich durch nichts aufhalten. Er drängt Felsen zur Seite und lädt sie meist erst ein ganzes Stück weiter wieder ab. Ändert sich das Klima und ein Gletscher schmilzt, hinterlässt er eine typische Landschaft: Ein U-förmiges Tal, das von Geröllbergen, den Moränen, umrahmt wird.

Heiße Info!

Im Inneren eines Gletschers

Dort findet man eisige Höhlen und Wassertunnel. Diese blaue Eishöhle ist ein Beispiel. Das Innere ist jedoch kein sicherer Ort, da zu jeder Zeit das Eis brechen könnte.

🌐 Flüsse

Einige Flüsse entspringen hoch oben in den Bergen, wo der Schnee sich sammelt und schmilzt. Andere Flüsse beginnen an kleinen Quellen. Alle Flüsse fließen bergab und bringen frisches Wasser zu den Meeren.

Das Ganges-Delta. Das Land zwischen den Flussbetten besteht aus den Sedimenten des Flusses.

Aushöhlung des Flussbetts

Flüsse formen die Landschaft, die sie durchfließen. Steine und Erde werden mitgerissen und häufig entstehen V-förmige Täler. Eines der besten Beispiele für die gestalterische Kraft des Wassers ist der Grand Canyon in Colorado (USA). In etwa 17 Millionen Jahren hat sich der Colorado River tief in den Fels geschnitten.

Neues Land

Ein Fluss fließt langsamer, wenn er in die Nähe des Meeres kommt. Verlangsamt er seine Geschwindigkeit, sinken die Erd- und Felspartikel im Wasser als Sedimente auf den Boden und bilden Schlick und Inseln. Diese Ablagerungen führen oft dazu, dass sich das Mündungsgebiet stark verbreitet. Das nennt man ein Delta. In Indien und Bangladesch bilden die Flüsse Ganges und Brahmaputra das weltweit größte Delta mit einer Fläche von 105 000 qkm.

Die Welt und ihre Wasserfälle

Wenn ein Fluss ein sehr hartes Felsband erreicht, wird er den weicheren Stein auf der anderen Seite abtragen und letztlich als Wasserfall hinunterstürzen. Der höchste Wasserfall der Erde befindet sich in Venezuela. Der Salto-Angel-Wasserfall ist über 807 m hoch. Einer der breitesten Wasserfälle ist der Victoria-Wasserfall des afrikanischen Sambesi-Flusses. Mit der Zeit hat der Sambesi ein Bett von 1007 m Breite geprägt.

Der Victoria-Wasserfall an der Grenze zwischen Sambia und Zimbabwe

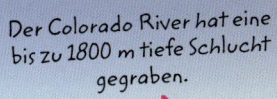

Der Colorado River hat eine bis zu 1800 m tiefe Schlucht gegraben.

💡 ZAHLEN & FAKTEN

Die fünf längsten Flüsse

1. Nil, Afrika: 6695 km

2. Amazonas, Südamerika: 6400 km

3. Jangtsekiang, Asien: 6240 km

4. Mississippi, Nordamerika: 6192 km

5. Ob, Russland: 5534 km

Die Reise eines Flusses

Auf seinem Weg von der Quelle zum Meer verändert sich die Geschwindigkeit und die Form des Flusses. Man kann den Flusslauf deshalb grob in drei Abschnitte einteilen.

EXPERTENWISSEN!

› Lass dich nicht vom Namen täuschen: Der größte See der Welt ist das Kaspische Meer. Seine Fläche von 386 400 qkm ist größer als Deutschland.

› Fließt ein Fluss unter der Erde, schneidet er Höhlen in das Gestein.

› Der kürzeste Fluss der Welt heißt Roe Rover. Nur 61 m fließt er durch Montana (USA).

Der Oberlauf eines Flusses

Der erste Teil eines Flusses ist der Oberlauf, wenn er sehr schnell bergab fließt. Er sammelt vielleicht noch Wasser von anderen Bergströmen ein, während er nach unten rast. Dabei fließt er auch durch enge Schluchten oder schießt über Felsen, die Stromschnellen verursachen. In diesem Flusslauf leben die guten Schwimmer unter den Fischen und haftende Pflanzen.

Stromschnellen in einem Flussoberlauf

Der Mittellauf eines Flusses

Der Mittellauf hat meist ein sanfteres Gefälle und das Wasser fließt langsamer. Der Fluss wird breiter und windet sich auf seiner Reise durchs Land. Wenn er sich dabei in den Talboden eingräbt, hinterlässt er am Ufer stufenartige Gebilde, die Flussterrassen. Viele Fische und Pflanzen bevorzugen den vergleichswiese ruhigen Mittellauf des Flusses.

Flussterrassen und Windungen im Mittellauf eines Flusses

Der Unterlauf des Flusses

Am Unterlauf wird der Fluss noch langsamer und breiter (siehe Seite 49). Die Erde und die Felsfragmente, die er während der Reise aufgenommen hat, sind nur noch kleine Partikel, die sich zu Schlick und Sandbänken auftürmen können. Wasservögel brüten gerne am Unterlauf, da es hier viele Pflanzen gibt.

Ein Wasservogel watet durch den Schlick an der Mündung eines Flusses.

Meeresküsten

An der Küste trifft das Land auf das Meer. Die Küsten der Welt sind sehr unterschiedlich. Es gibt zum Beispiel flache sandige Strände, aber auch felsige Steilküsten.

Vom Meer geformt

Das Meer formt die Küste auf ganz unterschiedliche Arten. Befindet sich ein Sprung in der Klippe, wird das Meerwasser wahrscheinlich eindringen und daraus mit der Zeit eine Höhle formen. Manchmal trifft das Wasser von beiden Seiten auf eine Landzunge und trägt den Stein so lange ab, bis ein Bogen entsteht. Wie schnell das Meer eine Klippe formt, hängt davon ab, ob sie aus weichem oder hartem Gestein besteht.

Mündungsgebiet

Trifft ein Fluss auf das Meer, gibt es dort manchmal flache, schlammige Gegenden, auch Mündungsgebiet genannt. Das Meer fließt über den Schlamm und Salzschlick entsteht. In tropischen Gegenden gibt es bisweilen riesige Moore mit Mangrovenbäumen (siehe oben). Das sind die einzigen Bäume, die im Salzwasser überleben können.

Am Strand

Das Meer sammelt lose Steine auf, während es die Küste abträgt. Die Wellen schleifen die Steine zu winzigen Partikeln, die an die Küste gespült werden und den Strand formen. Strände haben unterschiedliche Farben, je nachdem aus was der Sand besteht: gelbe Steinpartikel, weiße Muschelschalen, pinkfarbene Korallenstücke oder auch schwarze Vulkanlava.

Vom Meer gestaltete Küstenformen

Landzunge

Bogen

Säule

Stumpf

Strand

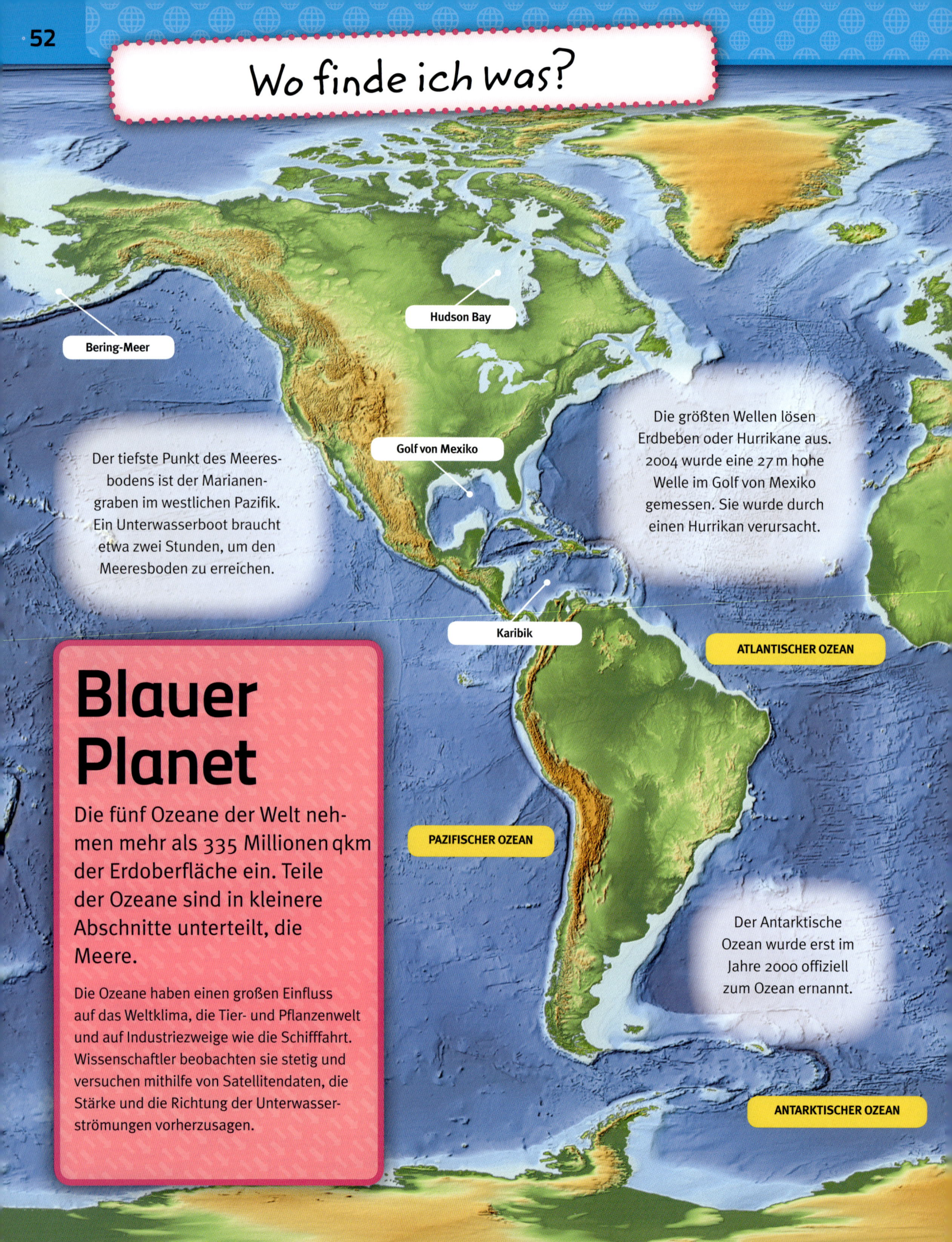

Wo finde ich was?

Hudson Bay

Bering-Meer

Die größten Wellen lösen Erdbeben oder Hurrikane aus. 2004 wurde eine 27 m hohe Welle im Golf von Mexiko gemessen. Sie wurde durch einen Hurrikan verursacht.

Golf von Mexiko

Der tiefste Punkt des Meeresbodens ist der Marianengraben im westlichen Pazifik. Ein Unterwasserboot braucht etwa zwei Stunden, um den Meeresboden zu erreichen.

Karibik

ATLANTISCHER OZEAN

Blauer Planet

Die fünf Ozeane der Welt nehmen mehr als 335 Millionen qkm der Erdoberfläche ein. Teile der Ozeane sind in kleinere Abschnitte unterteilt, die Meere.

Die Ozeane haben einen großen Einfluss auf das Weltklima, die Tier- und Pflanzenwelt und auf Industriezweige wie die Schifffahrt. Wissenschaftler beobachten sie stetig und versuchen mithilfe von Satellitendaten, die Stärke und die Richtung der Unterwasserströmungen vorherzusagen.

PAZIFISCHER OZEAN

Der Antarktische Ozean wurde erst im Jahre 2000 offiziell zum Ozean ernannt.

ANTARKTISCHER OZEAN

ARKTISCHER OZEAN

Kaspisches Meer

Mittelmeer

Schwarzes Meer

Ostchinesisches Meer

Ostmeer

Südchinesisches Meer

PAZIFISCHER OZEAN

Rotes Meer

Arabisches Meer

Andamanensee

INDISCHER OZEAN

ZAHLEN & FAKTEN

Die tiefsten Meeresstellen

1. Pazifik: Marianengraben   10 994 m
2. Atlantik: Puerto-Rico-Graben   8 648 m
3. Antarktischer Ozean:
   Sandwichgraben   7 235 m
4. Indischer Ozean: Javagraben   7 125 m
5. Arktischer Ozean: Eurasisches
   Becken   5 450 m

Rund um Kamine (siehe Seite 35) kann das Wasser bis zu 400 °C heiß werden.

In jeder millionsten Tonne Meerwasser befinden sich vier Gramm Gold.

Die weltweit größte Strömung ist die antarktische Zirkumpolarströmung, die zwischen Südamerika und der Antarktis fließt.

ZAHLEN & FAKTEN

Die Größe der Ozeane

1. Pazifik .... 155 557 000 qkm
2. Atlantik .... 76 762 000 qkm
3. Indischer Ozean .... 68 556 000 qkm
4. Antarktischer Ozean.... 20 327 000 qkm
5. Arktischer Ozean...........14 056 000 qkm

Die Lebens-räume

Wir teilen die Erde in verschiedene Regionen ein, die sogenannten Lebensräume. Jeder Lebensraum besitzt ein spezielles Klima und eine Vielzahl an Pflanzen und Tieren.

In den Regionen des Regenwalds regnet es an den meisten Tagen.

Einige Wüsten sind sandige Landschaften. Andere sind felsig.

ZAHLEN & FAKTEN

Lebensräume

Tundra – gefrorenes Land im hohen Norden

Taiga – riesiger Gürtel aus Nadelwald im Norden der Welt

Gemäßigte Wälder – Wald mit Bäumen, die im Winter ihre Blätter verlieren

Grasland – weite Ebenen aus Gras

Tropischer Regenwald – dicker Dschungel in warmen, feuchten Teilen der Erde

Wüste – die trockensten Regionen der Welt

Graslandschaften erstrecken sich über viele Kilometer, mit nur wenig Bäumen und Sträuchern.

Eine Welt voller Wälder

Ein Drittel der Erdoberfläche ist mit Wäldern bedeckt. Im Norden des Planeten gibt es einen großen Gürtel an immergrünen Wäldern, Taiga genannt. Weiter südlich kommen die gemäßigten Wälder vor, deren Bäume im Winter meist die Blätter verlieren. Tropische Regenwälder wachsen rund um den Äquator, wo das Klima nass und feucht ist.

Die härtesten Lebensräume

Etwa ein Fünftel der Erde ist Wüste, dort gibt es nur wenig oder gar keinen Regen. Das trockene Wüstenklima macht es den Tieren und Pflanzen schwer, dort zu überleben. Der Lebensraum Tundra im hohen Norden ist für Tiere und Pflanzen ebenfalls ein schwieriger Ort. Der Boden ist unter der Oberfläche immer gefroren und es gibt nicht genügend Erde, damit dort Bäume wachsen können.

Die Graslandschaften der Erde

Grasländer nehmen etwa 40 Prozent der Landmasse ein. Hier ist es für Wälder zu trocken, jedoch gibt es genug Regen für das Gras. In Nordamerika werden die Graslandschaften Prärie genannt. In Zentralasien nennt man sie Steppe und in Südamerika Pampa. In heißen, tropischen Regionen nennt man sie Savanne.

 Das Klima

Klima nennt man das Wettergeschehen, das für einen bestimmten
Ort im Jahresverlauf typisch ist.

*Wälder mit Laub abwerfenden
Bäumen (siehe Seite 114)
wachsen in gemäßigten
Klimazonen.*

Die Klimazonen

Es gibt auf der Welt vier Hauptklima-
zonen. Im hohen Norden und Süden
herrscht das Polarklima. Es ist immer
sehr kalt. Weiter in Richtung des Äquators
ist das Wetter gemäßigt, mit warmen,
trockenen Sommern und milden Wintern.
Noch näher am Äquator wird das Klima
subtropisch – warm mit trockenen und
regnerischen Jahreszeiten. Rund um den
Äquator ist das Klima tropisch – immer
sehr warm mit Regen an jedem Tag.

💡 EXPERTENWISSEN!

> Wostock in der Antarktis ist der kälteste Ort der Welt, mit Temperaturen, die kälter sind als in einem Gefrierschrank.

> Dallol in Äthiopien ist der heißeste Ort der Erde mit einer Durchschnittstemperatur von 34,4 °C.

> Sibirien in Russland besitzt die weiteste Temperaturschwankung, zwischen −70 °C und 36,7 °C.

> Der trockenste Ort der Welt ist die Atacama-Wüste in Chile. Dort wurde in manchen Regionen noch nie ein Tropfen Regen beobachtet.

Spezielle Klimata

Manche Orte haben ihr eigenes Mikroklima, ein spezielles Wetter, das sie von
ihrer Umgebung unterscheidet. In großen
Städten ist es z. B. oft wärmer als auf
dem Land, da die Betonbauten die Hitze
tagsüber speichern und nachts als Wärme
in die Luft abgeben.

*An Nord- und Südpol ist
es immer eisig kalt.*

Warum gibt es unterschiedliche Klimazonen?

Rund um den Äquator treffen die Sonnenstrahlen die Erde direkt. Je weiter man
sich vom Äquator entfernt, desto schräger fallen die Strahlen auf die Erde und
umso länger benötigen sie, um durch die Atmosphäre zu gelangen und auf die
Erde zu treffen. Da sie dabei Wärme verlieren, gilt: Je weiter eine Region vom
Äquator entfernt liegt, desto kälter ist es dort.

*Eine große Stadt hat meist ein
etwas wärmeres Klima als die
direkte Umgebung.*

Die Jahreszeiten

Frühling, Sommer, Herbst und Winter finden auf den einzelnen Erdteilen zu unterschiedlichen Zeiten statt.

Während in der nördlichen Hemisphäre Winter ist, ist in der südlichen Hemisphäre Sommer.

Die Neigung der Erde

Die Jahreszeiten werden durch die Neigung der Erde hervorgerufen. Für ein paar Monate im Jahr ist eine Hemisphäre (eine Erdhälfte) der Sonne zugeneigt und erhält stärkere Sonnenstrahlen. Die andere Hälfte ist währenddessen von der Sonne abgewandt und erhält schwächere Strahlen. Dann dreht sich die Erde auf ihrer Umlaufbahn und die Positionen drehen sich um (siehe S. 18.).

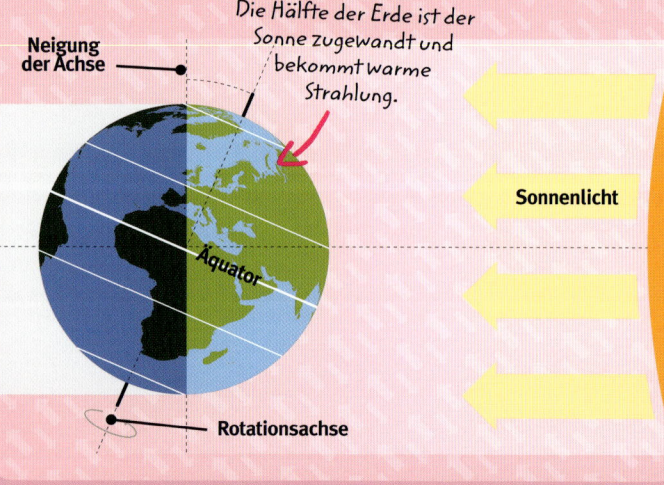

Die Hälfte der Erde ist der Sonne zugewandt und bekommt warme Strahlung.

Neigung der Achse

Sonnenlicht

Äquator

Rotationsachse

Der Wandel der Jahreszeiten

Während sich die Erde auf ihrer Umlaufbahn bewegt, nimmt die Sonnenstrahlung in jeder Hemisphäre zu oder wird schwächer und die Jahreszeiten ändern sich. Ist in einer Hälfte Sommer, ist in der anderen Winter. Im Herbst und im Frühling haben beide Hemisphären den gleichen Abstand zur Sonne.

Kalter oder drückend heißer Sommer?

Die Jahreszeiten sind nicht überall auf der Welt gleich. In der Antarktis, die nie starke Sonnenstrahlen erhält, bleiben die Temperaturen selbst im Sommer unterhalb des Gefrierpunkts. Je weiter man sich von den Polen entfernt, desto wärmer wird der Sommer.

Heiße Info!

Heiße Weihnachten

In der nördlichen Hemisphäre wird Weihnachten mit winterlichem Eis und Schnee assoziiert. In der südlichen Hemisphäre liegt der Dezember im Sommer und den Weihnachtsmann kann man wahrscheinlich am Strand liegen sehen.

Feucht- und Trockenperioden

Die Gebiete rund um den Äquator werden Tropen genannt. Hier gibt es weder Herbst noch Winter, Frühling oder Sommer. Stattdessen wechseln sich Feucht- und Trockenperioden ab.

💡 **EXPERTENWISSEN!**

> Die Tropenzone verläuft entlang des Äquators. Hier liegen u. a. Indien, Brasilien und Teile Afrikas.

> In den Feuchtperioden ist es heißer als in der Trockenzeit.

> Der Monsunregen liefert 90 Prozent der indischen Wasservorräte.

Während der Trockenzeit haben es die Tiere schwer Wasser zu finden.

Warten auf den Regen

Die Trockenperioden dauern länger an als die Feuchtperioden. Monatelang fallen oft nur wenige Zentimeter Regen. Wasserlöcher und Flüsse trocknen aus. Pflanzen und Tiere leiden und kämpfen darum, bis zum nächsten Regen zu überleben. In der südlichen Hemisphäre dauern die Trockenzeiten etwa von April bis September. In der nördlichen Hemisphäre dauern sie von Oktober bis März.

Monsun

Einige tropische Gegenden befinden sich auf dem Weg von Winden, die viel Regen mit sich führen. Diese heftigen Regenschauer nennt man auch Monsun. In Westafrika, Asien, Australien und Teilen des Südwestens der USA treten diese Monsune auf. Etwa die Hälfte der Weltbevölkerung lebt in Gegenden, die vom Monsun betroffen sind. Zu viel oder zu wenig Monsunregen kann Ernten zerstören oder verheerende Hungersnöte und Fluten auslösen.

Ein überfluteter Markt in Varanasi (Indien) während der Monsunzeit

Gnus wandern am Ufer des Flusses Mara in Tanzania.

Wasser finden

Die Feucht- und Trockenperioden in der afrikanischen Savanne führen zu den größten Tierwanderungen auf der Erde. Während der Feuchtperiode suchen Tausende Herdentiere saftige Pflanzen und Wasserlöcher, die vom Regen aufgefüllt wurden. Die Jäger unter den Tieren folgen ihnen. Wenn die Feuchtperiode beendet ist, suchen die Herden an neuen Orten nach Futter.

🌐 Der Himmel über uns

Die Erde ist von einer Decke aus mehreren Gasen umhüllt, der Atmosphäre.

Luftschichten

Die Atmosphäre besteht aus fünf Hauptschichten:

1. Die **Exosphäre** ist zwischen 500 und 8 000 km hoch. Wettersatelliten drehen hier ihre Kreise. Die Temperatur ist sehr hoch.

2. Die **Thermosphäre** liegt zwischen 80 und 500 km. Hier ist die Temperatur am höchsten.

3. Die **Mesosphäre** reicht von 50 bis 80 km hoch in den Himmel. Unbemannte Wetterballone dringen bis hierhin vor.

4. In einer Höhe von 11 bis 50 km liegt eine kalte Schicht, die **Stratosphäre**. Flugzeuge nutzen sie, um schlechtes Wetter zu umgehen.

5. Die **Troposphäre** reicht bis etwa 11 km über dem Boden. Diese Schicht, die allen Wasserdampf der Erde enthält, bestimmt das Wettergeschehen.

Exosphäre

Thermosphäre

Mesosphäre

Stratosphäre

Troposphäre

Luftdruck

Die Atmosphäre drückt auf die Erdoberfläche und führt zu einer Kraft, die wir Luftdruck nennen. Der Luftdruck ist am Boden am stärksten und wird schwächer, je höher man hinaufkommt. Hoch oben auf den Bergen ist der Luftdruck schwach und es gibt weniger Sauerstoff. Bergsteigern fällt es dort deshalb schwer zu atmen und manche benötigen Sauerstoffmasken (siehe oben).

 ZAHLEN & FAKTEN

Die Atmosphäre besteht aus diesen Gasen:

78,09 % Stickstoff

20,95 % Sauerstoff

0,93 % Argon

0,03 % Sonstige Gase

Die Farben des Himmels

Das Sonnenlicht besteht aus verschiedenfarbigen Lichtwellen. Alle erkennbaren Farben kannst du in einem Regenbogen sehen – Rot, Orange, Gelb, Grün, Blau, Indigo und Lila. Wenn die Sonnenstrahlen die Erdatmosphäre erreichen, werden die blauen Lichtwellen in alle Richtungen zerstreut, der Himmel sieht blau aus. Roter Himmel entsteht, wenn die blauen Lichtwellen von Staubpartikeln in der Luft blockiert werden und nur das rote Licht durchkommt.

🌐 So entsteht unser Wetter

Die Temperatur der Erdatmosphäre und der Wassergehalt in der Luft
ändern sich ständig. Daher kommt unser Wetter.

Der Wasserkreislauf

Die Sonne erhitzt die Ozeane und
Flüsse. Dadurch verdampft Wasser
und bewegt sich nach oben. Je höher
der Wasserdampf steigt, umso mehr
kühlt er ab, bis er schließlich wieder
zu Wassertropfen wird. Diese sammeln
sich rund um Staubkörnchen in der
Luft an. Billionen von Tropfen bilden
eine Wolke und fallen irgendwann als
Regen wieder herunter.

Wasser verdampft und fällt
als Regen wieder hinunter.
Und das immer und immer
wieder. Diesen Kreislauf nennt
man auch Wasserkreislauf.

Schnee, Hagel und Nebel

Wenn Wassertropfen sehr kalt
werden, verwandeln sie sich in Eiskristalle und fallen als Schnee auf
den Boden. Manchmal werden sie
auch zu Hagel – eisigen Körnern,
die in hohen Sturmwolken hin- und
herflattern, größer werden, bis sie
zu schwer sind und fallen. Wenn der
Boden kälter ist als die Luft darüber,
entstehen aus dem Wasserdampf
manchmal Tröpfchenwolken, auch
Nebel genannt.

Die Winde

Die Sonnenstrahlen werden von der
Erdoberfläche reflektiert und wärmen
die darüber liegende Luft. Die warme Luft
steigt auf und kalte Luft fließt an die vor-
herige Stelle. Diese Bewegung der Luft
nennt man Wind. Einige Winde tauchen
einmalig auf und verschwinden wieder.
Andere wehen regelmäßig über die Erde.
Verursacht werden sie durch die warme,
aufsteigende Luft am Äquator und die
kalte Luft, die von den Polarregionen
nachfließt.

Riesige Windturbinen machen
aus Wind elektrischen Strom.

Heiße Info!

⭐ **Die perfekte Flocke**

Eine Schneeflocke besteht aus
Schneekristallen, die zusammen-
hängen. Jede Flocke hat ein eigenes
Kristallmuster, daher sehen zwei
Flocken unter dem Mikroskop nie
gleich aus.

Hurrikane und Tornados

Wetter kann manchmal sehr zerstörerisch sein. Trifft ein kräftiger Hurrikan auf Land oder ein sich drehender Tornado taucht auf, können sie große Schäden anrichten.

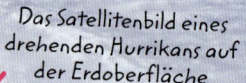

Das Satellitenbild eines drehenden Hurrikans auf der Erdoberfläche

Im Auge des Hurrikans

Ein Hurrikan ist ein schwerer Sturm, der peitschenden Regen und Winde von bis zu 320 km/h mitbringt. Sie entstehen über dem Meer. Wenn warme Luft über einer weiten Gegend nach oben steigt, fließt kalte Luft schnell nach und ein gigantisches Rad aus sich drehenden Wolken beginnt sich über die Meeresoberfläche zu bewegen. Ein Hurrikan kann mehrere Kilometer groß sein, doch im Inneren gibt es immer eine klare, ruhige Zone – das Auge.

Ein Tornado im Südosten Colorados (USA)

Hurrikan Sandy sorgte 2012 in New York für diese Zerstörung.

Hurrikane von A bis Z

Hurrikane treten meist im Spätsommer oder frühen Herbst auf und sie bekommen jeder einen Namen. Der erste Hurrikan der Saison bekommt einen Namen mit A, der nächste einen Namen mit B usw. Männer- und Frauennamen wechseln sich dabei ab. Hurrikane werden auch Taifune oder tropische Zyklone genannt.

EXPERTENWISSEN!

> Die Ebene, auf der die meisten Tornados in den USA entstehen, wird auch Tornado Alley (= Tornado-Gasse) genannt.

> Eine Wasserhose ist ein Tornado auf dem Meer, ein wirbelnder Schacht, der Meerwasser ansaugt.

> Tornados werden auch Twister genannt.

Tornados

Ein Tornado entsteht, wenn etwas Luft schnell nach oben steigt und einen sich schnell drehenden Windrüssel bildet, der über das Land zieht und alles aufsaugt, was sich ihm in den Weg stellt. Die meisten Tornados treten in den Ebenen Nordamerikas auf. Jährlich sind das etwa 800 Stück. Tornados variieren in Windgeschwindigkeit und Breite. Die stärksten können sogar schwere Züge in die Luft heben.

🌐 Gewitter

Über 45 000 Gewitter toben jeden Tag auf der Erde. In jedem Moment gibt es gleichzeitig etwa 2000 Gewitter.

Eine Kumulonimbus-Wolke bildet sich am Himmel.

Wie Gewitter entstehen

Gewitter treten meist auf, wenn es warm ist, die feuchte Luft sehr schnell nach oben steigt und sich zu einer riesigen Sturmwolke auftürmt. Diese Wolke nennt man Kumulonimbus. Im Inneren dieser Gewitterwolke wirbeln Eiskristalle umher. Dabei wird die Luft elektrisch aufgeladen. Mit der Zeit baut sich immer mehr Elektrizität auf, bis sich die Spannung in einem Blitz entlädt.

Was ist Donner?

Blitze erhitzen die Luft schlagartig auf eine Temperatur, fünfmal so heiß wie die Sonne. Die Luft explodiert nach außen und sorgt für den lauten Knall, den wir Donner nennen. Blitz und Donner treten zur gleichen Zeit auf, doch wir hören den Donner später, da der Schall sich langsamer bewegt als das Licht.

Flugzeuge versuchen Gewitter zu umgehen, indem sie höher fliegen.

Heiße Info!

Superzelle

Die heftigsten Gewitter von allen nennt man Superzelle. Eine Superzelle ist hier in Texas (USA) zu sehen und steht kurz vor dem Ausbruch. Die Wolke einer Superzelle kann sich sehr hoch und über 24 km weit ausdehnen.

Eine Kumulonimbus entdecken

Du kannst eine Kumulonimbus-Wolke daran erkennen, dass sie sich sehr hoch auftürmt. Sie ist viel größer als die meisten Wolken und wird nach oben hin immer breiter, wie ein Pilz. Im Inneren der Wolke gibt es starke, flatternde Winde, die hindurchfliegenden Flugzeugen Probleme bereiten könnten. Die Winde können zu Turbulenzen führen, die für die Passagiere eine holprige Reise zur Folge haben.

Superschnell und superheiß

Das Licht wandert so schnell hinunter zum Boden und wieder hinauf, dass es wie ein einziger Blitz aussieht. Ein Blitz kann mit einer Geschwindigkeit von bis zu 1 500 km/h nach unten schießen und sogar noch schneller nach oben.

Hohe Gebäude sind durch Blitzableiter gesichert. Wenn ein Blitz ein Gebäude mit Blitzableiter trifft, nimmt der metallische Leiter die gesamte Elektrizität auf und führt sie auf einem ungefährlichen Weg zum Boden. Ohne ihn könnte die große Hitze des Blitzes ein Feuer verursachen.

Lange Blitze treffen den Horizont einer Stadt.

💡 EXPERTENWISSEN!

❯ Beim Wetterleuchten ist der Blitz selbst nicht zu sehen, sein Licht erhellt jedoch den Himmel. Der Donner ist ebenfalls nicht zu hören. Das geschieht, wenn ein Gewitter noch weit entfernt ist.

❯ Die alten Chinesen dachten, dass Gewitter von Drachen hervorgerufen werden, die im Himmel kämpfen.

❯ Die Wikinger Skandinaviens glaubten, dass ihr Gott Thor den Donner mit seinem Hammer verursacht.

❯ In den Ländern rund um den Äquator gibt es die meisten Blitze.

❯ Du kannst die Entfernung eines Gewitters errechnen, indem du die Sekunden zwischen einem Blitz und dem Donner zählst. Das Gewitter ist 1 km entfernt, für je 3 Sekunden, die du zählst.

❯ Blitze sind sehr gefährlich. Während eines Gewitters sollte man nicht in der Nähe von hohen Dingen, wie z. B. Bäumen, oder auf weiten Flächen stehen. Außerdem sollte man metallische Gegenstände wie Zäune, Fahrräder und Golfschläger meiden. All das könnte einen Blitz anziehen.

❯ Teste deine Freunde doch mal und frag sie, wie man einen Wissenschaftler nennt, der Gewitter analysiert. Die Antwort lautet Fulminologe!

Worterklärung

Äquator Die gedachte Linie rund um die Mitte der Erde.

Atmosphäre Eine Schicht aus Gas, die die Erde umgibt.

Baumgrenze Bereich entlang eines Berghangs, über dem keine Bäume mehr wachsen können, weil es an Wärme und fruchtbarem Boden fehlt.

Delta Eine weite Flussmündung, gespickt mit Schlick und Inseln, dort wo der Fluss auf das Meer trifft.

Edelsteine Kristalle, die im Gestein gebildet werden. Aus seltenen und wunderschönen Edelsteinen werden Schmuckstücke gemacht.

Epizentrum Der Punkt auf der Erdoberfläche, der genau über dem Erdbeben liegt.

Erdbeben Durch das Zusammentreffen zweier Erdplatten wird Energie freigesetzt, die Energiewellen durch die Erdoberfläche sendet und die Erde zum Beben bringt.

Erosion Das allmähliche Abtragen von Land durch einen Fluss, Ozean, Gletscher oder das Wetter.

Erz Gestein, das Metall enthält.

Facette Eine geschliffene und polierte Ecke eines Edelsteins.

Faltengebirge Berge entstehen, wenn Gesteine durch den Druck zweier Erdplatten gefaltet werden.

Flusswindung Eine Kurve eines Flusses.

Gemäßigt Ein Klima aus warmen, trockenen Sommern und milden Wintern.

Geysir Ein regelmäßiger Strahl aus dampfendem Wasser, der aus dem Untergrund hervorschießt.

Gletscher Eine riesige Masse Eis, die so schwer ist, dass sie einen Berg als gigantischer Eisfluss hinunterrutscht.

Grabenbruch Ein riesiges, weites Tal, das durch das Auseinanderschieben zweier Platten entstand.

Grasebene Eine Gegend, in der es zu trocken für viele Bäume ist, doch es ist genug Regen für einen Grasteppich vorhanden.

Hemisphäre Die nördliche oder südliche Hälfte der Erde.

Hurrikan Ein mächtiger Sturm, der peitschenden Regen und Winde von bis zu 320 km/h mit sich bringt.

Kimberlit Eine Art magmatisches Gestein. Es ist die einzige Gesteinsart, die Diamanten enthält.

Klima Das Muster aus Wetter und Temperatur, das eine Region jedes Jahr ausbildet.

Kruste Die äußerste Schicht der Erde.

Kuppelberg Berge, die durch vulkanisches Material nach oben gedrückt werden, das aus dem Inneren der Erde kommt.

Kumulonimbus Eine riesige Gewitterwolke.

Lauf Größerer Abschnitt eines Flussbettes.

Lebensraum Eine Region der Erde, die vom Klima und der Bandbreite seiner Pflanzen und Tiere definiert wird.

Luftdruck Die Kraft der Luft, mit der sie in einer bestimmten Gegend auf die Oberfläche drückt.

Magma Gestein aus dem Untergrund, das so heiß geworden ist, dass es flüssig ist.

Magmatisches Gestein Eine Gesteinsart, die aus flüssigem Gestein entstand, das aus dem Inneren der Erde hervorgesprudelt ist und dann erkaltete.

Mantel Eine dicke Schicht aus sehr heißem Gestein, das unter der Erdkruste liegt.

Metamorphes Gestein Eine Gesteinsart, die aus magmatischem oder Sedimentgestein entstanden ist, das durch Hitze oder Druck gebrochen und verändert wurde.

Mikroklima Das Klima einer kleinen Region, die sich von der Umgebung unterscheidet.

Mineralsalze Material, das durch Wasser aus den unterirdischen Gesteinen gewaschen wurde.

Mittelozeanischer Rücken Ein Unterwassergebirge, das durch eine Bruchstelle zwischen zwei Erdplatten entstanden ist.

Monsun Regelmäßige, schwere Regenfälle, die durch saisonale Winde hervorgerufen werden.

Moräne Ein Ort, an dem die Steine von einem Gletscher abgeladen wurden.

Mündungsgebiet Ein flaches, morastiges Gebiet, wo ein Fluss auf das Meer trifft.

Nebenkrater Eine seitliche Öffnung im Vulkan, aus der das rötlich-heiße Magma auf die Erdoberfläche schwappt.

Pangäa Ein riesiger Superkontinent, der früher das gesamte Land der Erde umfasste.

Plateaugebirge Berge, die entstehen, wenn eine weite Fläche Land durch den Druck zweier aufeinandertreffender Platten nach oben gedrückt wird.

Polare Eiskappen Die beiden Kappen am Nord- und Südpol, die immer gefroren sind.

Regenwald Ein dichter Wald, der in den tropischen Regionen der Welt wächst. Dort regnet es täglich.

Richterskala Eine Skala, mit der man die Energie eines Erdbebens messen kann.

Rhodium Das wertvollste Metall der Welt.

Schollengebirge Berge entstehen, wenn riesige Gesteinsbrocken durch den Druck zweier Erdplatten nach oben gedrückt werden.

Schwebstoffe Kleinste Erd- oder Gesteinspartikel, die auf den Boden eines Flusses oder des Meeres fallen.

Sedimentgestein Eine Gesteinsart, die aus verschiedenen Schichten kleiner Partikel besteht, die zerquetscht und erhärtet sind.

Seismische Wellen Eine Energieart, die durch Erdbeben generiert wird.

Seismograf Ein Instrument, das die Schockwellen eines Erdbebens aufzeichnet.

Störungszone Ein großer Riss in der Erdkruste, der von zwei Platten verursacht wird, die gegeneinander drücken oder aneinander reiben.

Subtropisch Ein warmes, trockenes Klima mit regnerischen Zeiten.

Taiga Ein riesiger Gürtel aus immergrünen Wäldern, der sich im hohen Norden der Erde befindet.

Tektonische Platten Riesige Stücke der äußeren Erdkruste. Sie passen wir ein Puzzle zusammen.

Tropen Die Gegenden rund um den Äquator.

Tropisch Ein Klima, das immer sehr warm ist, mit regelmäßigen Regenfällen.

Tundra Land im hohen Norden, das unterhalb der Oberfläche immer gefroren ist.

Verhüttung Eine Methode, um Metalle unter großer Hitze aus Erzgestein zu gewinnen.

KAPITEL 3

TIERE

Alles über Tiere

Tiere leben überall auf der Erde, in jeder Klimazone und Landschaft.
Die Wissenschaft von den Tieren nennt man Zoologie.

Was ist ein Tier?

Wie kannst du ein Tier von einer Pflanze unterscheiden? So geht's:

1. Ein Tier besitzt einen Körper, der aus vielen winzigen Zellen besteht. Diese Zellen haben eine andere Struktur, das heißt, sie sind anders gebaut als Pflanzen.

2. Ein Tier stellt kein Essen her, wie Pflanzen das machen (siehe Seite 98). Sie fressen Essen von anderen.

3. Ein Tier kann die Umgebung sehen, hören und fühlen. Es besitzt Sinnesorgane – Körperteile, die verschiedene Empfindungen wie z. B. eine Berührung wahrnehmen. Unterschiedliche Tiere haben verschieden ausgeprägte Sinne.

4. Tiere besitzen Bewegungsfreiheit, das bedeutet, sie können ihren Körper selbstständig bewegen.

Tiergruppen

Zoologen teilen Tiere in Gruppen mit lateinischen Namen ein. Die größte Gruppe, der sich ein Tier zuordnen lässt, steht dabei am Anfang, die kleinste am Schluss. Ein Löwe lässt sich zum Beispiel so klassifizieren:

Reich – Animalia (Tiere)

Stamm – Chordata (Chordatiere)

Unterstamm – Vertrebrata (Wirbeltiere)

Klasse – Mammalia (Säugetiere)

Ordnung – Carnivora (Fleischfresser)

Familie – Felidae (Katzen)

Gattung – Panthera (Großkatzen)

Art – Panthera Leo (Löwe)

Tierarten

Hier findest du heraus, wie die Tiere eingeteilt werden.

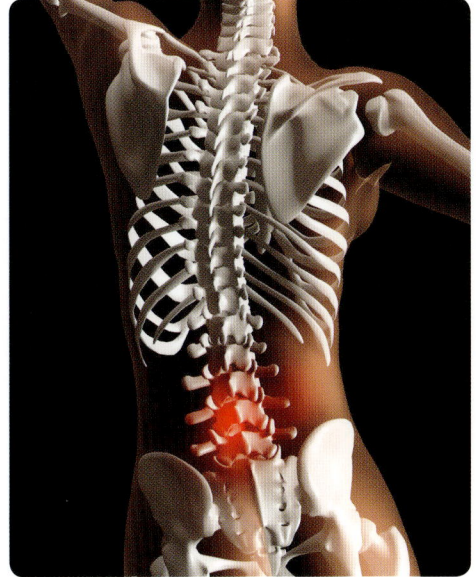

⬆ Stämme

Es gibt ungefähr 35 unterschiedliche Stämme. Einer der wichtigsten heißt Chordata. Hierzu zählen alle Tiere, die ein Rückgrat haben (Wirbeltiere). Die wirbellosen Tiere haben kein Rückgrat. Zu ihnen gehören viele Tierstämme, wie z. B. die Arthropoden und die Mollusken.

⬆ Klassen

Die bekanntesten Tierklassen sind die Insekten (siehe oben), Säugetiere, Vögel, Fische, Reptilien und Amphibien. Insekten stellen die größte Klasse. Es gibt aber auch noch viele kleinere Klassen wie die Anthozoa (Seeanemonen), die Gastropoden (Schnecken) und Arachniden (Spinnen und Skorpione).

⬇ Familien

Nach den Ordnungen folgen die Familien. Zum Beispiel gehören zur Ordnung der Fleischfresser die Familien der Canidae (Hunde), Felidae (Katzen), Ursidae (Bären) und viele weitere Fleischfresser.

⬆ Ordnungen

Ordnungen sind die nächste Gruppe unter den Klassen. Zum Beispiel beinhalten die Ordnungen bei der Klasse der Säugetiere die Nagetiere (Mäuse und Ratten), Primaten (Affen), Karnivoren (Fleischfresser) und viele mehr.

⬆ Gattung und Art

Die Familien gliedern sich in die Gattungen auf. Zur Familie der Felidae (Katzen) gehören zum Beispiel die Panthera (Großkatzen) und Felis (Hauskatzen). Die Gattung Panthera gliedert sich wiederum in Arten wie Panthera leo (Löwe) und Panthera tigris (Tiger) auf.

💡 EXPERTENWISSEN!

❯ Bis heute wurden etwa 1,3 Millionen Tierarten entdeckt und benannt.

❯ Der schwedische Botaniker (Pflanzenexperte) Carolus Linnaeus erfand die Klassifikation der Tiere, die sogenannte Taxonomie.

❯ Der Mensch gehört zur Art Homo sapiens. Das bedeutet übersetzt „der weise Mensch".

Die Nahrungskette

Über die Nahrung erhalten Tiere die nötige Energie, um zu wachsen und sich bewegen zu können. Einige Lebewesen fressen Pflanzen, andere jagen die Pflanzenfresser.

Einfache Nahrungskette

Gras → Zebra → Löwe

Nahrungskette

Pflanzenfressende Tiere nennt man Herbivoren. Sie stehen wiederum auf dem Speiseplan der Karnivoren, also der Fleischfresser. Größere Karnivoren essen schließlich kleinere Karnivoren. Man nennt diese Abfolge von Fressen und Gefressenwerden Nahrungskette. Einige Nahrungsketten sind kurz. Andere können lang und kompliziert sein.

Wilde Elefanten fressen am Tag etwa 300 kg Pflanzen.

Energielieferant

Was Tiere fressen, gelangt als Nahrung in den Magen. Dort wird sie in ihre Bestandteile zersetzt. Diese werden dann vom Blut zu den Zellen transportiert, wo sie weiter zerlegt werden und Energie freisetzen. Diese Energie nutzen die Tiere zum Wachsen, um Schäden am Körper zu reparieren und um sich zu bewegen. Pflanzenfresser müssen mehr fressen als Fleischfresser, da die Pflanzen schwieriger zu verwerten sind.

Nahrungsnetz

Die meisten Tiere sind Teil mehrerer Nahrungsketten. Pflanzenfresser essen z. B. für gewöhnlich mehr als eine Art Pflanze. Fleischfresser essen meist mehr als nur ein bestimmtes Tier, und Omnivoren wie der Mensch essen Pflanzen und Tiere. Viele Nahrungsketten sind also zu einem Nahrungsnetz versponnen. Fällt ein Teil des Netzes aus, zum Beispiel weil eine Pflanze oder ein Tier ausstirbt, finden die restlichen Tiere des Netzes vielleicht nicht mehr genug zu essen.

Heiße Info!

Pingeliger Esser

Große Pandas essen nur eine Sache – Bambus. Da Bambus nicht so viele Nährstoffe besitzt, müssen sie bis zu 38 kg davon am Tag fressen. Dafür brauchen sie alleine schon 12 Stunden.

Tierische Lebensräume

Die Gemeinschaft aller lebenden Organismen zusammen mit allen nicht-lebenden Teilen eines speziellen Gebietes wird Ökosystem genannt.

Ein Baum oder ein Teich kann die Heimat vieler verschiedener Tierarten sein.

Alles über Ökosysteme

Ein Ökosystem kann groß wie ein Wald sein oder klein wie ein Teich. Die größten Ökosysteme, wie z. B. der Regenwald, werden auch Biome genannt. Ein Habitat ist der Ort, an dem ein Lebewesen wohnt und sein Futter findet. Ein Ökosystem beinhaltet viele verschiedene Habitate, jedes für ein einziges Tier. In einem Habitat sind die lebenden Organismen zwecks des Futters aufeinander angewiesen und über Nahrungsnetze miteinander verbunden.

Der Regenwald im Amazonas ist eines der größten Ökosysteme der Erde.

Ökosysteme in Gefahr

Die größte Gefahr für die Ökosysteme geht vom Menschen aus. Beispielsweise verschmutzen Menschen Flüsse mit Abwasser. In der Folge erkranken und sterben Pflanzen. Fische fressen sie und erkranken ebenso. Schließlich trifft es auch die Tiere, die wiederum Fische fressen. Ökosysteme nehmen aber auch Schaden, wenn dort zu viele Tiere leben und deshalb Nahrung und Wasser knapp werden.

Große Ökosysteme

Eines der größten Ökosysteme der Erde liegt im südamerikanischen Amazonasbecken. Rund um den Fluß Amazonas erstreckt sich ein riesiger Regenwald. Zoologen schätzen, dass dort Millionen verschiedener Tiere leben. Viele von ihnen sind weder bekannt noch benannt.

Die Flussverschmutzung führt zum Tod von Pflanzen, Fischen und von größeren Tieren.

EXPERTENWISSEN!

❯ Eines der härtesten Habitate für Tiere ist die Tiefsee. Dort ist es immer dunkel und kalt. Die am tiefsten lebenden Fische wurden bisher in einer Tiefe von 7,7 km von einem U-Boot im Pazifischen Ozean entdeckt.

❯ Höhlen sind ebenfalls kalte, dunkle und isolierte Habitate. Tiere, die in den tiefen Höhlensystemen leben, sind meist blind und finden sich über das Ertasten ihrer Umgebung zurecht.

Säugetiere

Die Gruppe der Säugetiere reicht von winzigen Fledermäusen bis zum riesigen Blauwal. Säugetiere findet man in allen Lebensräumen der Erde.

Das Schnabeltier ist nur eines von zwei Säugetieren, das Eier legt. Das andere ist der Ameisenigel.

Eine Katze säugt ihre Jungen.

Was ist ein Säugetier?

> Säugetiere sind endotherm, man sagt auch Warmblüter. Das bedeutet, ihre Körpertemperatur ist immer gleich warm.

> Weibliche Säugetiere säugen ihre Jungen. Sie füttern ihren Babys Milch aus ihrem eigenen Körper.

> Alle Säugetiere haben einen Schädel und ein Rückgrat.

Verschiedene Arten von Säugetieren

Es gibt drei Arten von Säugetieren. Plazentatiere, wie der Mensch, bringen ihre Babys mit fertig entwickelten Körpern zur Welt. Die Babys der Beuteltiere, wie z. B. das Känguru, sind ganz klein und kaum entwickelt. Ein Kängurubaby ist so groß wie eine Erdnuss und krabbelt nach der Geburt in den Beutel der Mutter. Dort wird es gefüttert und wächst. Eine kleine Gruppe Säugetiere, die Kloakentiere, legen Eier und brüten ihre Jungen aus. Dazu zählt das australische Schnabeltier.

Die schlausten Säugetiere

Primaten sind die Säugetiergruppe mit den komplexesten Gehirnen. Dazu zählen Affen, Lemuren, Menschenaffen und Menschen. Viele Primaten können für längere Zeit aufrecht stehen und besitzen hochentwickelte Hände. Einige Primaten nutzen ihre Hände für komplizierte Tätigkeiten. Sie können damit etwa Werkzeuge bauen und nutzen.

Ein Schimpanse aus der Gruppe der Primaten hält einen nützlichen Stock in der Hand.

💡 EXPERTENWISSEN!

> Wale und Delfine sind im Meer lebende Säugetiere.

> Die Hummelfledermaus aus Thailand ist eines der kleinsten Säugetiere der Welt. Sie wiegt etwa 2 g.

> Der Blauwal, das größte Säugetier und das schwerste Tier auf Erden, bringt das bei Weitem größte Baby auf die Welt. Ein neugeborenes Walkalb kann bis zu 7 Tonnen wiegen.

Vögel

Vögel sind endotherme Tiere mit einem Rückgrat, Flügeln und Federn. Die meisten, aber nicht alle von ihnen, können fliegen. Sie leben überall auf der Welt.

Fliegende Vögel wie dieser Zebrafink haben extrastarke Flugfedern, die den Vogel in der Luft halten.

Heiße Info!

Eine bunte Truppe

Diese pinkfarbenen Flamingos sind Beispiele für watende Vögel. Sie besitzen Schwimmhäute, mit denen sie besser paddeln können. Ihre pinke Farbe erhalten sie von dem natürlichen Farbstoff der Krabben und Algen, die sie fressen.

Vogelfedern

Federn sind wasserdicht und helfen dem Vogel, sich warm zu halten. Sie bestehen aus Keratin, ein Material, das sich auch in Haaren befindet. In der Mitte der Feder liegt ein steifer Schaft aus Horn. Das flache Stück auf beiden Seiten, die Fahne, besteht aus winzigen Fasern, die man auch Äste nennt. Kleine Haken halten die Äste zusammen, damit eine glatte Oberfläche entsteht.

Nest eines afrikanischen Webervogels

Eier und Nester

Vögel brüten in den Monaten, in denen es genügend Futter für ihre Jungen gibt. Viele Vögel bauen Nester, in die sie die Eier legen, um die Jungen auszubrüten. Nester gibt es in allen möglichen Formen und Größen, je nach Vogel. Ein kompliziertes Nest ist das glockenähnliche Nest des Webervogels (siehe oben). Er erhielt seinen Namen von der Art, wie er sein Nest zusammenfädelt.

Ein Raubvogel wie dieser europäische Adler besitzt einen scharfen Schnabel für das Zerreißen der Beute.

Ein Kolibri nutzt seinen schmalen Schnabel um an den Nektar im Inneren der Blume zu gelangen.

Schnabel

Vögel haben einen Schnabel aus Horn, der ihnen beim Fressen hilft. Raubvögel haben scharf geschwungene Schnäbel, um ihre Beute auseinanderzureißen. Samen- und nussfressende Vögel wie die Finken besitzen starke Schnäbel, um ihr Futter zu knacken. Mit den langen, spitzen Schnäbeln können die Fisch fressenden Vögel ihre Nahrung aufspießen. Trinken die Vögel Nektar, haben sie lange, schmale Schnäbel, um in die Blume zu gelangen.

Reptilien

Reptilien gehören zu den exothermen Tieren oder Kaltblütern. Sie besitzen eine schuppige, wasserfeste Haut. Die meisten legen Eier. Zu den Reptilien gehören etwa Eidechsen, Schlangen, Krokodile und Schildkröten.

Krokodile und Alligatoren

Es gibt 120 unterschiedliche Krokodil- und Alligatorarten. Anhand des Mundes und der Schnauze kann man die beiden auseinanderhalten. Hat ein Krokodil den Mund geschlossen, schauen vier Zähne des Unterkiefers heraus. Die Schnauze eines Krokodils ist für den Fischfang lang und schmal. Die Schnauze eines Alligators ist breiter, sodass er seine Beute, wie z. B. Schildkröten, leichter zerquetschen kann.

Das Muster auf der Haut dieser Python entsteht durch unterschiedlich farbige Schuppen.

Das größte Krokodil, das je gefunden wurde, war länger als 6 m.

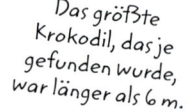

Schlangen

Schlangen sind beinlose Reptilien. Ihre Länge bewegt sich zwischen der 10 cm kurzen Blindschlange und der 7 m langen Python. Die gigantische Anakonda wird bis zu 150 kg schwer. Einige Schlangen haben Giftzähne, um ihre Beute zu töten. Andere wickeln sich um ihre Opfer und quetschen sie so zu Tode.

Heiße Info!

Heute fühle ich mich grün

Einige Eidechsen, wie das Chamäleon, ändern ihre Hautfarbe nach ihrem Gemütszustand. Erstrahlt die Haut in leuchtenden Farben, wollen sie vielleicht einen Partner beeindrucken oder ihrem Feind signalisieren, dass sie sauer sind und bereit zum Kämpfen. Andere Eidechsen verstehen dieses Farbsignal.

Amphibien

Amphibien gehören zu der Tiergruppe, die zeitweise im Wasser und auf dem Land leben. Frösche, Kröten, Molche und Salamander haben feuchte, schleimige Haut. Sie brüten im Süßwasser von Seen und Teichen.

Molche und Salamander

Molche und Salamander sehen aus wie winzige Eidechsen, doch sie haben keine Schuppen. Salamander haben eine glatte Haut und Molche eine raue. Es gibt sie in den unterschiedlichsten Farben. Einige sind sehr leuchtend, um die Feinde vor dem Gift, das sie abgeben können, zu warnen. Ihre Zeit verbringen sie damit, Würmer, Insekten und Schnecken zu jagen.

Molche und Salamander leben am oder im Wasser.

Frösche und Kröten

Es gibt viele verschiedene Arten von Fröschen und Kröten, auch solche, die graben, klettern oder von Baum zu Baum gleiten. Frösche haben eine glatte Haut und legen ihre Eier in Trauben ab. Kröten haben hingegen eine raue, warzige Haut und legen ihre Eier in Fäden ab. Die meisten Kröten besitzen Giftbeutel hinter ihren Augen, um für Angreifer abstoßend zu schmecken.

Kröten sind meist dicker und breiter als Frösche.

Verwandelte Babys

Die meisten Amphibienbabys verwandeln ihre Form komplett, wenn sie erwachsen werden. So schlüpfen aus Froscheiern zunächst kleine Kaulquappen, die ausschließlich im Wasser leben. Über ein paar Wochen hinweg wachsen ihnen langsam Beine und sie wandeln sich zum Frosch, der an Land atmen kann. Ausgewachsene Frösche jagen Lebewesen wie Insekten oder kleine Fische.

Die Entwicklung zum Frosch

1. Das geleeartige Ei wird Laich genannt.

2. Die Kaulquappe ist nur als winziger schwarzer Punkt im Ei zu sehen.

3. Die Kaulquappe schlüpft aus dem Ei.

4. Die Kaulquappe ernährt sich von Algen.

5. Die Kaulquappe bekommt Froschschenkel.

6. Der Schwanz und der Kopf ändern die Form.

7. Die Kaulquappe wird ein kleiner Frosch.

8. Der Frosch kann an Land oder im Wasser leben.

Fische

Fische leben in Teichen, Flüssen, Seen und Ozeanen. Sie sind exotherme Tiere, also Kaltblüter, daher können sie ihre eigene Körpertemperatur nicht regulieren.

 EXPERTENWISSEN!

❯ Die meisten weiblichen Fische legen Tausende winzige Eier, die so lange im Wasser schwimmen, bis sie schlüpfen.

❯ Das weibliche Seepferdchen legt seine Eier in einen Beutel des Männchens. Die Eier schlüpfen dort.

Der Körper eines Fisches

Die meisten Fische haben diese Eigenschaften:

Ein stromlinienförmiger Körper (glatt und gebogen), damit er leicht durchs Wasser kommt.

Eine wasserfeste, schuppige Haut die feucht bleibt. Aale und Neunaugen sind die einzigen Fische mit glatter Haut.

Eine Schwanzflosse, um durchs Wasser zu steuern.

Eine Gruppe von Zellen bildet das Seitenlinienorgan. Die Zellen können eine Änderung im Wasserdruck der Umgebung wahrnehmen.

Kiemen auf beiden Seiten des Kopfes. Wenn ein Fisch seinen Mund öffnet, fließt Wasser hinein und über die Kiemen. Diese filtern den Sauerstoff aus dem Wasser.

Ein Manta ist ein gutes Beispiel für einen Knorpelfisch, mit harten Knorpeln anstelle von Knochen.

Knochig oder nicht?

Die meisten Fische besitzen ein Knochenskelett und eine mit Luft gefüllte Blase im Inneren ihres Körpers, die Schwimmblase. Diese Blase arbeitet wie ein Schwimmflügel und lässt den Fisch schwimmen. Knorpelfische sind anders. Sie besitzen ein Skelett aus harter, knorpeliger Masse anstelle von Knochen und sie haben keine Schwimmblase. Dadurch sind sie schwerer als Wasser und sinken auf den Boden hinab, wenn sie aufhören zu schwimmen. Haie, Mantas, Rochen und Katzenhaie gehören zu dieser Gruppe.

Verschiedene Fischarten

In der Gruppe der Fische finden sich ganz unterschiedliche Arten. Von winzigen, fingernagelgroßen Zwerggrundeln bis hin zu riesigen Walhaien von 12 m Länge ist alles vorhanden. Walhaie sind die größten Fische, doch im Gegensatz zu vielen Haien jagen sie keine anderen Lebewesen. Stattdessen schwimmt der Walhai immer mit geöffnetem Maul und filtert kleine Tiere und Pflanzenmaterialien heraus, die im Wasser schweben.

Ein Walhai hat ein sanftes Wesen, obwohl er groß ist.

Insekten

Insekten bilden die größte Tiergruppe der Welt. Man findet sie überall auf der Erde, selbst in Wüsten und eisigen Regionen, in denen andere Lebewesen nur schwer überleben können.

EXPERTENWISSEN!

> Einige Schmetterlinge besitzen duftende Flügel, um einen Partner anzulocken.

> Manche Insekten, wie das Glühwürmchen, locken Partner mit Licht an.

Ein Insekt sein

Insekten sind wechselwarme Tiere und besitzen kein Skelett im Inneren ihres Körpers. Stattdessen haben sie eine äußere Schutzhülle, das sogenannte Exoskelett. Ihre Körper bestehen aus drei Teilen: Kopf, Thorax (Brust) und Abdomen (Hinterleib). Außerdem besitzen sie drei Paar Beine. An einer Wespe lassen sich die drei Abschnitte sehr gut erkennen. Am Kopf befinden sich die Augen, Antennen und Mundwerkzeuge. Am Thorax befinden sich die Beine und Flügel. Das Abdomen schützt die Organe, wie z. B. das Herz, und trägt manchmal einen Stachel.

Kopf   Thorax   Abdomen

Aufwachsen

Insekten machen eine Metamorphose durch. Sie verändern ihren Körper komplett, wenn sie erwachsen werden. Dieses Bild zeigt, wie eine Raupe sich in einen Schmetterling verwandelt.

So wird aus der Raupe ein Schmetterling

Larve   Puppe   Schmetterling

1. Ein weibliches Insekt legt winzige Eier, manchmal an die Unterseite von Blättern.

2. Aus einem Ei schlüpft eine Larve. Raupen, Maden und Engerlinge sind alles Insektenlarven.

3. Die Larve wächst und verwandelt sich dann in eine Puppe (oder Chrysalis) im Inneren einer harten Hülle.

4. Im Inneren der Puppe bildet das Insekt eine neue Form aus. Irgendwann schlüpft das erwachsene Tier.

Auf dem Insektenmenü

Einige Insekten essen Pflanzen und Nektar, während andere jagen. Kleine und große Libellen nutzen ihre erschreckend aussehende Mundpartie, um andere fliegende Insekten zu fangen. Eine Großlibelle formt mit ihren Beinen einen Korb, um das Insekt im Flug zu fangen, dann zerquetscht sie es mit ihren kräftigen Kauwerkzeugen, den Mandibeln.

Krabben, Schwämme und Seesterne

Krustentiere, Stachelhäuter und Schwämme sind drei Tiergruppen, deren Vertreter meist unter Wasser leben.

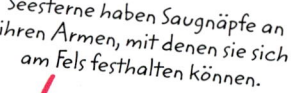

Seesterne haben Saugnäpfe an ihren Armen, mit denen sie sich am Fels festhalten können.

Krustentiere

Die Krustentiere umfassen mehr als 40 000 Tierarten. Sie haben alle eine harte Schale als Außenskelett. Krebse (unten), Hummer und Seepocken (oben) gehören alle zu dieser Gruppe. Krustentiere haben gelenkige Beine, Kiemen, um unter Wasser zu atmen, und Antennen, um die Welt wahrzunehmen. Sie flattern mit ihren Antennen in der Luft, testen den Geschmack und den Geruch ihrer Umgebung, indem sie die chemischen Moleküle des Wassers oder der Luft aufnehmen.

Schwämme

Schwämme gehören zu einer einfachen Gruppe von Lebewesen, die unter Wasser verankert sind. Sie kommen oft an Korallenriffen vor, wo sie fast wie Pflanzen aussehen. Der Körper eines Schwamms ist von kleinen Poren (Löchern) übersät, durch die das Wasser fließt. Der Schwamm ernährt sich von kleinsten Organismen, die er aus dem Wasser filtert. Schwämme gibt es in verschiedenen Größen, Farben und Formen.

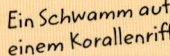

Ein Schwamm auf einem Korallenriff

Stachelhäuter

Die Gruppe der Stachelhäuter lebt im Meerwasser. Dazu zählen Seesterne (oben), Seeigel und Seegurken. Ihr inneres Skelett (Endoskelett) befindet sich in einer harten, flexiblen Haut und sie haben die Fähigkeit, neue Körperteile zu regenerieren und damit alte und kaputte zu ersetzen. Ein Seestern, der einen Arm verliert, braucht etwa ein Jahr, um ihn nachwachsen zu lassen. Der abgetrennte Arm kann sich zu einem neuen Seestern entwickeln.

EXPERTENWISSEN !

> Die Kellerassel ist das einzige Krustentier, das an Land lebt.

> Seesterne haben zwei Mägen. Einige Seesterne können einen ihrer Mägen nach außen stülpen, die Beute damit umgeben und ihn dann wieder nach innen ziehen.

Würmer, Weichtiere und Spinnen

Hier siehst du drei Tiergruppen, die du vielleicht direkt vor deiner Haustür findest. Sie leben in den meisten Teilen der Welt.

Die größte Schnecke ist die Riesenschnecke, die in den tropischen Regionen Afrikas lebt. Sie wird bis zu 30 cm lang.

Wenn ein Regenwurm aus Versehen in zwei Teile geschnitten wird, kann nur der Teil überleben, der den dickeren Teil, den Gürtel besitzt.

Gürtel

Weichtiere

Weichtiere sind mit einem weichen Körper versehene Wirbellose. Manche von ihnen besitzen harte Schalen. Zu ihnen zählen Schnecken, Oktopusse, Tintenfische und Schalentiere. Schnecken und Nacktschnecken produzieren Schleim im vorderen Teil ihres Körpers. Über diesen können sie gleiten. Während Schnecken wachsen, vergrößern sie langsam ihr Haus. Sie lassen eine schleimige Flüssigkeit herausrinnen, die erhärtet, und fügen dem spiralförmigen Schneckenhaus neue Schichten hinzu.

Einige Spinnen weben klebrige Netze und warten, bis sich ihre Beute darin verfängt.

Würmer

Würmer leben in den unterschiedlichsten Habitaten, vom Boden bis zum Inneren eines Tierkörpers. Einige Spezies sind mehrere Meter lang, während andere so klein sind, dass man sie nur mit einem Mikroskop sehen kann. Erdwürmer sind segmentiert, das bedeutet, ihr Körper ist in Abschnitte unterteilt. Sie essen jeden Tag ihr eigenes Körpergewicht in Form von Erde und drücken dieselbe Menge als Abfall nach außen. So lockern sie den Boden auf und reichern ihn an.

Spinnen

Es gibt ungefähr 37 000 Arachnidenarten. Dazu zählen Spinnen, Skorpione und Zecken. Diese wirbellosen Tiere haben vier Paar Beine. Einige Spinnen nutzen ihre Vorderbeine wie Arme, um ihre Beute festzuhalten. Die meisten besitzen zudem Giftzähne. Durch einen Biss injizieren sie Gift in den Körper ihrer Opfer, um diese zu lähmen oder zu töten. Spinnen produzieren einen seidenen Faden, mit dem sie ihre Netze spinnen oder kleine Säcke weben, um ihre Eier zu beschützen.

Heiße Info!

Schaust du mich an?

Diese Wolfsspinne sieht aus, als hätte sie zwei Augen, doch in Wahrheit hat sie acht. Sie jagt ohne Netz, indem sie sich einfach auf die Beute stürzt.

Wo finde ich was?

Bering-Meer

Hudson Bay

Golf von Mexiko

PAZIFISCHER OZEAN

Größtes Vogelnest: Der Weißkopf-Seeadler, bis zu 2,9 m breit und 6 m tief. (Florida, USA)

Leichtester Tier und kleinstes Vogelei: Der Bienen-Kolibri, wiegt so wenig wie 1,4 g. Sein Ei misst ca. 6,3 mm.

Das schwerste und größte Tier überhaupt: Der Blauwal wiegt bis zu 156 Tonnen und misst bis zu 30 m Länge.

Karibik

ATLANTISCHER OZEAN

PAZIFISCHER OZEAN

Längstes Reptil: Anakonda, bis zu 9 m lang

Rekordhalter

Das Tierreich ist voller unglaublicher, rekordverdächtiger Kreaturen. Hier sind ein paar Beispiele aus der ganzen Welt, die dich sicher staunen lassen.

ARKTISCHER OZEAN

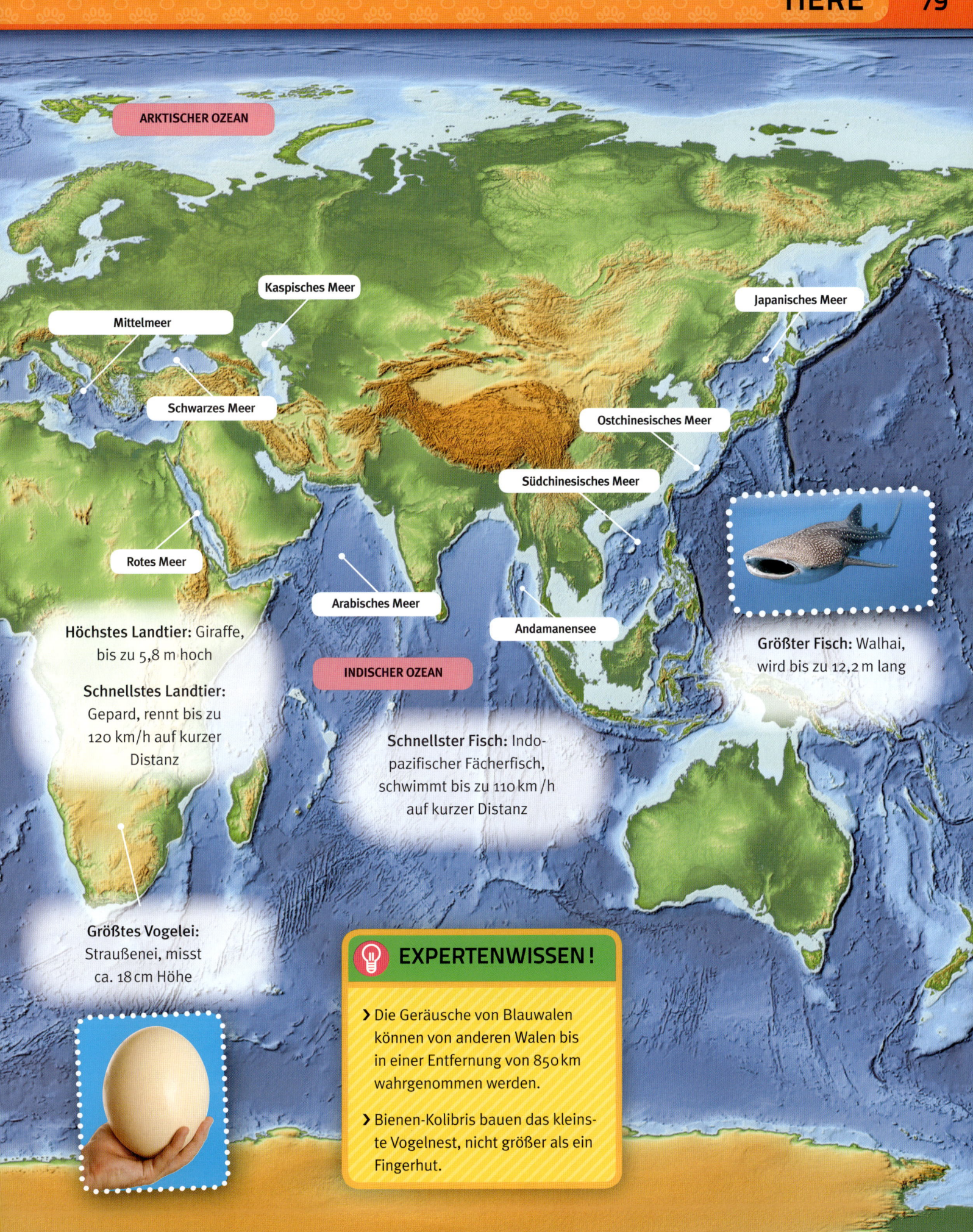

ARKTISCHER OZEAN

Kaspisches Meer

Japanisches Meer

Mittelmeer

Schwarzes Meer

Ostchinesisches Meer

Südchinesisches Meer

Rotes Meer

Arabisches Meer

Andamanensee

Höchstes Landtier: Giraffe, bis zu 5,8 m hoch

INDISCHER OZEAN

Größter Fisch: Walhai, wird bis zu 12,2 m lang

Schnellstes Landtier: Gepard, rennt bis zu 120 km/h auf kurzer Distanz

Schnellster Fisch: Indo-pazifischer Fächerfisch, schwimmt bis zu 110 km/h auf kurzer Distanz

Größtes Vogelei: Straußenei, misst ca. 18 cm Höhe

EXPERTENWISSEN!

❯ Die Geräusche von Blauwalen können von anderen Walen bis in einer Entfernung von 850 km wahrgenommen werden.

❯ Bienen-Kolibris bauen das kleinste Vogelnest, nicht größer als ein Fingerhut.

Tierische Baumeister

Tiere bauen ständig Lager, vorläufige Nester und
Erdhöhlen, um sich und ihre Jungen zu schützen.

Eine Feldmaus mit ihren kleinen Babys, geschützt in einer versteckten Erdhöhle.

Lagerbauer

Biber sind die besten Lagerbauer unter den Tieren. Mit ihren starken Zähnen fällen sie
Bäume. Mit den Stämmen errichten sie Dämme, um Bäche und Flüsse zu kleinen Seen
aufzustauen. Unter der Wasseroberfläche dieses Stausees befindet sich der Eingang
zum Biberbau. Das hält unliebsame Besucher ab. Der Bau selbst hat einen gemütlichen,
trockenen Raum im Inneren mit einem Boden aus weichem, fein geriebenem Holz.

Ein Biberdamm hält das Wasser zurück und staut es zu einem tiefen Becken auf.

Tiefbaumeister

Viele Tiere graben Erdlöcher, um
ein Zuhause zu haben und sich zu
schützen. Die Graber haben meist
spezielle Körperteile, die ihnen bei
der Arbeit helfen. So besitzen etwa
Maulwürfe schaufelartige Vorderbeine zum Graben. Wahre Meister
des Erdlochbaus sind Kaninchen.
Kaninchenbauten sind groß, weit-
verzweigt und haben manchmal
mehr als 2 000 unterschiedliche
Eingänge.

Insekten-Baumeister

Die besten Baumeister unter den Insekten sind afrikanische Termiten. Millionen von ihnen arbeiten zusammen an den bis zu 8 Meter
hohen Nestern, die auch Termitenhügel genannt werden. Jede
Termite kaut Erde und mischt sie mit Spucke, daraus entstehen kleine Pellets, die für die Wände benötigt
werden. Nach dem Trocknen sind die Pellets
hart und werden so nach und nach zu einer
kühlen Heimat für bis zu zwei Millionen Termiten. Der Weg hinein führt durch Tunnel
im Untergrund. In der Mitte des Bauwerks
ragen Schornsteine empor. Sie helfen
dabei, das Nest gemütlich kühl und gut
gelüftet zu halten.

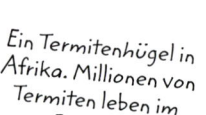

Ein Termitenhügel in Afrika. Millionen von Termiten leben im Inneren.

EXPERTENWISSEN!

> Biber leben in Familien mit bis zu
12 Personen. Eine Biberfamilie
braucht in etwa eine Woche für
einen Damm mit der Länge von
10 m.

> Biber haben starke Kiefer und
Zähne. Sie können doppelt so
kräftig zubeißen wie ein Mensch.

> In jedem Termitennest gibt es
eine Königin und mindestens
einen König. Sie bleiben in ihrer
Königskammer, in der sie gefüttert und von Arbeitertermiten
versorgt werden.

🐾 Tierbabys

Alle Tierarten müssen sich fortpflanzen, um zu überleben. Die meisten Tiere bringen ihre Jungen zu einer bestimmten Zeit zur Welt. Genau dann, wenn es viel Futter für sie gibt.

Ein Gorillakind klammert sich an seine Mutter

💡 **ZAHLEN & FAKTEN**

Die Zeit, die Säugetiere brauchen, um im Bauch der Mutter heranzuwachsen, ist von Tier zu Tier unterschiedlich. Hier ein paar Beispiele:

Beutelratte: 13 Tage
Hausmaus: 19 Tage
Schimpanse: 237 Tage
Delfin: 276 Tage
Mensch: 266 Tage
Kamel: 406 Tage
Nashorn: 510 Tage
Indischer Elefant: 640 Tage

Die besten Eltern

Die meisten Fische, Insekten, Amphibien und Reptilien legen Eier, die sie dann sich selbst überlassen. Vögel und Säugetiere hingegen kümmern sich um ihre Jungen, schützen sie und bringen ihnen die wichtigsten Fähigkeiten zum Überleben bei. Viele Affenmütter tragen etwa ihre Babys auf dem Rücken mit sich herum und zeigen ihnen, wo man was zu fressen findet.

Mutter und zugleich Vater

Die meisten Tiere sind männlich oder weiblich, doch es gibt Ausnahmen. Amöben bestehen zum Beispiel nur aus einer Zelle und vermehren sich, indem sich diese Zelle der Länge nach teilt. Andere einfache Tiere, wie manche Korallenarten, bekommen Nachwuchs durch Knospung. Sie bilden einen neuen Zweig aus, der sich schließlich ablöst und selbst zur Koralle wird.

Toller Vater

Pinguine brüten in der eiskalten Antarktis. Die Kaiserpinguine marschieren dazu bis zu 200 km weit landeinwärts. Die Frau legt ein Ei und verschwindet dann in Richtung Ozean, um sich Futter zu suchen. Der Mann bleibt zurück. Er balanciert das Ei auf seinen Füßen und hält es unter einer Hautfalte warm. Die Männchen kauern sich für etwa 64 Tage zusammen, egal ob in eiskalter Dunkelheit oder in Schneestürmen. Das Weibchen kehrt zurück, wenn das Junge geschlüpft ist.

Ein Kaiserpinguin und sein Junges haben einen harten Winter überstanden.

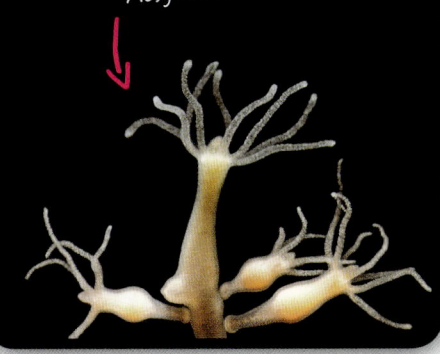

Dieser Süßwasserpolyp mit Namen Hydra bildet gerade lauter kleinere Ausgaben von sich selbst.

Wanderung

Viele Tiere wandern. Das bedeutet, sie unternehmen regelmäßig Reisen zwischen einer Region und einer anderen, um Essen und ein besseres Klima zu finden.

Jeden Frühling wandern Monarch-Schmetterlinge von Mexiko nach Kanada. Ihre Rückreise treten sie im Herbst an. Bis zu 100 Millionen Schmetterlinge wandern so durch Nordamerika. Sie bilden einen unvergesslichen Anblick, wenn sie sich auf Bäumen und Büschen entlang des Weges niederlassen.

 EXPERTENWISSEN !

> Viele Millionen Vögel wandern jedes Jahr zwischen Europa und Asien hin und her.

> Die wohl größten Wanderungen der Säugetiere finden in der Arktis statt. Dort bebt bisweilen der Boden unter den Hufen der Rentierherden, die mehrere hunderttausend Tiere umfassen können.

> Jedes Jahr im Oktober verlassen 50 Millionen roter Krabben den Wald auf den Weihnachtsinseln und wandern zur Pazifikküste, um dort zu brüten. Danach kehren sie wieder in den Wald zurück.

> Über zwei Millionen Gnus wandern jeden Frühling und Herbst zwischen Tansania und Kenia, zusammen mit ungefähr 300 000 Zebras.

> Jedes Jahr kann man Buckelwale auf ihrem Weg nach Alaska, Kalifornien und Australien beobachten.

Tarnung und Farbe

Einige Tiere haben zur Tarnung Muster auf ihrer Haut. Dadurch können sie sich in ihrer Umgebung gut verstecken. Das schützt sie vor Feinden und hilft ihnen, sich ungesehen an ihre Beute heranzupirschen.

Der Fetzenfisch besitzt Hautlappen, die ihn wie eine Seealge aussehen lassen.

Aufgrund der Markierungen des Fells kann man das junge Reh auf dem Boden kaum erkennen.

Versteckspiel

Getarnte Tiere sind in ihrer Umgebung nur schwer zu entdecken. Die Scholle z. B. ist ein Plattfisch und mit ihrer gepunkteten Haut zwischen dem Sand und den Steinen des Meeresbodens nicht zu erkennen. Kleine Rehkitze haben Flecken auf ihrem Fell, durch die sie im Unterholz des Waldes schwer auszumachen sind. Das Reh versucht sich vor Feinden zu schützen, der Plattfisch hingegen wartet darauf, dass seine Beute vorbeischwimmt.

Geniale Körperformen

Die Körperform eines Tieres kann helfen, das Tier erfolgreich zu verstecken. Das Wandelnde Blatt, eine Gespensterschrecke, ist beispielsweise grün und besitzt einen blattförmigen Körper. Der Fetzenfisch aus der Familie der Seenadeln hat Hautlappen, die ihn wie ein Stück Alge aussehen lassen.

Dieser Krake verändert seine Farbe, wahrscheinlich um sich der Umgebung anzupassen.

Wechselnde Farben

Manche Tiere können ihre Farbe an die Umgebung oder an ihre Stimmung anpassen. Sie verändern ihre Musterung durch spezielle Farbzellen in der Haut, auch Chromatophoren genannt. Signale aus dem Gehirn des Tieres lassen die Zellen größer oder kleiner werden und verändern dadurch die Farbe. Tintenfische, Oktopusse und Chamäleons können das alle.

EXPERTENWISSEN!

› Die Farbe der Chamäleonhaut verändert sich mit dessen Laune. Je ruhiger es ist, desto blasser ist die Haut. Ein dunkelrotes Chamäleon ist sauer.

› Einige arktische Tiere werden im Winter weiß, so sind sie im Schnee gut getarnt. Der Schneefuchs, das Schneehuhn und der Schneehase passen ihre Farben dem Winter an.

Tödliches Gift

Viele Tiere produzieren Gift, entweder um andere Tiere zu töten oder um ihre Feinde davor abzuschrecken, sie zu verspeisen.

Giftiger Schwanz

Stachelrochen und Skorpione nutzen ihre giftigen Schwanzspitzen zur Verteidigung. Der Stachelrochen besitzt einen scharfen, giftüberzogenen Stachel am Schwanz. Diesen setzt er als Waffe ein, wenn er sich bedroht fühlt. Skorpione tragen auf ihrem Schwanz einen Stachel zur Verteidigung. Der Schwanz rollt sich bei einer Bedrohung nach oben. Die meisten Skorpionstachel sind für den Menschen relativ harmlos, doch das Gift des Gelben Mittelmeerskorpions aus Afrika kann tödlich sein.

Der Kaiserskorpion wird bis zu 20 cm lang.

💡 **EXPERTENWISSEN!**

› Der Zweifarbenpitohui aus Neuguinea ist ein seltenes Beispiel für einen giftigen Vogel. Seine Haut und Federn enthalten ein starkes Gift.

› Es gibt nur wenige giftige Säugetiere. Dazu gehört das männliche Schnabeltier. Es hat giftige Stacheln an den Hinterbeinen. Der Plumplori, ein Faulaffe, produziert Gift in einer Drüse am Ellbogen. Er reibt damit seine Jungen ein, um sie vor Angreifern zu schützen.

Giftige Haut

Der winzige südamerikanische Pfeilgiftfrosch ist das giftigste Tier der Welt. Wird er bedroht, scheidet er eine hochgiftige Substanz über die Haut aus. Der Frosch produziert das Gift aus Chemikalien, die er in seiner Nahrung, den Ameisen des Regenwalds, findet. Wird er in Zoos gehalten und mit anderen Dingen gefüttert, ist er nicht mehr gefährlich. Indianer aus Südamerika nutzen das Gift und tauchen ihre Jagdpfeile dort ein.

Giftige Zähne

Mit ihren Giftzähnen lähmt und tötet die Giftschlange.

Manche Schlangen haben Giftzähne. Wenn sie beißen, läuft das Gift durch Rillen in den Fang. Die giftigste Landschlange der Welt ist der australische Inlandtaipan, doch glücklicherweise ist er scheu und beißt selten. Wasserschlangen sind sogar noch giftiger. Die Schnabelköpfige Seeschlange besitzt beispielsweise ein 8-mal stärkeres Gift als eine Kobra. Seeschlangen gibt es im Indischen und im Pazifischen Ozean.

Der Inlandtaipan ist die giftigste Landschlange der Welt.

Der Pfeilgiftfrosch ist das giftigste Landtier der Welt.

Winterschlaf

Während der kalten Jahreszeit, wenn es wenig Nahrung gibt, schalten einige Tierarten in den Energiesparmodus. Sie fallen in einen langen, tiefen Schlaf, den Winterschlaf.

Grauhörnchen legen vor dem Winter einen großen Nahrungsvorrat an.

Überwinternde Fledermäuse

Während des Winterschlafs

Während des Winterschlafs passiert Folgendes:

> Die Körpertemperatur fällt.

> Das Herz schlägt langsamer und verbraucht so weniger Energie.

> Die Atmung verlangsamt sich.

> Der Körper nutzt seine Fettreserven als Futter.

Vorbereitungen

Vor einem Winterschlaf fressen die Tiere, so viel sie können, um dicker zu werden. Dann suchen sie sich einen sicheren Platz zum Schlafen. Säugetiere wie der Schwarzbär oder die Fledermaus suchen sich Felshöhlen. Nagetiere wie Eichhörnchen oder Mäuse bevorzugen hingegen Baumhöhlen. Frösche und Kröten vergraben sich in der Erde, und einige Fische überwintern bewegungslos auf dem Boden des Sees.

Wochenlang schlafen

Tiere halten unterschiedlich lange Winterschlaf. Manche Schläfer wachen zwischendurch auf, gehen nach draußen, bewegen sich und wärmen sich so auf. Danach schlafen sie wieder ein. Weibliche Bären bringen ihre Jungen in versteckten Höhlen genau in dieser Zeit zur Welt. Wenn endlich der Frühling zurückkommt, kommen die Winterschläfer wieder nach draußen und suchen sich etwas zu essen.

Nach einem gemeinsamen Winter mit ihrer Mutter in der sicheren Höhle kommen diese Eisbärbabys aus ihrem Versteck.

EXPERTENWISSEN!

> Während des Winterschlafs sinkt der Herzschlag eines Braunbären von 50 auf 8 Schläge pro Minute.

> Manche Fledermausarten atmen während des Winterschlafs nur einmal alle zwei Stunden.

> Alpine Murmeltiere halten bis zu acht Monate Winterschlaf.

Tierische Kommunikation

Tiere kommunizieren miteinander auf viele verschiedene Arten. Sie möchten sich vielleicht in einer gefährlichen Situation warnen oder sie wollen einfach Kontakt mit anderen haben.

EXPERTENWISSEN!

Einige tierische Kommunikationsmethoden:

Delfine: klickende Geräusche

Elefanten: Poltern, Ohrenschlagen

Hasen und Kängurus: mit den Füßen klopfen

Käfer: Klickende Geräusche

Vögel: Singen

Mäuse: Sehr hohes Quietschen und Singen

Ein Brüllaffe schreit laut in die Baumwipfel.

Hunde beschnüffeln sich gegenseitig, wenn sie sich treffen.

Ein Wolf zeigt Aggressivität, indem er seine Ohren senkt und die Zähne zeigt.

Geräusche

Von den Landtieren ruft der Südamerikanische Brüllaffe am lautesten. Von seinem Sitzplatz aus in den Wipfeln des Regenwalds unterhält er sich so mit Artgenossen. Sein Gebrüll wird durch ein Stück Halshaut verstärkt, das sich aufbläht, und kann noch in 4–5 km Entfernung gehört werden. Das lauteste Tier überhaupt ist aber der Blauwal. Seine Unterwasserrufe sind lauter als ein Düsenflugzeug.

Geruch

Einige Tiere kommunizieren über Gerüche miteinander. Sie markieren ihr Revier mit Urin oder Kot, um Rivalen abzuhalten. Duftstoffe werden aber auch genutzt, um mögliche Partner anzulocken. Männliche Falter können den Duft eines Weibchens bis zu 4 km weit riechen. Manche Tiere besitzen besondere Drüsen, um Gerüche zu erzeugen. Hunde haben diese Drüse am Hinterteil, daher beschnüffeln sie sich dort immer zuerst.

Aussehen

Tiere verständigen sich auch durch Körpersprache. Besonders Rudeltiere, wie der Hund oder der Wolf, tun dies. Ein Hund, der einen ranghöheren Artgenossen trifft, steckt z. B. seinen Schwanz zwischen die Beine, um zu zeigen, dass er keine Gefahr darstellt. Außerdem zeigt ein Hund seine Freude durch Schwanzwedeln und Aggression, indem er die Zähne fletscht. Andere Hunde verstehen diese Signale und ihre Bedeutung.

Bedrohte Tiere

Tiere, von denen nur noch wenige auf der Erde leben, sind vom Aussterben bedroht. Schuld ist meist der Mensch. Er verändert das Klima und zerstört wichtige Lebensräume. Die Zahl der bedrohten Tierarten steigt stetig an.

Wenn der Regenwald zerstört wird, verlieren Tiere ihr Zuhause.

Gejagt

Früher wurden viele Wale wegen ihres Fettes und anderer Körperteile gejagt. So lange, bis es nur noch wenige von ihnen gab. 1930 gab es z. B. noch über 200 000 Blauwale, doch sie wurden so lange gejagt, bis ihre Zahl auf etwa 2 000 sank. Heutzutage ist die Jagd durch internationale Gesetze beschränkt, sodass ihre Anzahl wieder ansteigt. Es gibt jetzt wieder rund 4 500 Exemplare.

Ein Zuhause verloren

Die Anzahl an Tieren fällt auch dann, wenn ihre Heimat zerstört wird. Weite Teile des Regenwaldes werden zur Holz- und Landgewinnung abgeholzt. Dies führt dazu, dass viele weitere Tiere und Pflanzen auf die Liste bedrohter Arten gesetzt werden. Veränderungen im Klima führen auch zum Verlust von Lebensräumen. Die Eisbären in der Arktis können nur schwer überleben, da die Eisdecke immer kleiner wird.

Der Pottwal wurde einst wegen der öligen Substanz in seinem Kopf, dem Walrat, fast ausgerottet. Inzwischen nimmt der Bestand wieder zu.

Gestohlen oder getötet

Seltene Tiere sind kostbar, daher sind sie in Gefahr, gefangen und illegal an Schmuggler verkauft zu werden. Es gibt Gesetze, die diesen Schmuggel und die Jagd auf seltene Tiere verbieten.

Viele Meeresschildkröten-Arten sind selten und deshalb geschützt.

Heiße Info!

Gerettet?

Die Goldenen Löwenäffchen aus Südamerika waren vom Aussterben bedroht, weil ihr Lebensraum zerstört wurde. In der Zwischenzeit steigt ihre Zahl dank der Naturschutzprogramme wieder.

Ausgestorbene Tiere

Eine ausgestorbene Tierart ist eine, die es auf der Erde nicht mehr gibt. Es wird geschätzt, dass etwa 20 000 Tier- und Pflanzenarten jedes Jahr ausgelöscht werden. Doch die Zahl könnte noch viel höher liegen.

Ausgestorben

Der Dodo ist eines der berühmtesten ausgestorbenen Tiere. Er war ein friedlicher, flugunfähiger Vogel, der auf der Insel Mauritius lebte. Doch im 17. Jahrhundert wurde er relativ schnell ausgerottet, als Menschen die Insel erreichten und die Vögel aßen. Der größte Vogel bisher, der Elefantenvogel, starb ebenfalls im 17. Jahrhundert auf Mauritius aus. Er wurde größer als 3 m und legte Eier mit einer Länge von 34 cm.

Die Zeichnung eines Dodo, der im 17. Jahrhundert ausgestorben ist.

ZAHLEN & FAKTEN

Hier ist eine Liste der Tierarten, die vom Aussterben bedroht sind. Manche wird es vielleicht nicht mehr geben, wenn du dieses Buch liest:

Java-Nashorn (Indonesien): weniger als 60 Exemplare

Hellköpfiger Schwarzlangur (Vietnam): weniger als 70 Exemplare

Kalifornischer Schweinswal: 200-300 Exemplare

Cross-River-Gorilla (Nigeria, Kamerun): weniger als 300 Exemplare

Sumatra-Tiger (Indonesien): weniger als 600 Exemplare

Schwarzfußiltis (Nordamerika): ca. 1000 Exemplare

Borneo-Zwergelefant: ca. 1500 Exemplare

Großer Panda (Asien): ca. 2000 Exemplare

Akut gefährdet

Immer mehr Tiere sterben aus. Man glaubt, dass eine von vier Säugetierarten, eine von acht Vogelarten und eine von drei Amphibienarten vom Aussterben bedroht sind.

Der Sumatra-Tiger ist eine der Säugetierarten, die vom Aussterben bedroht sind.

Auferstanden von den Toten

Bisweilen wird eine Tierart für ausgestorben erklärt und dann wieder entdeckt. Den Quastenflosser hielt man seit 70 Millionen Jahren für ausgestorben, doch 1978 fand man ein lebendes Exemplar. 2012 wurde ein kleiner mediterraner Ölkäfer an Englands Küste entdeckt. Das überraschte Käferexperten, denn sie dachten, er wäre bereits ausgestorben.

Ein Quastenflosser, wiederentdeckt 1978

Urgeschichtliches Aussterben

Viele Experten glauben, dass die Erde momentan das „sechste Aussterben" durchläuft – eine zeitliche Periode, in der viele Tiere und Pflanzen verloren gehen. In der vier Milliarden alten Geschichte der Erde gab es bereits fünf Perioden des Massensterbens.

Dicraeosaurus, ein pflanzenfressender Dinosaurier der letzten Jura-Periode. Pflanzenfressende Dinosaurier entwickelten sich zu den größten Landtieren, die je gelebt haben.

Zeit der Dinosaurier

Das bekannteste prähistorische Aussterben ist das Verschwinden der Dinosaurier. Sie tauchten das erste Mal vor etwa 250 Millionen Jahren auf der Erde auf und starben vor etwa 65 Millionen Jahren aus. Die Zeit dazwischen nennt man das Mesozoikum (Erdmittelalter). Die Dinosaurier waren landbewohnende Reptilien, doch es gab viel größere und kräftigere Arten als die heutigen Reptilien. Während die Dinosaurier das Land beherrschten, nahmen fliegende Reptilien (Pterosaurier) die Himmel ein und die Meeresreptilien schwammen im Wasser.

Ein Ankylosaurus mit einem kräftigen Körperpanzer als Verteidigung gegen Feinde

Tyrannosaurus-Rex, ein angsteinflößender Jäger, der in der späten Kreidezeit lebte

Unterschiedliche Dinosaurier

Dinosaurier lebten nicht alle zur selben Zeit. Die Ära, in der sie lebten, ist in drei Erdzeitalter unterteilt: Trias, Jura und Kreide. In jeder Periode gab es unterschiedliche Dinosaurierarten. Jede Art lebte für ein paar Millionen Jahre und starb dann entweder aus oder entwickelte sich weiter. Vor den Dinosauriern gab es kleinere Reptilien auf der Erde, zusammen mit den ersten fliegenden Insekten und den Amphibien.

Wie sahen Dinosaurier aus?

Es gab viele unterschiedliche Dinosaurier. Einige waren nicht größer als Hühnchen, andere so groß wie ein mehrstöckiges Gebäude. Einige waren furchterregende Jäger mit riesigen Zähnen und Klauen, andere pflanzenfressende Herdentiere, ähnlich wie unsere heutigen Kühe. Manche hatten einen Kamm auf dem Kopf, andere besaßen Stacheln am Körper oder eine Panzerung. Die neuesten Funde legen sogar nahe, dass ein paar Dinosaurier Federn besaßen.

 ZAHLEN & FAKTEN

Dinosaurier-Maße (bis jetzt):

Längster Pflanzenfresser: Supersaurus, 35 m lang

Längster Fleischfresser: Gigantosaurus carolinii, 14 m lang

Größter Dinosaurier: Sauroposeidon, 18,2 m hoch (Pflanzenfresser)

Kleinster Dinosaurier: Ashdown maniraptoran, 30 cm lang (aß wahrscheinlich Fleisch und Pflanzen)

Wohin verschwanden die Dinosaurier?

Die Dinosaurier starben vor etwa 65 Millionen Jahren aus. Dass sie gelebt haben, wissen wir nur durch versteinerte Knochen, die Forscher in aller Welt gefunden haben.

Ein versteinerter T. rex wurde in Nordamerika gefunden.

Tod der Dinosaurier

Alle Tiere, die länger als 2 m waren, und viele Meeresreptilien starben vor etwa 65 Millionen Jahren aus. Wahrscheinlich traf ein Asteroid die Erde (siehe Seite 24). Staub füllte die Atmosphäre und die Sonne kam nicht mehr durch. Es gab vielleicht auch Vulkanausbrüche und Erdbeben. Abgeschirmt vom Sonnenlicht sind die Pflanzen schnell gestorben und führten so zum Tod von pflanzenfressenden Dinosauriern und ihren Feinden.

Fossilien

Fossilien bilden sich, wenn ein Tier im Wasser oder morastigen Sumpf stirbt und schnell von Partikeln aus Matsch und Sand, Sedimente genannt, bedeckt wird. Über Tausende von Jahren türmen sich Sedimente auf dem Körper auf und er wird zu Gestein. Die Knochen und Zähne des Tieres werden hart und bleiben so erhalten. Die weichen Teile hingegen lösen sich auf. Neben Knochen wurden auch versteinerte Dinosaurierfußabdrücke und Dung gefunden.

Wer überlebte?

Kleinere Tiere überlebten das Desaster. Zu dieser Zeit gab es bereits kleine Säugetiere auf der Erde und Insekten. Beide fanden genug Futter. Es ist möglich, dass einige kleine Dinosaurier, Dromaeosaurus genannt, überlebt haben und sich im Laufe von Millionen von Jahren in Vögel verwandelt haben.

Alphadon, ein frühes Säugetier, das die Dinosaurier überlebte

Heiße Info!

Die Vogelbestie

Das erste Dinosaurierfossil mit Federn, das je gefunden wurde, gehörte einer Kreatur namens Archaeopteryx. Er lebte im späten Jura und wurde etwa 0,5 m lang.

Im Laufe der Zeit

Die Entwicklung der Tierwelt

Hier findest du einige wichtige Abschnitte in der prähistorischen Geschichte des Tierreichs.

MJ steht dabei für „vor Millionen von Jahren".

550 – 510 MJ

PRÄKAMBRIUM UND KAMBRIUM
Die ersten Kreaturen tauchen in den Meeren auf. Ihre Körper sind weich.

510 – 440 MJ

ORDOVICIUM
Die ersten Kreaturen mit Skelett tauchen in den Meeren auf. Anschließend erscheinen der erste Fisch und die erste Landpflanze.

440 – 408 MJ

SILUR
Die ersten Tiere wagen sich an Land. Sie sind den Tausendfüßern ähnlich.

408 – 362 MJ

DEVON
Die ersten Amphibien erscheinen. Es sind vierbeinige, froschähnliche Kreaturen.

208 – 144 MJ

JURA
Das war die Zeit der riesigen Sauropoden (Pflanzenfresser mit langen Hälsen). Außerdem entwickeln sich Blütenpflanzen, die ersten Säugetiere und Vögel in dieser Zeit.

362 – 290 MJ

KARBON
Die ersten fliegenden Insekten und Reptilien erscheinen. Wälder wachsen.

290 – 250 MJ

PERM
Die ersten Reptilien schwimmen im Meer, neben säugetierähnlichen Reptilien, die sich vielleicht nach und nach zu Säugetieren entwickelt haben.

250 – 208 MJ

TRIAS
Die ersten Dinosaurier tauchen auf.

144 – 65 MJ

KREIDE
Die ersten Blütenpflanzen tauchen auf. Die Dinosaurier sterben aus.

65 – 1,8 MJ

QUARTÄR
Die ersten großen Säugetiere und die ersten Menschen tauchen auf.

💡 EXPERTENWISSEN!

❯ Die Dinosaurier und Menschen haben sich nie getroffen. Die Dinosaurier starben aus, bevor es Menschen gab.

❯ Die Menschen trafen die großen Säugetiere der Eiszeit, z. B. das wollige Mammut und den Säbelzahntiger.

❯ Es gibt noch viel Ungewissheit und Streit über die Tier- und Pflanzenreiche in der Frühgeschichte. Neue Entdeckungen ändern regelmäßig unsere Vorstellung von der Art und Weise, wie die Tiere und Pflanzen damals lebten.

Rettet die Tiere!

Überall auf der Welt arbeiten die Menschen daran, Tiere vor Leid und dem Aussterben zu bewahren.

Spitzmaulnashörner wurden umgesiedelt, um sie zu schützen.

Wildreservate

Reservate sind Grundstücke, die seltenen Tieren eine Heimat geben sollen, in der sie weder gejagt werden noch ihr Lebensraum zerstört wird. Naturschützer beobachten die Tiere, um zu sehen, wie es ihnen geht. Zum Beispiel werden Tiger in den Reservaten Indiens und Asiens ausfindig gemacht, um ihre Sicherheit zu gewährleisten.

Umzug in ein neues Heim

Manchmal müssen Tiere umgesiedelt werden, weil ihr Lebensraum gefährdet ist oder weil man sie nur so schützen kann. In den letzten Jahren wurden etwa Spitzmaulnashörner in Reservate gebracht, wo sie vor Wilderern geschützt sind. Für die Umsiedlung werden die Dickhäuter mit Pfeilen betäubt. Manchmal werden sie anschließend in Netze gepackt und mit dem Helikopter in Sicherheit geflogen.

Wildparks

Manchmal werden seltene Tiere in Zoos oder Wildparks gehalten, damit sie sich in Ruhe fortpflanzen können. Anschließend werden die Tiere wieder zurück in die Freiheit entlassen, um die Anzahl der Tiere zu steigern. Es bedarf viel Planung und eines genauen Beobachtens der Tiere, um sie erfolgreich auszuwildern. Die USA haben ein paar ihrer gefährdeten Tiere ausgewildert, z. B. den Luchs in Colorado, den großen Kondor in Kalifornien und den Schwarzfußiltis in der Prärie.

Der Luchs wurde in Colorado (USA) wieder eingeführt.

Meeresschutz

Heiße Info

Meeresschutzgebiete wie dieses im Roten Meer in Ägypten wurden rund um die Welt errichtet. Sie sind wie die Wildreservate an Land. Hier können Meerestiere wie z. B. die empfindlichen Korallen geschützt werden.

Tierrettung durch Wissenschaft

Naturschützer nutzen die neuesten wissenschaftlichen Erkenntnisse, um gefährdete Tierarten zu retten und eines Tages sogar bereits ausgestorbene Arten wiederzubeleben.

💡 **EXPERTENWISSEN!**

❯ Wissenschaftler haben versucht, ein Mammut aus einer DNS-Spur zu klonen, die Jahrtausende im Eis eingefroren war – leider ohne Erfolg.

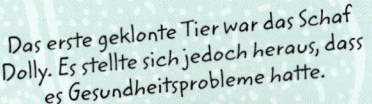

Das erste geklonte Tier war das Schaf Dolly. Es stellte sich jedoch heraus, dass es Gesundheitsprobleme hatte.

Wissenschaftler extrahieren DNS aus Tierzellen und analysieren sie, um eine DNS-Karte der Tierpopulationen zu erstellen.

Eine Wissenschaftlerin bei ihrer Arbeit bei „Frozen Ark", in der gefrorene Tier-DNS aufgehoben und gespeichert wird.

Klonen

Klonen ist ein Verfahren, die exakte Kopie eines Tieres zu erstellen. Dafür werden im Labor identische Kopien von existierenden Zellen hergestellt. Daraus wird dann ein Tier gezüchtet. Wissenschaftler haben bisher Bauernhoftiere geklont und arbeiten nun daran, auch gefährdete Tiere zu klonen. Es könnte sein, dass Tiger oder Pandas eines Tages durch das Klonen gerettet werden. Doch das ist weder leicht noch sicher.

Die gefrorene Arche

Die „Frozen Ark" (gefrorene Arche) ist ein Projekt, das die DNS gefährdeter Tiere einlagert. Die DNS ist die verschlüsselte Information in jeder Tierzelle – Informationen, die bestimmen, wie der Körper wächst und sich verhält. In jeder Niederlassung der „Frozen Ark" wird DNS eingelagert und so aufbewahrt, dass Wissenschaftler diese in Zukunft studieren und vielleicht fürs Klonen verwenden können.

DNS-Kartografie

Wissenschaftler betäuben gefährdete Tierarten manchmal und entnehmen ihnen DNS. Aus dieser können sie die Verwandtschaften der Tiere herauslesen. Indem sie die Information der DNS nutzen, können sie die Ausbreitung der Tierpopulationen bestimmen und entscheiden, ob sie Hilfe zum Überleben brauchen.

Worterklärung

Amphibien   Eine Tiergruppe, die sowohl im Wasser als auch an Land leben kann.

Arachniden   Eine Gruppe von Tieren, die auch die Spinnen beinhaltet.

Aussterben   Wenn es eine Tierart auf der Welt nicht mehr gibt.

Auswildern   Tiere aus Zoos und Wildparks wieder in die Freiheit entlassen.

Chromatophoren   Zellen in der Haut einiger Tiere, die kleiner oder größer werden können und die Hautfarbe ändern.

DNS   Verschlüsselte Informationen im Inneren jeder Tierzelle, die kontrollieren, wie der Körper wächst und sich verhält.

Dromaeosaurier   Eine spezielle Art kleiner Dinosaurier, die sich langsam zu Vögeln entwickelt haben könnten.

Echinodermaten   Ein anderes Wort für Stachelhäuter. Eine Gruppe von Tieren, die meist unter Wasser lebt und Außenskelette mit einer harten, flexiblen Haut besitzt. Seeigel und Seesterne gehören zu dieser Gruppe.

Exoskelett   Ein schützendes Skelett, das sich außen am Körper befindet.

Familie   Eine Gruppe von Tieren, die einander ähnlich sind. Z. B. gibt es unterschiedliche Katzentypen, doch alle gehören zu einer Familie „Felidae" (lateinisch für Katzen).

Gift   Gift, das durch ein Tier in ein anderes Tier übertragen wurde, durch Beißen, Stechen oder Bohren.

Herbivore   Ein Tier, das nur Pflanzen frisst.

Hermaphrodite   Ein Tier, das sowohl Weibchen als auch Männchen sein könnte.

Karnivoren   Ein Tier, das Fleisch frisst.

Kiemen   Federähnliche Organe hinter dem Kopf, durch die Wasser strömt und Sauerstoff gewonnen wird.

Klonen   Eine Methode, eine exakte Kopie eines Tieres zu erstellen.

Knorpelfisch   Fische, deren Skelett aus hartem, knorpeligem Material besteht.

Krustentiere   Eine Tiergruppe mit harter Schale. Hummer und Krebse gehören zu den Krustentieren.

Ökosystem   Eine Gemeinschaft aus Pflanzen und Tieren in einer bestimmten Umgebung.

Omnivoren   Ein Tier, das sowohl Fleisch als auch Pflanzen frisst.

Ortsveränderung   Das Fangen und Umsiedeln wilder Tiere in neue, sicherere Umgebungen.

Primaten   Eine Gruppe Säugetiere, die Affen, Lemuren, Menschenaffen und Menschen beinhaltet.

Puppe   Entwicklungsstufe eines Insekts, während der sich das Insekt zum Erwachsenen wandelt.

Reptilien   Eine Gruppe von Tieren, die Kaltblüter sind und schuppige, wasserfeste Haut besitzen.

Schwimmblase   Ein luftgefüllter Sack , der sich im Inneren des Fisches befindet. Mit diesem kann ein Fisch schweben.

Segmentiert   Aus mehreren Einheiten (Segmenten) bestehen.

Spezies   Der Name eines bestimmten Tiertyps, der einzigartig ist.

Stamm   Eine Gruppe von Tieren.

Taxonomie   Die Klassifizierung von Tieren in Gruppen.

Vertrebraten   Wirbeltiere; Tiere mit einem Rückgrat.

Wechselwarm   Tiere, die keine gleichbleibende Körpertemperatur aufweisen. Häufig hängt es von der Umgebung ab, wie hoch oder niedrig die Temperatur in ihrem Inneren ist.

Winterschlaf   Ein ausgedehnter Schlaf, den einige Tiere während der Winters halten, um Energie zu sparen.

Zoologie   Die Lehre von den Tiere.

KAPITEL 4

PFLANZEN

Alles über Pflanzen

Pflanzen wachsen in den meisten Teilen der Erde und sind für das Leben auf der Erde unerlässlich. Sie produzieren den Sauerstoff, den Tiere zum Atmen und Überleben brauchen. Wissenschaftler kennen bisher mehr als 350000 Pflanzenarten und entdecken immer noch neue Arten.

Teile einer Pflanze

Die meisten Pflanzen haben den gleichen Grundaufbau:

1. Die **Wurzeln** saugen Wasser und Mineralstoffe aus dem Erdboden, um die Pflanze zu ernähren.

2. Der **Stängel** ist voller Röhren. Sie funktionieren wie Strohhalme, die Wasser, Mineralstoffe und Futter durch die Pflanze transportieren. Sie helfen ihr auch, sich zur Sonne auszustrecken.

3. Pflanzen besitzen **Blätter** in unterschiedlichen Größen und Formen. Die Blätter tragen Wasser und Nährstoffe in ihren Adern und ermöglichen der Pflanze, Nährstoffe durch Fotosynthese herzustellen.

4. Blüten produzieren **Samen**, aus dem neue Pflanzen wachsen.

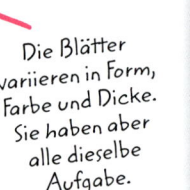

Pflanzen blühen nur zu bestimmten Zeiten im Jahr (siehe Seite 100).

Die Blätter variieren in Form, Farbe und Dicke. Sie haben aber alle dieselbe Aufgabe.

Die Samen befinden sich in der Blüte.

Der Stängel ist stark und hilft die Pflanze zu versorgen.

Wurzeln verankern die Pflanze im Erdboden.

Pflanzennahrung

Pflanzen produzieren ihre eigene Nahrung:

1. Pflanzen besitzen eine grüne Substanz, das Chlorophyll. Mithilfe der Energie des Sonnenlichts produziert Chlorophyll Nahrung für die Pflanze. Diesen Vorgang nennt man Fotosynthese.

2. Die Pflanze nimmt das Gas Kohlendioxid über die Blätter aus der Luft auf.

3. Über die Wurzel versorgt sich die Pflanze mit Mineralstoffen und Wasser aus der Erde.

4. Aus Kohlendioxid, Mineralstoffen und Wasser stellt die Pflanze Zucker her. Diesen Nährstoff braucht sie zum Wachsen.

5. Während der Fotosynthese entsteht Sauerstoff, den die Pflanze über die Blätter an die Umgebungsluft abgibt.

Pflanzen gibt es in allen Größen und Formen: Manche sind gigantisch groß, andere so klein, dass sie nur mit einer Lupe zu sehen sind. Die Wissenschaft der Pflanzen nennt man Botanik.

← Die kleinste Pflanze

Die kleinste Pflanze ist eine Teich-Wasserlinse mit Namen Zwergwasserlinse. Sie wird etwa 1mm lang und bildet die kleinsten Blüten und Früchte der Welt aus.

↑ Die höchste Pflanze

Die höchste Pflanze der Welt ist der gigantische Mammutbaum, der an der Westküste Nordamerikas wächst. Die höchsten Exemplare sind über 115 m hoch.

↑ Die breiteste Blüte

Die Blüte der südostasiatischen Rafflesia arnoldii hat einen Durchmesser von bis zu 100 cm. Sie stinkt nach verrottetem Fleisch. So lockt sie Fliegen an, die den Pollen verbreiten.

↑ Die teuerste Blume

Orchideen sind die teuersten Pflanzen der Welt. Seltene Exemplare verkaufen sich für über 200 000 Euro pro Stück.

↑ Fleischfressende Pflanzen

Einige Pflanzen sind Fleischfresser. Sie locken Insekten in ihre Blüten, die dann zuschnappen. Chemikalien in ihrem Inneren lösen das Insekt auf und die Pflanze kann die Nährstoffe aufnehmen.

💡 EXPERTENWISSEN !

> Ohne Wasser und Sonnenlicht können Pflanzen nicht wachsen.

> Einige fleischfressende Pflanzen haben winzige klebrige Blätter, um im Boden lebende Fadenwürmer zu fangen.

> Die am schnellsten wachsende Pflanze der Welt ist Bambus. Sie kann bis zu 100 cm am Tag wachsen.

> Reis ist die Pflanze, die vom Menschen am häufigsten gegessen wird.

Im Inneren einer Blüte

Etwa 250 000 Pflanzen bilden Blüten in allen Formen, Größen und Farben. Die Blüten produzieren die Samen und Früchte. Daraus entstehen neue Pflanzen (siehe Seite 106).

Teile einer Blüte

Jedes Blütenteil hat eine bestimmte Aufgabe:

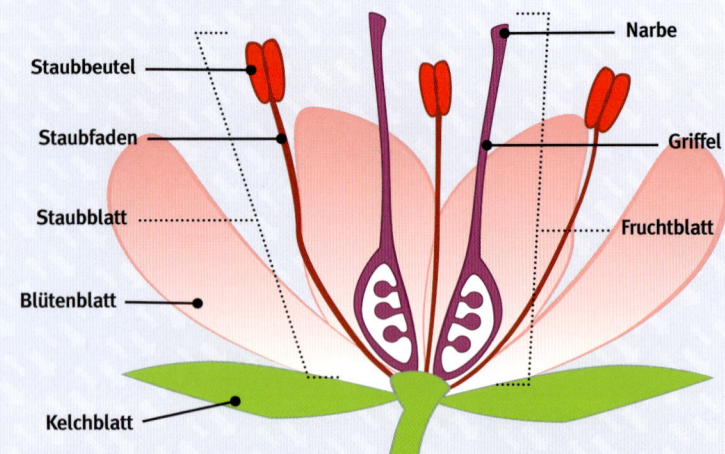

Staubbeutel
Staubfaden
Staubblatt
Blütenblatt
Kelchblatt
Narbe
Griffel
Fruchtblatt

1. Die Kelchblätter sind die grünen Blätter am Boden der Blüte. Sie schützen die Blütenknospe, bevor sie sich öffnet.

2. Die bunten Blütenblätter locken Insekten an.

3. Im Inneren der Blütenblätter findet man die nadelförmigen Staubblätter. Sie sind die männlichen Teile der Pflanze. Der oberste Teil, die Staubbeutel, beinhalten einen gelben Staub, auch Pollen genannt.

4. Die Fruchtblätter, die weiblichen Teile der Pflanze, stehen im Zentrum. Sie tragen die winzigen Samenanlagen im Inneren. Hieraus entwickeln sich langsam die Samen.

5. Jedes Fruchtblatt hat eine klebrige Stelle ganz oben, die Narbe. Manchmal befindet sich die Narbe auf kleinen Stängeln.

6. Einige Blüten besitzen eine süße, zuckrige Substanz, den Nektar.

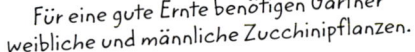

Für eine gute Ernte benötigen Gärtner weibliche und männliche Zucchinipflanzen.

Gärtner aufgepasst!

Für gewöhnlich gibt es auf einer Pflanze männliche und weibliche Teile, aber eben nicht immer. So sind Kürbisse entweder männlich oder weiblich und einige Bäume produzieren nur weibliche oder nur männliche Blüten. Gärtner sollten sicherstellen, dass sie sowohl weibliche als auch männliche Pflanzen besitzen. Nur so können Samen und Früchte entstehen.

Heiße Info

Eine Butterblume besitzt männliche und weibliche Teile, Blütenblätter und Nektar. Die Blütenblätter sind mit Linien gekennzeichnet, die nur Insekten sehen können. Die Linien leiten sie zum Nektar.

Ein Strauß Blumen

Blumen sehen sehr unterschiedlich aus und sie riechen auch sehr verschieden.

Eine Tulpe ist ein Beispiel für eine einzige Blüte auf einem Stängel.

Eine Blüte oder viele?

Man kann Pflanzen anhand der Anordnung der Blüten unterscheiden. Einige, wie etwa Tulpen, bilden nur eine Blüte direkt am oberen Ende des Stängels. Manchmal besteht eine Blüte aus mehreren Einzelblüten, obwohl sie wie eine einzige Blüte aussieht. Disteln gehören dazu. Es gibt eine Vielzahl weiterer Formen. Hyazinthen blühen beispielsweise traubenförmig. Sie besitzen viele Blüten, die direkt aus einem Stamm wachsen.

Ein Distelkopf besteht aus vielen kleinen Blüten, die eng zusammenstehen.

Blütenfarben

Verschiedene Farben ziehen unterschiedliche Tierarten an. Rot wirkt etwa auf Kolibris verlockend. Viele Blüten, die einen Kolibri zum Bestäuben brauchen, sind deshalb rot. Bienen bevorzugen hingegen Violett oder Blau. Schmetterlinge mögen rote, pinkfarbene oder lavendelfarbene Blüten. Sollen Nachtfalter angelockt werden, sind die Blüten oft weiß. Dadurch leuchten sie im Mondlicht.

EXPERTENWISSEN!

> Wurde eine Blüte erst einmal bestäubt, verblüht sie. Damit signalisiert sie tierischen Besuchern, dass es bei ihr nichts mehr zu holen gibt.

> Insekten sehen ultraviolettes Licht. Das ist eine Wellenlänge des Lichts, die Menschen nicht wahrnehmen können. Deshalb sehen die Blütenfarben für Insekten anders aus als für uns.

Blütenduft

Viele Blüten benötigen Vögel oder Insekten, um Pollen zu einer anderen Pflanze zu bringen (siehe Seite 102). Manchmal produzieren sie einen Duft, um Besucher anzuziehen. Für Fliegen sind stinkende Gerüche attraktiv, während Bienen und Schmetterlinge süße Düfte anziehend finden. Blüten, die nachtaktive Insekten auf sich aufmerksam machen möchten, verströmen ihren Geruch erst in der Dämmerung. Angenehme Blütendüfte verwendet man in Parfüms.

Blütenbestäubung

Eine Blüte kann erst Samen bilden, nachdem sie bestäubt wurde. Pflanzen haben da ganz unterschiedliche Strategien.

Alles über Bestäubung

Ein Pollenkorn von der richtigen Blütenart muss auf die Narbe des Fruchtblatts einer Blume fallen (siehe Seite 100), bevor ein Samen heranwachsen kann. Eine Zelle des Pollenkorns verschmilzt dabei mit der Eizelle im Inneren der Samenanlagen. Aus dieser Zelle entwickelt sich dann der Samen und somit nach und nach die neue Pflanze. Einige Pflanzen können sich selbst bestäuben, doch die meisten sind dazu auf Pollen von anderen Blumen angewiesen.

Der Körper einer Biene ist beim Besuch einer Blüte mit Pollen bedeckt.

Ein vergrößertes Pollenkorn

Pollen, der vom Wind verweht wird.

Wind als Helfer

Einige Pflanzen, wie Gräser oder Bäume, verlassen sich darauf, dass der Wind ihre Pollen weiterträgt. Damit sie sichergehen können, dass der Pollen eine andere Pflanze erreicht, müssen sie vergleichsweise viel Pollen produzieren. Solche Pflanzen besitzen eher kleine Blüten. Manche, wie etwa das Weidenkätzchen, hängen in langen Büscheln und verteilen Pollenwolken in der Luft. Gräser verstreuen so viel Pollen, dass manche Menschen allergisch darauf reagieren. Diese Allergie nennt man Heuschnupfen.

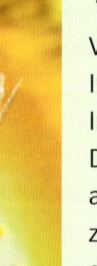

Tiere als Helfer

Viele Blütenpflanzen verlassen sich darauf, dass Insekten ihre Pollen weitertragen. Die meisten Insekten sind am Nektar der Blüte interessiert. Daher sind die Staubblätter und Narben so angeordnet, dass die Insekten auf dem Weg zum Nektar dagegen stoßen. Am Insekt bleibt der neue Pollen kleben und gleichzeitig hinterlässt das Tier auch Pollen von der vorherigen Pflanze.

Pollen können Heuschnupfen verursachen.

Heiße Info!

⭐ Pollensammler

Bienen sammeln Pollen in den Pollensäckchen, kleinen Ausbuchtungen an ihren Hinterbeinen. Mit den Pollensäckchen fliegen sie zurück zu ihrem Bienenstock und füttern Babybienen, auch Larven genannt. Auch sie selbst ernähren sich von den Pollen.

Ungewöhnliche Besucher

Insekten wie Ameisen, Bienen, Wespen, Käfer und Schmetterlinge, aber auch Vögel, Fledermäuse und sogar Schnecken tragen Pollen von Blüte zu Blüte. Und noch ein paar weitere Tiere sind Bestäuber.

EXPERTENWISSEN!

› Galagos, kleine Feuchtnasenaffen, bestäuben die Pflanzen ihrer afrikanischen Heimat: Auf der Suche nach Nektar stäuben sie sich selbst mit Pollen ein.

› In Afrika gibt es Bienen, die das Öl einiger Pflanzen sammeln und diese dabei bestäuben. Mit dem Öl füttern sie ihre Larven.

Der Schwarzweiße Vari bestäubt in Madagaskar Palmen.

Kleine Eidechsen, wie dieser Skink, reichen mit ihren Zungen bis in die Blüten hinein und trinken den Nektar.

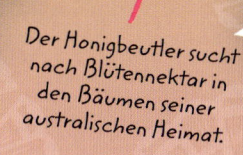

Der Honigbeutler sucht nach Blütennektar in den Bäumen seiner australischen Heimat.

Helfer in den Baumkronen

Die Schwarzweißen Vari sind die Hauptbestäuber eines palmähnlichen Baumes, des Baums der Reisenden auf Madagaskar. Sie klettern auf die Bäume und öffnen mit ihren Fingern die Blüten, um an den Nektar zu gelangen. Manchmal hängen sie kopfüber von einem Ast, um besondere Leckerbissen zu erhaschen. Auf ihrer Nahrungssuche verteilen sie den Pollen von Blüte zu Blüte.

Herumschnüffeln

Der australische Honigbeutler bestäubt die Blüten der Banksien und der Eukalyptuspflanze. Er ist ein sehr guter Kletterer und schwingt sich auf der Suche nach Nahrung von Ast zu Ast. Mit seiner langen Zunge trinkt er den Nektar. Dabei sammelt sich Pollen auf der Schnauze, den er auf der nächsten Blüte wieder ablädt.

Helfende Eidechsenhand

Sogar Reptilien werden gelegentlich zu Bestäubern. Im brasilianischen Regenwald trinken die Trachylepis atlantica den Nektar des Mulunga-Baums. Die kleinen Eidechsen beschmieren sich mit Pollen, während sie trinken. So gelangt der Pollen zur nächsten Pflanze.

Ein süßer Trunk

Der Dickkopffalter verwendet seinen langen Rüssel wie einen Strohhalm und trinkt den Nektar aus einer Flockenblume. Während er trinkt, wird der Schmetterling mit Pollen eingestäubt.

Der Rüssel eines Schmetterlings lässt sich aufrollen.

 EXPERTENWISSEN!

> Die ersten Blütenpflanzen tauchten gegen Ende des Jura auf der Erde auf. So nennt man die Zeit vor etwa 140 Millionen Jahren.

> Versteinerter Pollen hilft den Wissenschaftlern herauszufinden, welche Pflanzen früher geblüht haben.

> Pollenkörner werden manchmal als Beweise zur Aufklärung von Verbrechen verwendet. Mit ihrer Hilfe lässt sich etwa ermitteln, an welchen Orten sich ein Verdächtiger aufgehalten hat.

Der ausgefahrene Rüssel eines Schmetterlings

Samen und Früchte

Im Inneren der schützenden Hülle eines Samens befindet sich eine neue Pflanze. Unter den richtigen Bedingungen beginnt sie zu wachsen.

Frucht und Samen

Während der Samen einer Pflanze wächst, verändern sich auch die Pflanzenteile um ihn herum und werden zur Frucht. Einige Früchte sind hart und trocken. Andere dagegen sind weich und saftig. Sie beinhalten einen oder mehrere Samen und haben ganz unterschiedliche Formen. Zu den Früchten zählen saftige Beeren, harte Kapseln oder Hülsen, also Schalen mit einer Reihe von Samen im Inneren.

Granatapfelsamen befinden sich in essbarem rotem Fruchtfleisch.

Die Kastanie ist der Samen im Inneren der Frucht.

Eine Tomate ist eine Frucht mit Samen im Inneren.

Die Schote einer Okrafrucht

Das Kerngehäuse eines Apfels mit Kernen (Samen)

Eine Kiwifrucht mit Samen

Erste Früchte

Unsere frühesten Vorfahren aßen Früchte, Nüsse und Samen, genau wie wir. Wir wissen so viel darüber, da Wissenschaftler Teile von Samen und Pflanzen in Koprolith entdeckt haben – das ist versteinerter Menschenkot. Eine Auswertung von 12 versteinerten Koprolithen aus den Mammoth-Höhlen in Kentucky (USA) zeigte, dass die Menschen in den Höhlen vor ca. 4 000 Jahren Glanzgras, Sonnenblumensamen, Erdbeeren, Brombeeren und Walnüsse auf ihrem Speiseplan hatten.

Nuss oder nicht?

Nüsse sind Früchte mit einem Samen im Inneren. Ist der Samen bereit zu wachsen, verlässt er die Nuss nicht. Stattdessen sprießt er durch die harte Schale. Steinfrüchte sind Früchte mit einem weichen, saftigen Fruchtfleisch um einen Kern herum. Pflaumen, Pfirsiche und Kirschen sind Beispiele für Steinobst. Gräser, wie Weizen, haben kleine, trockene Früchte mit einem Samenkorn im Inneren.

Nuss (Frucht mit einem Samen, der aus dem Inneren hervor sprießt)

Steinfrucht (saftiges Fruchtfleisch mit einem Samenkern im Inneren)

EXPERTENWISSEN!

› Falls du glaubst, Mandeln und Kokosnüsse sind Nüsse, dann täuschst du dich. Es handelt sich hierbei um Steinfrüchte.

› Nüsse enthalten Öl, das manchmal extrahiert und in Essen oder Kosmetika verwendet wird.

› Reis besteht aus den essbaren Samen der Reispflanze, einer Grasart.

So verbreiten sich Samen

Ist ein Samen reif, fällt er auf den Boden und entwickelt sich zu einem neuen Keimling. Pflanzen haben viele unterschiedliche Arten, ihre Samen zu verteilen.

Getrocknete Erbsenschoten öffnen sich und werfen ihren Samen aus.

Mohnsamen verteilen sich, wenn die Hülle getrocknet ist.

Explosionsartiges Öffnen

Samen müssen so weit wie möglich von ihrer Mutterpflanze entfernt auf den Boden fallen, damit nicht zu viele Pflanzen zu nah beieinander stehen. Einige Früchte, wie die Erbsenschote, trocknen aus, während sie reifen. Irgendwann platzen sie auf und werfen ihre Samen mehrere Meter weit. Manchmal machen diese Schoten sogar ein lautes Plopp, wenn sie explodieren.

ZAHLEN & FAKTEN

❯ **Die ältesten gekeimten Samen**
Wissenschaftler haben aus 2 000 Jahre alten Samen, die man bei Ausgrabungen gefunden hat, erfolgreich Keimlinge herangezogen.

❯ **Weltgrößte Bohnenhülse**
Die Schote der Entada Liana, die im Regenwald wächst, wird bis zu 1,5 m lang.

❯ **Die explosivste Hülse**
Der karibische Sandbüchsenbaum besitzt eine große, kürbisartige Kapsel, die wie eine Handgranate explodiert. Dabei werden große Samen und Schalenstücke bis zu 14 m weit verstreut.

❯ **Größte Samen**
Die Seychellenpalme produziert Samen mit einem Gewicht bis zu 20 kg.

Vom Winde verweht

Viele Pflanzen verlassen sich bei der Verbreitung ihrer Samen auf den Wind. Distel- und Löwenzahnsamen haben federleichte Teile, die sie wie kleine Fallschirme im Wind tragen. Einige Bäume produzieren Samen mit Flügeln, die ihnen helfen, im Wind davonzufliegen.

Reise als blinder Passagier

Saftige Früchte dienen vielen Tieren als Nahrung. Diese fressen das Fruchtfleisch und spucken die Samen entweder aus oder geben sie durch den Kot wieder ab. Die Samen werden durch eine äußere Hülle geschützt und können so unbeschadet durch den Körper eines Tieres gelangen. Andere Früchte haben kleine Widerhaken. Streift ein Tier an der Pflanze vorbei, bleiben sie im Fell hängen und reisen als blinde Passagiere mit den Tieren weiter.

Aus Samen werden Keime

Fällt ein Samen auf fruchtbaren Boden und ist die Umgebung warm genug, beginnt er zu keimen, also zu wachsen.

Das Keimen

Im Inneren eines Samens gibt es einen Embryo, der darauf wartet zu wachsen. Dringt Wasser in den Samen ein, wachsen Wurzeln und Mini-Blätter. Aus dem Samen wird ein Keimling.

1. Der Samen nimmt das Wasser auf und quillt. Dann platzt die Hülle des Samens auf.

2. Eine kleine Wurzel kommt heraus, die nach unten wächst und die Pflanze im Boden verankert.

3. Der Keimling wächst vom Samen aus nach oben in Richtung des Lichts. Bis er ans Tageslicht gelangt, ernährt er sich von den Reserven, die im Samen enthalten sind.

4. Die Blätter des Samens entfalten sich und beginnen zu wachsen.

5. Sind die Blätter ausgebreitet, kann die Pflanze mit Hilfe des Sonnenlichts neue Nahrung produzieren (siehe Seite 98).

Kurz- oder langlebig?

Einjährige Pflanzen leben nur für ein Jahr. Sie keimen im Frühling als Samen, blühen im Sommer, produzieren neue Samen und sterben. Es gibt aber auch zweijährige Pflanzen. Sie wachsen im ersten Jahr aus dem Samen heran, blühen im zweiten Jahr und sterben dann ab. Mehrjährige Pflanzen, wie Bäume, leben viele Jahre.

Einjährige Pflanzen müssen jedes Jahr neu gepflanzt werden.

Ein seltenes Ereignis – die Titanwurz blüht.

Langes Warten

Einige Pflanzen brauchen viele Jahre, bis sie blühen und Samen produzieren. Die Titanwurz blüht etwa nur alle 10 Jahre im Dschungel Sumatras. Diese Blüte, die größte der Welt, stinkt nach verrottetem Fleisch, um Insekten anzuziehen. Manche Kakteen benötigen noch länger: Bevor sie blühen, vergehen je nach Temperatur bis zu 20 Jahre.

Heiße Info!

★ Stark verwurzelt

Der Süßhülsenbaum wächst in den Wüstenregionen der USA und Mexikos. Um in solch trockenen Gebieten überleben zu können, hat er eine Geheimwaffe: seine lange Pfahlwurzel. Sie zählt zu den längsten Wurzeln überhaupt. Mit ihren 58 m Länge kann sie Wasser ganz unten im Erdreich erreichen.

Blätter

Die Blätter der Pflanzen transportieren Wasser und Nährstoffe durch ihre Adern und unterstützen die Pflanze bei der Nährstoffproduktion (siehe Seite 98). Es gibt sie in allen Formen, Größen und Farben.

Ein Blätter-Sandwich

Ein Blatt besteht aus mehreren Schichten wie ein Sandwich. Jede Schicht hat eine ganz bestimmte Aufgabe. Die oberste und unterste Schicht sind hart und wasserabweisend. Sie schützen das Blatt vor Tieren, Krankheiten und Wetterschäden. Durch winzige Löcher in der Oberfläche, Stomata oder Spaltöffnungen genannt, lassen sie während der Fotosynthese (siehe Seite 98) Gas ein- und austreten. Unter der Oberfläche liegen Zellen, die Nährstoffe produzieren, und Adern, die Nährstoffe und Wasser in der Pflanze transportieren.

An einem getrockneten Blatt kann man die winzigen Adern erkennen.

Die oberste Schicht eines vergrößerten Blattes mit den Stomata (Spaltöffnungen).

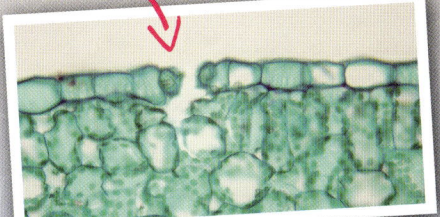

EXPERTENWISSEN!

> Die Blätter der Bastpalme werden bis zu 24 m lang.

> Das schwimmende Blatt der Riesenseerose aus dem Amazonas misst bis zu 2,8 m im Durchmesser.

> Die Dornen eines Kaktus sind in Wirklichkeit Blätter.

Große und kleine Blätter

Manche Pflanzen, wie die Narzissen, besitzen lange, schmale Blätter, in denen die Adern gerade nebeneinander verlaufen. Andere Blätter sind breit und flach. Hier verzweigen sich die Adern. Viele Gemüsearten und Bäume haben solche Blätter. Pflanzen, die in kalten, windigen Gegenden leben, haben kleinere Blätter. So kann das Wetter sie nicht so leicht schädigen. Das gilt auch für Pflanzen, die auf nährstoffarmen Böden wachsen und nicht genug Nahrung produzieren können, um große Blätter auszubilden. Pflanzen in warmen, feuchten Gegenden besitzen die größten Blätter.

Blattformen

Eine Pflanze kann man anhand der Form ihrer Blätter bestimmen. Ein einziges, flaches Blatt mit Stängel nennt man einfaches Blatt. Besteht ein Blatt aus mehreren kleinen Blättern an einem Stiel, nennt man das ein zusammengesetztes Blatt. Auch die Form des Blattes kann dir beim Bestimmen helfen. Manche haben runde Kanten, andere sind gezackt oder gewellt.

Wehrhafte Pflanzen

Einige Pflanzen besitzen Stacheln, Dornen oder Gift.
Damit schützen sie sich vor Tieren, die sie fressen wollen.

Dornen oder Stacheln

Stacheln sind eine Art kleiner, umgewandelter Zweig. Pflanzen wie die Beerensträucher sind oft mit Stacheln ausgestattet, damit sie nicht von Tieren gefressen werden. Dornen, wie Kakteen sie tragen, sind kleine, dünne Blätter. Sie halten hungrige Tiere ab und verlieren durch ihre Größe nicht so viel Wasser wie große, flächige Blätter. Dadurch überleben die Kakteen in trockenen Gebieten. Ein Ginsterbusch ist ein besonders stachliges Exemplar, er besitzt Dornen und Stacheln.

Die Dornen eines Kaktus halten Tiere davon ab, die Pflanze zu fressen.

EXPERTENWISSEN!

> Die Blütenblätter der Geranie können durch eine Chemikalie Käfer lähmen.

> Einige Arten der Passionsblume besitzen auf ihren Blättern kleine Punkte, die wie Schmetterlingseier aussehen. Die falschen Eier halten echte Insekten davon ab, eigene Eier auf die Blätter zu legen.

Eine klebrige Sache

Manche Pflanzen produzieren einen klebrigen Saft oder Harz, um angreifende Insekten zu fangen. Chemikalien in dem Saft können gleichzeitig auch schädliche Pilze abtöten. Das Harz von Nadelhölzern ist ein natürliches Insektenabwehrmittel und schützt den Baum gleichzeitig vor tödlichen Pilzen und Bakterien. Die früheren Ägypter bestrichen ihre Toten mit Harz, um Insekten von der Mumie fernzuhalten.

Brennnesselblätter haben kleine, stechende Brennhaare.

Harz, das aus der Rinde eines Baumes tropft

Stechende Pflanzen

Stechende bzw. brennende Pflanzen besitzen feine Härchen auf ihren Stielen und Blättern. Die Haare produzieren eine giftige Flüssigkeit, um die Pflanze zu schützen. Brennnesseln stellen eine solche Chemikalie her und besitzen gleichzeitig sehr scharfe Haare. Streift man an ihnen vorbei, dringen sie in die Haut ein. Die Chemikalie fließt dann über das Haar in die Wunde und verursacht ein brennendes Gefühl. Die westafrikanische und die australische Brennnessel besitzen das stärkste Gift dieser Art.

Lass mich in Ruhe!

Pflanzen beinhalten manchmal giftige, bitter schmeckende Chemikalien, um Tiere vom Fressen abzuhalten. Einige dieser Chemikalien sind für den Menschen tödlich, während aus anderen Medizin hergestellt wird (siehe Seite 122).

Durch und durch giftig

Ein Hautausschlag, der durch die Berührung mit Giftefeu entstanden ist.

Manche Pflanzen sind äußerlich mit schädlichen Chemikalien bedeckt. Eine Berührung mit Giftefeu hat zum Beispiel einen fiesen Hautausschlag zur Folge. Denn die Pflanze produziert eine starke Chemikalie in ihrem Saft, die Urushiol genannt wird. Diese ist so stark, dass man selbst von abgestorbenem Giftefeu einen Hautausschlag bekommt. Einige Gartenpflanzen und Unkraut enthalten Gifte, die für den Menschen tödlich sein können. Daher iss keine Pflanze, von der du nicht weißt, dass sie harmlos ist!

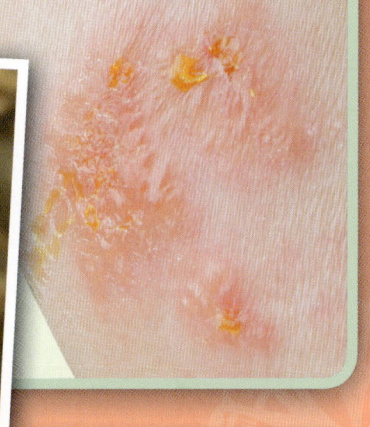

Giftesser

Ein paar Tiere können giftige Pflanzen essen, ohne davon krank zu werden. Der Koalabär beispielsweise isst giftige Eukalyptusblätter. Sein Magen kann das Gift jedoch entschärfen. Die Monarch-Schmetterlinge nutzen Pflanzen zur Verteidigung. Sie essen die giftige Seidenpflanze. Ihnen selbst passiert dabei nichts, aber ihr Körper wird für andere Tiere giftig.

Koalabären essen nur Eukalyptusblätter. Glücklicherweise macht ihnen das Gift nichts aus.

Eine Raupe des Baumwollkapselbohrers knabbert an einer Maispflanze. Die Pflanze produziert daraufhin einen Geruch, der einen Feind der Raupe anzieht.

Zu Hilfe!

Wird eine Maispflanze von der Raupe des Baumwollkapselbohrers attackiert, regt die Spucke der Raupe die Pflanze dazu an, ein chemisches Geruchssignal auszusenden. Dieser Geruch lockt einen Feind der Raupe, eine Wespenart, an. Außerdem beginnen naheliegende Maispflanzen ebenfalls diesen Geruch zu produzieren.

Heiße Info! ★

Sicherheitsspucke

Elche fressen manchmal Pflanzenstiele, die hohe Mengen einer giftigen Chemikalie namens Tannin enthalten können. Die Spucke der Elche macht das Tannin jedoch unschädlich.

Alles über Bäume

Ein Baum ist eine hölzerne Pflanze mit einem Stamm. Bäume sind mehrjährige Pflanzen, leben also länger als zwei Jahre. Sie sind ein wichtiger Teil des Ökosystems und lebensnotwendig für die Atmosphäre der Erde.

Bäume bieten vielen Tieren ein Zuhause. Hier füttert eine Blaumeise ihr Junges.

In einem sommergrünen Wald sind die meisten Bäume Laubbäume, die ihre Blätter im Winter abwerfen.

Laubbäume

Laubbäume besitzen breite, flache Blätter anstelle von Nadeln und bilden Blüten, aus denen sich die Samen entwickeln. Sie wachsen überall auf der Welt und es gibt viele unterschiedliche Arten. Einige besitzen Blüten, die man sofort erkennt. Andere hingegen haben so kleine Blüten, dass man sie kaum bemerkt. Sommergrüne Laubbäume werfen ihr Laub im Herbst ab. Sie wachsen meist in den gemäßigten Gegenden der Erde (siehe Seite 116/117). Dort ist es im Sommer warm, im Winter kalt und es fällt regelmäßig Regen.

Wie Bäume uns helfen

Bäume geben vielen Tieren ein Zuhause und versorgen uns mit Brennstoff und Holz. Außerdem halten sie die Erde gesund. Mithilfe der Fotosynthese befreien sie die Erdatmosphäre vom Gas Kohlendioxid. Zu viel Kohlendioxid in der Atmosphäre führt zu schädlichen Veränderungen im Klima. Die Bäume helfen uns, eine ausgewogene Mischung an Gasen beizubehalten.

Nadelbäume

Koniferen sind Nadelbäume, die ihre Samen im Inneren von Zapfen anstelle von Blüten produzieren. Sie haben schmale Blätter, die man auch Nadeln nennt (siehe Seite 115). Die meisten Nadelbäume sind immergrün. Das heißt, sie behalten ihre Blätter das ganze Jahr über. Am besten wachsen sie in kühleren Regionen. Ein großer Nadelwald, Taiga genannt, erstreckt sich hoch oben im Norden, von Ostsibirien über Skandinavien bis in den Westen Kanadas.

Nadelbäume wachsen eher in den kühleren Regionen der Welt.

Heiße Info!

Ältester Baum

Die Borstenkiefer ist einer der ältesten Organismen der Welt. Einige Exemplare werden bis zu 4 600 Jahren alt. Man findet sie im Südwesten der USA.

Im Inneren eines Baumes

Ein Baum braucht Wasser und Nährstoffe aus dem Boden, um zu wachsen und gesund zu bleiben. Die Wurzeln und der Stamm helfen ihm dabei.

Die Wurzeln

Wurzeln verzweigen sich im Boden unter dem Baum (siehe unten). An der Spitze der größeren Wurzeln befinden sich feine Haare, die das Wasser und die Nährstoffe aufnehmen. Wird eine Wurzel beschädigt oder krank, wird der Baum bald sterben. Einige größere Bäume bilden sogenannte Brettwurzeln aus, die den Stamm abstützen.

Der Stamm

Der Stamm transportiert Nährstoffe und Wasser in die Krone des Baumes. Er hilft ihm, aufrecht zu stehen, sodass die Blätter Sonnenlicht bekommen. Der Stamm wird von einer Schicht schützender Borke umgeben. Unter der Borke liegt das sogenannte Splintholz. In dieser Schicht werden die Nährstoffe und das Wasser im Baum transportiert. Der innere Kern des Stamms, das Kernholz, stützt den Baum.

Der Baumstamm bringt die Zweige und Blätter näher zum Sonnenlicht.

EXPERTENWISSEN!

> Archäologen können das Alter hölzerner Objekte oder Bauwerke anhand der Ringe im Holz bestimmen.

> Einige Bäume erneuern ihre Borke jedes Jahr. Sie blättert ab und wird durch eine neue Schicht ersetzt.

Dieser riesige Baum hat Brettwurzeln, die ihn abstützen.

Der Stamm eines Baumes zeigt für jedes Wachstumsjahr einen Ring.

Die Ringe

Jedes Jahr wächst im Inneren des Stammes ein neuer Ring. Gibt es in diesem Jahr viel Wasser und Sonnenlicht, wird der Ring breiter. Sind die Wetterbedingungen nicht so günstig, wächst der Ring nur wenig. Jeder Ring besitzt einen hellen und einen dunklen Teil. Der helle Teil wächst im Frühling und Sommer, der dunkle im Herbst und Winter. Wenn du die Ringe des Baumes zählst, kannst du sein Alter bestimmen.

Fallende Blätter

Bäume, die ihre Blätter im Winter verlieren, nennt man sommergrün. Im Herbst verfärben sich die Blätter und sterben ab.

Farbe des Chlorophyls

Blätter besitzen eine grüne Substanz, die Chlorophyll genannt wird. Sie nimmt Sonnenlicht auf. Dadurch können die Pflanzen Fotosynthese betreiben und Glukose herstellen, eine Zuckerart, von der sie sich ernähren (siehe Seite 98). Während die Sonne scheint, produzieren die Blätter viel Glukose. Werden die Tage im Herbst kürzer, ist es für den Baum schwieriger, Nahrung zu produzieren. Daher wirft der Baum seine Blätter ab und spart so Energie.

(siehe Seite 98)

EXPERTENWISSEN!

❯ Strahlend bunte Herbstblätter findet man nach einem trockenen Sommer, während eines sonnigen, aber kühlen Herbstes. Unter diesen Bedingungen produzieren Bäume viel Rot und Violett.

❯ Der Osten der USA ist einer der besten Plätze der Welt, um wunderschöne Herbstfarben zu sehen. Das Klima ist dort genau richtig und es gibt sehr viele sommergrüne Bäume.

❯ Chlorophyll wird aus Gräsern und Brennnesseln gewonnen. Es wird als grüne Lebensmittelfarbe eingesetzt.

Warum fallen die Blätter?

Am Ansatz jedes Laubblattes gibt es eine Zellenschicht, die man auch Trennschicht nennt. In dieser Schicht sitzen winzige Röhren, die Wasser zu den Blättern und Nährstoffe durch den Stamm transportieren. Im Herbst verstopfen diese Zellen nach und nach und die Blätter vertrocknen. Ohne das Wasser zerfällt das Chlorophyll. Schließlich lösen sich die Blätter von der Trennschicht und fallen ab.

Ist der Herbst windig, werden die Blätter schon vorzeitig von den Bäumen geweht.

Warum ändern die Blätter ihre Farben?

Auch in frischen grünen Blättern gibt es geringe Mengen an Gelb und Orange. Im Sommer werden sie durch das grüne Chlorophyll überdeckt. Ist das Grün verschwunden, sieht man nun auch die anderen Farben, zum Beispiel strahlendes Rot und Violett. Die große Menge Glukose in den Blättern verfärbt sich durch die Kälte und Sonne rot. Einige Blätter werden durch eingelagerte Abfallstoffe braun.

Einige Blätter färben sich rot, da in ihnen noch Zucker gespeichert ist.

Nadeln und Zapfen

Nadelbäume haben nadelförmige Blätter und anstelle von Blüten Zapfen. Sie sind an das Leben in harten Klimazonen bestens angepasst.

Der männliche Zapfen ist viel kleiner als der weibliche. Er produziert den Pollen.

Dieser weibliche Zapfen ist geöffnet. Er produziert die Samen, die durch den Wind verteilt werden.

Nette Nadeln

Die Nadeln der Nadelbäume sind hart und mit einer dicken Wachsschicht überzogen. Außerdem besitzen sie eine kleine Oberfläche. Das ist besonders wichtig, da Nadelbäume vor allem in sehr windigen Gegenden wachsen, in denen Wasser rar ist. Bläst der Wind über die Oberfläche der Nadel, nimmt er auch das Wasser mit. Durch die Wachsschicht und die Form wird der Wasserverlust reduziert.

Die Nadeln haben eine harte Schicht, die sie vor Kälte und Schnee schützt.

Pollen und Samen

Nadelbäume bilden zwei unterschiedliche Zapfen: männliche und weibliche. Die männlichen Zapfen sind kleiner und wachsen in Trauben an neuen Astgabeln. Die weiblichen Zapfen wachsen in der Nähe der Zweigspitze. Ein Zapfen besteht aus überlappenden Schuppen. Die Schuppen der männlichen Zapfen tragen den Pollen und die der weiblichen Zapfen Samenanlagen (siehe Seite 102). Bei trockenem Wetter springen die Schuppen auf und der Pollen der männlichen Zapfen wird zu den weiblichen getragen.

(siehe Seite 102)

⚡ EXPERTENWISSEN!

❯ Der höchste Kiefernbaum ist die Zuckerkiefer. Mit bis zu 61 m Höhe überragt sie die anderen Bäume im nordamerikanischen Wald.

❯ Kiefernöl wird in vielen Produkten verwendet, etwa in Putzmittel oder Badeschaum mit Kiefernduft. Sogar in winzigen Uhrenteilen wird das Öl genutzt. Es wird aus den Nadeln und Zapfen hergestellt.

Ein neuer Nadelbaum

Haben die männlichen Zapfen ihre Aufgabe erledigt, trocknen sie aus. Die weiblichen hingegen wachsen und bilden die Samen. Jeder Samen wird von einer Hülle umschlossen, die wie ein kleiner Flügel aussieht. So kann der Wind sie davontragen, wenn sich der Zapfen öffnet. Trifft der Samen auf fruchtbaren Boden, wächst daraus eine neue Pflanze.

Wo finde ich was?

Der boreale Nadelwald, der auch Taiga genannt wird, erstreckt sich im Norden der Erdkugel.

BOREALER NADELWALD ODER TAIGA

Mehr als die Hälfte der Waldbestände auf der Erde wachsen in fünf Ländern – Brasilien, Russland, Kanada, USA und China.

Der größte Regenwald der Welt liegt in Südamerika, in Amazonien. Der zweitgrößte liegt im Kongobecken in Afrika.

Regenwald Amazonien

Wälder

Ein Drittel der Erdoberfläche ist von Wald bedeckt, entweder mit Nadelbäumen, Laubbäumen oder Regenwald.

Die Wälder haben früher eine viel größere Fläche eingenommen, doch über die Jahrhunderte wurden große Teile abgeholzt. Man brauchte das Holz oder wollte das Land anderweitig nutzen. Heute sind vor allem die Regenwälder bedroht. Sie nahmen früher etwa 14 Prozent der Waldfläche ein, heutzutage sind es nur noch 6 Prozent.

 Immergrüner Nadelwald

 Gemäßigte Mischwälder (Laub- und Nadelbäume)

 Äquatorialer Regenwald

BOREALER NADELWALD ODER TAIGA

Regenwälder wachsen hauptsächlich in warmen, feuchten Gegenden rund um den Äquator.

Regenwald Kongobecken

EXPERTENWISSEN!

❯ Über 300 Millionen Menschen leben weltweit im Wald.

❯ Über 60 Millionen Menschen sind von dem abhängig, was sie im Wald an Nahrung finden.

❯ 0,01 qkm Regenwald beinhalten bis zu 250 unterschiedliche Baumarten. Im gemäßigten Wald finden sich pro 0,01 qkm nur 10 bis 15 Baumarten.

Man schätzt, dass aus den Wäldern jährlich Güter im Wert von etwa 400 Milliarden Euro gewonnen werden. Die Hauptprodukte sind Holz, Papier und Karton.

Der gemäßigte Regenwald wächst in kühleren Regionen, auch an der Küste. Dort ist das Klima sehr feucht.

Überlebenskünstler

Pflanzen können an den ungewöhnlichsten Orten wachsen, da sie besondere Strategien entwickelt haben. So kommen sie an Orten zurecht, an denen sonst keine Pflanze überlebt.

Ein Epiphyt hoch oben auf einem Dschungelbaum. Seine Wurzeln hängen locker herunter und nehmen Feuchtigkeit auf.

Parasitische Pflanzen

Ein Parasit ist eine Pflanze oder ein Tier, der in oder auf einem anderen Organismus lebt und sich Nahrung nimmt, ohne dafür etwas zurückzugeben. Eine parasitische Pflanze windet sich um eine andere Pflanze und gräbt ihre Sauger in diese hinein, um sich mit Wasser und Nährstoffen zu versorgen, statt eigene Wurzeln auszubilden. Manchmal verhungert die andere Pflanze deshalb.

Luftwurzeln

Einige Pflanzen wachsen auf anderen Pflanzen. Sie benötigen keine Wurzeln, die bis auf die Erde reichen. Im Gegensatz zu den Parasiten stellen sie aber ihre eigene Nahrung her. Sie nehmen das benötigte Wasser und die Mineralien aus dem Regenwasser und dem Nebel auf. Man nennt sie auch Epiphyten. Zu ihnen zählen Moose, Regenwaldorchideen und Bromelien.

Misteln sind Parasiten. Sie besitzen keine eigenen Wurzeln und erhalten Wasser und Nährstoffe von dem Baum, auf dem sie wachsen.

Salzliebhaber

Salz schädigt die meisten Pflanzen, doch einige Arten können damit leben. Sie wachsen am Strand, im salzigen Sumpfland und an Küsten und kommen mit der salzigen Gischt zurecht, ohne abzusterben. Mangrovenbäume sind die härtesten Salzliebhaber der Welt. Sie wachsen an den meisten tropischen Küsten.

Pflanzen an der Küste sind richtig harte Kerle. Sie ertragen raues Wetter und salzige Gischt.

Heiße Info!

Mordspflanze

Die Würgefeige hat ihren Namen daher, dass sie andere Bäume umklammert und nach und nach tötet. Diese wächst über alte Tempelruinen in Kambodscha.

Sporen statt Samen

Algen, Moose und Farne gehören zu den Pflanzen, die weder Blüten noch Samen bilden.

Flechten sind eine Mischung aus Pilz und Pflanze.

Moose bilden Sporen und keine Samen.

Ein Unterwasserwald aus hohem Seetang

EXPERTENWISSEN!

> Flechten wachsen fast überall: von den heißesten Wüsten bis hin zu den frostigen Polen.

> Einige Flechten reagieren empfindlich auf Luftverschmutzung. Ihr Vorkommen ist deshalb ein Zeichen für saubere Luft.

> Aus Algen wird auch Biotreibstoff produziert. Je nach Verarbeitung kann Biodiesel, Ethanol oder Gas gewonnen werden.

Moose und Farne

Moose gehören zu einer Gruppe winziger Pflanzen, die an feuchten Orten wachsen. Sie bilden keine Blüten, Pollen oder Samen. Stattdessen produzieren sie Sporen. Das sind winzige, staubartige Partikel, die mit dem Wind davonwehen und zu neuen Pflanzen heranwachsen. Farne und Meeresalgen bilden auch Sporen. Schaust du unter das Blatt eines Farns, siehst du viele Hunderte braune Flecken. Jeder enthält viele Sporen, die aufbrechen und davonfliegen, wenn sie reif sind.

Flechten

Flechten sind einzigartige Steinbewohner. Sie bestehen aus einem Pilz und einer Pflanze, genauer einer Alge. Der Pilz liefert das Grundgerüst, das aus vielen winzigen Fäden besteht. Zwischen diesen Fäden lebt die Alge. Die Fäden nehmen Wasser auf und speichern es, während die Alge durch Fotosynthese die notwendige Nahrung produziert. Die Fäden stellen zudem eine Säure her, die das Gestein auflöst und so Mineralien freisetzt, welche die Alge zum Überleben braucht.

Algen

Algen sind viel einfacher aufgebaut als Pflanzen, die Samen herstellen. Sie haben keine Blätter, keinen Stängel oder Blüten. Dennoch besitzen sie Chlorophyll und können mithilfe von Licht Nahrung produzieren. Die meisten Algen leben im Wasser. Viele sind so klein, dass du sie nur mit einem Mikroskop sehen kannst. Meeresalgen sind die größten Algen. Die allergrößte ist der Blasentang, der bis zu 65 m lang werden kann und in Unterwasseralgenwäldern wächst.

Pflanzen zum Essen

Hunderte unterschiedlicher Pflanzen werden von Bauern auf der ganzen Welt als Nahrung angebaut. Diese Beispiele findest du vielleicht auch zu Hause in deiner Küche.

Pflanzliches Öl

Viele unterschiedliche Ölpflanzen werden in der heimischen Küche und in der industriellen Produktion verwendet. Olivenöl, Sonnenblumenöl, Nussöl und Palmöl werden alle durch Pressen gewonnen. Olivenöl wurde bereits im antiken Rom hergestellt. Die Römer nutzten es aber nicht nur als Nahrungsmittel. Sie rieben damit ihre Haut ein und kratzten es anschließend mit einem Schaber ab. So reinigten sie sich vom Schmutz des Tages.

💡 ZAHLEN & FAKTEN

Die Rangfolge der 10 wichtigsten Anbaupflanzen der Welt:

1. Weizen
2. Reis
3. Mais
4. Sojabohnen
5. Gerste
6. Mohrenhirse
7. Hirse
8. Erdnüsse
9. Bohnen
10. Raps

Kakao

Kakao wird aus den Früchten des tropischen Kakaobaums gewonnen. Sie werden gespalten, um an das Fruchtfleisch zu gelangen, das die Kakaobohnen enthält. Die Masse wird anschließend fermentiert, also zur Gärung gebracht. Dadurch hört der Keimling auf zu wachsen und das Fruchtfleisch zerfällt. Zurück bleiben die Kakaobohnen, die nun getrocknet werden. Anschließend werden sie zu einer zähen Paste zermahlen, aus der Schokolade gemacht wird. Die Azteken aus Mexiko erfanden die Schokolade. Sie tranken sie mit Pfeffer, Maismehl und Gewürzen.

Die Früchte des Kakaobaums enthalten viele Kakaosamen.

Kaffee

Die Kaffeepflanze besitzt kleine rote Beeren. Jede Beere enthält zwei Samen – die Kaffeebohnen. Die Beeren werden gesammelt und dann in der Sonne getrocknet. Nach ein paar Wochen werden die Bohnen aus der Beere gequetscht. Sie werden geröstet und schließlich zu Kaffeepulver gemahlen. Brasilien ist der größte Kaffeeproduzent der Welt, dicht gefolgt von Vietnam.

Kaffeebeeren werden von Hand gepflückt, bevor sie getrocknet werden.

Aus Pflanzen hergestellt

Aus Pflanzen lassen sich viele Dinge herstellen, von Holzgegenständen bis hin zu dem Buch, das du gerade liest. Auf dieser Seite findest du einige vertraute Dinge, die man aus Pflanzen herstellt.

EXPERTENWISSEN!

> Man glaubt, dass Papier bereits im Jahre 100 v.Chr. in China erfunden und von den Kaisern verwendet wurde.

> Das Toilettenpapier wurde erstmals im 19. Jahrhundert entwickelt. Vor dieser Zeit verwendete man Lappen oder Moos.

Gummi

Aus Gummi lassen sich die unterschiedlichsten Dinge herstellen, von Gummibändern bis hin zu Autoreifen. Gummibäume wachsen in den tropischen Gebieten von Südamerika, Asien und Afrika. Wird in den Baum ein Schlitz geschnitten, tropft ein weißes Harz heraus, genannt Latex. Latex wird zu Luftballons und Gummihandschuhen verarbeitet. Um dickeres Gummi herzustellen, mischt man Latex mit anderen Chemikalien, trocknet es und dehnt es zu Bögen.

Ein Baumwollfeld, fertig zum Ernten

Latex tropft aus einem Gummibaum

Baumwolle

Baumwolle kommt von der Baumwollpflanze. Sie wird aus den luftigen Fasern gewonnen, die um die Samenhülle der Pflanze herum wachsen. Die Fasern werden von den Hüllen getrennt und gereinigt, dann zu langen Fäden versponnen. Das Garn wird in einen Webstuhl eingespannt und zu Baumwollstoff verwoben. Baumwolle wird in Asien, Nord- und Südamerika und Afrika angebaut. Sie ist die meistgenutzte Naturfaser der Welt.

Papier

Papier wird aus feinen Fasern gemacht, die man aus Holz gewinnt. Dazu werden Baumstämme zuerst in kleine Stücke gehäckselt. Die Späne werden dann mit Wasser vermischt, bis ein zäher Brei entsteht. Anschließend wird das Wasser herausgequetscht. Die Fasern werden erhitzt und getrocknet und dann zu Papier oder Karton verarbeitet.

Pflanzen in der Medizin

Pflanzen werden schon seit Jahrtausenden zu Medizin verarbeitet. Auch heutzutage gewinnt man einige der bekanntesten Medikamente aus Pflanzenextrakten.

Gift zur Heilung

Einige Pflanzen produzieren hochwirksame Stoffe, die häufig sehr giftig sind. Wenn man diese Stoffe extrahiert und behandelt, kann man sie jedoch in der Arzneimittelherstellung verwenden. Der Fingerhut enthält etwa ein tödliches Gift mit Namen Digitalis. In der Medizin werden damit jedoch Herzkrankheiten geheilt. Die giftigen Blätter der Eibe werden zur Krebsbehandlung eingesetzt, und die Gifte der tödlichen Tollkirsche werden extrahiert und dienen bei Augenbehandlungen zur Erweiterung der Pupille.

In Curare getauchte Pfeilspitzen sind eine tödliche Jagdwaffe.

Der Fingerhut produziert Digitalis, ein tödliches Gift. Richtig dosiert, dient es jedoch zur Behandlung von Herzkrankheiten.

Medizin des Regenwalds

Die Stämme der Ureinwohner im Regenwald nutzen die lokalen Pflanzen bereits seit Jahrhunderten als Medizin. Viele der Pflanzenarten, die sie sammeln, werden jetzt von Pharmaunternehmen untersucht und für Arzneimittel weltweit verwendet. Die Stammesmitglieder im Regenwald des Amazonas tauchen ihre Pfeilspitzen in das Gift der Curarepflanze. Das Gift lähmt die Affen, die sie von den Bäumen schießen. Die Medizin nutzt Curare als Mittel zur Muskelentspannung.

EXPERTENWISSEN!

› Das Extrakt der Narzisse wird zur Behandlung von Krankheiten wie Alzheimer eingesetzt und um Wunden zu heilen.

› Im Mittelalter hatten Ärzte seltsame Ideen von Pflanzen und ihren Heilkräften. So dachten sie, dass das Reiben einer Zwiebel am Kopf eine Glatze bekämpft.

Historische Kopfschmerzmittel

Das gebräuchlichste pflanzenbasierte Arzneimittel ist wahrscheinlich Aspirin, das ursprünglich aus der Rinde der Silber-Weide gewonnen wurde. Die frühen Ägypter kauten die Rinde, um Kopfschmerzen zu bekämpfen, und die Griechen nutzten sie, um Fieber zu senken. Im 19. Jahrhundert fanden Chemiker eine Möglichkeit, die Salizylsäure aus der Rinde zu extrahieren. Heute wird diese spezielle Zutat künstlich hergestellt.

Der Grundstoff für Aspirin wurde ursprünglich aus der Rinde der Silber-Weide gewonnen, wird heute aber im Labor hergestellt.

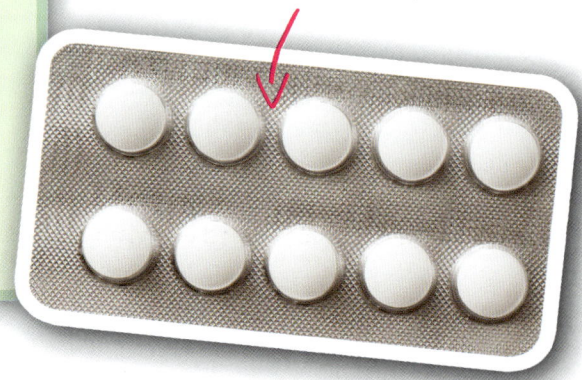

Pflanzen und Kultur

Auf der ganzen Welt setzen Menschen Pflanzen für Feste und Rituale ein.
Sie schmücken beispielsweise ihre Häuser oder ihre Körper damit.

Weihnachtspflanzen

Pflanzen spielen beim christlichen Fest Weihnachten eine große Rolle. Weihnachts-
bäume werden ins Haus gestellt und das ganze Haus mit Tannenzweigen dekoriert.
Die Ursprünge dieser Tradition gehen bis in die Zeit der Heiden zurück. Dort wurden
die Pflanzen vielleicht bei einem Fest wie dem Juania-Festival (siehe unten) eingesetzt. Sie sollten die Götter zufriedenstellen und den Menschen gutes Wetter und
eine reiche Ernte bescheren.

Der Weihnachtsbaum führt auf die vorchristliche Zeit zurück, als Pflanzen noch Teile des heidnischen Glaubens waren.

Die Shuar verwenden die Juania-Palme, um daraus Blasrohre für die Jagd herzustellen.

Körperbemalung

Stammesangehörige auf der
ganzen Welt nutzen Pflanzen-
farben, um ihre Körper zu
schmücken, vor allem für
wichtige Zeremonien und Feste.
In Amazonien werden die Samen
des Annatto-Baums mit Tierfett
vermischt und ergeben so eine
strahlend rote Farbe. Der Annatto
wird auch Lippenstiftbaum
genannt, da die Samen die Farbe
von rotem Lippenstift haben.

Eine Frau aus dem Amazonasgebiet, die sich ihr Gesicht mit der roten Farbe des Annatto bemalt hat.

Fest für eine Pflanze

Die südamerikanische Juania-Palme hat
in Ecuador ihr eigenes Fest. Sie ist für die
einheimischen Shuar so wichtig, dass
sie bei der Ernte der Juania-Palme eine
spezielle Zeremonie abhalten, die den
Juania-Gott Uwi milde stimmen soll. Es
gibt viele Tänze und Rituale für Uwi,
damit es auch im nächsten Jahr eine gute
Ernte gibt. Die Palme dient den Menschen
als Nahrung, als Holzlieferant und sie
fertigen daraus Blasrohre für die Jagd an.

💡 EXPERTENWISSEN!

› Weinraute, Rosmarin und Fenchel
sollten alle drei das Böse abweh-
ren und wurden im Mittelalter
daher rund um das Haus aufge-
hängt.

› Ausgehöhlte und erleuchtete
Kürbisse und Rüben sollten die
Geister der Verstorbenen abhal-
ten. Heute sind sie ein fester
Bestandteil von Halloween.

Gärten

Gärtner ziehen wunderschöne Pflanzen und essbares Obst und Gemüse heran. Sie müssen sich um ihren Garten kümmern, damit alles wächst und gedeiht.

Ein riesiger, preisgekrönter Kürbis

So könnten die Hängenden Gärten von Babylon ausgesehen haben.

Die ältesten Gärten

Schon in frühester Zeit haben Menschen Gärten angelegt. Die Hängenden Gärten Babylons zählen zu den Sieben Weltwundern der Antike. König Nebukadnezar II. soll sie um das Jahr 600 v. Chr. für seine Frau Amyitis geschaffen haben. Antike Autoren beschreiben sie als ein begrüntes Bauwerk, dessen Terrassen bis zu 25 m hoch waren. Bis heute weiß jedoch niemand mit Sicherheit zu sagen, ob es sie wirklich gab.

Rekordbrecher

Gemüsegärtner auf der ganzen Welt konkurrieren um die größten oder schwersten Gemüsestücke. Der größte gemessene Kürbis wog ganze 800 kg und die schwerste Kartoffel über 11 kg. Die längste Gurke war fast 117 cm lang und die längste Karotte mehr als 5 m.

Geheimnisse eines guten Bodens

Ein Gärtner sollte dafür sorgen, dass die Erde in seinem Garten voller Nährstoffe ist. Dazu mischt er dem Boden Kompost, also Pflanzen- und Gemüsereste, bei. Diese Pflanzenteile verrotten und werden mit all ihren wertvollen Inhaltsstoffen Teil des Bodens. Noch besser wirkt Dung, also Tierkot. Kuhfladen und Pferdemist sind besonders guter Dünger, da sie viele Stoffe enthalten, die Pflanzen zum Wachsen benötigen.

Gärtner müssen sich nicht nur um die Pflanzen, sondern auch um die Erde kümmern.

Heiße Info!

Fantastische Blumen

Keukenhof in den Niederlanden ist der größte Blumengarten der Welt. Er wird mit über 7 Millionen Blumenzwiebeln angelegt.

🍃 Jahreszeiten

Pflanzensorten wachsen je nach Saison und Standort zu unterschiedlichen Zeiten im Jahr.

Überflutete Felder

In Südostasien werden die Reissetzlinge im Juni gepflanzt. Anschließend werden die Felder absichtlich überflutet, um die feuchten Bedingungen herzustellen, die die Reispflanze zum Wachsen braucht. Im September können sie dann geerntet werden. Man geht davon aus, dass Reis schon seit über 5 000 Jahren so angebaut wird. Früher wurde alles von Hand erledigt, heutzutage helfen Maschinen beim Pflanzen und Ernten.

Eine gute Weinernte

Wenn die Reissetzlinge gepflanzt sind, werden die Reisfelder absichtlich geflutet.

Die Weinlese

Als Weinlese bezeichnet man die Ernte der Trauben in den berühmten Weingegenden Frankreichs. Im September warten die Winzer auf die wärmsten Tage, um die Trauben einzusammeln und zu zerquetschen, damit aus ihnen Wein wird. Die feinsten Weine werden immer aus handverlesenen Trauben hergestellt. Früher wurden die Trauben durch Stampfen und Trampeln ausgequetscht, heute erledigen das Maschinen. Wenn die Ernte vorüber ist, feiern die Menschen große Feste.

Die Sirup-Saison

Ahornsirup wird aus dem Saft der Ahornbäume gewonnen. Die kanadische Region Quebec ist der weltgrößte Produzent und liefert etwa Dreiviertel der Weltproduktion. Im Frühling werden die Bäume angezapft, um den Saft zu gewinnen. Dieser wird erhitzt und Sirup entsteht. Während der Zeit der Ahornernte gehen Familien traditionell in den Wald und feiern ein „Zuckerfest".

Zuckerhaltiger Saft tropft aus einem Ahornbaum.

💡 **EXPERTENWISSEN!**

❯ Ungefähr 40 Liter Ahornsaft werden benötigt, um 1 Liter Ahornsirup herzustellen.

Pflanzen im All

In der Zukunft wird es vielleicht Gärten an Bord von großen Raumschiffen geben oder Gewächshäuser auf der Marsoberfläche.

Die ersten Weltraumpflanzen

An Bord der Internationalen Raumstation (ISS, siehe Seite 28) wurde versucht, Samen zu Keimlingen in sogenannten Wachstumsboxen heranzuziehen – das sind Boxen, die wie kleine Gewächshäuser funktionieren. Wasser erhalten die Pflanzen von der Aufbereitungsanlage an Bord. Außerdem bekommen sie Nährstoffe und künstliches Licht. Die Pflanzen scheinen dort gut zu wachsen, auch ohne Schwerkraft.

 EXPERTENWISSEN!

> An Bord der ISS haben Astronauten bereits erfolgreich Basilikum, Senf, Zwergweizen, Rettich und Erdbeerpflanzen herangezogen.

> Der Anbau von Pflanzen verbessert nicht nur die Gesundheit der Astronauten. Die damit verbundenen Tätigkeiten schaffen Abwechslung auf langen Weltraumreisen.

Salat, der an Bord der ISS wächst

Man plant bereits Gewächshäuser auf anderen Planeten, etwa auf dem Mars.

Weltraumsamen

Wissenschaftler haben herausgefunden, dass sich einige Samen im Weltall verändern. Manche zeigen kleine Veränderungen in ihrem Aufbau, die vielleicht von der Strahlung der Sonne verursacht werden, die im Weltall viel stärker ist. Chinesische Wissenschaftler haben solch veränderte Weltraumsamen auf die Erde zurückgebracht und dort zu Pflanzen herangezogen. Es ist noch nicht ganz klar, welchen Effekt das All auf die Samen hat, daher müssen Astronauten noch viele weitere Experimente durchführen, bevor es Weltraumgärten geben wird.

Essbarer Garten

Reisen Astronauten jemals zum Mars oder leben auf einer Mondstation, werden sie lange von der Erde weg sein. Um dann regelmäßig gesunde Nahrung zu haben, müssen essbare Pflanzen im All angebaut werden. Vielleicht wachsen die Pflanzen dann in Weltraumgewächshäusern. Der Sauerstoff, den die Pflanzen produzieren, könnte so für die Raumstation genutzt werden.

Neue Gartenformen

Man kann Pflanzen ohne Erde heranziehen. Es gelingt sogar mit Salzwasser in einer heißen Wüste.

Meerwasser-Gewächshäuser

Ein Projekt in der heißen Wüste von Katar lässt Gemüse in Gewächshäusern mithilfe von Meerwasser wachsen. Das Sahara-Waldprojekt nutzt Sonnenenergie dazu, Meerwasser zu verdampfen und daraus frisches Wasser und kühle Luft zu gewinnen. Die erste Ernte, die es in diesem Meerwasser-Gewächshaus gab, bestand aus Gurken und wurde 2012 geerntet. In der Zukunft werden diese Art Gewächshäuser in vielen Wüstenregionen gebaut werden.

Schau, keine Erde!

Pflanzen wachsen in Röhren und nicht mehr in der Erde.

Hydrokultur nennt man das Heranziehen von Pflanzen ohne Erdboden. Stattdessen stecken die Wurzeln der Pflanzen in Sand oder Kies. Sie werden von einem Computersystem automatisch mit Wasser und Nährstoffen versorgt. So gibt es kaum Schädlinge, Krankheiten und Unkraut, und die Pflanzen erhalten genau die Menge Nahrung und Wasser, die sie brauchen. Sie können sogar unter künstlichem Licht wachsen.

Im Nebel

Aeroponisch nennt man eine Methode, Pflanzen heranzuziehen, die vielleicht in der Zukunft auch im Weltall verwendet werden kann. Dabei hängen die Wurzeln der Pflanzen in der Luft und bekommen ihre Nährstoffe durch einen feinen Wassernebel, der automatisch um sie herum gesprüht wird. Das überschüssige Wasser kann wieder aufbereitet werden und man benötigt weder Erde noch Sand, Kies oder Töpfe. Daher eignet sich diese Methode bestens für den Einsatz in Raumschiffen oder Raumstationen.

Pflanzen, deren Wurzeln im Freien hängen und mit Nährstoffen und Wasser besprüht werden.

EXPERTENWISSEN!

› Man kann Pflanzen mittlerweile sogar in Glasresten, Reisverpackungen, Kokosnussschalen oder sogar Styroporverpackungen heranzüchten.

› Es gibt sogar schon Systeme, die Pflanzen heranziehen, während die Wurzeln in Wasser und Pflanzennahrung liegen.

Worterklärung

Aeroponisch   Ein Prozess, bei dem Pflanzen gezüchtet werden, deren Wurzeln in der Luft hängen.

Algen   Eine sehr einfache Wasserpflanze.

Bestäubung   Ein Pollenkorn landet auf der Narbe einer Blüte, wandert den Griffel entlang zu den Samenanlagen und bildet dort einen neuen Samen.

Bestäuber   Ein Tier, das den Pollen von Blüte zu Blüte trägt.

Chlorophyll   Eine grüne Substanz in den Blättern, die das Sonnenlicht aufnimmt und es den Pflanzen ermöglicht, ihre eigene Nahrung, die Zuckerart Glukose, herzustellen.

Dornen   Eine spezielle Blattart, die man beispielsweise auf Kakteen findet.

Einfaches Blatt   Ein einziges Blatt an einem Stiel.

Einjährige Pflanze   Eine Pflanze, die nur eine Wachstumsperiode lebt. Sie blüht, produziert Samen und stirbt.

Fotosynthese   Prozess, bei dem ein Pflanzenblatt das Sonnenlicht und Kohlendioxid aufnimmt und aus ihnen Zucker und Sauerstoff herstellt.

Frucht   Der Teil der Pflanze, der den Samen umgibt und schützt.

Fruchtblatt   Die weiblichen Teile einer Blüte, bestehend aus Narbe, Griffel und Fruchtknoten. Sie beinhalten die Samenanlagen, aus denen später der Samen gebildet wird.

Gemäßigt   Ein Klima mit warmen Sommern, kalten Wintern und regelmäßigen Niederschlägen.

Glukose   Eine Art Zucker, der von Pflanzen als Nahrung verwendet wird.

Harz   Eine klebrige Flüssigkeit, die von Bäumen produziert wird, um sie vor Krankheiten und Insekten zu schützen.

Hydrokultur   Der Prozess, Pflanzen ohne Erdboden heranzuzüchten.

Immergrün   Eine Pflanze, die das ganze Jahr ihre Blätter behält.

Keimen   Wenn ein Samen zu wachsen beginnt und sich zu einer neuen Pflanze entwickelt.

Kelchblätter   Grüne Blätter am Fuße der Blüte.

Kernholz   Der innere Kern eines Baumstammes.

Kohlendioxid   Ein Gas, das in der Erdatmosphäre vorkommt. Pflanzen nehmen das Kohlendioxid auf und produzieren daraus Nahrung und Sauerstoff.

Konifere   Ein Baum, der seine Samen in einem Zapfen und nicht in einer Blüte bildet.

Koprolith   Der versteinerte Kot von Tieren und Menschen.

Latex   Eine weiße Flüssigkeit, die aus dem Gummibaum gewonnen wird.

Mehrjährige Pflanze   Eine Pflanze, die viele Wachstumsperioden lang lebt.

Nadel   Eine spezielle Blattform, die wie eine Nadel aussieht und an Koniferen wächst.

Nährstoffe   Chemikalien, die ein Organismus braucht, um zu wachsen und gesund zu bleiben.

Narbe   Der klebrige Teil oben auf den Fruchtblättern, den weiblichen Blütenteilen. An der klebrigen Oberfläche bleibt der Pollen kleben.

Nuss   Eine Art Frucht mit einem Samen im Inneren. Wenn der Samen sprießt, wächst er aus der Nuss heraus.

Parasit   Eine Pflanze oder ein Tier, das in oder auf einem anderen Organismus lebt und von seinem Wirt Nahrung nimmt. Dafür gibt es nichts zurück.

Pfahlwurzel   Die Hauptwurzel einer Pflanze.

Pflanzensaft   Eine Flüssigkeit, die von einer Pflanze produziert wird.

Pollen   Ein gelber Staub, der mit einer Samenanlage zusammen einen neuen Samen bildet.

Regenwald   Dschungelregionen, die in den warmen und feuchten Gegenden der Welt vorkommen.

Sommergrün   Eine Pflanze, die ihre Blätter im Winter oder bei Trockenheit abwirft.

Splintholz   Die Schicht in einem Stamm, die Wasser und Nährstoffe im Baum transportiert.

Spore   Ein staubähnliches Teilchen, das einige Pflanzen produzieren. Sie braucht nicht bestäubt zu werden. Stattdessen treibt sie davon und wächst irgendwo als neue Pflanze heran.

Staubblatt   Nadelartige Formen, die im Inneren der Blüte Pollen herstellen.

Steinfrucht   Eine Fruchtart, die einen harten Kern mit einem Samen im Inneren umhüllt. Der Pfirsich ist beispielsweise eine Steinfrucht.

Stomata oder Spaltöffnungen   Kleine Poren in der Oberfläche eines Blattes, über welche die Pflanze Gase und Wasser mit ihrer Umgebung austauscht.

Stützwurzel   Eine große Baumwurzel, die aus dem Stamm eines Baumes über der Oberfläche herauswächst und den Baum abstützt.

Taiga   Ein großer Gürtel, bestehend aus Nadelwald, der sich im Norden der Erde von Ostsibirien über Skandinavien bis nach Kanada erstreckt. Er wird auch borealer Nadelwald genannt.

Trennschicht   Eine Schicht aus Zellen am Ende eines Blattes, an dem das Blatt im Herbst abfällt.

Zusammengesetztes Blatt   Viele kleine Blätter an einem Stiel.

Zweijährige Pflanze   Eine Pflanze, die zwei Wachstumsperioden lang lebt. Im ersten Jahr wächst sie aus einem Samen heran. Im zweiten Jahr blüht und stirbt sie.

KAPITEL 5

GESCHICHTE

Die ersten Menschen

Menschenähnliche Wesen, die Hominiden, liefen das erste Mal vor Millionen von Jahren über die Erde. Sie entwickelten sich weiter, lernten den aufrechten Gang und die Nutzung von Werkzeugen.

Man glaubt, dass die Menschen langsam ihr Aussehen und ihre Größe verändert haben.

Die ersten Schritte

In Afrika wurden versteinerte Fußabdrücke gefunden. Aus diesen schließen Forscher, dass Hominiden das erste Mal vor etwa 3,5 Millionen Jahren ständig auf zwei Beinen liefen. Das unterscheidet sie von den affenähnlichen Lebewesen, die sich noch auf vier Beinen fortbewegten. Die Hominiden entwickelten sich über viele Jahrtausende, wurden größer und veränderten ihr Aussehen. Sie lebten in Familien zusammen, jagten und sammelten Pflanzen zum Essen und begannen Werkzeuge herzustellen.

EXPERTENWISSEN!

> Die ältesten versteinerten menschlichen Fußabdrücke bisher wurden in Tansania (Afrika) gefunden. Sie stammen von zwei Erwachsenen und einem Kind.

> Das älteste Gebäude aus Stein, das bisher gefunden wurde, stammt aus Tansania und ist etwa 1 Million Jahre alt. Es war ein Ring aus Steinen, vielleicht mit einem Dach aus Zweigen.

Prähistorische Pfeilspitzen aus Feuerstein

Höhlenkunst

Wir wissen, dass die Menschen vor über 100 000 Jahren in Teilen Afrikas und Europas in Höhlen lebten. Frühe Beispiele menschlicher Höhlenkunst wurden in Höhlen in Frankreich und Spanien gefunden. Die Menschen arbeiteten nur bei Kerzenlicht und verwendeten Farbe, die sie aus gemahlenen Steinen herstellten. Sie zeichneten die Tiere, die sie jagten. Außerdem pusteten sie Farbe rund um ihre Hände, um so die Umrisse festzuhalten.

Handabdrücke, die von Höhlenbewohnern in der Cueva de las Manos in Argentinien vor 9 000 bis 13 000 Jahren erstellt wurden.

Werkzeuge

Die frühen Menschen waren sehr praktisch veranlagt und fertigten aus Rentiergeweihen und Feuersteinen Werkzeuge an. Sie schlugen kleine Stücke an den Rändern des Feuersteins ab, um ihn zu schärfen und zu formen. Es wurden unterschiedlich geformte Feuersteine hergestellt, die beim Zerkleinern von Holz, bei der Jagd, dem Schneiden des Fleisches und dem Häuten der Felle halfen.

Der moderne Mensch

Der Homo Sapiens, der moderne Mensch, entwickelte sich in Afrika. Von dort aus eroberte er nach und nach die ganze Welt.

Die frühen Menschen jagten Tiere wie dieses Wollmammut.

Die Neandertaler hatten eine stärker ausgeprägte Augenbrauenpartie als der Homo sapiens.

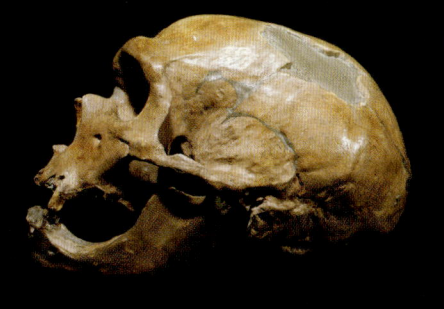

Dieser Schädel eines Neandertalers ist etwa 35000 bis 50000 Jahre alt.

Neandertaler gegen Homo sapiens

Eine Gattung der Menschen wird nach ihrem Entdeckungsort Neandertaler genannt. Sie lebten in Europa und Asien zwischen 130000 v. Chr. und 28000 v. Chr., waren kleiner und muskulöser als der Homo sapiens, der Afrika etwa 30000 v. Chr. verließ. Wir wissen nicht genau, warum der Neandertaler ausgestorben ist. Vielleicht lag es daran, dass sie besonders gut an eisiges Klima angepasst waren. Als es auf der Erde wärmer wurde, starben sie aus.

Die Eroberung der Welt

In den letzten 2 Millionen Jahren gab es Zeiträume mit sehr kaltem Klima, die sogenannten Eiszeiten. In diesen Kaltphasen wanderten die Menschen auf der Suche nach genügend Essen. Die Wasservorräte froren ein und die Wasserstände fielen. Dadurch entstanden Landbrücken zwischen den Kontinenten. Nach und nach gelangten die Menschen in ihren Familienverbänden über diese Landbrücken in alle Teile der Welt.

Der Neandertaler in uns

Lange Zeit glaubte man, dass die Neandertaler ausgestorben waren. In letzter Zeit konnten Wissenschaftler jedoch ihre DNS aus Knochen extrahieren, die in Kroatien, Russland, Deutschland und Spanien gefunden worden waren. Sie fanden heraus, dass bis zu 4 Prozent aller Nichtafrikaner Teile von Neandertaler-DNS besitzen. Das legt nahe, dass Neandertaler sich mit dem Homo sapiens zusammengetan und Kinder bekommen haben.

Heiße Info!

Gut vergraben

Neandertaler vergruben ihre Toten z. B. mit Blumen oder Werkzeugen. Dies waren zugleich die ersten von Menschen ausgeführten Rituale. Diese Beerdigung fand in einer französischen Höhle statt.

Die ersten Bauern

Eine Figur aus Ton, die wahrscheinlich eine Muttergottheit aus Çatal Hüyük zeigt.

Bis etwa 8 000 v. Chr. sammelten die Menschen wilde Pflanzen oder jagten, um sich zu ernähren. Doch dann brach eine völlig neue Lebensweise an.

Die ersten Bauern pflanzten Getreide und zermahlten die Samen, um Brot daraus zu backen.

Die ersten Bauernhöfe

Die Menschen rund um den Fluss Nil und in den fruchtbaren Ebenen im Nahen Osten waren die Ersten, die den Boden bearbeiteten, Samen aussäten und Getreide ernteten, statt sich auf wilde Getreidepflanzen zu verlassen. Sie mussten nun keinen wandernden Tieren folgen oder sich nach wilden Pflanzen umsehen. Stattdessen wurden sie sesshaft und fingen an, Tiere zu halten.

Die ersten Dörfer

Als die Menschen sich dauerhaft in Dörfern niederließen, änderte sich ihr tägliches Leben. Da sie nicht mehr den ganzen Tag nach Essen suchen oder jagen mussten, hatten sie nun Zeit, andere Fertigkeiten zu lernen: töpfern, schnitzen und Matten und Körbe weben. Sie fingen an, mit benachbarten Dörfern Handel zu treiben. Im Mittleren Osten und in Asien entstanden vor etwa 11 000 Jahren die ersten Dörfer.

 EXPERTENWISSEN!

> Die Menschen von Çatal Hüyük vergruben ihre Toten unter den Böden ihrer Häuser.

> Sie dekorierten die Wände mit Malereien und Schnitzereien und hängten Tierköpfe auf. Wahrscheinlich verehrten sie Stiere.

Die ersten Häuser

Çatal Hüyük liegt in der heutigen Türkei und ist eines der frühesten Dörfer. Über 6 000 Menschen lebten dort zwischen 7 500 und 5 700 v. Chr. Sie bauten Getreide an, hielten Vieh und handelten mit Holz, Obsidian, Kupfer und Muscheln. Ihre Häuser standen ohne Straßen eng beieinander. Über die flachen Dächer und über Holzleitern gelangten die Bewohner von Haus zu Haus.

Die Rekonstruktion eines Zimmers in einem Haus in Çatal Hüyük

Die ersten Städte

In der Gegend von Mesopotamien, im heutigen Irak, wurden um das Jahr 4000 v. Chr. die ersten Städte gegründet.

Keilschrift aus Mesopotamien

Tempel

Die ersten Städte waren religiöse Zentren mit wichtigen Schreinen lokaler Götter und Göttinnen. In der Stadt Uruk gab es z. B. Tempelanlagen mit großen Prunkhallen, die mit Mosaiken und Figuren ausgestattet waren. Zu ihrer Hochzeit im Jahre 3000 v. Chr. war Uruk die Heimat von 80000 Menschen.

Eine Priesterstatue aus Uruk

Schreiben

Die früheste Schrift, die je gefunden wurde, stammt aus den ersten Städten Mesopotamiens. Sie bestand aus einer Reihe von Symbolen, die man Keilschrift nennt. Die Symbole wurden mit einem Schilfrohr in Ton gedrückt, das am Ende keilförmig geschnitten war. Die Symbole wurden zuerst für die Buchhaltung verwendet – man zählte Summen und Waren zusammen, wie z. B. Getreide.

Warum eine Stadt?

Die Menschen versammelten sich in Mesopotamien in großen Siedlungen, weil sie es für praktischer erachteten. Sie konnten die überfluteten Flüsse gemeinsam eindämmen, indem sie Dämme und Bewässerungsgräben bauten. Außerdem konnten sie sich gegenseitig vor feindlichen Nachbarn schützen. Schon bald lebten die Menschen in Städten, die von Lehmmauern umgeben waren und so die Feinde abhielten.

Die Ruinen von Uruk, der ersten Stadt der Welt

💡 EXPERTENWISSEN!

> Die älteste geschriebene Geschichte, das Gilgamesch-Epos, wurde vor etwa 4500 Jahren in Mesopotamien geschrieben. Es erzählt von der Suche des Königs von Uruk nach Unsterblichkeit.

> Zu dieser Zeit konnten nur wenige Menschen schreiben.

Metallarbeiten

Nachdem die Menschen gelernt hatten, wie man Metall herstellt und bearbeitet, konnten sie neuartige Werkzeuge, Schmuck und Waffen anfertigen.

Eine Königsfigur aus Kupfer, die in einer Form in Mesopotamien um 2 000 v. Chr. hergestellt wurde.

Zeitalter der Erfindungen

Die Erkenntnisse aus der Bearbeitung von Kupfer führten zur Entdeckung von Bronze, die man durch das Mischen von Kupfer und Zinn gewinnt. Die so entstandene Mischung (man spricht bei Metallen von einer Legierung) war viel härter als Kupfer. Die Epoche, in der das erste Mal Bronze hergestellt wurde, ca. 3 500 bis 750 v. Chr., wird von Historikern Bronzezeit genannt. Als man etwa 750 v. Chr. herausfand, wie schmiedbares Eisen hergestellt wird, wurde die Bronzezeit von der Eisenzeit abgelöst.

Ein Klumpen Kupfer, der aus Gestein gewonnen wurde.

Axtschneiden aus der Bronzezeit, die in Italien gefunden wurden. Bronze entsteht durch das Mischen von Kupfer und Zinn.

Kupferschmiedekunst

Ab etwa 5 000 v. Chr. fand die Herstellung von Kupfer große Verbreitung. Die Zeit von 5 000 bis 3 000 v. Chr. wird deshalb auch Kupferzeit genannt.

1. Kupferhaltiges Erz wurde in einen Meiler, also eine Art Ofen, gesteckt und durch ein Holzfeuer erhitzt.

2. Das Kupfer schmolz, wurde flüssig und trennte sich so vom Gestein.

3. Das flüssige Kupfer konnte direkt in Formen gegossen werden, um Werkzeuge herzustellen.

4. Kühlte das Kupfer ab, wurde es mit dem Hammer geplättet und in Form gebracht. Kupferschmiede erkannten mit der Zeit, dass das Kupfer durch das Hinzufügen von Arsen härter wird.

 ZAHLEN & FAKTEN

Einige bedeutende Erfindungen:

› **Einbäume** – Europa, etwa 8 000 v. Chr.

› **Pflug** – Mesopotamien, etwa 6 000 v. Chr.

› **Kanäle** – Mesopotamien und Ägypten, etwa 6 000 v. Chr.

Die ersten Räder

Die Erfindung des Rads führte zu großen Änderungen in der menschlichen Gesellschaft. Der Warentransport wurde einfacher und die Art der Kriegsführung veränderte sich.

Die ersten Räder waren aus Holz und sahen vielleicht so aus, wie die Räder dieses modernen indischen Zeremonienwagens.

Frühe Räder

Bevor es Räder gab, konnten die Menschen schwere Lasten nur bewegen, indem sie sie über Baumstämme rollten. Mit der Idee, aus einem Baumstamm eine Achse zu bauen und an jedem Ende ein Rad zu befestigen, wurde vieles leichter. Die ersten Räder waren reine Holzscheiben und wurden in Mesopotamien und Zentraleuropa um 4 500 v. Chr. verwendet. Das erste Bild eines Wagens wurde auf einem Gefäß aus Südpolen gefunden, das etwa 3 500 v. Chr. entstand. Es wurde neben den Überresten eines großen Rinds gefunden, was darauf schließen lässt, dass der abgebildete Wagen von solchen Tieren gezogen wurde.

EXPERTENWISSEN !

> Die frühesten Streitwagen wurden in Gräbern im Ural (Russland) gefunden. Sie können bis aufs Jahr 2 000 v. Chr. zurückdatiert werden.

> Die Schlacht von Kadesh zwischen Ägyptern und Hethitern aus dem Jahre 1274 v. Chr. war die erste, die genau dokumentiert wurde. Historiker glauben, dass es keinen klaren Sieger gab.

Streitwagen mit Speichen in der Schlacht von Kadesh, der ersten dokumentierten Schlacht

Ein frühgeschichtlicher Unfall?

Als der ägyptische Kinderpharao Tutanchamun starb, wurde er mit vier seiner Jagdstreitwagen begraben. Untersuchungen seines mumifizierten Körpers haben ergeben, dass er ein gebrochenes Bein hatte und wahrscheinlich infolgedessen an einer Blutvergiftung starb. Im Grab fanden sich zusätzlich noch viele Jagdpfeile und andere Ausrüstungsgegenstände, die zeigen, dass Tutanchamun das Jagen liebte.

Die Rekonstruktion eines Jagdstreitwagens, der in Tutanchamuns Grab gefunden wurde.

Speichen und Streitwagen

Zwischen 2 200 und 1 200 v. Chr. wurden die Speichen erfunden. Sie machten die Räder leichter und ließen sich leichter lenken. Dies führte zur Erfindung der Kriegsstreitwagen, die die Art der Kriegsführung zwischen den Königreichen veränderten. Im Jahre 1275 v. Chr. kämpften die Hethiter (aus der heutigen Region Syrien) gegen die Ägypter in der ersten jemals dokumentierten Schlacht. In dieser Schlacht von Kadesh traten Drei- und Zwei-Mann-Wagen gegeneinander an.

Das alte Ägypten

Ein mächtiger König vereinte vor etwa 5 000 Jahren zwei Königreiche zu einem Superstaat, den wir Ägypten nennen. Regiert von Pharaonen, wurde Ägypten die größte Zivilisation Nordafrikas und des Mittelmeerraums.

Das Leben im alten Ägypten

Die Ägypter lebten in Lehmhäusern und arbeiteten als Farmer oder Handwerker. Die Pharaonen lebten in königlichen Palästen und die Priester des alten Ägypten residierten in riesigen Tempelanlagen. Dort führten sie Rituale aus, um ihre Götter und Göttinnen gnädig zu stimmen. Etwa im Jahre 2 000 v. Chr. wurde Theben die Hauptstadt des ägyptischen Reiches. Der Tempel von Karnak wurde dort gebaut, um den Gott Amun zu ehren.

Ägyptische Priester machen der Statue des Sonnengottes Amun ihre Aufwartung.

Altägyptischer Glaube

Die alten Ägypter glaubten, dass die Seelen der Toten nach dem Tod weiterleben. Daher begruben sie die Toten mit einer Menge Gegenstände, die sie nach dem Tod vielleicht brauchen könnten. Die Körper wurden als Mumien konserviert. Die Organe wurden entnommen und der Körper wurde in mit Harz bestrichene Bandagen eingewickelt. So konnte er austrocknen, aber nicht verrotten. Die Pharaonen wurden mit vielen Reichtümern bestattet. Die Pyramiden von Gizeh, nahe dem heutigen Kairo, wurden als Grabstätten für Pharaonen errichtet.

Die Pyramiden von Gizeh wurden als Grabstätten für Pharaonen gebaut.

Hieroglyphen in einem königlichen Grabmal

Hieroglyphen

Im alten Ägypten verwendete man eine Bilderschrift, die Hieroglyphen. Sie wurden an die Wände eines königlichen Grabmals geschrieben oder eingraviert, um die Geschichte des Begrabenen zu erzählen. Die Bedeutung der Hieroglyphen ging verloren, bis der sogenannte Stein von Rosetta 1799 gefunden wurde. Auf ihm fanden sich Hieroglyphen neben altgriechischen Wörtern. So konnten Archäologen die Bilderschrift entschlüsseln.

Heiße Info!

Der geheimnisvolle Stein

Der Stein von Rosetta enthielt ein und denselben Text in drei Sprachen, darunter Altgriechisch und Ägyptisch. So konnten Archäologen die Hieroglyphen entschlüsseln und mehr über das alte Ägypten lernen.

 Die Minoer

Die Inseln im Ägäischen Meer vor der Küste Griechenlands waren in der Bronzezeit florierende Gemeinschaften, die entlang der Küste Handel trieben. Sie hinterließen wunderschöne Schätze und auch geheimnisvolle Rätsel.

Die Minoer

Zwischen 2000 und 1700 v. Chr. regierten die Minoer die Insel Kreta. Ihr größter Palast befand sich in Knossos und war mit bunten Wandmalereien geschmückt. Der Palast besaß labyrinthartige Abschnitte, die als Ursprung für die Legende des Minotaurus gelten. Dieses Monster war angeblich halb Mensch, halb Stier und lebte als Gefangener in einem Labyrinth.

Überreste des minoischen Palastes von Knossos

ZAHLEN & FAKTEN

Auch andere Kulturen wuchsen in der Bronzezeit heran. Hier sind einige weltweite Beispiele:

> **China:** Die Shang-Dynastie herrschte von etwa 1700 bis 1050 v. Chr. und brachte die ersten chinesischen Schriftzeichen hervor.

> **Indien:** Dörfer und Städte wuchsen im Indus-Tal heran und begannen Handel miteinander zu treiben.

> **Mexiko:** Die Olmeken herrschten in Mexiko. Sie waren Experten im Sternebeobachten und hatten ihre eigene Schrift.

Stiere und Schlangen

Die minoischen Wandmalereien und Skulpturen zeigen ein gefährlich aussehendes Ritual (unten dargestellt). Junge Männer springen über einen angreifenden Stier, packen ihn bei den Hörnern und machen einen Rückwärtssalto über das Tier. Der Stier war in der minoischen Kultur heilig. Wahrscheinlich wurde auch eine Schlangengöttin verehrt. Ihre Statue stand in der Mitte des Palastes, eine Schlange in jeder Hand.

Katastrophales Ende

Man geht davon aus, dass ein schreckliches Unglück die Kultur der Minoer beendet hat. Um 1600 v. Chr. gab es eine riesige Vulkanexplosion auf der nahegelegenen Insel Thera (heute Santorin genannt). Wahrscheinlich löste diese einen großen Tsunami (Welle) aus und einen Regen aus Steinen und Asche, der Kreta zerstörte. Ob die Menschen aus Kreta fliehen konnten, weiß niemand sicher.

Eine minoische Wandmalerei zeigt einen Stierspringer.

Der Palast von Knossos wurde zu Beginn des 20. Jahrhunderts wieder entdeckt. Schätze wie diese Vase zeugen von seiner einstigen Pracht.

Das alte Griechenland

Zwischen 800 und 323 v. Chr. blühte die Kultur des antiken Griechenlands auf. Sie prägt unsere Gesellschaft bis heute.

Demokratische Regierung

Das Zentrum des alten Griechenlands war der Stadtstaat Athen. Eine Zeit lang war Athen eine Demokratie, das bedeutet, die Anwohner stimmten selbst über ihre Gesetze ab. Diese Art der Regierung wurde vorher noch nie probiert und inspirierte viele Länder in der ganzen Welt, die demokratische Regierungsform einzuführen. In der demokratischen Zeit Athens gab es keinen König. Stattdessen existierte eine Versammlung, in der alle Ideen diskutiert wurden.

Die Akropolis, Festung und Tempelbezirk aus altgriechischer Zeit, thront über dem heutigen Athen.

 ZAHLEN & FAKTEN

Griechische Götter und Göttinnen:

> **Zeus** – König der Götter

> **Poseidon** – Gott des Meeres

> **Hades** – Gott der Unterwelt

> **Apollo** – Sonnengott

> **Artemis** – Göttin der Jagd

> **Athena** – Göttin der Weisheit

> **Aphrodite** – Göttin der Liebe

Griechische Götter und Göttinnen

Die alten Griechen verehrten Götter und Göttinnen, da sie glaubten, dass diese alle Ereignisse in der Welt lenken. Sie bauten mehrere Tempel auf einem Hügel über der Stadt Athen, die Akropolis. In deren Zentrum stand der Parthenon. Dieser war der Göttin Athena gewidmet, die über die Stadt wachen sollte.

Der Parthenon auf der Akropolis ist ein Tempel für die Göttin Athena.

Antikes Lernen

Im alten Griechenland hatte das Lernen einen hohen Stellenwert. Griechische Historiker, Philosophen, Dichter, Autoren, Architekten und Bildhauer haben das Denken rund um die Welt für viele Jahrhunderte beeinflusst. Die bekanntesten Geschichten aus dieser Zeit kennen wir durch die Ilias und die Odyssee, beides lange Gedichte von Homer. Sie berichten uns vom Krieg zwischen Troja und seinen Nachbarn in Griechenland.

Eine altgriechische Vase zeigt den Helden Odysseus im Kampf mit einem einäugigen Monster, dem Zyklop.

Die chinesischen Kaiser

China entwickelte sich um 200 v. Chr. zu einem großen Reich, das von Kaiserdynastien beherrscht wurde.

Der erste Kaiser

Qin Shihuangdi wird als erster Kaiser Chinas bezeichnet. Als er 210 v. Chr. starb, wurde er in einem Grab beigesetzt. Dieses befand sich in einem künstlich geschaffenen Berg und wurde von über 8 000 Terrakottakriegern mit lebensgroßen Pferden und Streitwagen beschützt. Sie waren mit echten Waffen ausgestattet, um den Kaiser in seinem Leben nach dem Tod zu verteidigen.

Die Lehre des Konfuzius

Die ersten chinesischen Kaiser unterstützten die Lehre des Philosophen Konfuzius (oben abgebildet), der im Jahre 479 v. Chr. starb. Sein zentrales Thema war die Ordnung: Alles hat seinen richtigen Platz im Universum. Außerdem waren für ihn Ehrlichkeit und Respekt für andere, Anstand und Treue wichtig. Diese Regeln galten für Kaiser genauso wie für das normale Volk.

Die Chinesische Mauer

Der erste Kaiser ordnete den Bau der Chinesischen Mauer an, die sich über 6 000 km durch China erstreckt. Sie wurde gebaut, um die wilden Stämme des Nordens abzuhalten, die China bedrohten. Im Laufe der Jahrhunderte wurde sie umgebaut und erweitert. Einst bewachten Soldaten die Mauer und hielten nach Gefahren Ausschau.

Jahrhundertelang wurde die Chinesische Mauer repariert und umgebaut, um Feinde abzuwehren.

💡 EXPERTENWISSEN!

> Die Terrakotta-Armee wurde 1974 von Bauern wiederentdeckt, die einen Brunnen gegraben haben.

> Das Hauptgrab des Qin Shihuangdi ist noch nicht ausgegraben worden. Die Legende erzählt, dass es mit allerlei Fallen ausgestattet wurde, um es zu schützen. Wer am Bau des Grabes beteiligt war, wurde getötet, um so das Geheimnis zu bewahren.

Das Römische Reich

Das Römische Reich entstand etwa 500 v. Chr. in der Region, die wir heute als Italien kennen. Über die nächsten tausend Jahre kontrollierte es große Teile Europas und Nordafrikas.

Das Leben in Rom

Die Kaiser lebten in Palästen in der Stadt und besuchten manchmal ihre riesigen Landgüter. Wohlhabende Römer lebten in Villen, weit genug weg von den Armenvierteln der Stadt. Die armen Römer wohnten in den gefährlichen Vierteln der Stadt, meist in Mietshäusern, die so schlecht gebaut waren, dass sie oft einstürzten.

Die römische Armee

Das Geheimnis des römischen Erfolgs war die Armee, die neues Land eroberte und es vor weiteren Angriffen schützte. Die Soldaten waren sehr gut ausgebildet. Die Armee war in Gruppen eingeteilt, die sogenannten Legionen. Jede Legion bekam einen Namen, eine Nummer, ein Feldzeichen und eine Festung als Basis.

Julius Caesar, der Diktator von Rom wurde.

Die römischen Herrscher

Viele Jahre lang war Rom eine Republik, doch im Jahre 49 v. Chr. marschierte der Adlige Julius Caesar mit einer Armee in Rom ein und übernahm die Herrschaft. Von 27 v. Chr. an wurde Rom von Kaisern regiert. Einige kamen aus Herrscherfamilien, andere aus der Armee. Die römische Geschichte ist voller Erzählungen über ihr Verhalten, doch wir wissen heute nicht, was wahr und was erfunden ist.

Die Villa Adriana, die luxuriöse Landvilla des Kaisers Hadrian

Das alte Rom ist berühmt für seine Gladiatorenkämpfe, bei denen es um Leben und Tod ging.

📖 Das Ende des Imperiums

Im Jahre 285 n. Chr. wurde das Römische Reich in zwei Reiche aufgeteilt, regiert von einem östlichen und einem westlichen Kaiser. Das östliche Reich bestand bis etwa 1400 n. Chr. als Byzantinisches Reich fort. Das westliche Reich, gestützt auf Rom, wurde hingegen um 500 n. Chr. von germanischen Stämmen eingenommen.

Die Überreste des alten Rom findet man verstreut im heutigen Stadtbild.

Alarich fiel in Rom ein und brannte Teile der Stadt nieder.

Kaiser Konstantin konvertierte zum Christentum.

Der erste christliche Kaiser

Jahrhundertelang verehrten die Römer heidnische Götter. Das änderte sich erst, als Kaiser Konstantin (306–337 n. Chr.) aus dem Ostreich Christ wurde. Er benannte Byzanz in Konstantinopel um und ließ wertvolle christliche Reliquien dorthin bringen, wie etwa ein Stück Holz, das angeblich von dem Kreuz stammte, an dem Christus starb. Konstantin war jedoch selbst kein Heiliger. Er verfütterte seine Feinde an die Löwen, ließ seinen ältesten Sohn vergiften und ermordete seine Frau.

Zerstörtes Rom

Auf der Suche nach neuem Siedlungsland drangen immer mehr Stämme in die Grenzen des Imperiums ein. 410 n. Chr. eroberten die Westgoten unter ihrem Anführer Alarich Rom. Seine Truppen zerstörten nicht die ganze Stadt, doch wir wissen, dass die Basilica Aemilia im Zentrum Roms niedergebrannt wurde. 455 n. Chr. plünderte der Stamm der Vandalen Rom und nahm die Witwe und die Töchter des Kaisers gefangen. Die Stadt fiel schließlich an Odoaker den Barbaren, der der erste König von Italien wurde.

Nach dem Untergang Roms

Nach dem Untergang verfielen weite Teile des antiken Rom. Bauern errichteten einfache Hütten auf den Überresten. Die Stadt erholte sich jedoch nach und nach und wurde das Zentrum der römisch-katholischen Kirche. Rom ist heute die Hauptstadt Italiens. Die Spuren des alten Rom faszinieren Touristen und Archäologen gleichermaßen.

💡 EXPERTENWISSEN!

› Die meisten Arbeiten im alten Rom wurden von Sklaven verrichtet, die von ihren römischen Herren besessen wurden.

› Sklaven wurden entweder in die Sklaverei hineingeboren oder im Kampf gefangen genommen.

Die Mayas

Zwischen 200 und 800 n. Chr. herrschten die Mayas in Südmexiko, Belize und Guatemala. Ihre damaligen Städte und Tempel sind heute größtenteils im dichten Regenwald verborgen.

EXPERTENWISSEN!

> Die Maya hatten ihr eigenes Alphabet.

> Die Priester der Maya übten grausame Menschenopfer aus. Sie rissen den Opfern ihr Herz heraus.

> In den Jahren nach 800 n. Chr. ging die Zeit der Maya aufgrund von Dürre und Krieg zu Ende.

Die Welt der Maya

Die Maya lebten in Städten, die von Bauernhöfen umgeben waren. In ihrer größten Stadt, Tikal, lebten etwa 100 000 Menschen. Sie besaß Tempel, Pyramiden und Obelisken, die sich rund um einen zentralen Platz befanden. In der Gesellschaft der Maya waren Priester sehr wichtig. Sie beobachteten die Bewegungen der Sterne und Planeten, um Prophezeiungen zu machen. Sie brachten menschliches Blut und Menschenopfer dar, um die Götter milde zu stimmen.

Die Pyramide des Kukulcán in den Ruinen von Chichén Itzá, einer Stadt der Maya im mexikanischen Dschungel.

Steinring auf einem Ballspielplatz

Tödliches Ballspiel

Die Maya spielten ein ungewöhnliches Ballspiel. Zwei Teams traten auf einem Steinplatz, umgeben von hohen Mauern mit Steinringen, gegeneinander an. Das Ziel des Spiels bestand darin, den Ball weiterzupassen, ohne die Hände zu benutzen, und ihn schließlich durch einen Steinring zu schießen. Die Spiele waren feierliche Ereignisse, an denen Priester und Herrscher teilnahmen. Die Gewinner wurden gefeiert, die Verlierer manchmal geopfert.

Festhalten von Zeit und Zahlen

Bei den Mayas gab es gebildete Mathematiker und erste Methoden der Zeitmessung. Beides nutzten sie, um den Himmel zu beobachten. Sie entwickelten ihren eigenen 365-Tage-Kalender und hielten Ereignisse wie eine Mondfinsternis fest. Sie bauten Observatorien, um die Sterne und vor allem den Planeten Venus zu beobachten. Kriege und Menschenopfer wurden auf die Umlaufbahn der Venus abgestimmt.

Die Plattform des Jaguars und des Adlers in Chichén Itzá. Hier wurden Menschenopfer dargebracht.

Die Wikinger

Zwischen 700 und 1100 n. Chr. überfielen und eroberten die Wikinger aus Skandinavien Teile Nordeuropas. Zuerst raubten sie Schätze und nahmen Sklaven mit zurück nach Hause. Irgendwann übernahmen sie das Land dauerhaft.

Nachbau eines Drachenboots

Wer waren die Wikinger?

Die Wikinger kamen aus Dänemark, Norwegen und Schweden. Sie waren kriegerische Seefahrer und zugleich auch Bauern und Handwerker. Sie sprachen Altnordisch. Es gibt viele Theorien, was der Name bedeutet. Eine besagt, dass der viking im Altnordischen so viel wie „Kriegsfahrt zur See" bedeutet. Ihre ersten fürchterlichen Angriffe auf Großbritannien und Irland fanden im späten 8. Jahrhundert statt.

Wikingerschiffe

Die Wikinger reisten mit ihren Schiffen bis nach Nordamerika, Russland, Afrika und in den Mittleren Osten, um Handel zu treiben und neues Land zu suchen. Sie besaßen für die Raubzüge schnelle Schiffe und größere Schiffe für den Handel. Ihre Kriegsschiffe nannte man Langschiffe oder Drachenboote (nach den furchterregenden, geschnitzten Drachenfiguren am Bug des Schiffes). Die Schiffe besaßen ein großes, quadratisches Segel und konnten zwischen 40 und 60 Mann aufnehmen. Diese ruderten mit langen Holzrudern.

Runenschrift auf einem Stein in Schweden

Götter und Runen der Wikinger

Jahrhundertelang hatten die Wikinger heidnische Vorstellungen. Sie verehrten viele Götter und Göttinnen und erzählten sich viele Sagen, die von Kämpfen zwischen Göttern, Riesen und Monstern handelten. Die Wikinger besaßen ihr eigenes Alphabet, die sogenannten Runen, die sie in Steine und andere Objekte schnitzten.

Heiße Info!

Bestattungsschiff

Das Oseberg-Schiff ist einer der größten Wikingerschätze, die man je gefunden hat. Das lebensgroße Schiff wurde in Norwegen mit zwei Frauen im Inneren vergraben. Eine war wahrscheinlich eine wichtige Herrscherin und die andere ein Menschenopfer.

📖 Das Mittelalter

In der europäischen Geschichte wird die Zeit zwischen 1000 und 1500 n. Chr. Mittelalter genannt. Das war die Zeit der Ritter und Adligen, der Burgen und Könige.

Burgen

Das mittelalterliche Europa war ein unsicherer Ort, da die Adligen um die Kontrolle der Königreiche kämpften. Adlige bauten Burgen, gut zu verteidigende Festungen mit hohen Mauern und wenigen Eingängen. Angreifer mussten entweder die Mauern einreißen oder auf eine Belagerung setzen und die Burgbewohner so lange hungern lassen, bis sie aufgaben.

Festung Carcassonne in Frankreich

💡 ZAHLEN & FAKTEN

So wurde man zum Ritter:

> Im Alter von sieben Jahren wurde der Sohn eines Ritters als Page in einen anderen Ritterhaushalt geschickt. Dort lernte er Manieren, Schreiben und Jagen.

> Mit vierzehn wurde er Knappe und lernte das Kämpfen. Er war im Kampf der Assistent des Ritters.

> Mit 18 Jahren wurde der Junge ein Ritter. Er musste sich vor seinen Adligen knien und ihm Treue schwören.

> Wurde ein Ritter über 30 Jahre alt, setzte er sich meist zur Ruhe und lebte auf seinem Landgut.

Die mittelalterliche Kirche

Die katholische Kirche war im Mittelalter sehr mächtig. Große Kathedralen wurden gebaut, und es gab viele Klöster und Konvente. In den Bibliotheken der Klöster entstanden die ersten Bücher, die häufig mit Bildern kunstvoll verziert wurden. Bücher waren damals selten, nur reiche Kirchenmänner und Adlige konnten sie sich leisten.

Buchmalerei in einer Handschrift

Ritter konkurrierten miteinander bei Turnieren, um ihre Fertigkeiten im Kampf zu trainieren.

Feudale Zeiten

Im mittelalterlichen Europa hatte jeder eine klare Position in der Gesellschaft. An der Spitze standen die Könige und Kaiser. Sie waren sehr mächtig und besaßen viel Land. Unter den Königen stand der Hochadel. Der König teilte ihnen Ländereien zu. Im Gegenzug dafür unterstützen sie den König mit Soldaten. Ritter waren niedere Adlige, die für einen Adligen kämpften und dafür Land erhielten. Sie verpachteten ihr Land an Bauern, die damit bezahlten, dass sie einen Teil des Jahres für den Ritter arbeiteten und ihm einen Anteil ihrer Ernte gaben.

Die Neue Welt

Zwischen 1492 und 1600 n. Chr. entdeckten und besiedelten die Europäer Amerika. Es ist eine grausame Geschichte voll Krieg, Gewalt und Gier.

Kolumbus

1492 führte der italienische Kapitän Christoph Kolumbus eine Expedition aus drei Schiffen an, die vom spanischen König und der Königin finanziert wurde. Er wollte einen Seeweg über den Atlantik nach Asien finden. Einige Männer seiner Besatzung hatten Angst: Sie glaubten an eine flache Welt und befürchteten, mit den Schiffen am Ende herunterzufallen. Kolumbus erzählte ihnen, dass es nur eine kurze Reise sei. Als er zuerst auf San Salvador landete, dachte er, dass er Indien erreicht hätte.

Der Eroberer Hernan Cortez trifft Montezuma.

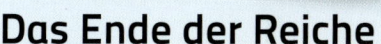

Eine goldene Zeremonienmaske der Inka

Spanien herrscht

Bis 1516 schickte Spanien Soldaten, auch Konquistadoren genannt, nach Südamerika, um das Land in Besitz zu nehmen und zu erkunden. In den nächsten Jahren gab es viel Gewalt. Die Einheimischen mussten als Sklaven für die Spanier arbeiten. Viele von ihnen starben an Krankheiten, die von den Europäern eingeschleppt wurden.

Das Ende der Reiche

1519 trafen die spanischen Eroberer auf den mexikanischen Aztekenherrscher Montezuma. Obwohl sie seine Gäste waren, töteten sie ihn schließlich zusammen mit vielen Azteken und verschifften deren Goldschätze nach Spanien. 1532 besiegten die spanischen Truppen die Inkas in Peru und nahmen auch deren Herrscher gefangen. Bis 1550 kontrollierten die Spanier die Karibik, Südamerika, Zentralamerika und Teile von Nordamerika.

Die Nachbildung der Santa Maria, eines von Kolumbus' Schiffen

EXPERTENWISSEN!

› Kolumbus war auch ein Sklavenhändler. Auf seinen Reisen nahm er amerikanische Ureinwohner gefangen und verkaufte sie in Spanien. Viele starben auf der Überfahrt.

› Kolumbus glaubte nie daran, dass er einen neuen Kontinent gefunden hatte. Bei seinem Tod dachte er immer noch, er hätte Teile Indiens entdeckt.

Die Eroberung der Welt

Zu Beginn des 15. Jahrhunderts entwickelten sich der Schiffsbau und die Kartierung stark weiter. So wurden von Europa aus längere Reisen zu andern Zielen der Welt möglich. Die europäischen Herrscher schickten Schiffe los, um neue Länder zu entdecken und zu erobern. Dieses Bild zeigt eine frühe Weltkarte, die 1560 erstellt wurde.

Streit auf hoher See

1494 teilten Portugal und Spanien die Welt zwischen sich auf. Neu entdeckte Länder westlich von Portugal und Spanien sollten zu Spanien gehören, Entdeckungen im Osten hingegen an Portugal fallen. Doch Heinrich VII. von England hatte andere Pläne. Er bezahlte den Entdecker John Cabot dafür, eine Expedition zu leiten und nach Westen zu segeln. 1497 erreichte Cabot die Küste von Labrador, die heute zu Kanada gehört, und beanspruchte das Land für die Engländer.

Die Spanier brachten in der Mitte des 16. Jahrhunderts viele Schätze aus den neu entdeckten Ländern in Zentral- und Südamerika in ihre Heimat. Spanien und England waren Feinde. Die englische Königin Elisabeth I. stiftete ihre Seeleute dazu an, spanische Schiffe zu attackieren und ihnen auf dem Heimweg die Schätze zu stehlen.

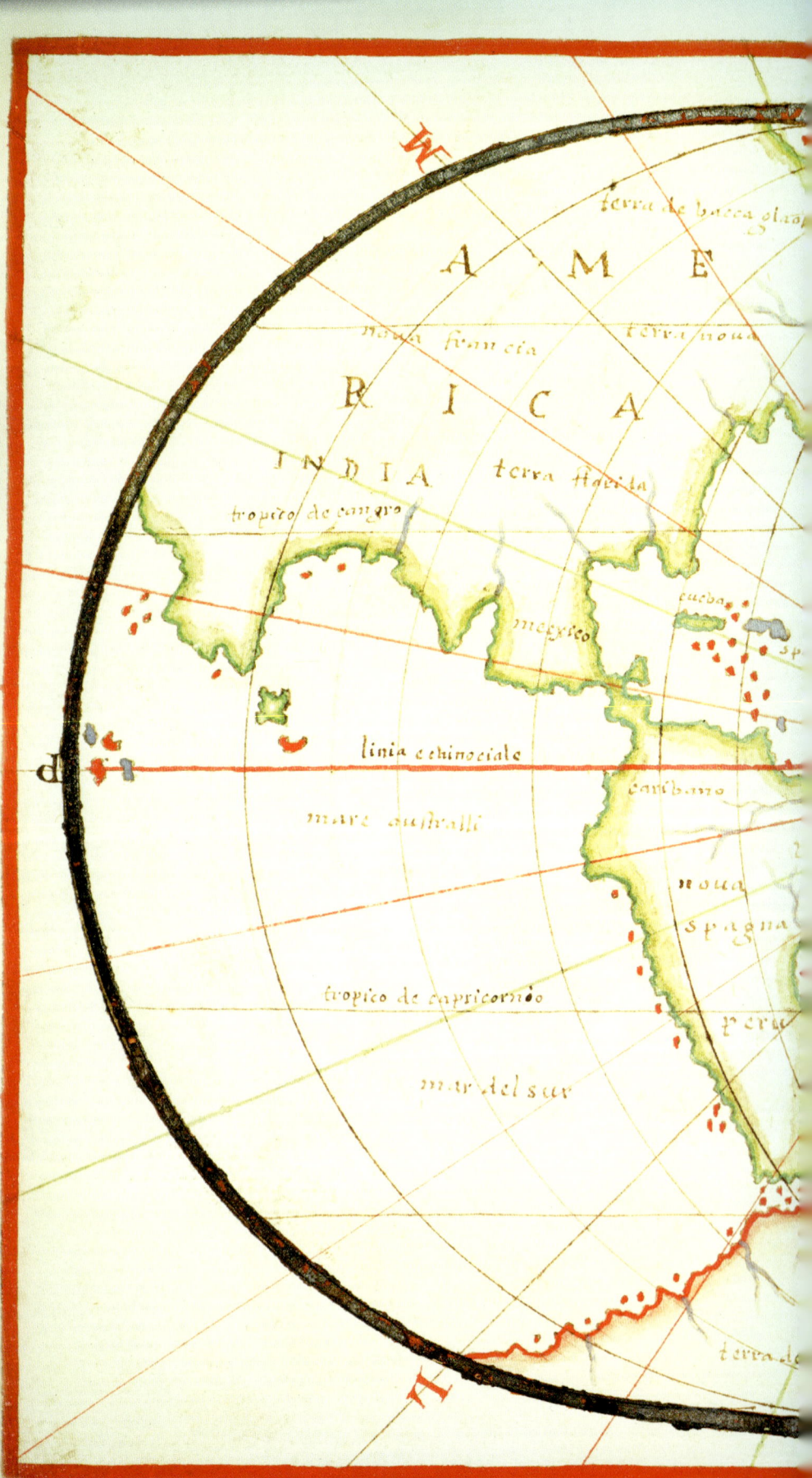

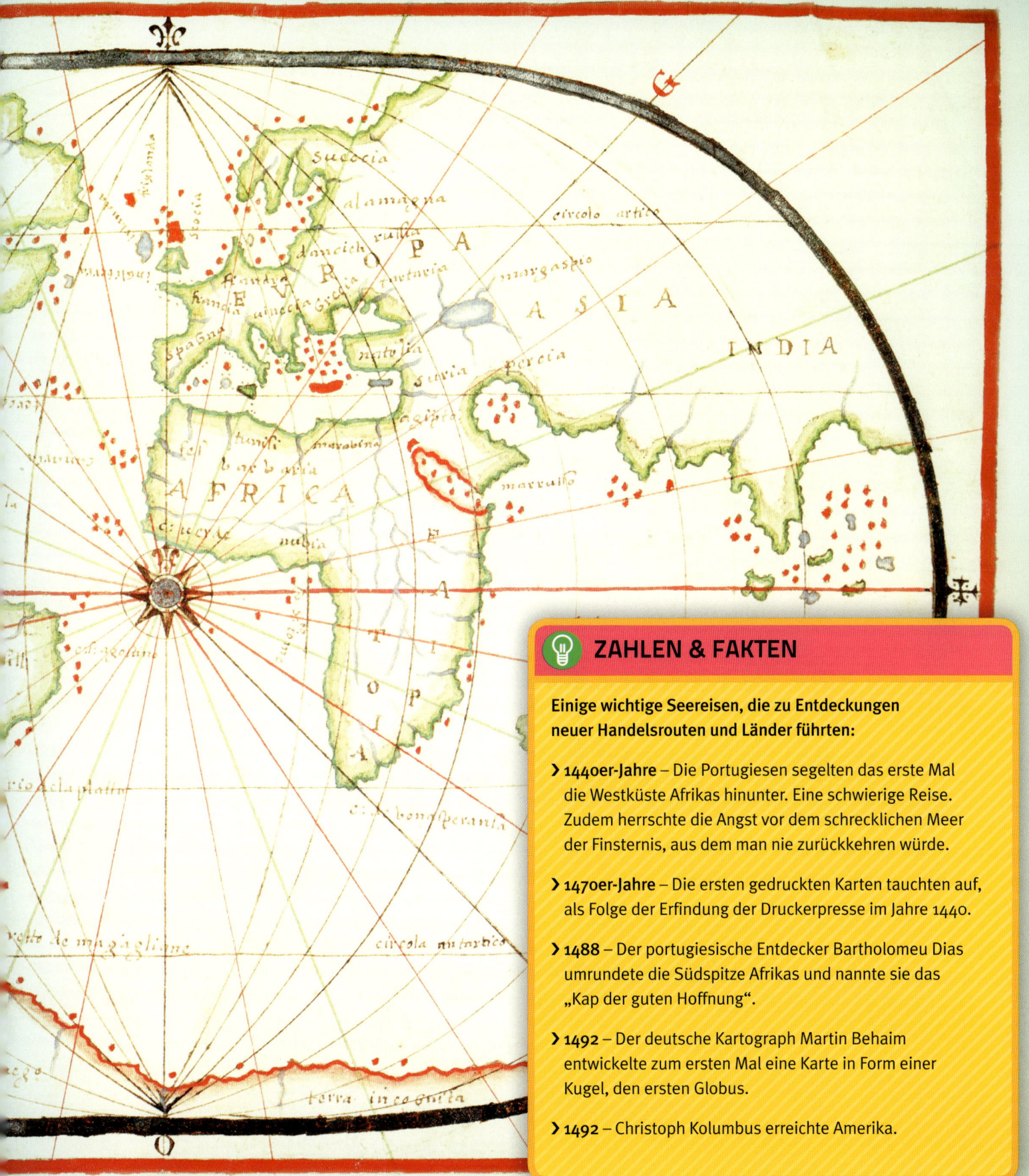

ZAHLEN & FAKTEN

Einige wichtige Seereisen, die zu Entdeckungen neuer Handelsrouten und Länder führten:

› **1440er-Jahre** – Die Portugiesen segelten das erste Mal die Westküste Afrikas hinunter. Eine schwierige Reise. Zudem herrschte die Angst vor dem schrecklichen Meer der Finsternis, aus dem man nie zurückkehren würde.

› **1470er-Jahre** – Die ersten gedruckten Karten tauchten auf, als Folge der Erfindung der Druckerpresse im Jahre 1440.

› **1488** – Der portugiesische Entdecker Bartholomeu Dias umrundete die Südspitze Afrikas und nannte sie das „Kap der guten Hoffnung".

› **1492** – Der deutsche Kartograph Martin Behaim entwickelte zum ersten Mal eine Karte in Form einer Kugel, den ersten Globus.

› **1492** – Christoph Kolumbus erreichte Amerika.

Die Reformation

Im Mittelalter war die katholische Kirche, angeführt vom Papst, in Europa sehr mächtig. Niemand stellte die Macht des Papstes infrage. Erst 1517 begann eine Zeit des religiösen Umbruchs in Europa, Reformation genannt.

Die Mariensäule in München gedenkt an den Dreißigjährigen Krieg.

Martin Luther

Im Jahre 1517 nagelte der deutsche Mönch Martin Luther seine Thesen an die Tür der Schlosskirche in Wittenberg. Darin kritisierte er unter anderem den Ablassverkauf, also den Sündenerlass gegen Bargeld, eine wichtige Einnahmequelle der Kirche. Er griff auch die Macht des Papstes an. Seine neuen Ideen verbreiteten sich schnell. Viele Christen in Nordeuropa brachen mit der katholischen Kirche und errichteten eigene, protestantische Kirchen, die den Ideen Luthers folgten.

William Tyndale übersetzte als Erster die Bibel ins Englische. Er wurde aufgrund seines Glaubens als Märtyrer getötet.

Neue Bibeln

Bisher gab es die Bibel nur in lateinischer Sprache. Doch Luther und ein paar andere übersetzten die Bibel in ihre eigene Sprache und ließen sie mit der neu erfundenen Druckpresse vervielfältigen. Jetzt konnte jeder die Bibel selbst lesen und musste dafür nicht mehr in die Kirche kommen. Den Papst infrage zu stellen und die Bibel zu übersetzen, wurde von vielen europäischen Herrschern als Hochverrat angesehen.

Religionskriege

Einige europäische Königreiche wurden protestantisch, während die anderen katholisch blieben. Zwischen den beiden Parteien gab es jahrelange religiöse Kriege, da die Katholiken versuchten, die Macht des Papstes wiederherzustellen. Zwischen 1618 und 1648 verwüstete der Dreißigjährige Krieg weite Teile Deutschlands. Man schätzt, dass in dieser Zeit etwa 40 Prozent der Bevölkerung getötet wurden. Schließlich beendete der Westfälische Friede das Morden.

Der Druck kommt an

Um das Jahr 1440 erfand der Deutsche Johannes Gutenberg die Druckpresse. Die Gutenbergbibel (siehe rechts) ist eines der ersten gedruckten Bücher, die es je gab.

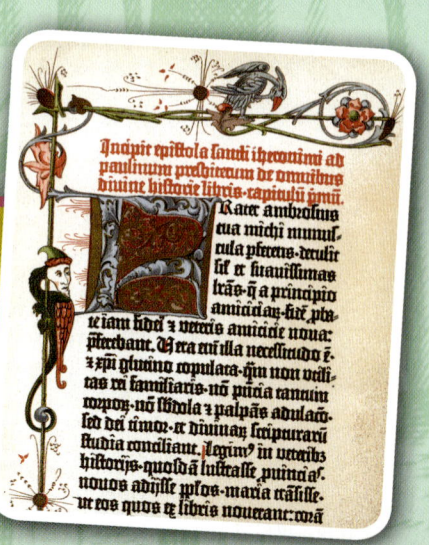

Das Osmanische Reich

Das muslimische Osmanische Reich war eines der größten und dauerhaftesten Reiche der Weltgeschichte. Im 16. Jahrhundert erlebte es seine Blütezeit. Es reichte damals vom Indischen Ozean bis nach Österreich und rund um das östliche Mittelmeer.

Der Fall Konstantinopels

1453 fielen die osmanischen Eindringlinge in Konstantinopel ein. Sie nannten es von nun an Istanbul und machten es zu ihrer Hauptstadt. Die Armeen des Sultans, des Herrschers der Osmanen, marschierten nach einer Belagerung zu Land und zu See ein. Die Osmanen raubten die Stadt aus und versklavten die Bewohner. Nach diesem Sieg breitete sich das osmanische Reich im Südosten Europas und an den Südküsten des Mittelmeers aus.

Die Herrschaft des Sultans

Sultane lebten im Topkapi-Palast in Istanbul, geschützt von der Armee der Janitscharen. Das tägliche Leben eines Sultans war voller Luxus und strikter Rituale. So trug er seine Seidengewänder nur einen Tag lang, anschließend wurden sie weggeschmissen. Im Palast war auch ein Harem. Dort lebten die Mutter des Sultans und seine Frauen, manchmal bis zu 1000 Frauen zur gleichen Zeit.

Barbarossa war ein gefürchteter osmanischer Korsar.

Osmanische Piraten

Die muslimischen Piraten, auch Korsaren genannt, segelten von der Küste los, um christliche Siedlungen und Schiffe zu attackieren. Vom 16. Jahrhundert an wurden über 200 Jahre lang über eine Million Europäer gefangen genommen und auf den Sklavenmärkten der nordafrikanischen Küste verkauft.

Man kann den wunderschön verzierten Topkapi-Palast in Istanbul besuchen.

EXPERTENWISSEN!

› Das osmanische Reich wurde sieben Jahrhunderte lang von derselben Familie regiert.

› Wenn ein Sultan den Thron bestieg, wurden all seine Brüder und deren Söhne getötet, damit es keine direkten Rivalen gab.

Die Kirche Hagia Sophia wurde für die osmanischen Herrscher zur Moschee. Heute ist sie ein Museum.

📖 Revolutionsjahre

Als Revolution bezeichnet man eine rasche Änderung in einem Land, meist wird dabei eine Staatsregierung durch eine ganz andere ersetzt. Oft geschieht das mit Gewalt. Zwei bedeutende Revolutionen vollzogen sich am Ende des 18. Jahrhunderts.

Die Nachstellung einer amerikanischen Revolutionsschlacht

Französische Revolution

1789 begannen die Unruhen gegen die Herrschaft König Ludwigs XVI. in Paris und breiteten sich schnell in ganz Frankreich aus. Sie wurden von Revolutionären angeführt, die den König stürzten und ihre eigenen Ideen einer republikanischen Regierung einführten. Sie nutzten den Schlachtruf „liberté, egalité, fraternité" (Freiheit, Gleichheit, Brüderlichkeit). Der König, seine Familie und viele Adelige wurden hingerichtet.

Die französische Flagge, die Tricolore, wurde während der Französischen Revolution gehisst.

Amerikanische Revolution

Zwischen 1775 und 1783 kämpften 13 Kolonien in Nordamerika um ihre Unabhängigkeit von der britischen Herrschaft. Nach jahrelangen Kämpfen waren sie erfolgreich. 1776 schufen sie die Unabhängigkeitserklärung, die besagte, dass alle Menschen gleich seien und das Recht auf Leben, Freiheit und Streben nach Glück besäßen. Auf diesen Ideen sollte der junge Staat aufbauen.

Neue Regierungsformen

Die Amerikanische und die Französische Revolution signalisierten einen Wandel der Ideen. Die Leute akzeptierten die Herrschaft eines Königs nicht länger. Die Französische Revolution führte zu lang andauernden Konflikten und auch zu einer kurzen Rückkehr der Monarchie. Doch am Ende wurde das Land eine Republik, eine Herrschaft ohne König. Beide Länder führten neue Regierungsformen ein, in denen das Volk sich stärker beteiligen konnte.

Das Kapitol in Washington ist der Versammlungsort des Kongresses. Hier werden Gesetze für die USA beraten und abgestimmt.

Eine Kopie der Unabhängigkeitserklärung wird in Washington (USA) aufbewahrt.

Die industrielle Revolution

Ab dem späten 18. Jahrhundert wurde die Welt durch die Erfindung neuer Maschinen rasant verändert. Diese Phase des Wandels, bekannt als industrielle Revolution, begann in Großbritannien und breitete sich schnell in anderen Ländern aus.

EXPERTENWISSEN!

> In Großbritannien und anderswo randalierten die Arbeiter und schlugen die neuen Maschinen zusammen, da sie durch diese ihre Arbeit verloren hatten. Man nannte diese Maschinenstürmer Ludditen.

> Die britische Regierung setzte ein Gesetz in Kraft, das das Zerstören von Maschinen unter Todesstrafe stellte. Einige Ludditen wurden gehängt, andere in Strafkolonien nach Australien gebracht.

Fabriken entstehen

In Großbritannien veränderte sich die Stoffherstellung: Webstühle mit Dampfantrieb ersetzten die von Hand betriebenen. Die weltweit ersten Fabriken wurden gebaut und mit Maschinen ausgestattet, die weit mehr Baumwollstoffe produzieren konnten als zuvor. Die Technik verbreitete sich schnell und so schossen in anderen Ländern bald auch Fabriken aus dem Boden. Betrieben wurden die Maschinen durch Dampfkraft, die man mit Kohle erzeugte. Deshalb stieg auch der Bedarf an Kohle. Die Nachfrage nach Eisen zur Maschinenherstellung nahm ebenfalls zu.

Verärgerte Arbeiter randalieren 1868 vor einer Kohlenmine in Belgien.

Dampf-eisenbahnen

Dampfloks, wie diese von 1852, verkürzten Langstreckenreisen erheblich.

Für die neuen Industrien wurden immer mehr Rohstoffe benötigt. Daher baute man Kanäle, Eisenbahnen und verbesserte Schiffe. Gleichzeitig konnten so auch die neuen Produkte aus den Fabriken transportiert werden. 1825 wurde die erste öffentliche Eisenbahnlinie zwischen Stockton und Darlington in Großbritannien eröffnet. Dies bedeutete den Beginn eines großen Wandels im Transportwesen rund um die Welt.

Neue Städte, neue Probleme

Die industrielle Revolution sorgte für große Veränderungen in der Lebensweise der Menschen. Viele zogen vom Land in die Stadt, um dort zu arbeiten. Maschinen verdrängten die Handarbeit. Die Veränderungen brachten wenigen Menschen großen Reichtum, aber sehr vielen großes Elend. Städte wuchsen schnell, doch die Arbeits- und Lebensbedingungen waren oft schrecklich.

Im Laufe der Zeit!

Bahnbrechende Erfindungen

Hier findest du einige Schlüsseldaten der industriellen Revolution. Folge den Pfeilen und entdecke einige Meilensteine, die die Welt veränderten.

1709

Abraham Darby entwickelt ein Verfahren, mit dem man Eisen aus Steinkohle anstelle von Holzkohle gewinnen kann.

1712

Zum ersten Mal wird Dampfkraft in der Industrie eingesetzt. Mit dem Dampf wird Wasser aus den Kohlenminen gepumpt.

1733

John Kay erfindet das fliegende Webschiffchen, mit dem man schneller weben konnte.

1793

Der Amerikaner Eli Whitney erfindet die Baumwollentkörnungsmaschine, die Samen aus den Fasern holt.

1825

Die erste öffentliche Eisenbahn wird zwischen Stockton und Darlington (beide GB) eröffnet.

1830

George Stephenson betreibt die erste zwischenstädtische Bahnlinie von Liverpool nach Manchester (beide GB).

💡 EXPERTENWISSEN!

> Zuerst hatten viele Menschen Angst, mit einer Dampfeisenbahn zu fahren. Sie glaubten, der Mensch sterbe, wenn er mit größerer Geschwindigkeit reist.

1769

James Watt verbessert den Wirkungsgrad der Dampfmaschine erheblich.

1771

Richard Arkwright baut die weltweit erste Fabrik in Cromford (GB). Sie produziert Baumwollgarn.

1764

James Hargreaves erfindet die Spinning Jenny, eine Spinnmaschine, die mehr Garn mit viel weniger Leuten produzieren konnte.

1779

Die erste gusseiserne Brücke der Welt wird in Colebrookdale (GB) gebaut.

1785

Edmund Cartwright erfindet den ersten dampfbetriebenen Webrahmen.

1842

Die britische Regierung erlässt ein Gesetz gegen Kinderarbeit (unter 10 Jahren) in den unterirdischen Kohlenminen.

1834

Der amerikanische Bauer Cyrus McCormick meldet seine mechanische Mähmaschine für die Getreideernte zum Patent an.

EXPERTENWISSEN!

❯ James Hargreaves, der Erfinder der Spinning Jenny, ging nie zur Schule und lernte nie Lesen und Schreiben.

❯ Auf der ersten öffentlichen Zugfahrt saßen die Passagiere in offenen Wagen und waren so Wind und Wetter ausgesetzt. Der Zug legte die 19 km in zwei Stunden zurück.

❯ Kleine Kinder arbeiteten in den ersten Fabriken und Minen oft unter schrecklichen Bedingungen.

Der 1. Weltkrieg

Zwischen 1914 und 1918 herrschte in Europa der
1. Weltkrieg. Dieser breitete sich über Europa, den
Mittleren Osten und nach Ostafrika aus und zog
Truppen aus der ganzen Welt mit hinein.

Ein weltweiter Krieg

Der Krieg wurde zwischen Großbritanni-
en, Frankreich und Russland, auch Alliierte genannt, auf der einen Seite und
Deutschland und Österreich-Ungarn auf
der anderen Seite geführt. Die heftigsten Kämpfe fanden an der Westfront (in
einem Gebiet zwischen Belgien und der
Schweiz) und an der Ostfront an der
deutsch-russischen Grenze statt. Doch
auch im Mittleren Osten und in Ostafrika wurde gekämpft. Truppen aus allen
Teilen der Welt beteiligten sich daran.

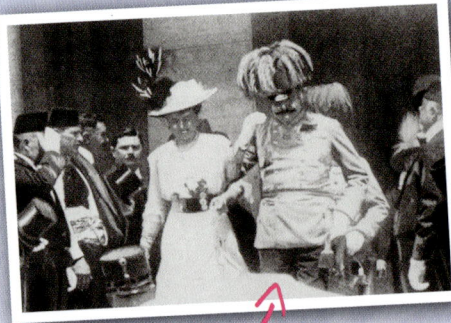

Der Auslöser des 1. Weltkriegs war
das Attentat auf Erzherzog Franz
Ferdinand, den Thronfolger von
Österreich-Ungarn. Er wurde nur
wenige Minuten nach dieser
Aufnahme erschossen.

ZAHLEN & FAKTEN

› Über 8,5 Millionen Soldaten
kamen im 1. Weltkrieg ums
Leben. Noch viel mehr wurden
verwundet.

› Die Piloten der Kampfflugzeuge
wurden zu Helden. Einer der er-
folgreichsten war der Deutsche
Manfred von Richthofen. Sein
Spitzname war der Rote Baron.
Er schoss über 80 Flugzeuge der
Alliierten ab, bevor er 1918 fiel.

Eine neue Art der Kriegsführung

Angesichts der gewaltigen Feuerkraft mussten die
Soldaten in diesem Krieg häufig Schutz in Gräben
suchen, den sogenannten Schützengräben
(siehe unten). Das Gebiet zwischen den Feinden, Niemandsland genannt, war mit Stachel-
draht und Minen bestückt. Die Bedingungen
waren schrecklich. Wasser, Matsch, tote Körper
und Ratten machten die Situation unerträglich.
Eine der schlimmsten Waffen war ein giftiges Gas,
das die Soldaten tötete oder erblinden ließ, wenn sie
damit in Berührung kamen.

Im 1. Weltkrieg wurden das erste
Mal Panzer eingesetzt.

Neue Wege zum Sieg

Während des 1. Weltkriegs veränderten neue Waffen die
Kriegsführung. Maschinengewehre wurden auf die Soldaten
gerichtet, die versuchten, das Niemandsland zu durchqueren,
und sorgten für schwere Verluste. Neue Flugzeuge wurden
mit Schusswaffen ausgestattet. Schiffe sahen sich einer
neuen Gefahr ausgesetzt, den Unterwasserbooten (U-Boote),
die ohne aufzutauchen Torpedos abfeuern konnten. 1917
traten die USA dem Krieg bei. Die Alliierten besaßen nun genug Waffen, um den Feind zu besiegen. Im November 1918
wurde der Waffenstillstand erklärt und der Krieg endete.

Noch mehr Revolutionen

Im 20. Jahrhundert traten Revolutionen in Russland und China auf. Sie veränderten die Weltpolitik.

Ein Portrait von Mao Zedong, dem Anführer der Chinesischen Revolution

Die Russische Revolution

1917 übernahm die bolschewistische Partei die Macht in Russland und stürzte die bisher regierende Monarchie. Ihr Anführer war Vladimir Lenin (siehe links), der den ersten kommunistischen Staat ins Leben rief. Der Kommunismus organisierte die Gesellschaft neu. Die Regierung besaß alle Ländereien und Geschäfte. Das Privateigentum wurde weitgehend abgeschafft. In den nächsten Jahrzehnten nahm Russland die benachbarten Länder ein und gründete die Sowjetunion, eine Gruppe kommunistischer Staaten unter zentraler Kontrolle.

Revolution in China

1949 übernahmen die Kommunisten die Macht in China, angeführt von Mao Zedong, der Vorsitzender der kommunistischen Regierung wurde. Mao war bekannt für sein Buch der Zitate. Darin legte er dar, wie China regiert werden sollte. Mao starb 1976, doch China steht bis heute unter kommunistischer Herrschaft und noch immer kontrolliert ein allmächtiger Staatsapparat viele Aspekte des täglichen Lebens.

Ein Bild Joseph Stalins in einer Parade während der kommunistischen Jahre

Stalins Herrschaft

Nach Lenins Tod übernahm Joseph Stalin die Führung der Sowjetunion. Er ließ Tausende von Menschen ermorden, die er für Feinde des Systems hielt, und schickte Millionen in Straflager, wo sie zu harter Arbeit gezwungen wurden. Er führte die Sowjetunion durch den 2. Weltkrieg (siehe Seite 156) und starb 1953.

Heiße Info!

Kommunistische Farbe

Hammer und Sichel wurden zu Symbolen der kommunistischen Partei. Die Farbe Rot ist ebenfalls ein Symbol für den Kommunismus.

Der 2. Weltkrieg

1939 stürzte Deutschland unter der Führung von Adolf Hitler den europäischen Kontinent erneut in einen großen Krieg: Deutsche Truppen überfielen das benachbarte Polen. Neue Waffen brachten den Terror auf das Schlachtfeld und auch zu den Menschen, als die Kämpfe sich weltweit ausbreiteten.

Wer gegen wen?

Die Achsenmächte Deutschland, Italien und Japan kämpften gegen die Alliierten, Großbritannien, Frankreich, Kanada, Australien, Neuseeland, Indien, Russland, die USA und andere Länder. Deutschland wurde zu dieser Zeit von Adolf Hitler und der Nationalsozialistischen Arbeiter Partei (NSDAP) regiert. Die Regierungsform der Nazis nannte sich Faschismus. Sie wollten ganz Europa beherrschen, während Japan Asien und den Pazifischen Ozean kontrollieren sollte.

Ein Portrait von Adolf Hitler, dem Führer der NSDAP, hing in jedem Büro.

ZAHLEN & FAKTEN

> Im September 1940 wurde London in 57 aufeinanderfolgenden Nächten von der deutschen Luftwaffe angegriffen.

> Im Atlantik jagten deutsche U-Boote die Schiffe der Alliierten. Mehr als 3 500 Frachter und 175 Schiffe der Marine wurden von den Deutschen versenkt. Im Gegenzug zerstörten die Alliierten mehr als 750 U-Boote.

> Etwa 6 Millionen europäische Juden starben während des Krieges durch die deutsche Vernichtungspolitik.

Kampfflugzeuge und U-Boote

Beide Seiten, die Alliierten und die Achsenmächte, hatten neue Kampfflugzeuge entwickelt, um feindliche Truppen, aber auch Städte und Fabriken anzugreifen. Deutsche Flugzeuge bombardierten London und andere englische Großstädte, während amerikanische und britische Flugzeuge deutsche Städte und Industrieanlagen unter Beschuss nahmen. Auf beiden Seiten starben Zivilisten in bisher nicht gekanntem Ausmaß. Konsequenter als je zuvor setzte Hitler auf den U-Boot-Krieg. Die Schiffe der Alliierten mussten große Verluste hinnehmen, bis neue U-Boot-Abwehrwaffen die Gefahr entschärften.

Menschen stehen in London für Essen an. Nahrung, Kleidung, Benzin und sogar Seife waren rationiert.

Die Attacke auf Pearl Harbor

Der Krieg breitet sich aus

Deutsche Truppen eroberten rasch weite Teile Europas. Sie marschierten in Polen, Frankreich, den Niederlanden und Belgien ein. Bereits 1940 standen sie am Ärmelkanal. Ein Jahr später fielen sie in Russland ein und gelangten bis kurz vor Moskau. Selbst in Nordafrika wurde gekämpft. Im Dezember 1941 attackierten die Japaner die US-Marinebasis Pearl Harbor. Darauf hin traten auch die USA in den Krieg ein. Die Japaner eroberten die Philippinen von den USA und Singapur von den Briten.

Das Ende des Krieges

Mitte des Jahres 1942 sahen die Alliierten noch wie sichere Verlierer aus. Das Blatt wendete sich jedoch rasch. Es gelang den Alliierten zunehmend, ihre wirtschaftliche und industrielle Überlegenheit in der Waffenproduktion auszuspielen. So gewannen sie die Oberhand.

Eisige Niederlage

Die bitterkalten Winter und die Weite Russlands machten einen Sieg der Deutschen dort sehr schwierig. Die Russen verlegten ganze Fabriken in den Osten des Landes, um sie so außer Reichweite der Deutschen zu bringen. Die Verteidiger russischer Städte wie Stalingrad oder Leningrad verwickelten die Eroberer in langwierige Belagerungen und verlustreiche Kämpfe. Nach und nach wurden die Deutschen von den Russen zurückgedrängt.

Deutsche Kriegsgefangene in der Sowjetunion, gegen Ende des 2. Weltkrieges

Hitlers Niederlage

Im Juni 1944 landeten Tausende Alliierte an der Küste der Normandie in Frankreich (siehe oben). Ihr Ziel war es, die Deutschen zu besiegen. Truppen und Ausrüstung drangen trotz heftigen Beschusses ins Landesinnere vor. Die Alliierten befreiten nach und nach Frankreich, Nordafrika und Italien. Als die deutsche Niederlage nicht mehr abzuwenden war, beging Hitler Ende April 1945 in seinem Bunker in Berlin Selbstmord. Am 7. Mai kapitulierte Deutschland.

Der Krieg im Pazifik

Die Flotten der Amerikaner und der Japaner kämpften im Pazifik. Die mächtigsten Kriegsschiffe waren nun die Flugzeugträger. Beide Seiten versuchten die gegnerische Flotte zu zerstören. Die Amerikaner befreiten zahlreiche Inseln im westlichen Pazifik, wollten Japan selbst aber nicht angreifen. Stattdessen zwangen sie das Land durch den Abwurf zweier Atombomben zur Aufgabe. Die Städte Hiroshima und Nagasaki wurden dabei völlig zerstört. Japan ergab sich im August 1945.

Das Friedensdenkmal in Hiroshima soll an die Menschen erinnern, die durch das Abwerfen der Atombombe gestorben sind.

Wir erinnern uns

Heiße Info!

Ehrenmale – Gedenkstätten an die Toten des Krieges – gibt es überall auf der Welt. Dieses steht in London. Jährlich werden hier Gedenkfeiern für die Gefallenen abgehalten.

Der Kalte Krieg

Nach dem 2. Weltkrieg wuchsen Feindschaft und Misstrauen zwischen den kommunistischen und den demokratischen Staaten der Welt. Diese Zeit nennt man auch den Kalten Krieg.

Die Berliner Mauer spaltete die Stadt in zwei Teile.

Spannungen und Gefahr

Während des Kalten Krieges spionierten die gegnerischen Staaten einander gegenseitig aus. Gefangene Spione mussten ins Gefängnis oder wurden getötet. Die Grenze zwischen dem kommunistischen Osten und dem demokratischen Westen wurde „Eiserner Vorhang" genannt. Ein Teil davon verlief durch Deutschland und teilte das Land in zwei Teile. Die kommunistischen Mächte bauten die Berliner Mauer mitten durch die Stadt. So wollten sie die Menschen im Osten daran hindern, in den Westen zu fliehen.

Die Kubakrise

1962 standen die USA und die Sowjetunion während der Kubakrise kurz vor einem Atomkrieg. Die Sowjetunion stationierte Nuklearraketen im kommunistischen Kuba in der Karibik. Von dort aus hätten sie die USA sehr leicht erreichen können. Die Amerikaner forderten, dass die Raketen beseitigt werden und drohten mit einem Einmarsch in Kuba. Schließlich willigte die Sowjetunion ein, die Raketen wegzuschaffen.

Die Vereinten Nationen versuchten eine Lösung für die Kubakrise zu finden.

Die Berliner Mauer fiel im Jahr 1989.

Spion in den Wolken

Heiße Info!

Dieses Blackbird-Spionageflugzeug wurde von den USA während des Kalten Krieges eingesetzt. Es flog sehr hoch und machte Fotos von möglichen Zielen, wie feindlichen Kasernen oder Raketenstandorten.

Das Ende des Kalten Krieges

In den 1980er-Jahren änderten die Führer der Sowjetunion ihre Politik und der Kalte Krieg endete. 1989 fiel die Berliner Mauer, ein mächtiges Signal des Wandels. Die Sowjetunion zerbrach in viele einzelne Länder. 1990 kam es zur Wiedervereinigung von Ost- und Westdeutschland.

Das neue Jahrtausend

Im Jahr 2000 feierten die christlichen Länder der Welt den 2000. Geburtstag Jesu Christi. Die Welt brach in ein neues Jahrtausend auf, als die Jahreszahlen zum ersten Mal mit einer 2 anfingen. Damit steht die Welt aber auch vor vielen neuen Herausforderungen.

EXPERTENWISSEN!

> Als Verursacher des Klimawandels gilt der Mensch. Noch ist nicht abzusehen, wie schwerwiegend die Folgen sind.

> Das Eis in der Arktis schmilzt so schnell, dass vielleicht im Jahre 3000 schon keines mehr da ist.

> Die Eisdecke Grönlands enthält genug Wasser, um den Meeresspiegel um 7 Meter anzuheben.

Klimawandel

Wissenschaftler haben herausgefunden, dass die Eiskappen der Pole schmelzen. Schuld ist die Luftverschmutzung durch den Menschen. Niemand weiß, wie stark das Eis schmelzen wird, doch es könnte weltweit zu Flutkatastrophen und Wetterumschwüngen kommen. Die Folgen des Klimawandels sind kompliziert. Ändert sich das Wetter, müssen Bauern neue Anbaumethoden für ihre Feldfrüchte entwickeln. Gibt es mehr Fluten, können die Menschen nicht mehr an den Küsten leben.

In Teilen Afrikas sind die Menschen von regionalen Früchten als Nahrung abhängig. Bei schlechten Ernten aufgrund von Trockenheit kommt es zu Hungersnöten.

Hungersnöte

Auf der Welt haben nicht alle Menschen genug zu essen. In Afrika und Asien sind viele zum Überleben auf die Früchte angewiesen, die sie selbst anbauen. Wenn die Ernte aufgrund des Wetters schlecht ausfällt, können sie verhungern. Man spricht von einer Hungersnot. Es wird an wissenschaftlichen Lösungen geforscht, um Hungersnöte zu vermeiden, etwa widerstandsfähigeres Getreide oder Veränderungen des Wetters.

Fortschritt der Wissenschaft

Erfindungen haben schon immer eine große Rolle in der Geschichte gespielt. Als das Rad, die Druckpresse und die Dampfkraft erfunden wurden, beeinflussten sie alle das Leben der Menschen und ihre Arbeit. Auch in der Zukunft werden neue Entdeckungen unser Leben verändern. Zum Beispiel könnte die Medizin einige Erkrankungen komplett beseitigen und das Leben des Menschen verlängern.

Die Eiskappen an den Polen schmelzen. Die Folgen könnten katastrophal sein.

Das neue Jahrtausend wurde überall auf der Welt mit Feuerwerk begrüßt.

Worterklärung

Akropolis   Eine Gruppe aus Tempeln auf dem Hügel über Athen. Sie wurden zur Zeit des alten Griechenlands erbaut.

Alliierte   Länder, die sich während des 1. und 2. Weltkrieges zusammenschlossen, um gegen Deutschland und seine Verbündeten zu kämpfen.

Altes Ägypten   Ein Königreich, das sich an den Ufern des Nils in Nordafrika vor etwa 5 000 Jahren erstreckte und von Pharaonen regiert wurde.

Altes Griechenland   Eine Zeit zwischen etwa 500 v. Chr. und 323 v. Chr., als sich die Kultur und die Regierung in den Stadtstaaten Griechenlands entwickelt haben.

Atombombe   Eine sehr mächtige und zerstörerische Bombe, die das erste Mal im 2. Weltkrieg eingesetzt wurde.

Bolschewiken   Ein Name für die Kommunisten, die 1917 in Russland die Macht an sich gerissen haben.

Bronzezeit   Der Zeitraum zwischen 3500 v.Chr. und 750 v. Chr., als die Bronzeherstellung für die europäischen Kulturen sehr wichtig war.

Demokratie   Eine Regierungsform, in der die Menschen ihre Führung und neue Gesetze wählen.

Diktator   Ein mächtiger Führer, der nicht gewählt wird.

Dynastie   Eine Gruppe Verwandter, die ein Königreich mehrere Generationen lang regiert.

Eisenzeit   Eine Zeit zwischen 750 v. Chr. und 50 v. Chr., als Eisen das wichtigste Material für europäische Kulturen war, aus dem sie Objekte fertigten.

Eiszeiten   Zeiträume, in denen auf der Erde ein sehr kaltes Klima herrschte und die Gletscher sich ausbreiteten.

Faschismus   Staatsform, die auf dem Prinzip eines starken Führers an der Spitze eines übermächtigen Staatsapparates aufbaut. Der Einzelne hatte sich dem Wohl der Gemeinschaft unterzuordnen. Andersdenkende wurden verfolgt und getötet.

Hethiter   Ein Königreich im Mittleren Osten, etwa auf dem Gebiet der heutigen Türkei und Syriens, das besonders in der Zeit zwischen 1350 und 1200 vor Chr. ein wichtiger Rivale Ägyptens war.

Hieroglyphen   Eine Art Bilderschrift, die vor etwa 5 000 Jahren bei den alten Ägyptern in Nordafrika entstand.

Homo sapiens   Der Name moderner Menschen. Er ist lateinisch und bedeutet „weiser Mensch".

Industrielle Revolution   Eine Zeit rascher technologischer und gesellschaftlicher Entwicklung im Europa vom späten 18. Jahrhundert bis an die Schwelle zum 20. Jahrhundert. Neue Maschinen wie die Dampfmaschine wurden erfunden, das Fabrikwesen entstand und Industriestädte entwickelten sich.

Janitscharen   Elitetruppe des osmanischen Reiches, der heutigen Türkei. Sie stellte die Leibwache des Sultans.

Jungsteinzeit   Sie beginnt etwa 10 000 v. Chr., als die Menschen erstmals sesshaft werden, Haustiere halten und Getreide anbauen, und endet etwa um 3 500 v. Chr. mit der Verbreitung der Bronze als Material für Werkzeuge und Schmuck.

Kalligraphie   Die Kunst des Schönschreibens.

Kalter Krieg   Eine Zeit zwischen 1945 und den späten Achtzigern, als die kommunistischen Staaten und die demokratischen Länder sich feindlich gegenüberstanden und ein Krieg jederzeit möglich schien.

Katholizismus   Als Katholiken bezeichnet man den Teil der Christenheit, der die führende Rolle des Papstes in Rom akzeptiert.

Keilschrift   Die früheste Schriftform, die jemals gefunden wurde. Sie bestand aus keilförmigen Strichen, die mit einem Griffel in feuchten Ton gedrückt wurden.

Kommunismus   Eine Gesellschaftsform, in der das Privateigentum weitgehend abgeschafft ist. Idealerweise sollte stattdessen ein Gemeinschaftseigentum entstehen, das vom Staat verwaltet und verteilt werden sollte.

Konfuzianismus   Eine chinesische Philosophie, die auf der Lehre des Konfuzius beruht, der 479 v. Chr. gestorben ist.

Kupferschmiedekunst   Das Herstellen von Kupferobjekten. Man erhitzt Steine, die Kupfer enthalten, trennt das flüssige Kupfer vom Rest und gießt es in Formen oder bearbeitet es nach dem Abkühlen.

Langschiff   Ein hölzernes Wikingerkriegsschiff mit einem langen Bug, das oft mit einem geschnitzten Drachenkopf verziert war.

Maya   Ein Königreich im Süden Mexikos, Belize und Guatemala zwischen 200 n.Chr. und 800 n. Chr.

Mesopotamien   Eine besonders fruchtbare Region im heutigen Irak, die durch die Flüsse Euphrat und Tigris bewässert wird. Hier entwickelten sich die ersten Städte.

N. Chr.   Die Zeit nach Christi Geburt.

Neandertaler   Eine Spezies Mensch, die von 130 000 v. Chr. bis etwa 30 000 v. Chr. in Europa und Asien lebte.

Osmanisches Reich   Ein muslimisches Königreich, das sich zwischen 1300 und 1900 n. Chr. um die östliche und südliche Mittelmeerregion erstreckte.

Ostfront   Das Konfliktgebiet zwischen Deutschland und Russland während des 1. und 2. Weltkriegs.

Protestantismus   Der Teil des Christentums, der sich im 16. Jahrhundert von der römischen Kirche und dem Papst lossagte.

Reformation   Eine Zeit des religiösen Umschwungs in Europa, die 1517 begann. In der Folge spalteten sich die Protestanten von der römischen Kirche ab.

Runen   Ein Alphabet aus Symbolen, das von den Wikingern aus Skandinavien und anderen germanischen Völkern genutzt wurde, etwa auch von den Angelsachsen.

Sultan   Der Herrscher des Osmanischen Reiches.

U-Boot   Ein militärisches Unterwasserboot, das Schiffe mit Torpedos angreift, ohne aufzutauchen.

V. Chr.   Die Zeit vor Christi Geburt.

Westfront   Das Konfliktgebiet, das sich im 1. und 2. Weltkrieg westlich von Deutschland erstreckte.

Wikinger   Skandinavische Krieger, Bauern und Handwerker, die sich zwischen 700 n. Chr. und 1100 n. Chr. im nördlichen Europa ausbreiteten. Auf ihren Entdeckungsfahrten drangen sie mit ihren Schiffen bis nach Nordamerika vor.

1. Weltkrieg   Ein großer Konflikt, der sich in Europa, dem Mittleren Osten und Afrika zwischen 1914 und 1918 ausbreitete.

2. Weltkrieg   Ein großer Konflikt, der sich in der Welt zwischen 1939 und 1945 ausbreitete.

KAPITEL 6

LAND UND LEUTE

Erste Siedlungen

Unsere Vorfahren siedelten an Orten, die ausreichend Nahrung, Wasser und Brennstoff boten. Wichtig waren auch gute Verbindungen zu anderen Siedlungen, um Handel zu treiben.

Die richtige Ortswahl

Die meisten großen Städte entwickelten sich entlang von Flüssen. Ein Fluss bietet genug Trinkwasser für Menschen, Tiere und die Landwirtschaft. Lange bevor es Straßen gab, waren Flüsse wichtige Verkehrsadern, über die Waren und Menschen von einer Stadt zur anderen gelangen konnten.

Auf der Île de la Cité, einer Insel im Fluss Seine, begann die Geschichte der Stadt Paris in Frankreich.

Eine Karte von Paris von 1889, dem Jahr, in dem der Eiffelturm errichtet wurde.

Der Eiffelturm

Die Geburt einer Stadt

300 v. Chr.

1 **1.** 250 v. Chr. gründete der keltische Stamm der Parisii ein kleines Fischerdörfchen auf einer Insel in der Seine.

200 v. Chr.

100 v. Chr.

0

2 **2.** Unter römischer Kontrolle: 52 v. Chr. wurde Paris in Lutetia umbenannt und entwickelte sich zu einer florierenden Stadt mit über 20 000 Einwohnern.

100

200

300

400

500 **3.** Während des Mittelalters wurde Paris zur Hauptstadt Frankreichs. Viele berühmte Gebäude wurden errichtet.

600

700

800 **4.** König Ludwig XIV. ließ Paris in großem Stil umgestalten. Am 14. Juli 1789 stürmten die Pariser ein Gefängnis, die sogenannte Bastille, und stürzten wenig später die Monarchie.

900

1000

1100

1200

3 1300

1400 **5.** In der Mitte des 19. Jahrhunderts lebten 1,6 Millionen Menschen in Paris. Baron Haussmann baute die Stadt unter großem Aufwand um und ersetzte die schmalen Straßen durch prächtige Boulevards.

1500

1600

1700

4 1800
5

1900 **6.** Heute ist Paris eine Millionenstadt mit über 10,8 Millionen Einwohnern.

2000 6

2100

Von Dörfern zu Millionenstädten

Die Menschen leben für gewöhnlich gern in Gruppen zusammen. Ihre Siedlungen reichen von kleinen Weilern mit wenigen Häusern bis hin zu Millionenstädten.

⬆ Dörfer

Einige Menschen leben immer noch in kleinen, traditionellen Dörfern wie diesem hier in Afrika (siehe oben). Dort bauen sich die Menschen runde Häuser aus verfügbaren Materialien wie Lehm und Kot.

⬇ Slums

Slums gibt es vor allem in ärmeren Ländern. Mittellose Zuwanderer, die in der Hoffnung auf Arbeit in die Stadt kommen, bauen sich am Stadtrand Behausungen aus Abfallmaterialien. Viele haben weder Strom noch fließend Wasser.

⬆ Millionenstädte

Tokio ist mit 37,5 Millionen Einwohnern eine der größten Millionenstädte der Welt. Andere große Millionenstädte sind z. B. Jakarta (Indonesien), Guangzhou und Shanghai (China) oder Seoul (Südkorea).

⬆ Marktgemeinden

Im Mittelalter erhielten manche Städte in Europa das Recht, Märkte abzuhalten. Marktstädte, wie hier Trier in Deutschland, profitierten vom Handel und einige entwickelten sich zu wirtschaftlichen Zentren.

⬅ Geisterstädte

Gelegentlich steht eine Stadt auch leer, aufgrund von Naturkatastrophen oder weil es vor Ort keine Arbeit mehr gibt und die Menschen fortziehen. Tschernobyl in der Ukraine wurde 1986 nach einem Unfall in einem Atomkraftwerk evakuiert, da es für die Menschen zu gefährlich war, dort zu leben.

> 💡 **EXPERTENWISSEN!**
>
> › Ein Weiler ist eine Wohnsiedlung mit nur wenigen Gebäuden.
>
> › Ein Dorf ist eine Gemeinschaft mit ein paar Hundert oder Tausend Menschen. Meist gibt es ein Geschäft.
>
> › Eine Stadt hat normalerweise ein Zentrum mit Geschäften und anderem Handel, Gesundheitseinrichtungen, Schulen und oft auch Industriegebiete an den Außenrändern.

Die Arbeitswelt

Die Menschen benötigen einen Beruf, um sich selbst und ihre Familien zu ernähren. Arbeiten sie in der Landwirtschaft oder in der Rohstoffgewinnung, zählt man sie zum Primärsektor. Verarbeiten sie hingegen Rohstoffe zu Produkten, zählt man sie zur Industrie, auch Sekundärsektor genannt.

In reichen Ländern wird das Korn mit Maschinen geerntet.

Die Landwirtschaft

Die Menschen begannen vor etwa 10 000 Jahren damit, Nahrung anzubauen. Seit damals haben Bewässerungssysteme, chemischer Dünger und Schädlingsbekämpfungsmittel die Landwirtschaft revolutioniert. Die meisten Bauernhöfe in Europa und Nordamerika sind riesig groß. Sie verlassen sich auf Maschinen, die den Großteil der Arbeit erledigen.

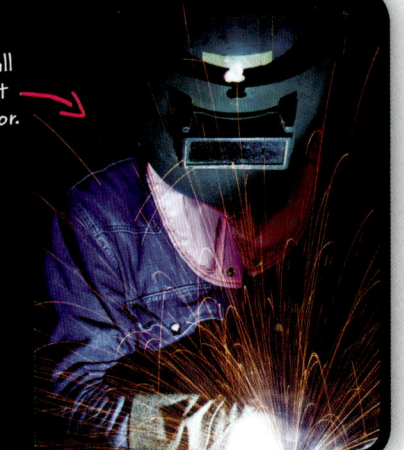

Tee wird für gewöhnlich von Frauen mit der Hand geerntet.

Mit der Hand ernten

In Asien und Afrika werden viele Pflanzen noch mit der Hand geerntet. Dadurch ist Arbeit für viele Menschen vorhanden. Die geerntete Nahrung wird in verschiedene Länder rund um die Erde exportiert und bildet eine wichtige Einnahmequelle.

Die Industrie

Industrieberufe haben mit der Produktion, Verarbeitung und dem Bau von Dingen zu tun. Zum Sekundärsektor gehören etwa die Metallverarbeitung, der Hausbau, die Produktion von Autos und der Schiffsbau. Die Arbeiter in diesem Sektor nehmen unbearbeitete Materialien und fertigen daraus Produkte.

Produkte aus Metall herzustellen, zählt zum Sekundärsektor.

💡 **EXPERTENWISSEN!**

> Früher waren die meisten Menschen im Primärsektor beschäftigt und arbeiteten überwiegend in der Landwirtschaft.

> Mit der industriellen Revolution entstanden Fabriken. Die Zahl der Stellen im Sekundärsektor wuchs.

> Heutzutage arbeiten in den USA etwa 3 % der Menschen im Primärsektor. Mitte des 19. Jahrhunderts waren es noch etwa 66 %.

Untertagebau

Bergleute sind gefragt. Weltweit werden Kohle, Diamanten und wertvolle Metalle wie Gold, Uran und Kupfer abgebaut. Das schafft Millionen von Stellen im Bergbau. Viele Bergarbeiter arbeiten unter sehr gefährlichen Bedingungen. In Südafrika, Russland und der Ukraine hat der Bergbau eine sehr große Bedeutung.

Dienstleistungen und Wissenschaft

Der Tertiärsektor umfasst auch das Unterhaltungs- geschäft.

In den reicheren Ländern haben Maschinen viele Arbeiten übernommen. Immer weniger Menschen arbeiten daher in der Rohstoffgewinnung oder Warenproduktion. Stattdessen sind sie in Dienstleistungsbereich oder Wissenswirtschaft tätig.

Dienstleistungen

Im Dienstleistungsbereich, dem Tertiärsektor, werden keine greifbaren Waren oder Güter hergestellt. Die Arbeit der Beschäftigten selbst ist die Ware, die gehandelt wird. Dazu gehören etwa der Verkauf von Produkten, das Transport- und das Gesundheitswesen, die Hotel- und Restaurantbranche, Banken und Versiche- rungen aber auch die Unterhaltungsbranche, also Theater, Film, Fernsehen, Radio und Musik.

San Jose in Kalifornien (USA) wird auch die Hauptstadt des „Silicon Valley" genannt.

Wissenswirtschaft

Dieser Bereich wird auch Quartiärsektor genannt. Hier geht es um die Herstellung und den Handel mit Wissen und Ideen. Dazu gehören etwa Wissenschaft und Forschung sowie die Computer- und Softwareberufe. Ein Zentrum dieses IT-Bereichs ist das Silicon Valley in Kalifornien (USA) mit dem Hauptort San Jose.

Geschäfte und Finanzen

London, die Hauptstadt Großbritanniens, ist eines der größten Geschäfts- und Finanzzentren der Welt. Unternehmen gegen Zinsen Geld bereitzustellen, ist eine Dienstleistung. Damit gehört es also zu dem Tertiärsektor. Etwa 250 000 Londoner arbeiten in diesem Bereich

Canary Wharf ist eines von Londons Finanzzentren.

EXPERTENWISSEN!

> Menschen und Unternehmen zahlen Steuern an den Staat. Mit diesem Geld werden die Polizei, die Schulen, das Gesundheitswesen und der Straßenbau finanziert.

> Orte, an denen die Steuern sehr gering sind, nennt man Steuerparadiese.

> 74 Prozent der Beschäftigten in Deutschland arbeiten im Dienstleistungssektor

Reich und arm

Mehr als drei Milliarden Menschen – also fast die Hälfte aller Menschen – leben von weniger als 2 Euro am Tag. Im Gegensatz dazu besitzen die Reichen (etwa 20 % der Bevölkerung) drei Viertel des Einkommens. Die zehn ärmsten Länder liegen alle in Afrika.

Land der Gegensätze

Indien ist ein Land großer Gegensätze. In Mumbai erbaute ein reicher Geschäftsmann für eine Milliarde Dollar ein Haus mit 27 Etagen und 168 Auto-Stellplätzen. Dieses luxuriöse Anwesen befindet sich in unmittelbarer Nachbarschaft zu Asiens größtem Slum, in dem mehr als eine Million Menschen leben.

Made in China

Eine Menge Güter besitzen heutzutage den Absender „Made in China". Die Anzahl der chinesischen Fabriken, die Produkte für den Westen herstellen, hat über 400 Millionen Chinesen aus der Armut geholt. Shanghai besitzt so viele Millionäre, dass es nun die Luxus-Hauptstadt Chinas ist.

Mehr als die Hälfte aller Menschen in Mumbai leben in Slums.

Die Nanjing Lu in Shanghai ist eine der weltweit größten Einkaufsstraßen.

Menschen warten im Dadaab Flüchtlingslager in Somalia auf Essen.

Demonstranten gegen die Ungleichheit besetzten 2011 einen Park in der Nähe der New Yorker Börse.

Warum sind Länder arm?

Armut ist oft ein Ergebnis von Naturkatastrophen, wie Fluten oder Trockenheit, oder auch von Kriegen und Krankheiten. Manchmal besitzt ein Land wertvolle Metalle oder Mineralien, doch das Geld, das beim Verkauf erlöst wird, endet in den Händen der Mächtigen und kommt nicht den Armen zugute.

💡 ZAHLEN & FAKTEN!

> Jeden Tag sterben 21 000 Kinder an den Folgen von Armut.

> Über 1,6 Milliarden Menschen leben ohne Elektrizität.

> 870 Millionen Menschen haben nicht genug zu essen.

> Mindestens 80 Prozent der Menschen lebt von weniger als 8 Euro am Tag.

> 1,7 Milliarden Menschen haben keinen Zugang zu frischem Wasser.

Armut in Amerika

In Amerika, einem der reichsten Länder der Welt, wächst die Kluft zwischen Arm und Reich. 1 % der Amerikaner besitzt mehr Geld als die ärmsten 90 % zusammen. Etwa 60 Prozent der Kinder in Detroit (Michigan) leben in Armut.

Menschen und Macht

Wenn Menschen zusammenleben, wählen sie meist einen Anführer, der sie vertritt. Ein Stamm wählt etwa ein älteres Mitglied zum Häuptling, einige Länder haben Könige und wieder andere haben Präsidenten oder Premierminister.

💡 EXPERTENWISSEN!

› Als Monarchen bezeichnet man einen König oder eine Königin, einen Prinzen oder eine Prinzessin, einen Kaiser oder Großerzog, aber auch einen Sultan oder Emir.

Elizabeth II. ist Königin von Großbritannien.

Joseph Stalin, ein Diktator der Sowjetunion, war für den Tod von Millionen von Menschen verantwortlich.

Abraham Lincoln war der 16. Präsident der Vereinigten Staaten.

Monarchie oder Republik

An der Spitze einer Monarchie steht ein König (Monarch) oder eine Königin (Monarchin). Wenn ein Monarch stirbt oder abdankt, geht die Macht an einen seiner Verwandten über. Heute haben die meisten Monarchen nur noch repräsentative Aufgaben, das heißt, sie führen nicht die Regierungsgeschäfte. Länder, die einen Präsidenten als Staatsoberhaupt haben, nennt man Republik.

Diktatur

In einer Diktatur regiert ein Diktator ganz allein, ohne Kontrolle durch ein Parlament und ohne Rücksicht auf Parteien oder Wahlen zu nehmen. Diktatoren reißen die Macht häufig mit Gewalt an sich. Mithilfe der Polizei und des Staatsapparats unterdrücken und verfolgen sie ihre politischen Gegner.

Demokratie

In einer Demokratie geht die Macht vom Volk aus. In freien Wahlen bestimmen die Bürger eines Landes, wer sie im Parlament vertreten und wer das Land führen soll. Es gibt mehrere Parteien, zwischen denen sich die Wähler entscheiden können.

Heiße Info!

⭐ Häuptling

Die frühesten politischen Anführer waren die Häuptlinge eines Dorfes oder eines Klans. In manchen Gesellschaften spielen sie noch heute eine wichtige Rolle. Die Dani sind einer der bekanntesten Stämme in Papua-Neuguinea. Ihr Oberhaupt (siehe rechts) vollführt gerade einen traditionellen Kriegstanz.

Migration

Wenn Menschen von einem Land in ein anderes ziehen, nennt man sie Migranten. Viele verlassen ihre Heimat auf der Suche nach Arbeit, besserer Bezahlung, aus Not oder um ihren Kindern eine bessere Zukunft zu ermöglichen.

Saisonkräfte helfen bei der Tulpenernte.

Arbeitsmigranten

Arbeitsmigranten nennt man Menschen, die ihre Heimat verlassen, um andernorts Arbeit zu finden. Manche kommen nur zeitweise, wie etwa die Arbeiter aus Osteuropa, die im Sommer in Westeuropa bei der Ernte helfen. Man spricht von Saisonkräften.

Illegale Einwanderer

Menschen, die in einem anderen Land leben und arbeiten wollen, benötigen dazu meist eine Erlaubnis. Bekommen sie diese nicht, versuchen sie manchmal, heimlich in das Land zu reisen. Häufig begeben sie sich dazu in die Hand krimineller Schlepper und riskieren dabei ihr Leben.

Diese amerikanischen Arbeiter demonstrieren für die Rechte illegaler Einwanderer.

EXPERTENWISSEN!

> Die Migration hat Vor- und Nachteile. Einwanderer schicken Geld an ihre Familien in der Heimat. Ihre Arbeitskraft und ihre Fähigkeiten fehlen jedoch in den Herkunftsländern.

> Einwanderer arbeiten oft für weniger Geld als die Menschen, die schon länger in einem Land leben. Unternehmen nutzen häufig die Not der Migranten, um die Löhne zu drücken.

Nomaden

Nomaden sind Menschen, die nicht an einem festen Ort wohnen, sondern umherziehen. Viele von ihnen sind Hirten, die mit ihren Herden auf der Suche nach Nahrung umherwandern. Zu den heute noch etwa 35 Millionen Nomaden gehören etwa die Samen, die im Norden Europas den Rentierherden folgen, oder die Tuareg in Nordafrika, die mit ihren Kamelen Waren durch die Sahara transportieren.

Die Komi aus Nordrussland sind nomadisch lebende Rentierhirten.

Heiße Info!

Tor nach Amerika

Zwischen 1892 und 1924 flohen über 12 Millionen Europäer vor Not und politischer Unterdrückung in die USA. Ihr Weg führte sie meist über Ellis Island, einer Insel vor New York. Hier wurden ihre Papiere geprüft. Die Migranten wurden zudem medizinisch untersucht, denn nur gesunde Menschen durften einreisen.

Flüchtlinge

Im Gegensatz zu Migranten verlassen Flüchtlinge ihre Heimat nicht freiwillig, sondern weil Hunger, Kriege oder Naturkatastrophen sie dazu zwingen.

ZAHLEN & FAKTEN!

> Etwa 19,5 Millionen Menschen leben derzeit als Flüchtlinge in einem fremden Land. Dazu kommen über 38 Millionen, die innerhalb ihres eigenen Landes auf der Flucht sind.

> Über 30 000 Menschen sind täglich gezwungen, ihr Zuhause zu verlassen.

Überlebende des Tsunami von 2004 in einem indonesischen Flüchtlingslager

Konflikte

Krieg ist einer der Hauptauslöser von Flucht und Vertreibung. Häufig bricht die Versorgung der Bevölkerung mit Nahrung, Wasser und Strom zusammen. Die Menschen fliehen vor Not, Hunger und Gewalt. So lebten 2013 über eine Million Syrer, die vor dem Bürgerkrieg in ihrem Land geflohen waren, in Flüchtlingslagern.

Flüchtlingslager

Viele Flüchtlinge landen in Lagern. Das sind rasch zusammengebaute Unterkünfte aus Zelten, Planen und Containern. Sie bieten den Menschen kaum mehr als ein Dach über dem Kopf. Die hygienischen Verhältnisse sowie die Versorgung mit Nahrung oder Trinkwasser sind oft schwierig. Obwohl Flüchtlingslager meist nur als vorübergehende Notlösung gedacht sind, müssen manche Menschen Jahre dort verbringen.

Auch wenn der Krieg vorbei ist, stellen beispielsweise Landminen noch lange eine Gefahr für die zurückkehrende Bevölkerung dar.

Diese Menschen sind vor dem Krieg in der Demokratischen Republik Kongo geflohen.

Hungersnot

Hungersnot bedeutet, dass die Menschen nicht genug zu essen haben. Hungersnot und Krieg hängen oft zusammen. Die Kämpfer fehlen als Arbeitskräfte in der Landwirtschaft und auf den Feldern ist es oft zu gefährlich zum Arbeiten. Hungersnöte können aber auch von der Natur ausgelöst werden. So vernichten etwa lang anhaltende Dürreperioden die Ernte.

EXPERTENWISSEN!

Menschen, die vor einem Krieg fliehen, oder die aufgrund ihrer Rasse, Religion oder Meinung in Gefahr leben, können in einem anderen Land nach Sicherheit oder Asyl suchen. Manchmal bezahlen sie andere Menschen, die ihnen bei der Flucht helfen. Viele werden gefasst und zurückgeschickt, während andere auf der Reise sterben.

Wo finde ich was?

Überraschenderweise landen die USA bei der Lebenserwartung nur auf Platz 51. Das könnte am schlechten Gesundheitssystem für ärmere Menschen und einer ungesunden Ernährung liegen.

Afrikanische Menschen südlich der Sahara haben die geringste durchschnittliche Lebenserwartung.

Lebenserwartung

Diese Karte zeigt die durchschnittliche Lebenserwartung der Menschen auf der Welt.

In reichen Ländern mit gutem Gesundheits- und Sozialsystem, wie z. B. in Japan, der Schweiz, Kanada oder Australien, leben die Menschen für gewöhnlich länger. In armen Ländern sterben die Menschen aufgrund von Mangelernährung und schlechter medizinischer Versorgung hingegen früher.

DURCHSCHNITTLICHE LEBENSERWARTUNG (JAHRE)

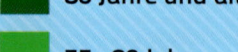 80 Jahre und älter

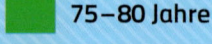 75–80 Jahre

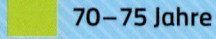 70–75 Jahre

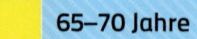 65–70 Jahre

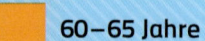 60–65 Jahre

 50–60 Jahre

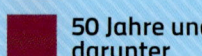 50 Jahre und darunter

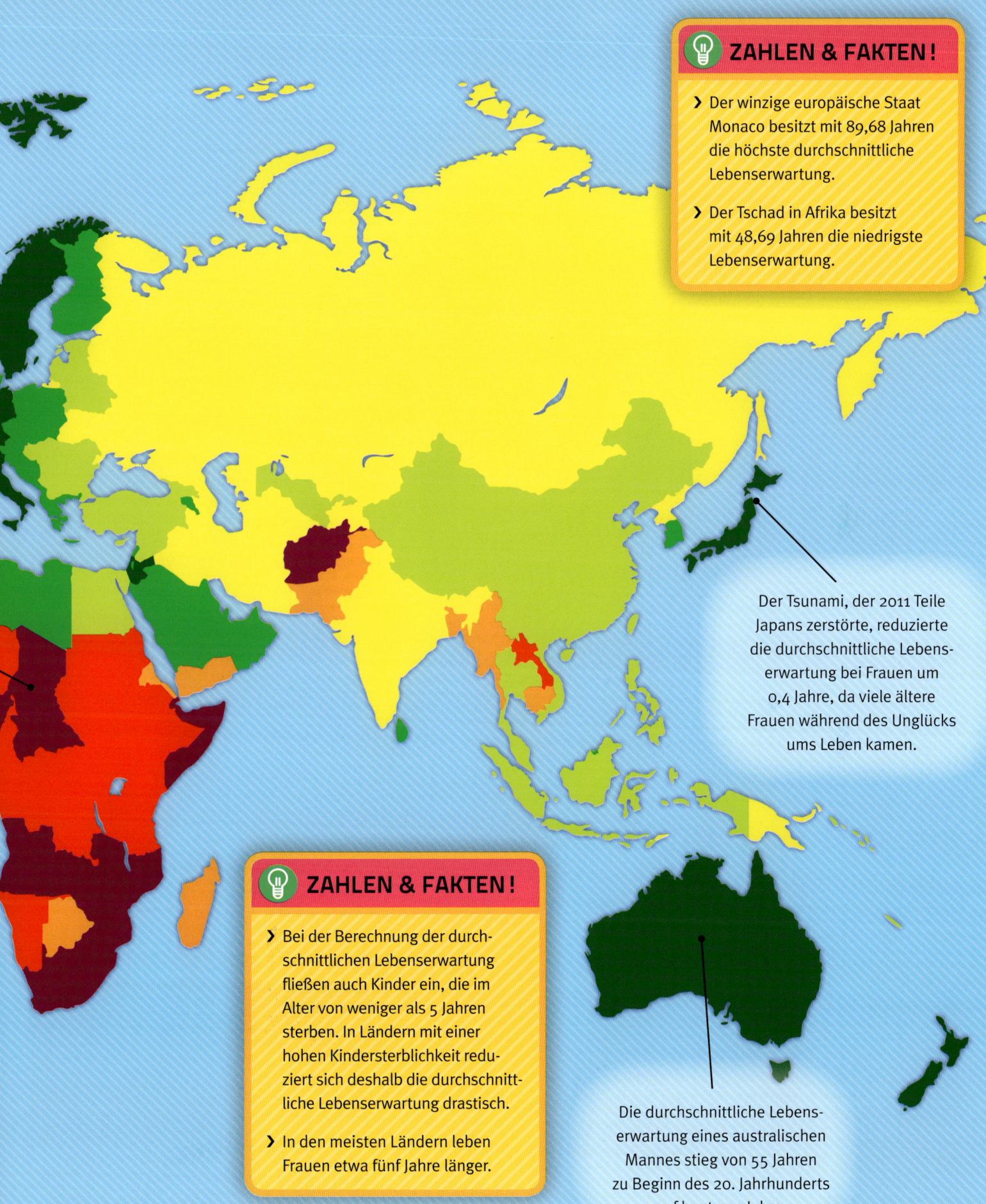

ZAHLEN & FAKTEN!

› Der winzige europäische Staat Monaco besitzt mit 89,68 Jahren die höchste durchschnittliche Lebenserwartung.

› Der Tschad in Afrika besitzt mit 48,69 Jahren die niedrigste Lebenserwartung.

Der Tsunami, der 2011 Teile Japans zerstörte, reduzierte die durchschnittliche Lebenserwartung bei Frauen um 0,4 Jahre, da viele ältere Frauen während des Unglücks ums Leben kamen.

ZAHLEN & FAKTEN!

› Bei der Berechnung der durchschnittlichen Lebenserwartung fließen auch Kinder ein, die im Alter von weniger als 5 Jahren sterben. In Ländern mit einer hohen Kindersterblichkeit reduziert sich deshalb die durchschnittliche Lebenserwartung drastisch.

› In den meisten Ländern leben Frauen etwa fünf Jahre länger.

Die durchschnittliche Lebenserwartung eines australischen Mannes stieg von 55 Jahren zu Beginn des 20. Jahrhunderts auf heute 79 Jahre.

Abrahamitische Religionen

Religionen, die sich auf den Stammvater Abraham beziehen und nur an einen Gott glauben, werden abrahamitisch genannt. Ihre Wurzeln liegen im Nahen Osten.

Gläubige Juden stecken ihre Gebete zwischen die Steine der Klagemauer in Jerusalem.

Muslime beten fünfmal am Tag, das Gesicht in Richtung Mekka gewandt.

Ein buntes Glasfenster zeigt ein Bild Jesu Christi.

Judentum

Das Judentum ist die älteste der abrahamitischen Religionen und hat etwa 12 Millionen Anhänger. Die Thora ist das heilige Buch des Judentums. Es enthält die fünf Bücher Mose, die auch in der Bibel zu finden sind. Zum Gottesdienst treffen sich Juden in einer Synagoge.

Christentum

Das Christentum ist die weltweit größte Religion mit mehr als 2 Milliarden Anhängern. Sie teilen sich in verschiedene Gruppen auf, u. a. die Protestanten, die Römisch-Katholischen, die Orthodoxen, die Baptisten und die Methodisten. Doch alle glauben, dass Jesus Christus der Sohn Gottes ist. Christen feiern die Geburt Christi an Weihnachten und seine Wiederauferstehung an Ostern.

Islam

Der Islam ist die zweitgrößte Weltreligion mit über 1,5 Milliarden Anhängern, die man Muslime nennt. Er basiert auf den Lehren des Propheten Mohammed und auf dem, was Gott, im Islam Allah genannt, durch ihn verkündet hat. Diese Lehren sind im heiligen Buch, dem Koran, niedergeschrieben. Es gibt zwei Hauptrichtungen des Islam, die Sunniten und die Schiiten.

 Heiße Info!

Der Hadsch

Muslime haben die Pflicht, mindestens einmal im Leben an die Geburtsstätte Mohammeds in Mekka (Saudi-Arabien) zu reisen. Tausende Muslime machen diese 5-tägige Pilgerreise, auch Hadsch genannt. In Mekka vollführen sie eine Anzahl von Ritualen, die auch sieben Umrundungen um die Kaaba, einen würfelförmigen Schrein, beinhalten.

Indische Religionen

Die Hauptreligionen in Indien sind der Hinduismus, der Buddhismus, der Jainismus und der Sikhismus. Sie sind alle durch den Glauben an die Reinkarnation und das Karma verbunden.

Ganesha ist der hinduistische Gott des Erfolgs.

Hinduismus

Der Hinduismus ist die drittgrößte Religion mit weltweit etwa 900 Millionen Anhängern. Ihr Ursprung liegt im nördlichen Indien vor etwa 4000 Jahren. Rund 80 Prozent der indischen Bevölkerung sind Hindus. Sie verehren viele Götter und glauben an einen ewigen Kreislauf aus Leben und Tod.

Buddhismus

Mit bis zu 500 Millionen Anhängern ist der Buddhismus die viertgrößte Religion der Welt. Buddhisten folgen der Lehre Siddhartha Gautamas, der um das Jahr 563 v. Chr. in Indien geboren wurde und als oberster Buddha gilt. Buddhisten versuchen die Erleuchtung zu erreichen – ein Verständnis für die wahre Bedeutung des Lebens.

Ein junger buddhistischer Mönch in Laos

Heiße Info! ⭐

Sikhismus

Die meisten, der etwa 23 Millionen Sikhs, leben im indischen Bundesstaat Punjab. Ihr wichtigstes Heiligtum ist der Goldene Tempel in Amritsar. Der Sikhismus geht auf die Lehren des Wanderpredigers Guru Nanak zurück, der um die Wende vom 15. zum 16. Jahrhundert lebte. Die Sikhs glauben an einen einzigen, gestaltlosen Gott.

Jainismus

Es gibt etwa fünf Millionen Anhänger des Jainismus. Sie versuchen Moksha zu erreichen – das Ende des ewigen Kreislaufs aus Tod und Wiedergeburt. Jaina glauben, dass alle Seelen, auch die der Pflanzen und Tiere, gleich sind. Daher sind sie Vegetarier und essen außerdem keine Kartoffeln, Zwiebeln und keinen Knoblauch, da bei diesen Gemüsesorten bei der Ernte die gesamte Pflanze getötet wird.

Die Mönche der Jaina bedecken ihre Münder und Nasen, damit sie kein Insekt einatmen.

Europäische Kolonialherren

Im 15. Jahrhundert brachen viele europäische Forscher und Abenteurer auf, um neue Länder und Handelsrouten zu entdecken. Sie wollten in Übersee neue Kolonien gründen, die sie reicher und mächtiger machen sollten.

Lateinamerika

Pedro Alvares Cabral erreichte 1500 das heutige Brasilien und beanspruchte das Gebiet für die portugiesische Krone. Etwa zeitgleich betrat Christoph Kolumbus Zentralamerika und forderte es für die Spanier. In den nächsten 350 Jahren eroberte Spanien die meisten Länder Südamerikas, der Karibik und des südwestlichen Nordamerikas (siehe Seite 145).

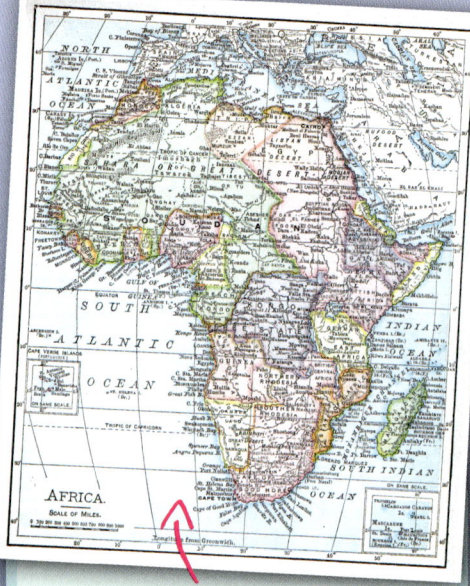

Pinke Gebiete zeigen britische Kolonien und grüne Teile wurden von den Franzosen regiert.

Diese Statue in Argentinien erinnert an Christoph Kolumbus.

Menschen spielen die Ankunft der englischen Kolonisten in Jamestown von 1607 nach.

Nordamerika

Im frühen 17. Jahrhundert begannen die Briten und die Franzosen mit der Besiedlung Nordamerikas. Die Briten gründeten Jamestown in Virginia und Plymouth in Massachusetts, während sich die Franzosen in Port Royal und Quebec in Kanada niederließen, von wo aus sie mit Pelzen Handel trieben.

Afrika

Zwischen dem 17. und dem 20. Jahrhundert sah Afrika wie ein riesiges Puzzle aus. Der Kontinent war unter Frankreich, Großbritannien, Deutschland, Italien und Belgien aufgeteilt. Die Grenzen nahmen keine Rücksicht auf Stämme oder Sprachen. Das hatte weitreichende Konsequenzen und führte zu Konflikten zwischen verschiedenen Gruppen, die bis heute andauern.

Asien

Die Portugiesen waren die ersten Europäer, die übers Meer Handel mit Asien trieben und Häfen und Städte in Indien und Indonesien besetzten. Die Holländer übernahmen später fast ganz Indonesien, während die Briten und Franzosen um die Kontrolle in Indien kämpften. Die Briten gewannen und die Franzosen nahmen das heutige Vietnam ein.

In der ehemaligen französischen Kolonie Vietnam ist Baguette noch immer sehr beliebt.

EXPERTENWISSEN!

Die großen Kolonialreiche sind heute Geschichte. Dennoch haben sie ihre Spuren in den ehemaligen Kolonien hinterlassen. So spricht man im heutigen Lateinamerika noch immer spanisch und portugiesisch.

Ureinwohner

Die Menschen, die in einer Gegend lebten, bevor diese durch die Europäer kolonialisiert wurde, nennt man Ureinwohner oder indigene Bevölkerung.

Afrikanische Stämme

Pygmäenstämme wie die Batwa leben seit über 60 000 Jahren in Zentralafrika. Pygmäen sind relativ klein. Selbst die größten erreichen kaum 1,50 m. Das ist praktisch, wenn sie sich in den dichten Urwäldern Zentralafrikas bewegen wollen. Leider stehen diese Jäger und Sammler kurz davor, ihre traditionelle Heimat zu verlieren.

Die Tschuktschen tragen traditionell Kleidung, die aus Rentier- oder Robbenfell hergestellt wird.

Die Tschuktschen

Die meisten Tschuktschen leben in Russland, in der Nähe des Polarkreises. Ursprünglich waren sie in zwei Gruppen unterteilt. Die nomadischen Inlandstschuktschen züchteten Rentiere und lebten mit ihren Tieren, die ihnen Nahrung und Felle lieferten. Die sogenannten Meerestschuktschen lebten in Dörfern und versorgten sich mit Fisch und dem Jagen von Meeressäugetieren.

Die Batwa sind für ihre Musik, Tänze und Geschichten bekannt.

Ureinwohner Australiens

Bevor die Briten Australien kolonialisierten, lebten dort die Aborigines. Sie waren friedfertige Jäger und Sammler, die ihr Land verehrten. Die Aborigines glauben an die Traumzeit, einen heiligen Zeitraum, in dem die Welt erschaffen wurde. Musik, Tanz, Kunst und das Geschichtenerzählen sind immer noch wichtige Teile ihrer Kultur.

Das Didgeridoo ist ein traditionelles Instrument der Aborigines.

Ureinwohner Nordamerikas

Die Pazifikküste Nordamerikas war einst die Heimat vieler verschiedener Stämme. Jeder hatte seine eigene Sprache und Kultur. Durch den Pelzhandel wurden die Stämme reich. Sie schnitzten aus Zedernholz Totempfähle, um ihren Reichtum und ihre Bedeutung zu zeigen.

Im Thunderbird Park in Victoria (Kanada) finden sich viele Monumente der Ureinwohner Amerikas.

Der Tourismus

Der internationale Tourismus ist ein schnell wachsender Industriezweig. Höhere Einkommen und billigere Flüge ermöglichen den Menschen mehr weitere und längere Reisen als jemals zuvor.

Europäer fliehen vor der Kälte des Winters in die Karibik.

Die Nester der Unechten Karettschildkröte werden auf Zakynthos (Griechenland) oft von Touristen zerstört.

💡 **ZAHLEN & FAKTEN!**

❯ 2012 waren mehr als eine Milliarde internationale Touristen auf dem Globus unterwegs.

❯ Die beliebtesten Reiseziele sind die USA und Frankreich, gefolgt von China und Frankreich.

❯ Die fünf beliebtesten Touristenstädte sind Paris, London, New York, Antalya in der Türkei und Singapur.

Der Regenwald Costa Ricas ist ein beliebtes Ziel für Ökotouristen.

Die Bedeutung des Tourismus

Der Tourismus schafft Arbeitsplätze. In einigen Teilen der Welt, wie auf den Karibischen Inseln, ist er die wichtigste Einnahmequelle. Kleine, steinige Inseln besitzen für die Industrie oder Landwirtschaft nicht genügend Land, doch sie haben oft wunderschöne Küsten und Strände. Genau das Richtige für Touristen.

Probleme mit den Touristen

Touristen lieben Länder mit unberührter Natur oder seltenen Pflanzen und Tieren. Daraus entstehen in der Praxis jedoch häufig Probleme. Zu viel Tourismus bedroht etwa die Lebensräume der Wildtiere oder stört sie in ihrer Lebensweise stark.

Ökotourismus

Der Ökotourismus versucht, die negativen Auswirkungen des Tourismus auf die Natur zu reduzieren. Sein Ziel ist es, die Lebensräume von Mensch und Tier zu schützen und sicherzustellen, dass die Einnahmen aus dem Tourismus auch den Menschen im Land zugute kommen.

Heiße Info!

Machu Picchu

Machu Picchu ist eine verlassene Inkastadt aus dem 15. Jahrhundert. Sie liegt 2 430 m über dem Meeresspiegel an den Hängen der Anden in Peru. Etwa 2 000 Besucher kommen täglich. Sie tragen den Boden in der Stadt durch ihre Füße langsam ab und Geologen befürchten, dass ein Erdrutsch die Ruinen irgendwann in den Fluss Urubamba spülen könnte.

Feiern und Feste

Die Menschen rund um die Welt lieben es, sich zu amüsieren. Jede Kultur hat ihre ganz eigenen Feste und Feiern. Oft gehören Musik, Paraden, ein spezielles Essen und Verkleidungen dazu.

Chinesisches Neujahr

Das chinesische Neujahr fällt immer zwischen den 21. Januar und den 20. Februar. Vor den Feierlichkeiten putzen die Menschen ihre Häuser, um das Unglück hinauszukehren. Um die bösen Geister zu vertreiben, ziehen sie neue rote Kleidung an. Am Neujahrstag finden Kinder einen roten Umschlag mit Geld und Süßigkeiten unter ihrem Kopfkissen.

Dieses Skelett erinnert an die Helden der mexikanischen Revolution.

Tag der Toten

Am 1. und 2. November feiert man in Mexiko den Tag der Toten. Familien und Freunde treffen sich, um der Toten zu gedenken. Traditionell werden dabei Skelette und Schädel aus Zucker verspeist und die Menschen ziehen als Skelette verkleidet durch die Straßen.

Kung hei fat choi! Ein frohes neues Jahr!

Halloween

Halloween geht auf das christliche Fest Allerheiligen zurück. In Irland wurden früher aus Rüben Laternen mit geschnitzten Fratzen gefertigt, die böse Geister abschrecken sollten. Heute dient dazu meist ein Kürbis und verkleidete Kinder ziehen mit dem Spruch „Süßes, sonst gibt's Saures" um die Häuser.

Irische Immigranten haben Halloween nach Amerika mitgebracht.

Heiße Info!

★ Maskerade

Der Karneval von Venedig im Norden Italiens wird kurz vor der christlichen Fastenzeit gefeiert. Eines der wichtigsten Ereignisse ist der Maskenball im Teatro La Fenice. Die Masken sind handbemalt und mit goldenen Blättern, Federn und Edelsteinen besetzt.

Der Karneval

Der Karneval in Rio de Janeiro (Brasilien) ist der größte der Welt. In den vier Tagen vor Beginn der Fastenzeit begeben sich über 2 Millionen Menschen auf die Straßen und genießen eine der schillerndsten Shows der Welt.

Der Höhepunkt des Karnevals in Rio: der Wettbewerb der Sambaschulen im Sambodrom, einem Stadion für fast 90 000 Zuschauer. Die Tänzer kommen oft aus armen Verhältnissen und wohnen in den Slums, den sogenannten Favelas.

Die Baianas tragen Kleider mit Reifröcken aus der brasilianischen Region Bahia.

💡 EXPERTENWISSEN!

> Samba ist ein brasilianischer Tanz mit afrikanischen Wurzeln.

> Die Sambaschulen werden in Gruppen eingeteilt, die sogenannten Flügel. Jeder Flügel besitzt mehr als 100 Mitglieder, die alle dieselben Kostüme tragen. Spektakuläre Festwagen trennen die einzelnen Flügel voneinander.

> Jede Schule wird von einer Gruppe von etwa 12 Tänzern in besonders prächtigen Gewändern angeführt. Ihre Aufgabe besteht darin, ihre Schule vorzustellen und Stimmung für die übrigen Tänzer zu machen.

> Auf die Vortänzer folgt der Fahnenträger. Er trägt eine Fahne mit den Farben der Schule und wird dabei von weiteren Tänzern begleitet.

> Eine Gruppe älterer Frauen, die Baiana, tanzen gesondert. Sie führen einen drehenden Tanz auf, der die afrikanischen Wurzeln der Schulen repräsentieren soll.

> Die Bateria besteht aus 250 bis 350 Perkussionisten, hauptsächlich Trommlern. Sie sorgen für den Rhythmus und die Musik.

Leben in Nordamerika

Die Vereinigten Staaten und Kanada waren einst europäische Kolonien. Kulturell sind sie sich sehr ähnlich. Beide Nationen sind von Einwanderern geprägt. In New York City werden 800 Sprachen gesprochen und jeder fünfte Kanadier ist nicht in Kanada geboren.

Unterhaltung

Hollywood ist seit etwa 100 Jahren das Zentrum der amerikanischen Filmindustrie. 1923 gründete Walt Disney dort ein Studio, das mittlerweile eines der größten in der Welt ist. In Anaheim (Kalifornien) eröffnete 1955 der Erlebnispark Disneyland. Heute besuchen ihn etwa 15 Millionen Menschen jährlich.

Der Bonsecours-Markt liegt im Herzen der Altstadt Montreals (Quebec).

Drei Kulturen

Die meisten Kanadier sprechen englisch und die Königin Englands ist auch das Staatsoberhaupt. In Kanadas größter Provinz Quebec wird jedoch überwiegend französisch gesprochen und die Kultur ist französisch geprägt (siehe Seite 174). Die indigene Bevölkerung, die Inuit, leben in den Nordwest-Territorien und in Nunavut. Sie sprechen verschiedene Inuit-Sprachen.

American Football

American Football ist der beliebteste Zuschauersport in Amerika. Mehr als 100 Millionen Menschen sehen sich den Super Bowl, so heißt das Finale der nationalen Meisterschaft, jedes Jahr im Fernsehen an. In der Halbzeitpause unterhalten beliebte Musiker das Publikum.

Großartige Wildnis

Kanada ist der zweitgrößte Staat der Erde, auch wenn hier nur 0,5 Prozent der Weltbevölkerung leben. Die meisten Kanadier wohnen im Süden des Landes, nahe der Grenze zur USA. Der Norden ist hingegen fast unbesiedelt. Hier erstreckt sich eine weitgehend unberührte Wildnis.

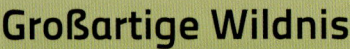

Grizzly- und Schwarzbären leben in den entlegenen Wäldern im Norden Kanadas.

Leben in Lateinamerika

Die Teile des amerikanischen Kontinents, in denen hauptsächlich spanisch oder portugiesisch gesprochen wird, nennt man Lateinamerika. Dazu zählen Mexiko, Zentral- und Südamerika und einige karibische Inseln.

Eine Quechua-Indianerin in Raqchi, einer Inkaanlage in der Nähe von Cuzco

Die unglaublichen Inkas

Um die Zeit 1200 v. Chr. bauten die Inkas die Stadt Cusco hoch oben in den Anden. Sie eroberten alle anderen Stämme in dieser Region und errichteten ein riesiges Imperium, das sich etwa 4000 km entlang der westlichen Anden Südamerikas erstreckte. Im 16. Jahrhundert wurde das Reich der Inkas durch spanische Eindringlinge zerstört.

EXPERTENWISSEN!

> Als Spanier und Portugiesen Südamerika eroberten, starben viele Einheimische im Kampf. Viel mehr Menschen erlagen jedoch den Krankheiten, die die Europäer mitbrachten. Masern, Fieber und Pocken waren für den Tod von mehr als 80 Prozent der indigenen Bevölkerung verantwortlich. Besonders schwer traf es die Menschen im heutigen Argentinien.

Mexikanische Mestizen

Mexiko besitzt ein reiches indianisches Erbe und war einst die Heimat früherer Zivilisationen wie den Mayas und den Azteken. 1519 drangen die Spanier nach Mexiko vor und die Eroberung des Aztekenreiches begann. Heute sind die meisten Mexikaner Mestizen. Das bedeutet, sie haben sowohl indianische als auch spanische Wurzeln.

Diese Tänzer feiern das aztekische Erbe Mexikos.

Heiße Info! ⭐

Oldtimer

Viele Jahre lang erlaubte das kommunistische Kuba seinen Einwohnern nicht, Autos zu kaufen oder zu verkaufen, und es gab keine Ersatzteile. Amerikanische Wagen, die vor dem Inkrafttreten dieser Regel importiert wurden, reparierte man liebevoll mit allem, was man finden konnte.

Kultur und Cowboys

Die Menschen in Argentinien haben überwiegend europäische Vorfahren. Etwa die Hälfte der Bevölkerung lebt in der Nähe der argentinischen Hauptstadt Buenos Aires. Diese wird auch das Paris von Südamerika genannt, da die Menschen dort Kultur, Mode und Essen lieben. Die Pampa, östlich der Anden, ist ein flaches, fruchtbares Land, auf dem Bauern Früchte pflanzen und Vieh halten.

Die Cowboys, die Rinder auf der Pampa hüten, werden in Südamerika Gauchos genannt.

Leben in Nordafrika

Nordafrika ist vom Rest des Kontinents durch die Wüste Sahara getrennt. Die dort lebenden, arabisch sprechenden Muslime haben mehr mit den Menschen des Mittleren Ostens gemeinsam als mit der Bevölkerung südlich der Sahara.

Ein Tuareg, ein nomadisch lebender Berber, reist auf Kamelen durch die Sahara.

Wüstenbewohner

Die Berber sind die Ureinwohner Nordafrikas. Traditionell kümmern sich die Männer um die Tiere und führen ein halbnomadisches Leben, immer auf der Suche nach Weiden und Wasser. Die Frauen fertigen Handarbeiten an, dazu gehören auch Teppiche mit geometrischen Mustern, die Kelim genannt werden.

ZAHLEN & FAKTEN !

> Die ägyptische Hauptstadt Kairo ist mit etwa 17 Millionen Einwohnern die bevölkerungsreichste Stadt Afrikas.

> Mit seinen 6 671 km ist der Nil, der durch Ägypten fließt, der längste Fluss der Welt.

> Die Sahara ist etwa 9 000 000 qkm groß. Das entspricht ungefähr der Fläche der USA.

Antike Schätze

Ägypten ist eines der am dichtesten besiedelten Länder Afrikas und die meisten Menschen leben entlang des Nils. Die Pyramiden von Gizeh, die Sphinx und der Tempel von Abu Simbel gehören zu den bedeutendsten Kulturschätzen der Menschheit.

Dieser Stand in Marrakesch verkauft marokkanische Pantoffeln.

Die Souks

Ein Souk ist ein arabischer Marktplatz unter freiem Himmel. Die Buden verkaufen Essen, Gewürze, Schmuck, Kleidung, Textilien und Haushaltsartikel. Geschichtenerzähler, Musiker und Schlangenbeschwörer unterhalten die Menge. Käufer sollten immer mit den Verkäufern handeln, da diese zuerst einen viel höheren Preis nennen, als sie eigentlich erwarten.

Essen

Muslime essen kein Schweinefleisch, daher sind die häufigsten Fleischsorten in Nordafrika Lamm und Hähnchen. Couscous wird aus zerkleinertem Weizen hergestellt und ist ein Grundnahrungsmittel, das häufig mit einem pikanten Fleischeintopf, dem Tajin, serviert wird.

Die große Sphinx wurde etwa 2 500 v. Chr. erbaut.

Der Tajin-Eintopf hat seinen Namen vom kegelförmigen Schmortopf.

Südlich der Sahara

Den Teil des Kontinents, der südlich der Sahara liegt, bezeichnet man als Subsahara-Afrika. Die Bevölkerung ist überwiegend christlich geprägt, wobei die Zahl der Muslime jedoch stetig wächst. Viele Menschen folgen außerdem noch traditionellen naturreligiösen Vorstellungen.

Diese Maasaikrieger vollführen ihren traditionellen, springenden Tanz.

Die Maasai Mara

Die Maasai Mara ist ein Naturschutzgebiet in Kenia, das zu Ehren der Maasai benannt wurde. Die Maasai sind halbnomadische Viehzüchter, die für ihre farbenfrohe Kleidung und ihren Schmuck bekannt sind. Löwen, Leoparden, Schimpansen, Giraffen, Nashörner, Zebras, Gnus und viele andere Tiere sind in der Maasai Mara zuhause.

Regenbogen-Nation

Während der Apartheid wurden in Südafrika die Rassen getrennt. Die Weißen regierten das Land und die Schwarzen wurden unterdrückt. Nelson Mandela kämpfte gegen die Apartheid und wurde dafür 27 Jahre ins Gefängnis gesteckt. 1990 wurde er nach seiner Entlassung der erste schwarze Präsident des Landes. Südafrika wurde Regenbogen-Nation getauft und erhielt eine farbenfrohe neue Flagge.

Diese Fußballfans sind in den bunten Farben Südafrikas gekleidet.

Langstreckenläufer

Athleten aus Kenia halten die meisten Titel im Langstreckenlauf. Viele kenianische Sportler kommen aus einem Dorf hoch oben aus der Provinz Rift Valley. Dort sorgt die dünne Luft in der Höhe für eine Zunahme des Sauerstoffs im Blut. Kinder fangen bereits früh mit dem Training an, sie laufen zur Schule und zurück.

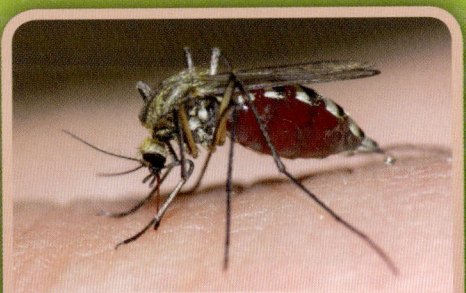

Malaria

Malaria ist eine Krankheit, die Millionen von Menschen in Subsahara-Afrika tötet – vor allem Kinder. Sie wird von Moskitos übertragen. Moskitonetze, die mit Insektenschutzmittel eingelassen sind, reduzieren die Anzahl der Toten. Außerdem arbeiten Forscher an einem Impfstoff, der die Krankheit für immer besiegen soll.

Kenias Raymond Kimutai Bett wurde 2012 Olympiasieger im Marathon.

💡 EXPERTENWISSEN!

> In Afrika werden über 2000 Sprachen gesprochen.

> Alleine in Nigeria sind es 500 verschiedene.

> Einige Sprachen werden gepfiffen oder getrommelt, sodass sie über weite Strecken gehört werden.

Leben in Westeuropa

Die Länder Westeuropas haben eine lange und ereignisreiche Geschichte. Traditionell sind die Länder christlich und haben demokratische Politiksysteme. Zwölf westeuropäische Länder sind Monarchien.

Im Herzen Europas

Viele internationale Organisationen, wie z. B. die Europäische Union (EU) und die NATO (North Atlantic Treaty Organization), haben ihre Hauptquartiere in Brüssel (Belgien). Die Amtssprachen in Belgien sind Französisch und Niederländisch, doch etwa 70 Prozent der Einwohner Brüssels kommen aus dem Ausland. Daher werden auf der Straße viele andere Sprachen gesprochen.

Die europäische Flagge vor dem Hauptquartier der EU in Brüssel

Die Schweizer sind für das Herstellen von Luxusuhren bekannt.

Europäischer Knotenpunkt

Die Schweiz ist rundum von Bergen eingeschlossen und in deutsche, französische und italienische Regionen unterteilt. Sie ist nicht Mitglied der EU und verhält sich in internationalen Konflikten neutral. Das Rote Kreuz wurde hier gegründet. Die Schweiz ist eines der reichsten Länder der Welt.

Guten Appetit!

Das Essen ist in Westeuropa sehr variantenreich. Italienische Pizza und Nudelgerichte, griechisches Moussaka, deutsche Würste, spanische Paella und französischer Käse werden überall auf der Welt genossen, während Belgien für seine feine Schokolade bekannt ist.

Schnecken gelten in manchen Teilen Europas als Spezialität.

Mini-Staaten

In Westeuropa liegen einige der kleinsten Länder der Welt.

⬆ Der Vatikan ist der kleinste Staat der Welt mit gerade einmal 900 Einwohnern. Er umfasst ein Gebiet von 0,44 qkm.

⬆ Das Fürstentum Monaco ist der zweitkleinste unabhängige Staat. Er beansprucht nur knapp 2 qkm von Frankreichs Mittelmeerküste.

⬆ San Marino in Italien ist angeblich der älteste Staat Europas. Seine Fläche wird auf 61 qkm geschätzt.

Leben in Osteuropa

Nach dem 2. Weltkrieg (siehe Seite 156) befand sich Osteuropa unter dem Einfluss der Union der Sozialistischen Sowjetrepubliken (UdSSR). 1991 spaltete sich die UdSSR auf und der Kommunismus verlor in diesem Teil der Welt seine Kontrolle.

Russland

Russland ist das größte Land der Welt, erstreckt sich über zwei Kontinente, Europa und Asien, sowie neun Zeitzonen. Die Bevölkerung beinhaltet etwa 120 ethnische Gruppen, die sich in mehr als 100 Sprachen miteinander unterhalten. Nach dem Zerfall der russisch dominierten UdSSR wurde das Land demokratisch.

Die Basilius-Kathedrale auf dem Roten Platz in Moskau, der Hauptstadt Russlands

ZAHLEN & FAKTEN!

› Es gibt mehr als 150 Millionen Menschen auf der Welt, die russisch sprechen.

› Russland und Amerika liegen an der engsten Stelle nur 4 km auseinander. Das ist die Entfernung zwischen der Großen Diomedes-Insel (Russland) und der Kleinen Diomedes-Insel (USA) in der Beringstraße.

Die Berliner Mauer

Nach dem 2. Weltkrieg wurde Deutschland geteilt. Ostdeutschland wurde kommunistisch, während Westdeutschland eine Demokratie war. 1961 wurde eine Mauer durch die ehemalige Hauptstadt Berlin gebaut, um den demokratischen Westen vom kommunistischen Osten zu trennen. Die Mauer fiel 1989 und Deutschland wurde ein Jahr später wiedervereinigt.

Viele Graffitikünstler nutzten die Berliner Mauer als Leinwand.

Wroclaw trug früher den deutschen Namen Breslau.

Wandelnde Grenzen

Die Geografie vieler osteuropäischer Länder hat sich im Laufe der Jahre verändert. Polen etwa existierte zwischen 1795 und 1918 gar nicht, da Russland, Preußen und Österreich das Gebiet aufgeteilt hatten. Wroclaw (früher Breslau) im Südwesten Polens gehörte abwechselnd zu Böhmen, Österreich-Ungarn, Preußen und Deutschland.

EXPERTENWISSEN!

In einem kommunistischen Regime gehört einem nichts allein und der Staat kontrolliert alles. Er bestimmt, welche Pflanzen angebaut werden, und legt die Höhe der Löhne und Gehälter fest, welche die Menschen im Land für ihre Arbeit erhalten. Der Kommunismus in Osteuropa brach Ende der 80er-Jahre zusammen.

Leben im Mittleren Osten

Der Mittlere Osten besitzt eine reichhaltige Geschichte und war einst die Heimat vieler heute vergangener Zivilisationen, unter anderem der Sumerer und der Babylonier. Heute treffen hier drei Kontinente mit unterschiedlichen Kulturen aufeinander.

Religionen

Im Mittleren Osten ist der Islam die wichtigste Religion. Die sunnitischen Muslime dominieren in den meisten Ländern, doch im Irak, im Iran und im Libanon leben auch viele Schiiten. Die Gründung des Staates Israel in Palästina nach dem Zweiten Weltkrieg führte zu zahlreichen Konflikten mit den arabischen Bewohnern und Nachbarn, die bis heute anhalten.

Für Juden, Christen und Muslime ist der Tempelberg in Jerusalem ein bedeutender religiöser Ort.

💡 **EXPERTENWISSEN!**

› Die Arabische Wüste, Rub al Chali genannt, ist die zweitgrößte Wüste der Welt.

› Obwohl viele Länder im Mittleren Osten reich sind, gehören die Menschen im Jemen zu den ärmsten der Welt.

Sprachen

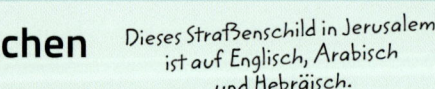
Dieses Straßenschild in Jerusalem ist auf Englisch, Arabisch und Hebräisch.

Die Hauptsprache im Mittleren Osten ist Arabisch, gefolgt von Persisch, Türkisch, Berberisch und Kurdisch. In Israel sprechen die Menschen hebräisch.

Schwarzes Gold

Rund um den Persischen Golf gibt es die größten Ölvorkommen weltweit. Einige der Anliegerstaaten sind durch den Verkauf von Öl und Gas an andere Länder reich geworden. Viele Staaten der Region sind Monarchien, regiert von Königen, Emiren und Sultanen.

Kuwait ist ein kleines Land, besitzt jedoch einige der weltweit ergiebigsten Ölfelder.

Heiße Info! ⭐

Bauboom

Seit den 90er-Jahren herrscht in Dubai, in den Vereinigten Arabischen Emiraten, ein Bauboom. Die Stadt beherbergt den 830 m hohen Burj Khalifa. Seit 2001 entsteht hier außerdem die Palm Jumeirah, eine Gruppe künstlicher Inseln in Form einer Palme.

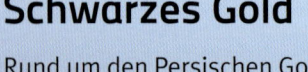

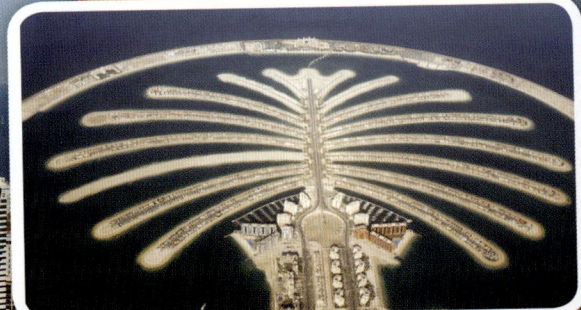

Leben auf dem Indischen Subkontinent

Der Indische Subkontinent ist so groß wie Europa. Neben Indien gehören Pakistan, Bangladesch, Nepal, Bhutan und Sri Lanka zu diesem Teil der Erde.

Die Menschen in Nepal

In Nepal leben über 100 verschiedene Ethnien. Dazu zählen die Sherpas, die das östliche Hochgebirge bewohnen. Dort liegt der Mount Everest, der höchste Berg der Welt. Viele Sherpas arbeiten dort als Bergführer und Träger für die Touristen.

Sherpas tragen schwere Lasten im Himalaya-Gebirge.

Bollywood

Das indische Mumbai, früher Bombay genannt, ist eine der größten Filmproduktionsstätten der Welt. Aus ganz Indien kommen Menschen nach Bollywood in der Hoffnung, ein großer Star zu werden. Doch genau wie in Hollywood gelingt nur wenigen der Durchbruch.

Diese Bollywoodtänzerin stellt eine Kobra dar.

Bangladesch

Etwa ein Fünftel der Fläche Bangladeschs wird von Wasser eingenommen. Die Flüsse Ganges, Brahmaputra und Meghna bilden hier das größte Flussdelta der Welt. Da auch das übrige Land nur wenige Meter über dem Meeresspiegel liegt, kommt es häufig zu Überschwemmungen. Neben der Landwirtschaft spielt die Textilindustrie eine wichtige Rolle, die billige Produkte für den Weltmarkt herstellt.

 Der alte Markt in Dhaka, der Hauptstadt Bangladeschs

Bhutan

Heiße Info!

In der Schule des buddhistischen Königreichs Bhutan lernen die Kinder Meditation. Jedes Jahr finden Festivals statt, auf denen verkleidete Mönche traditionelle Tänze vorführen.

Leben in Ostasien

China, die Mongolei, Korea und Japan sind Nachbarn in Ostasien. Und obwohl sie Handel miteinander treiben, kommen sie nicht immer gut miteinander aus.

Die mongolischen Nomaden leben seit dem 12. Jahrhundert in Jurten.

Die Reisbauern im ländlichen China arbeiten noch immer mit Wasserbüffeln auf dem Feld.

Land der Extreme

China hat in den letzten zwanzig Jahren einen beispiellosen Wirtschaftsboom erfahren. Moderne Städte und riesige Fabriken, verbunden durch neue Straßen, sprossen überall aus dem Boden. In den ländlichen Regionen leben die Menschen jedoch weiter wie vor hundert Jahren und haben oft weniger als einen Euro am Tag, um zu überleben.

Moderne Zelte

Etwa ein Drittel der Fläche der Mongolei liegt im Hochgebirge. Das Klima ist extrem und schwankt zwischen heißen Sommern und eiskalten Wintern. Ein Drittel der Mongolen sind Nomaden. Sie halten Pferde, Yaks, Schafe, Ziegen und Kamele und leben in den traditionellen kuppelförmigen Zelten, auch Jurten genannt. Viele von ihnen wollen dabei aber nicht auf Solarmodule und Satellitenschüsseln verzichten.

Volle Städte

Südkorea und Japan sind kleine Länder mit einer großen Bevölkerung. Ihre Hauptstädte Seoul und Tokyo gehören zu den am dichtesten besiedelten Stadträumen der Welt. Am besten kommt man hier mit öffentlichen Verkehrsmitteln voran, die aber entsprechend voll sind. In der U-Bahn von Tokyo gibt es „Menschendrücker", die Passagiere in die Wagen stopfen.

Seoul ist eine der am dichtesten besiedelten Städte der Welt.

Gefahrenzone

Bei Japan treffen drei der Platten zusammen, die die Erdkruste bilden. Wenn sie sich bewegen, kann es zu Erdbeben kommen. 2011 löste ein solches Beben einen Tsunami, also eine große Flutwelle, entlang der Pazifikküste aus. Viele Menschen starben und im Kernkraftwerk Fukujima kam es zu einem schweren Störfall. In Japan gibt es zudem viele Vulkane.

Der Vulkan Fuji brach zuletzt im Jahr 1707 aus. Experten rechnen deshalb bald wieder mit einem Ausbruch.

ZAHLEN & FAKTEN!

> Japan besteht aus vier Hauptinseln und über 4000 kleineren Inseln.

> Über 1500 Erdbeben werden jedes Jahr in Japan registriert, doch richten sie meist nur wenig Schaden an.

> Mit 1,37 Milliarden Menschen hat China mehr Einwohner als jedes andere Land auf der Welt.

Leben in Südostasien

Südostasien besteht aus einer rauen, bergigen Halbinsel und einer Vielzahl an Vulkan- und Koralleninseln. Die Leute dort sind sehr verschieden, haben unterschiedliche Kulturen, Sprachen und Religionen.

> **ZAHLEN & FAKTEN!**
>
> ❯ Südostasien besteht aus zehn unabhängigen Ländern: Brunei, Kambodscha, Indonesien, Laos, Malaysia, Myanmar, den Philippinen, Singapur, Thailand und Vietnam.
>
> ❯ Indonesien ist mit seinen 17 508 Inseln die weltweit größte Inselgruppe. Es existieren mehr als 700 Sprachen und Dialekte.

Tausende Boote befahren die Kanäle von Bangkok und veranstalten einen schwimmenden Markt.

Land der Freien

Die Menschen in Thailand nennen ihr Land selbst „Land der Freien". Der Tourismus und die Landwirtschaft sind die wichtigsten Industriezweige. Reis, Kautschuk und Zucker sind die Hauptanbaupflanzen des Landes. Die Hauptstadt Bangkok wird von 83 Kanälen durchzogen und auch Venedig des Ostens genannt. Über 90 Prozent der Thais sind Buddhisten und in Bangkok selbst gibt es viele wunderschöne buddhistische Tempel.

Inder und die indigene Bevölkerung sind die ärmsten Mitglieder der malaiischen Gesellschaft.

Puppenspiel

Das Schattenpuppenspiel ist eine traditionelle indonesische Kunstform, die im 7. Jahrhundert von den Hindus eingeführt wurde. Die Puppenspieler spielen die Puppen hinter einem Schirm, der von einer Lampe erleuchtet wird. So werfen die Figuren ihre Schatten. Lange Stücke können eine ganze Nacht dauern. Ein Spieler muss dann bis zu 300 Puppen bewegen.

Die traditionellen Figuren bestehen aus angemaltem Leder und werden mithilfe von Stöcken bewegt.

Multikulturelles Malaysia

In Malaysia leben Malaien, Chinesen, Inder und zahlreiche kleinere Ethnien Seite an Seite. Die Malaien bilden die größte Gruppe. Sie sind sunnitische Muslime und stellen den Großteil der politischen Führungsschicht. Die Chinesen, etwa 30 Prozent der Bevölkerung, sind reich und in Wirtschaft und Handel aktiv. Die indischstämmige und die indigene Bevölkerung ist hingegen arm.

Australien und Neuseeland

Australien und Neuseeland bilden zusammen Australasien. Australien selbst ist die größte Insel der Welt und wird für gewöhnlich zu den Kontinenten gezählt. Neuseeland besteht aus zwei Hauptinseln.

Auf einen Einwohner Neuseelands kommen sieben Schafe.

Die Maori

Ein Maorikrieger führt den Haka auf.

Die Maori sind die indigene Bevölkerung Neuseelands. Ihr traditioneller Tanz, der Haka, beinhaltet furchtbare Grimassen, Grunzen und Schreie. Einige Maoris haben spezielle Tätowierungen, die Moko, als Zeichen ihrer kulturellen Identität.

Land der Schafe

Neuseeland ist größer als Großbritannien, besitzt aber nicht einmal halb so viele Einwohner wie London. Es ist ein wildes, unberührtes Land. Die wunderschönen Landschaften ziehen viele Touristen an. Das milde Klima und die saftigen Weiden sind perfekt für die Schaf- und Rinderzucht. Die Landwirtschaft ist einer der wichtigsten Wirtschaftszweige des Landes.

Britische Herkunft

Die Flaggen von Australien und Neuseeland enthalten den Union Jack. Sie zeigen so, dass beide Länder einmal britische Kolonien waren. Die Briten nutzten Australien lange Zeit vor allem als Strafkolonie, um die überfüllten Staatsgefängnisse zu entlasten.

Sonne, Strand und Meer

Die meisten Australier leben am Meer und der Strand ist die Verlängerung ihres Gartens. Sie lieben alle Wassersportarten vom Schwimmen bis zum Windsurfen. Erstklassige Wellen machen Australien zum Mekka der Wellenreiter und das Große Barriere Riff ist ein weltweit einzigartiges Taucherparadies.

Australiens Küsten sind bei Wellenreitern beliebt.

ZAHLEN & FAKTEN!

❯ Australien ist der kleinste Kontinent der Welt, aber das sechstgrößte Land.

❯ Ein Fünftel der Fläche Australiens ist Wüste.

❯ Die höchste gemessene Temperatur wurde 1960 gemessen und betrug 50,7°C.

❯ Die Bevölkerung Neuseelands besteht aus 67,6% Europäern, 14,6% Maori, 9,2% Asiaten, 6,9% Polynesiern und 1,7% anderen Gruppen.

Leben in Ozeanien

Ozeanien ist eine Region aus Korallenatollen und Vulkaninseln im tropischen Pazifik. Die drei Hauptgruppen der Inseln heißen Melanesien, Mikronesien und Polynesien.

Stammestänzer bei einem Festival in Papua-Neuguinea

Inder auf Fidschi

Fidschi ist eine Inselgruppe in Melanesien. Die Indo-Fidschianer stellen etwa 40 Prozent der Bevölkerung. Sie sind Nachkommen indischer Arbeiter, die von den Briten auf die Insel gebracht wurden. Während die meisten Menschen in Ozeanien Christen sind, sind die Indo-Fidschianer Hindus und Muslime.

Eine gemeinsame Sprache

Es gibt mindestens tausend unterschiedliche Kulturen in Papua-Neuguinea, in Melanesien, und sie sprechen mehr als 800 verschiedene Sprachen. Wenn sie sich miteinander verständigen möchten, sprechen sie Pidgin-Englisch, eine Mischung aus Englisch und den einheimischen Sprachen.

Dieser Hindu-Tempel steht in der Stadt Nadi auf Fidschi, wo Menschen ganz unterschiedlicher Abstammung zusammen leben.

⚡ EXPERTENWISSEN!

❯ Die Region Melanesien dehnt sich vom westlichen Pazifik bis zur Arafurasee, nördlich und nordöstlich von Australien, aus. In dieser Region werden mehr als 1 300 Sprachen gesprochen.

Region in Gefahr

Kiribati in Mikronesien ist ein Land, das aus Atollen und Inseln besteht. Diese nehmen weite Gebiete im Pazifik ein und liegen meist nur ein oder zwei Meter über dem Meeresspiegel. Wenn der Meeresspiegel aufgrund der globalen Erwärmung steigt, droht den Menschen dort die Gefahr, ihre Häuser zu verlieren.

Die niedrigen Atolle Kiribatis könnten bis zum Ende des Jahrhunderts verschwunden sein.

Heiße Info!

⭐ Rätselhafte Moai

Auf den Osterinseln finden sich rätselhafte Statuen, Moai genannt. Sie wurden zwischen 1400 und 1600 von Polynesiern hergestellt, die zu den Inseln wahrscheinlich in Kanus gepaddelt waren.

Worterklärung

Allah Arabisch für Gott

Apartheid Ein System, das in Südafrika die Menschen aufgrund ihrer Rasse und Hautfarbe trennte.

Ära Ein bestimmter Zeitraum in der Geschichte.

Asyl Ein sicherer und geschützter Ort.

Atoll Ein ringförmiges Riff, eine Insel oder Inselkette aus Korallen.

Bewässerung Wasser für die Feldfrüchte bereitstellen.

Böhmen Ein ehemaliges europäisches Königreich, das nun zur Tschechischen Republik gehört.

Boulevard Eine breite Straße, die oft von Bäumen gesäumt wird.

Bürger Die Bewohner einer bestimmten Stadt oder eines Landes.

Bürgerkrieg Ein Krieg zwischen Bürgern desselben Landes.

Diskriminierung Ungleiche Behandlung von Menschen aufgrund ihrer Volkszugehörigkeit, ihres Glaubens, ihres Geschlechts oder ähnlicher Merkmale. In der Zeit der Apartheit wurde in Südafrika die schwarze Bevölkerung diskriminiert, also systematisch benachteiligt.

Erderwärmung Der allmähliche Anstieg der Temperatur der Erdatmosphäre, als Folge des durch die Luftverschmutzung ausgelösten Treibhauseffektes.

Ethnisch Sich auf nationale oder kulturelle Wurzeln beziehen.

Europäische Union (EU) Ein Staatenverbund, der sich nach dem 2. Weltkrieg nach und nach herausgebildet hat. Die Europäische Union hat derzeit 28 Mitglieder. Viele Mitgliedsländer, aber nicht alle, nutzen den Euro als Währung.

Export Handelsgüter in andere Länder verkaufen.

Finanziell Geldangelegenheiten betreffend.

Flussdelta Auf seinem Weg zum Meer sammelt ein Fluss jede Menge Sand und Gestein ein. Dort, wo er das Meer erreicht, lagert er dieses Material ab. Sandbänke und kleine Inseln entstehen, die schließlich eine immer größere Landfläche bilden, während die Flussmündung weiter hinaus ins Meer wandert. Das angeschwemmte Land und die Flussmündung bezeichnet man als Delta.

Halbinsel Ein Stück Land, das von Wasser umgeben ist, aber noch eine Verbindung zum Festland besitzt.

Halbnomaden Menschen, die einen Teil des Jahres als Nomaden leben, ansonsten aber sesshaft sind.

Hadsch Große Pilgerfahrt nach Mekka, die jeder Muslim einmal im Leben machen sollte.

Indigene Bevölkerung Die ursprünglichen Bewohner eines bestimmten Ortes, auch Ureinwohner genannt.

Indochina Die drei Staaten Vietnam, Laos und Kambodscha, die früher ein Teil des französischen Kolonialreiches waren.

Industrie Das produzierende Gewerbe, also der Teil der Wirtschaft, der aus Rohstoffen Waren herstellt.

Kautschuk Naturgummi, der aus dem Harz des Kautschukbaumes gewonnen wird. Daraus kann man etwa Autoreifen herstellen.

Klan Eine eng verbundene, oft auch verwandte Gruppe aus Familien.

Koralleninseln Entstehen aus Korallenriffen durch die Ablagerung von Sand.

Fruchtbares Land Land, dessen Boden und Klima sich gut für die Landwirtschaft eignen.

Kriminell Kriminell ist ein Verhalten, wenn es gegen ein Gesetz verstößt. Kriminelle werden deshalb von der Polizei verfolgt und von Gerichten bestraft.

Landbrücke Eine Verbindung zwischen zwei Landmassen, vor allem in prähistorischen Zeiten, als die Kontinente noch zusammenhingen.

Monarchie Ein Land, das von einem Monarchen regiert wird. An der Spitze kann ein König, ein Emir, Sultan oder ein anderer Fürst stehen.

NATO Eine Abkürzung für North Atlantic Treaty Organization. Damit bezeichnet man ein Verteidigungsbündnis, dem neben Kanada und den USA auch die meisten europäischen Länder und die Türkei angehören. Der Zusammenschluss soll Feinde davon abhalten, eines der Länder anzugreifen.

Preußen Ein früheres deutsches Königreich.

Regime Abwertende Bezeichnung für eine Regierung, vor allem im Falle einer Diktatur.

Ressourcen Bestände oder Vorräte eines Materials.

Rohstoffe Das Ausgangsmaterial, aus dem ein Produkt gemacht wird.

Sesshaftigkeit Die frühen Menschen waren Jäger und Sammler. Sie zogen ständig umher und folgten den Tieren, von denen sie sich ernährten. Mit der Erfindung der Landwirtschaft wurden die Menschen sesshaft. Sie blieben dauerhaft an einem Ort wohnen, um Nahrung anzubauen.

Schädlingsbekämpfungsmittel Chemikalien, die Insekten und Pflanzenschädlinge töten, die sonst Getreide, Mais oder andere wichtige Nahrungslieferanten schädigen.

Schlepper Kriminelle, die Menschen dabei helfen, heimlich in ein anderes Land einzureisen. Sie kassieren für ihre Dienste meist sehr viel Geld.

Silicon Valley Ein Gebiet im Santa Clara Bezirk Kaliforniens (USA), das bekannt für seine Computer- und Elektroindustrie ist.

Slum Elendsviertel in den ärmeren Regionen der Welt. Sie finden sich meist am Rande großer Städte. Die Menschen wohnen hier oft in einfachsten Hütten und haben weder Strom noch Wasser.

Stamm Ein Stamm ist eine Gruppe von Menschen, die sich einander zugehörig fühlen und oft miteinander verwandt sind. Die Mitglieder eines Stammes teilen religiöse und kulturelle Vorstellungen.

Subkontinent Teil eines Kontinents, der durch Gebirge oder Wasser vom restlichen Festland abgegrenzt ist. Der Indische Subkontinent ist etwa durch Gebirge und Hochflächen vom Rest Eurasiens getrennt.

Synagoge Gebetshaus, in dem sich die Juden treffen, um zu beten und aus ihrem heiligen Buch, der Thora, zu lesen.

Ureinwohner Bezeichnung für Menschengruppen, die einen Ort besiedelt haben, bevor andere Völker und Menschen in das Gebiet kamen, auch indigene Bevölkerung genannt.

Verarbeitung Aus Rohstoffen ein Produkt herstellen.

Vulkaninseln Sie entstehen, wenn ein Vulkan unter Wasser ausbricht und so viel Lava auftürmt, dass es über die Wasseroberfläche hinausragt.

Wirtschaftssektoren Fachleute unterteilen die Wirtschaft in vier Sektoren. Den Primärsektor, in dem Rohstoffe erzeugt werden und zu dem die Landwirtschaft zählt. Den Sekundärsektor, in dem aus Rohstoffen Waren und Güter entstehen. Im Tertiärsektor ist die Arbeit der Beschäftigten selbst das Gut, das gehandelt wird. Im Quartärsektor geht es um die Produktion und den Handel mit Wissen und Ideen.

KAPITEL 7

KUNST UND KULTUR

Frühe Künstler

Schon die Menschen in der Steinzeit stellten Kunstgegenstände her und bemalten Felswände. Forscher glauben, sie wollten damit ihr Jagdglück und ihr Schicksal günstig beeinflussen.

Ein Stein mit eingeritzten Linien aus der Blombos-Höhle in Südafrika

Die Venus von Willendorf wurde in Österreich entdeckt. Die 11 cm hohe Frauenfigur ist etwa 24 000 Jahre alt.

Erste Skulpturen

Die Venus vom Hohlen Fels ist die älteste, von Menschen geschaffene Skulptur, die je gefunden wurde. Sie wurde vor mehr als 35 000 Jahren aus einem Mammutstoßzahn geschnitzt. Die kleine rundliche Frauenfigur wurde wohl als Anhänger getragen. Archäologen haben sie in einer Höhle auf der Schwäbischen Alb entdeckt. In ganz Europa wurden noch zahlreiche weitere dieser Venusfiguren gefunden.

Erste abstrakte Kunst

Die ältesten Muster wurden auf Steinen aus der Blombos-Höhle in Südafrika gefunden. Vor mehr als 70 000 Jahren glätteten die damaligen Höhlenbewohner Steine und ritzten anschließend ein geometrisches Zick-Zack-Muster in die Oberfläche. Ob diese Muster für die Menschen eine Bedeutung besaßen, wissen wir nicht.

Archäologen fanden die Scherben dieses Gefäßes aus der Römerzeit und setzten die Teile wieder zusammen.

Keramik

Bereits vor 19 000 Jahren fertigten die Menschen Gefäße aus Ton, die sie schon bald auch mit Mustern verzierten. An einem Ort verwendeten die Töpfer zur selben Zeit immer wieder ähnliche Muster. Das hilft den Archäologen von heute, Tonscherben und Gefäße zeitlich und räumlich einzuordnen. Sie finden sich bei Ausgrabungen oft in großer Zahl, da die Menschen alte oder beschädigte Gefäße einfach wegwarfen.

 EXPERTENWISSEN!

› In derselben deutschen Höhle, in der auch die ersten geschnitzten Figuren gefunden wurden, fanden Archäologen die ersten Musikinstrumente – Flöten aus Mammutelfenbein und Vogelknochen.

Kunst heute

Heutige Künstler wollen uns dazu ermutigen, die Welt mit neuen Augen zu sehen. Auf vielerlei Weise bilden sie die Wirklichkeit ab, verzerren oder verfremden sie, um uns zum Nachdenken zu bringen.

Ein Graffitiwerk von Banksy

Graffiti-Kunst

Graffiti-Künstler verzieren die Mauern unserer Städte mit Hilfe von Farbdosen. Es gibt sehr viele sogenannte Sprayer, aber nur wenige schaffen den Durchbruch zum anerkannten Künstler. Einer, der es geschafft hat, ist der Brite Banksy. Seine Kunst setzt sich kritisch mit der Macht des Staates, der Wirtschaft und großer Organisationen auseinander.

EXPERTENWISSEN!

> Künstler suchen immer nach neuen, bislang unentdeckten Wegen, um sich mit der Wirklichkeit auseinanderzusetzen. Der Surrealist Salvador Dali überraschte zu Beginn des 20. Jahrhunderts sein Publikum, indem er Objekte miteinander verband, die offenbar nicht zueinander gehörten, etwa ein Telefon mit einem Hummer.

Performance-Kunst

Als Performance bezeichnet man die Darbietung eines Künstlers live vor Publikum. Der Künstler nutzt dafür seinen eigenen Körper als Teil des Kunstwerks. 2010 führte die weltberühmte Performancekünstlerin Marina Abramovic ihre Arbeit „Der Künstler ist anwesend" im Museum of Modern Art in New York auf. Sie saß mehrere Tage still im Museum, während sich die Besucher abwechselnd vor sie hinsetzten.

Eine Video-Installation auf einer Kunstausstellung

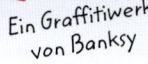

Die Performancekünstlerin Marina Abramovic sitzt vor einer Besucherin im Museum of Modern Art in New York.

Video-Kunst

Viele moderne Künstler nutzen den Film als Teil ihrer Arbeit. Sie treten bisweilen selbst im Film auf oder nutzen Geräusche, Bilder und Farben, um einen Effekt zu erzielen. Wird der Film mit anderen Kunstobjekten zusammen ausgestellt, spricht man von einer Video-Kunst-Installation. Künstler, die diese Form der Kunst erstellen, verwenden Computerprogramme, um Bilder und Geräusche zu mischen.

Bücher

Die ersten, von Hand geschriebenen Bücher waren sehr wertvoll. Vor über 500 Jahren erfand Johannes Gutenberg den Buchdruck mit beweglichen Lettern. Heute lassen sich viele Bücher digital herunterladen.

Der Druck mit beweglichen Lettern war Handarbeit. Die Buchstaben wurden in Reihen in einen Kasten gelegt.

Die ersten gedruckten Bücher

Die ersten Bücher wurden mit beweglichen Lettern gedruckt, das sind kleine bewegliche Metallstempel, die Zeichen und Buchstaben tragen. Der Drucker legte diese Stempelchen in einen Holzrahmen, den Setzkasten, bestrich sie mit Tinte und drückte das Papier mit Hilfe einer Presse darauf. Die 1544 gefertigte Gutenberg-Bibel gilt als das erste so gedruckte Buch (siehe Seite 148). In Asien gab es vielleicht sogar schon früher gedruckte Bücher.

Moderne Druckverfahren

Heute wird oft das Offset- oder Flachdruckverfahren angewandt: Ein Laser überträgt Texte und Bilder auf eine flexible Metallplatte. Diese wird mit Chemikalien so behandelt, dass die Druckfarbe später nur dort haften bleibt, wo Buchstaben oder Bilder stehen sollen. Dann wird die Platte um einen Zylinder gewickelt und eingefärbt. Sie überträgt das Druckbild auf eine Gummiwalze, von der aus es schließlich aufs Papier gebracht wird.

E-Book-Reader funktionieren wie ein kleiner Computer.

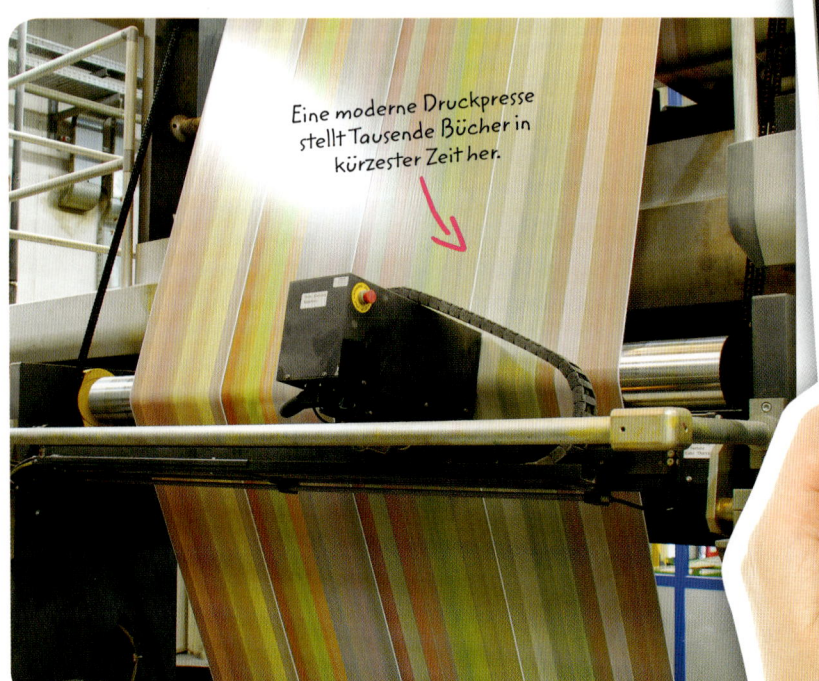

Eine moderne Druckpresse stellt Tausende Bücher in kürzester Zeit her.

Digitale Bücher

Digitale Bücher, sogenannte E-Books, bestehen nicht mehr aus gedruckten Seiten. Stattdessen erhält man eine Datei, in der Texte und Bilder digital abgespeichert sind. Gelesen werden sie mit einem speziellen Lesegerät, dem E-Book-Reader. Auch bei der Produktion herkömmlicher Bücher spielt der Computer heute eine zentrale Rolle. Das Buch, das du gerade liest, wurde auf einem Computer geschrieben; die Bilder wurden am Bildschirm ausgesucht, bearbeitet und auf der Seite platziert.

Spiele

Schon seit frühester Zeit spielen Menschen gern. Anfangs verwendeten sie zum Spielen kunstvoll gestaltete Steine oder Knochen. Heute ermöglicht es das Internet, dass Menschen aus der ganzen Welt über den Computer an einem Spiel teilnehmen.

Die ersten Spiele

Das älteste bekannte Brettspiel heißt Senet. Dieses Spiel wurde in ägyptischen Gräbern aus der Zeit um 3 100 v. Chr. gefunden. Der Pharao Tutanchamun wurde gleich mit mehreren Senetbrettern bestattet, darunter auch ein handliches Reisespiel. Die Regeln sind leider nicht überliefert. Wahrscheinlich gewann aber derjenige, der das Spielbrett mit seiner Figur als erster umrundet hatte. Statt Würfeln warfen die Spieler übrigens kleine Hölzchen.

Ein ägyptisches Senet-Spielbrett

Online-Spiele

Online-Spiele werden im Internet gespielt. Dabei beteiligen sich manchmal Tausende Spieler aus aller Welt an einem Spiel. Besonders beliebt sind Spiele, die eine komplette Fantasiewelt erzeugen. Die Teilnehmer wählen Charaktere aus, mit denen sie dann in dieser Welt Aufgaben lösen und Abenteuer bestehen müssen.

Beim Electronic Sports World Cup wetteifern die Spieler um Weltmeistertitel.

SCORE 10   HI-SCORE 0000   LIVES

Die ersten Computerspiele bestanden aus sehr einfachen Grafiken.

Die ersten Computerspiele

Welches das erste Computerspiel war, weiß heute keiner mehr so genau. Eines der ersten erfolgreichen Spiele war das Tischtennisspiel „Pong", das 1972 in den USA erfunden wurde. Die Spieler bewegten je einen Balken, den Schläger, am linken oder rechten Bildrand und beförderten so den Ball hin und her. Damals waren Computer noch sehr neu und ein Luxusartikel. Deshalb galt „Pong" trotz der einfachen Grafik als spannend und aufregend!

EXPERTENWISSEN !

› Die Wikinger spielten Brettspiele, die aus Knochenstücken oder Zähnen bestanden.

› Die Menschen spielen seit etwa 1400 Jahren Schach. Schach ist noch immer eines der beliebtesten Brettspiele weltweit.

› Kinder im alten Ägypten spielten mit Murmeln aus Stein.

Im Lauf der Zeit

Unterhaltungs-technologie

Die Technik spielte bei der Entwicklung der Unterhaltungs-industrie eine große Rolle. Hier sind einige der großen Durchbrüche, die das Fernsehen, das Radio und die Musik revolutioniert haben.

1877

Der Amerikaner Thomas Edison erfindet den Phono-graphen. Er kann Geräusche aufnehmen und wieder abspielen.

1902

Dem Italiener Guglielmo Marconi gelingt die erste transatlantische Funkübertragung.

1922

In Großbritannien wird die erste nationale Rundfunkanstalt, die BBC, gegründet.

1966

Musikkassetten sind zu kaufen.

1970

Erstmals lässt sich das Fernsehprogramm auf Video-kassetten aufzeichnen.

1983

Die erste Musik-CD kommt in den Handel.

EXPERTENWISSEN!

> Der erste Satz, den Thomas Edison auf seinem Phonographen aufnahm und wieder abspielte, war: „Mary hatte ein kleines Lamm."

1926

Der Schotte John Logie Baird führt den ersten funktionierenden Fernseher vor.

1928

John Logie Baird gelingt die erste transatlantische Übertragung eines Fernseh-bilds. Er schickt das Bild eines Gesichtes von London nach New York.

1935

Der Fernsehsender Paul Nipkow in Berlin strahlt das erste Fernsehprogramm der Welt aus.

1953

Die ersten Farbfernseher kommen auf den Markt, sind aber noch sehr teuer.

1962

Das erste Live-Satelliten-signal reist über den Satelliten Telstar von den USA nach Großbritannien.

1998

Die ersten MP3-Player werden verkauft. Musik kann nun digital gespeichert werden.

2005

Radio, Musik und Fernsehen können über eine Vielzahl computergestützter Geräte und sogar über Handys empfangen werden.

💡 EXPERTENWISSEN!

> Logie Baird übertrug das erste Fernsehbild, das Bild einer Bauchrednerpuppe mit Namen „Snooky Bill", von einem Zimmer ins nächste mit einem Gerät, das er Televisor nannte.

> Die BBC startete 1936 ihr erstes regelmäßiges Programm mit den Worten: „Guten Abend, meine Damen und Herren. Es ist mir eine große Freude, Sie mit der Magie des Fernsehens bekannt zu machen."

Theater

Die ersten Theater entstanden im alten Griechenland (siehe Seite 138). Heute gibt es sie auf der ganzen Welt und Millionen von Menschen besuchen ihre Vorstellungen.

Das antike Theater

Nahezu jede Stadt im alten Griechenland besaß ein Freilufttheater. Auf der Bühne durften nur Männer auftreten. Sie trugen Masken, die dem Publikum zeigten, ob die dargestellte Figur glücklich, traurig oder verärgert war. Es gab zwei Arten von Stücken. Komödien waren lustig. Hier wurden die Menschen mit Spott und Hohn aufs Korn genommen. Tragödien waren hingegen ernst und endeten oft mit dem Tod des Helden.

Die Theatermasken des alten Griechenlands werden noch heute als Symbol für das Theater verwendet.

In London kannst du einen Nachbau von Shakespeares Globe Theatre besichtigen.

Der Bau von Theatern

Im Mittelalter zogen Schauspieler mit Wagen umher, die zugleich Wohnung und Bühne waren. Erst ab dem 16. Jahrhundert baute man wieder dauerhafte Theatergebäude an einem festen Ort. Das Londoner Globe Theatre, in dem die Stücke William Shakespeares aufgeführt wurden, ist wohl das berühmteste. Das 1599 gebaute Theater brannte 1613 leider ab. Seit 1997 kannst du aber einen Nachbau besichtigen.

Shakespeares Theater

Zur Zeit Shakespeares, im 16. Jahrhundert, kamen zwar schon Frauenfiguren im Theater vor, sie wurden aber von Männern in Frauenkleidern gespielt. Die günstigsten Plätze im Theater waren die Stehplätze direkt vor der Bühne. Sie waren aber nicht überdacht und wenn es regnete, wurde das Publikum dort nass. Wer genügend Geld hatte, konnte sich sogar einen Platz direkt auf der Bühne kaufen. Eine Falltür oder eine Minikanone waren alles, was damals als Spezialeffekte zum Einsatz kam.

Moderne Theater haben jede Menge Platz für wunderschöne Kulissen und bieten jede Menge Spezialeffekte.

EXPERTENWISSEN!

Hier ein paar Fachbegriffe aus der Welt des Theaters:

❭ **Auditorium** – der Raum, in dem die Zuschauer sitzen.

❭ **Kulissen** – die Räume an den Seiten der Bühne, in der Schauspieler auf ihren Auftritt warten.

❭ **Loge** – ein eigener Raum mit teuren Sitzen mit tollem Blick auf die Bühne.

❭ **Rampenlicht** – Lichter, die auf Fußhöhe entlang der Bühne angebracht sind.

❭ **Schnürboden** – der verborgene Bereich über der Bühne, hier liegt die Ausrüstung für das Heben und Senken der Bühne.

❭ **Requisite** – Alle Gegenstände, welche die Schauspieler während des Stückes benötigen oder die zur Dekoration der Bühne dienen.

Musiktheater

Im Musiktheater werden die Geschichten mithilfe von Musik und Tanz erzählt.

Oper

In einer Oper müssen die Darsteller zugleich Sänger und Schauspieler sein. Die Oper entstand im 16. Jahrhundert in Italien und viele berühmte Opernstücke stammen von dort. Wenn ein Sänger ganz allein singt, nur in Begleitung des Orchesters, nennt man das eine Arie. Arien kennzeichnen wichtige Stellen im Fortgang der dargestellten Geschichte. Neben den Hauptakteuren wirkt meist ein Chor aus Sängern und Sängerinnen auf der Bühne mit.

Musicals sind farbenfrohe Stücke mit großer Besetzung und aufregenden Kostümen.

Musical

Musicals erzählen Geschichten anhand von Liedern, Dialogen und Tanz. Im Gegensatz zur Oper sind sie nicht auf einen bestimmten Musikstil festgelegt, verwenden aber häufig Pop- und Rockmusik. Musicals setzen meist viele Sänger und Sängerinnen ein und benötigen deshalb vergleichsweise große Bühnen, viel Lichttechnik und Spezialeffekte. Erfolgreiche Musicals werden oft verfilmt.

Ballett

Das Ballett hat eine lange Geschichte. Es entstand im 15. Jahrhundert in Italien und Frankreich. Die Balletttänzer führen die Tanzschritte aus, die sich ein Choreograf ausgedacht hat, um eine Geschichte zu erzählen. Die Tänzer müssen sehr sportlich sein und viel trainieren. Sie tragen Schuhe, die vorne gepolstert und verstärkt sind, damit sie auf der Spitze tanzen können. So schweben sie leichtfüßig über die Bühne.

EXPERTENWISSEN!

› Im antiken Rom traten auch Schauspielerinnen im Theater auf. Sie waren von ihren Mitmenschen wenig angesehen, noch weniger als ihre männlichen Kollegen.

› Die weiblichen Heldinnen in der Oper singen meist in der Stimmlage Sopran, müssen also sehr hoch singen können. Männliche Helden werden von Tenören dargestellt, die in einer mittleren Tonlage singen. Männliche Sänger, die sehr tief singen können, nennt man Bass.

Tänze der Welt

Getanzt wird auf der ganzen Welt. Oft sind
Tänze ein fester Bestandteil von weltlichen
oder religiösen Festen. Diese traditionellen
Tänze erfordern häufig eine bestimmte Kleidung,
die nur zu diesem Anlass getragen wird.

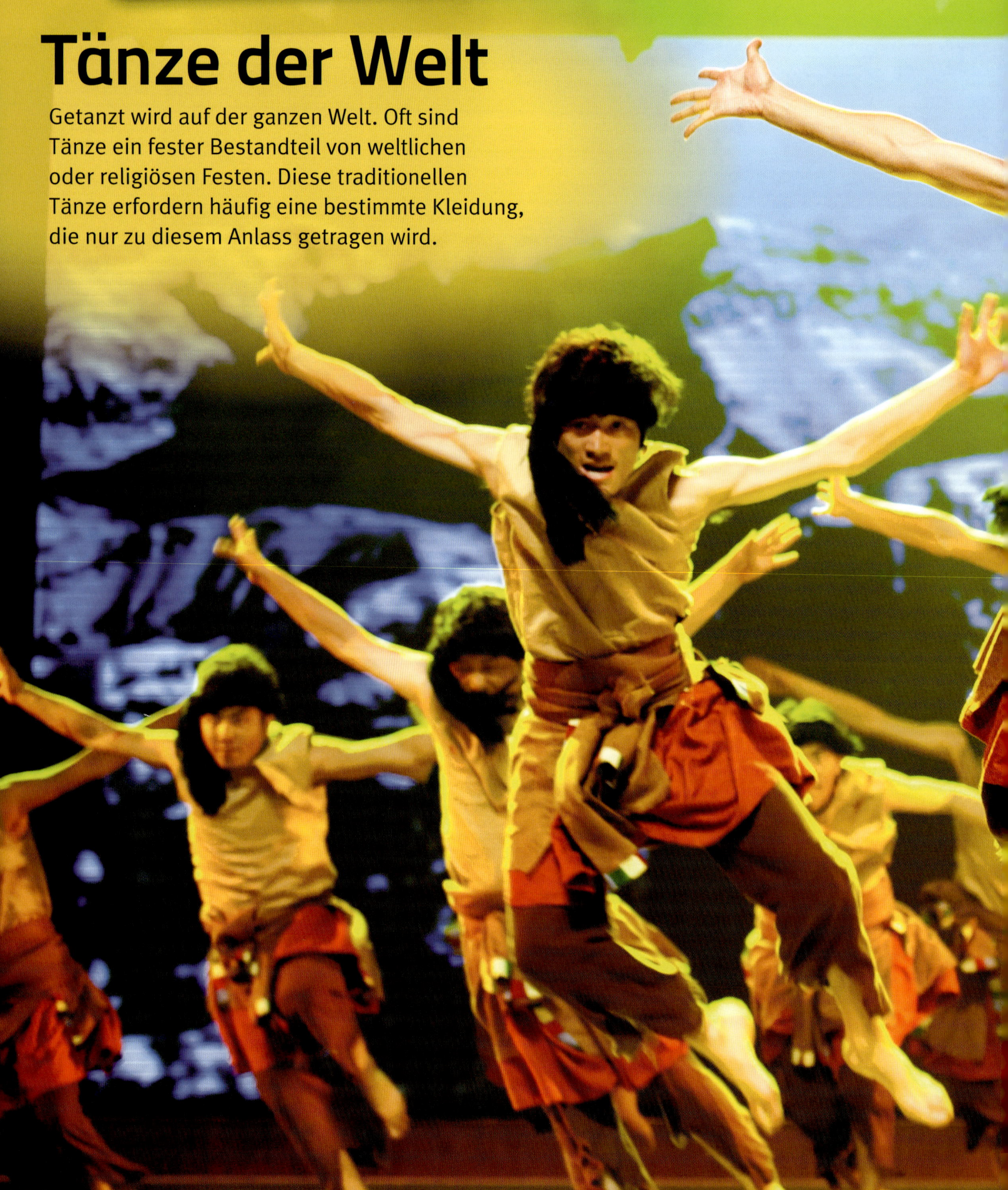

Diese Tänzer führen einen tibetanischen Tanz in traditionellen Kostümen auf.

EXPERTENWISSEN!

Hier findest du Tänze aus der Welt:

> Zum chinesischen Neujahrsfest wird der traditionelle Löwentanz aufgeführt. Zwei Tänzer schlüpfen dafür in ein übergroßes Löwenkostüm. Der Tanz soll den Menschen Glück bringen.

> Indische Tempeltänze erzählen von Göttern und Göttinnen. Jede Haltung des Körpers, der Hände oder der Finger hat dabei eine bestimmte festgelegte Bedeutung.

> Beim Flamenco, einem traditionellen Tanz aus Andalusien in Spanien, tragen die Tänzer mit Nägeln beschlagene Schuhe. Während des Tanzens schlagen sie damit den Rhythmus.

> Der Tango stammt aus Argentinien und Uruguay. Ein Tänzerpaar steht sich gegenüber und macht dabei dramatische Bewegungen.

> Die Spieler des neuseeländischen Rugbyteams, die All-Blacks, tanzen vor jedem Spiel einen traditionellen Tanz der Maori, den Haka. Er soll der Mannschaft Mut machen und den Gegner einschüchtern.

> Junge Menschen haben in vielen Städten der Welt beim Street Dance ihren Spaß. Er kann überall stattfinden und alles ist erlaubt. Was zählt, sind Ausdruck und Rhythmusgefühl.

Ein Film entsteht

Jedes Jahr kommen Tausende Filme ins Kino oder ins Fernsehen. Eine solche Filmproduktion kostet viel Zeit, Geld und Arbeit.

EXPERTENWISSEN!

❯ „Das Pferd in Bewegung" hieß eine bewegte Bilderfolge aus dem Jahr 1878, ein Vorläufer des Films. Sie zeigte den Bewegungsablauf eines galoppierenden Pferdes.

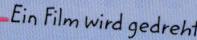

Ein Film wird gedreht.

Schauspielerinnen auf dem roten Teppich bei einer Filmpremiere

Das Publikum sieht sich mit Spezialbrillen einen 3-D-Kinofilm an.

Am Drehort

Für den Dreh versammeln sich die Schauspieler, der Regisseur und die Techniker am Drehort. Das kann entweder ein Filmstudio oder ein Ort im Freien sein. Die Schauspieler spielen dort die Szenen, die im Drehbuch beschrieben sind. Der Regisseur leitet sie dabei an. Er ist für den gesamten Film verantwortlich, während der Produzent auf die Einhaltung des Terminplans und die Kosten achtet.

EXPERTENWISSEN!

❯ Der erste Farbfilm wurde 1908 vorgeführt. Er hieß „Ein Besuch am Strand" und dauerte acht Minuten. Er zeigte das alltägliche Strandleben im britischen Seebad Brighton.

Der Schnitt

Die Filme, die am Drehort entstanden sind, müssen geschnitten werden. Das heißt, der Regisseur entfernt Fehler und Unwichtiges und bringt die einzelnen Szenen in die richtige Reihenfolge. Außerdem werden die Spezialeffekte und die Musik hinzugefügt. Manchmal wird der Film heimlich einem Testpublikum vorgeführt. Wenn diesem der Film nicht gefällt, wird er noch einmal überarbeitet.

Die Vorstellung

Wird ein Film zum ersten Mal öffentlich im Kino gezeigt, nennt man das Premiere. Das ist ein großes Fest. Der Regisseur und die Schauspieler fahren mit Limousinen vor dem Kino vor und schreiten über einen roten Teppich. Die Fotografen und Fans warten draußen und versuchen, einen kurzen Blick auf die berühmten Gäste zu erhaschen. Ist ein Film erfolgreich, gewinnt er vielleicht einen von zahlreichen Preisen, wie etwa den berühmten Academy Award, besser bekannt als Oscar.

Spezialeffekte im Film

In vielen Filmen wird gehörig getrickst. So ersetzen Stuntleute die Schauspieler in besonders gefährlichen Szenen und Computer schaffen komplette Fantasiewelten.

Mit Prosthetiks verändert der Maskenbildner die Gesichtsform eines Schauspielers.

Stuntleute

Wenn es am Dreh gefährlich wird, schlüpfen Stuntleute in die Rolle der Schauspieler. Stuntleute sind gut ausgebildete Spezialisten, die sich mit brenzligen Situationen auskennen. Sie fahren etwa die Autos in rasanten Verfolgungsjagden, die oft in geplanten Unfällen enden. Dabei ist die Ausrüstung besonders wichtig. Die Stuntleute tragen Schutzanzüge und Helme, und ihre Autos werden vorher mit Stahl verstärkt. Manchmal springen Stuntleute auch von Häusern oder fahrenden Zügen.

Computereffekte

Nach den Dreharbeiten beginnt die Nachbearbeitung des Films. Hier spielt der Computer eine wichtige Rolle. Mit seiner Hilfe lassen sich Gegenstände, Figuren und ganze Landschaften in einen Film einfügen. Manchmal spielen die Schauspieler ihre Rolle vor einem leeren Hintergrund und kämpfen gegen unsichtbare Gegner. Beides wird erst später von Computerspezialisten eingefügt.

Erstaunliche Schminke

Einige Filme, vor allem Fantasy- und Science-Fiction-Filme, verlangen nach einem sehr guten Maskenbildner. In vielen Stunden werden Schauspieler mithilfe von Gummiteilen, Prosthetiks genannt, Schminke und Spachtelmasse in Aliens oder Monster verwandelt.

Bei solch gefährlichen Kunststücken ersetzen die Stuntleute die Schauspieler.

Heiße Info!

Der Schrecken vom Amazonas

Für diesen Horrorfilm aus dem Jahre 1954 wurden extra Monsterkostüme angefertigt. Kaum zu glauben, dass sich davor jemand gegruselt hat!

Weltmusik

Alle Länder und Regionen der Welt haben ihre eigene traditionelle Musik. Dazu gehören oft spezielle Instrumente. Wenn sich diese Tradition mit moderner westlicher Musik vermischt, spricht man von Weltmusik.

💡 EXPERTENWISSEN!

> Die japanischen Taiko-Trommler spielen auf den größten Trommeln der Welt. Manche haben einen Durchmesser von 2,5 m.

> Indische Schlangenbeschwörer spielen eine Flöte, die man Pungi nennt. Die Schlange folgt jedoch nicht der Musik, denn sie kann sie kaum hören. Es sind die schaukelnden Bewegungen des Instruments, die sie nachahmt.

Afrikanische Musiker bei einem Weltmusik-Konzert

Afrikanische Trommeln

Trommeln ist in Afrika eine sehr alte Tradition. Die Trommeln wurden früher häufig in Ritualen verwendet. Außerdem konnten mit Hilfe des Trommelklangs Botschaften über größere Entfernungen ausgetauscht werden. In der afrikanischen Musik spielen Trommeln eine wichtige Rolle und fanden von dort aus ihren Weg in die Weltmusik.

Die Sitar hat zwischen 18 und 20 Saiten.

Musik mit langem Atem

Das Didgeridoo wird in der Musik der australischen Ureinwohner, der Aborigines, verwendet. Es besteht aus dem hohlen Ast eines Eukalyptusbaumes und wird mit einem Mundstück aus Bienenwachs versehen. Die Spieler nutzen eine Atemtechnik, die sich Zirkularatmung nennt. Sie atmen gleichzeitig durch die Nase ein und den Mund aus. So können sie einen Ton endlos lang erklingen lassen.

Ein Didgeridoospieler mit seinem Instrument

Indische Ragas

Indische Ragamusik soll die Gefühle des Zuhörers verändern und sie romantisch, traurig oder glücklich werden lassen. Raga bedeutet Farbe, da die Musik die Seele mit einem Gefühl bemalt. Ragas werden häufig auf der Sitar gespielt, einem traditionellen Saiteninstrument, das entfernt an eine Gitarre erinnert.

Musikalische Einflüsse

Unsere heutige Popmusik hat viele Einflüsse aus der ganzen Welt in sich aufgenommen. Sie wird oft mit elektronisch verstärkten Musikinstrumenten gespielt, wie etwa der E-Gitarre.

Sambatrommler beim Karneval

💡 **EXPERTENWISSEN!**

> Das Wort Samba kommt vom westafrikanischen „sembe" und bedeutet „die Seelen der Vorfahren anrufen". Afrikanische Sklaven brachten das Wort nach Südamerika mit.

> Die teuerste Gitarre aller Zeiten war eine Fender Stratocaster. Sie wurde für umgerechnet 2,2 Millionen Euro für einen guten Zweck verkauft. Viele berühmte Rockgitarristen hatten auf ihr unterschrieben.

Musik der Sklaven

Afrikanische Sklaven, die auf den Plantagen in Amerika und in der Karibik arbeiten mussten, brachten die Musik ihrer Heimat mit. Auf diesen Wurzeln bauen etwa der Jazz, der Blues und der Reggae auf. Beim südamerikanischen Samba ist der Einfluss afrikanischer Trommeln deutlich spürbar.

Musikalische Erfindungen

Die Erfindung der elektrischen Gitarre im 20. Jahrhundert veränderte die Musik erheblich. Gitarrenspieler wurden zu den neuen Helden der Musikwelt. Die Fender Stratocaster stieg zum begehrtesten Gitarrenmodell weltweit auf. In den 1980er-Jahren wandelte sich die Popmusik erneut durch den Siegeszug des Computers. Er ermöglichte die Entwicklung neuer Musikstile, wie etwa House, Drum 'n' Bass, Trance und Techno.

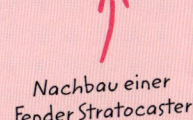

Nachbau einer Fender Stratocaster

Diese amerikanischen Countrymusiker tragen Cowboyhüte.

Country

Die Countrymusik mischt traditionelle Lieder mit modernen Instrumenten und Arrangements. Sie ist in Amerika sehr beliebt. Die Radiosendung Grand Ole Opry überträgt seit 1925 Country-Konzerte aus Nashville, Tennessee, und ist damit eine der am längsten laufenden Radiosendungen.

Klassische Musik

Als klassische Musik bezeichnet man eine ganze Reihe unterschiedlicher Musikstile, die seit dem ausgehenden Mittelalter in Europa entstanden sind.

Die Schrift, mit der man Noten aufschreibt, wird Notenschrift oder Notationssystem genannt.

EXPERTENWISSEN!

> Der Komponist Beethoven verlor im Alter von etwa 30 Jahren zunehmend sein Gehör. Seine Karriere als Pianist war damit zu Ende. Einige seiner besten Werke komponierte er aber erstaunlicherweise erst nach dem Verlust seines Gehörs.

Musik aufschreiben

Die Anfänge der klassischen Musik liegen im gesungenen Gebet des Mittelalters. Damals begannen die Mönche in den Klöstern, Melodien aufzuschreiben, um sie an die nächste Generation und befreundete Klöster weitergeben zu können. Bald setzte sich ein Raster aus vier, später fünf Linien durch, in das die Noten eingetragen wurden. Schließlich kamen weitere Symbole hinzu, die den Musikern zeigen, wie schnell oder wie laut sie spielen sollen.

Gemacht für einen König

Um von etwas leben zu können, waren viele Musiker und Komponisten auf die Gunst von Adligen angewiesen, deren Angestellte sie häufig waren. Berühmte klassische Komponisten wie Mozart, Bach und Händel waren alle an einem Adelshof angestellt. Sie widmeten ihr Werk ihren Gönnern und mussten sichergehen, dass denen die neue Musik auch gefiel. Menschen, die Künstler finanziell unterstützen, nennt man Mäzene.

Instrumental oder Gesang?

Das Oratorium und die Kantate sind beides klassische Musikstücke, die von Chören und Solisten gesungen und von Instrumenten begleitet werden. Symphonien und Concerti grossi hingegen werden nur von Instrumenten, also instrumental, gespielt.

Ein Chor mit Orchester.

Mozart arbeitete beim Fürsterzbischof von Salzburg in Österreich. Seine Musik wurde im Dom der Stadt gespielt.

Im Orchester

Im Orchester sitzen die Musiker nach Instrumentengruppen geordnet. Es gibt zum Beispiel die Streicher, die Holzbläser oder die Zupfinstrumente. Ein Dirigent leitet das Orchester.

ZAHLEN & FAKTEN!

Dies ist eine Liste von den Schlaginstrumenten in einem Orchester. Deck die Seite zu und schau mal, welche du dir gemerkt hast!

Xylophon
Glockenspiel
Triangel
kleine Trommel
Becken
Basstrommel
Pauken

Der Dirigent hält das Orchester zusammen.

Ein Orchester organisieren

In einem Orchester können über hundert Menschen spielen, daher müssen sie gut organisiert sein. Jede Instrumentengruppe besitzt einen Stimmführer, den Prinzipal. Die Geigen sind in zwei Gruppen unterteilt, die erste und die zweite Geige. Der Stimmführer der ersten Geigen ist gleichzeitig auch Konzertmeister.

Die Streicher

In einem Orchester gibt es normalerweise vier Arten von Streichinstrumenten: die Geige oder Violine, die Viola, das Cello und der Kontrabass. Streicher erzeugen einen Ton, indem sie mit einem Bogen die Saiten ihres Instruments vibrieren lassen. Die Saiten waren früher aus Schafdarm, die Bogen aus Pferdehaaren. Geigen können sehr wertvoll sein. Exemplare, die um 1700 von der italienischen Geigenbauerfamilie Stradivari hergestellt wurden, kosten heute bis zu 13 Millionen Euro.

Ein Instrument vom Geigenbauer Antonio Stradivari

Die Tuba besitzt ein extra langes Rohr, das einen tiefen Ton erzeugt.

Viel Blech

Die Sektion der Blechbläser spielt die lautesten Instrumente. Den Ton erzeugen sie, indem sie ihre Lippen am Mundstück des Instruments zum Vibrieren bringen. Die Vibration wandert durch das Rohr des Instruments und bringt es zum Klingen. Der Musiker kann den Klang beeinflussen, indem er die Länge des Rohres verändert. Dazu dienen die Ventile und Züge.

Was du wissen musst!

Musik aufnehmen

Musikstücke werden in professionellen Tonstudios aufgenommen. Anschließend wird die Aufnahme mit dem Computer bearbeitet, bis der Sound perfekt ist.

Berufe im Tonstudio

Die Musiker – ein Sänger, eine Band oder ein Orchester spielen die Musikstücke ein.

Der Tontechniker – bedient die Aufnahmegeräte und stellt sicher, dass das Musikstück am Ende so klingt, wie Produzent und Musiker es wollen.

Der Produzent – verantwortlich für den generellen Klang eines fertigen Musikstücks.

Die Basics im Studio

1. Das Tonstudio besitzt meist einen Raum für Live- Aufnahmen, in dem alle Musiker gleichzeitig zusammenspielen, und einige Einzelkabinen für Einzelaufnahmen. Jedes Instrument und jede Stimme werden getrennt aufgezeichnet.

2. Der Tontechniker und der Produzent sitzen in einem Kontrollraum am sogenannten Mischpult. Dort werden die Stimmen und Instrumente aufgezeichnet.

3. Manchmal spielen die Musiker ein Stück mehrere Male, bis alle zufrieden sind.

4. Sind alle Teile aufgenommen, beginnt die Arbeit des Tontechnikers. Er mischt die besten Teile der Aufnahmen zusammen und fügt manchmal noch Spezialeffekte und elektronische Klänge ein.

Ein Tontechniker bei der Arbeit

Im Studio

Diese Dinge findest du während einer Aufnahme im Tonstudio.

EXPERTENWISSEN!

› Elvis Presley nahm seine ersten Lieder im berühmten Sun Studio in Memphis, Tennessee, auf. Für seine beiden Lieder bezahlte er 4 Dollar, also etwa 3,20 Euro.

› Das Album Chinese Democracy der Band Guns'n'Roses ist das teuerste Album, das bisher produziert wurde. Die Produktionskosten betrugen über 10 Millionen Euro.

⬆ Instrumente

Die Musiker besitzen ihre eigenen Instrumente, die für die Aufnahmen bereitstehen. Das Schlagzeug wird manchmal etwas abseits der Band aufgestellt, da es so laut ist.

⬇ Kopfhörer

Die Musiker tragen Kopfhörer, damit sie sich selbst genau hören. Bereits aufgenommene Stücke können über die Kopfhörer abgespielt werden, damit ein Sänger dazu singen oder ein Musiker dazu spielen kann.

⬆ Schallisolierung

Studios sind schallisoliert, damit die Musik drinnen nicht von anderen Geräuschen draußen gestört wird.

⬆ Mikrofone

Jedes Instrument wird mit einem eigenen Mikrofon ausgestattet, damit der Tontechniker die Klänge einzeln aufnehmen kann. Auch Sänger haben ihr eigenes Mikrofon.

⬅ Lautsprecher

Neben den Musikern stehen Lautsprecher, damit sie die Musik besser hören.

Die Fotografie

In der Fotografie wird aus dem gesammelten Licht, das von Objekten oder Landschaften abstrahlt, ein Bild gemacht. Digitalkameras fangen das Licht mit elektronischen Sensoren ein, während Filmkameras mit Folien aus lichtempfindlichem Plastik arbeiten.

Ein Fotostudio

Frühe Fotografie

Die ersten Kameras wurden in den 30er-Jahren des 19. Jahrhunderts entwickelt. Sie befanden sich in großen, unhandlichen Kästen und brauchten etwa 20 Minuten, bis sie genügend Licht für ein Bild gesammelt hatten. Das ist wahrscheinlich auch der Grund dafür, warum die Menschen auf den Bildern immer so aussehen, als hätten sie die Nase voll. Statt eines Filmes verwendeten die frühen Kameras schwere Metall- oder Glasplatten, die mit Chemikalien bedeckt waren. Als der Rollfilm 1888 entwickelt wurde, wurden die Kameras viel kleiner und auch günstiger.

In der frühen Fotografie wurde braune Sepiatinte vom Tintenfisch verwendet, um die Fotografien einzufärben.

Digitalfotografie

Digitalkameras erstellen elektronische Bilder, die auch digital verschickt werden können. Um ein tolles Foto zu erzeugen, braucht man jedoch nach wie vor das richtige Licht und ein Auge für die Komposition, also die Art, wie Gegenstände, Menschen und Hintergründe angeordnet sind. In Fotostudios gibt es zahlreiche Möglichkeiten, Licht und Hintergründe zu verändern.

Die Makroaufnahme eines Käfers

Alles über Linsen

Eine Kamera benötigt eine Linse. Das ist ein gebogenes Stück Glas, das Licht bündelt und ins Innere der Kamera führt. Für die Aufnahme eines weit entfernten Gegenstandes verwendet der Fotograf ein Zoomobjektiv. Es besteht aus mehreren Glaslinsen, die hintereinander angeordnet sind. Indem er den Abstand zwischen den Linsen verändert, kann der Fotograf den Gegenstand optisch heranholen. Für Nahaufnahmen gibt es das Makroobjektiv, das winzige Details zeigen kann.

Heiße Info!

⭐ Stillgestanden

Diese Illustration zeigt einen Fotografen in den frühen Jahren der Fotografie. Das Fotomotiv musste bis zu 20 Minuten stillstehen, während die Kamera langsam genug Licht für ein Bild sammelte.

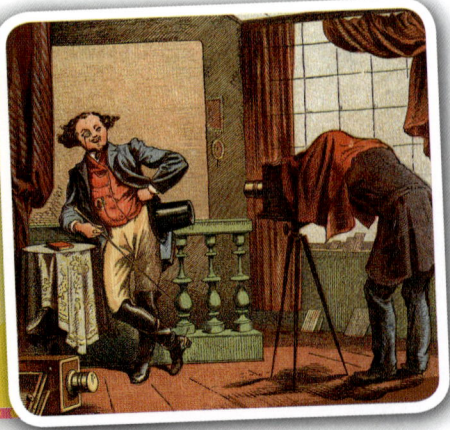

Arten der Fotografie

Die Fotografie hält menschliche Erlebnisse und Erfahrungen fest. Sie kann Kunstwerk, Bericht, Porträt oder noch viel mehr sein.

💡 **EXPERTENWISSEN!**

> 1920 erschienen mehrere Fotografien, die scheinbar „echte" Elfen zusammen mit zwei Mädchen zeigten. Erst 50 Jahre später stellte sich heraus, dass es Fälschungen waren.

> Während der 30er-Jahre des 20. Jahrhunderts dokumentierten zahlreiche Fotografen mit einzigartigen Aufnahmen das Leben der Armen während der Weltwirtschaftskrise.

> Fotos werden heute meist digital geschossen und verbreitet.

Fotojournalismus

Fotojournalisten berichten mit ihren Bildern von wichtigen Ereignissen aus aller Welt. Das ist manchmal gefährlich, vor allem in Kriegsgebieten. Diese Art der Bildberichterstattung setzte sich mit der Veröffentlichung erster Fotos in Zeitungen und Zeitschriften ab den 1880er-Jahre durch.

Fotojournalisten können den Menschen zeigen, was in gefährlichen Situationen wirklich passiert.

Bilder in Bewegung

Das erste Bild, das 1827 aufgenommen wurde, brauchte 8 Stunden, um genug Licht für ein Bild einzusammeln. Die modernen Kameras erstellen Bilder in fünf Hundertstelsekunden und können so auch schnelle Tiere oder Sportler aufnehmen.

Diese springende Antilope wurde im Bruchteil einer Sekunde mit der Kamera aufgenommen.

Straßenfotografie

Der französische Fotograf Henri Cartier-Bresson (1908–2004) war der erste Straßenfotograf. Er fing in seinen Schwarzweißbildern den Alltag fremder Menschen ein. Die Straßenfotografie ist noch immer sehr beliebt und mit den heutigen Fotohandys ist es ganz leicht, Menschen in ihrer natürlichen Umgebung zu fotografieren.

Henri Cartier-Bresson fotografiert eine Straßenszenerie in Brooklyn (USA) in den 40er-Jahren des 20. Jahrhunderts.

Die Skulptur

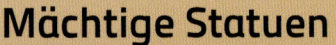

Dreidimensionale Kunstwerke werden Skulpturen genannt. Diese Stücke werden häufig aus Holz geschnitzt oder aus Stein gehauen. Skulpturen von Menschen oder Tieren nennt man Statuen.

Mächtige Statuen

Jahrhundertelang fertigten Künstler detailgetreue Statuen von Menschen und Göttern an. Im alten Griechenland und im alten Rom verwendeten pfiffige Erfinder sogar Flaschenzüge und Wasserkraft, um die Götterstatuen im Tempel lebendig erscheinen zu lassen. Die römischen Kaiser ließen riesige Statuen von sich selbst fertigen. Diese Kolosse sollten ihre Macht zeigen und ihre gottähnliche Stellung belegen.

Diese Hand gehört zu den Überresten einer riesigen Statue, die einst den römischen Kaiser Konstantin zeigte und etwa 12 m hoch war.

Neue Formen

Im 20. Jahrhundert begannen Künstler damit, ihre Arbeiten nicht mehr wie realistische Menschen oder Objekte aussehen zu lassen. Sie holten sich oft Inspiration von natürlichen Formen, wie z. B. den Merkmalen einer Landschaft, und vereinfachten sie. Die Form und die Haptik waren wichtiger als ein realistisches Abbild der Natur.

'Cloud Gate' von Anish Kapoor in Chicago (USA)

Überraschende Standorte

Moderne Skulpturen werden manchmal an ungewöhnlichen Orten ausgestellt. Hier sind einige Beispiele von den Bildhauern Antony Gormley, Svend Wiig Hansen und Arnaldo Pomodoro.

'Another Place' ist eine Serie von Figuren an einem Strand bei Liverpool, Großbritannien.

'Man Meets the Sea' befindet sich an der Küste Dänemarks.

'Sphere Within a Sphere' steht im Vatikan in Rom (Italien).

EXPERTENWISSEN!

> Die höchste Statue der Welt ist der 128 m hohe, goldbemalte Spring Temple Buddha, der über Lushan (China) schaut.

Das Design

Alles bei dir zu Hause wurde von jemandem gestaltet. Ein Designer hat sich die Form und die Farbe ausgedacht und sich entschieden, welches Material er nutzen möchte.

Design im Laufe der Zeit

Jedes Land hat seine eigenen Designer und bevorzugte Stilrichtungen. Doch Design verändert sich im Laufe der Jahrhunderte, da sich der Lebensstil der Menschen ändert und neue Techniken entwickelt werden. Während des 20. Jahrhunderts wurden die Essenszeiten immer weniger förmlich und auch die Küchenmöbel wurden immer lässiger. Schwere Holzmöbel wurden durch leichtere, stromlinienförmige Stücke ersetzt, die häufig aus Plastik und Stahl gefertigt wurden.

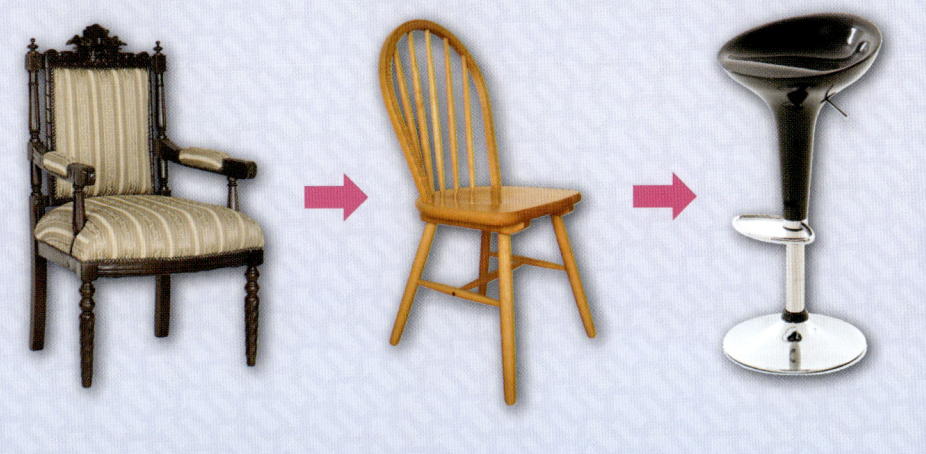

Vom Computer hergestellt

Viele Dinge werden heute am Computer entworfen, ehe sie in einer Fabrik hergestellt werden. Inzwischen ist es sogar möglich, am Computer entstandene Objekte direkt auszudrucken. Aus vielen Schichten dünnen Plastiks fertigt der 3-D-Drucker ein dreidimensionales Abbild des Entwurfs.

Dieser chinesische Kunde war an der weltweit ersten 3-D-Druckstation. Sein Körper wurde gescannt und als kleines 3-D-Modell ausgedruckt.

Form und Funktion

Ein gut gestaltetes Objekt sollte sowohl schön als auch praktisch sein. Designer nennen diese beiden Aspekte Form und Funktion. Der französische Designer Philippe Starck produzierte eine Reihe von Produkten, zu denen auch Möbel und Zahnbürsten gehörten, die die Aspekte Form und Funktion erfolgreich vereinbaren. Eines seiner bekanntesten Stücke ist diese ungewöhnliche Zitronenpresse, die im New Yorker Museum of Modern Art ausgestellt wurde.

Philippe Starcks „Juicy Salif" wurde von der Form eines Tintenfisches inspiriert.

Die Mode

Mode verändert sich regelmäßig. Du kannst dir in einem Modemuseum anschauen, was die Leute früher getragen haben. Ein Besuch bei einer Modenschau verrät dir, was im nächsten Jahr Trend sein wird.

Lustige Mode

Mode ist am Aussehen, weniger an den praktischen Aspekten ausgerichtet. In Europa waren im 14. Jahrhundert lange, spitz zulaufende Schuhe beliebt, sogenannte Schnabelschuhe, die bis zu den Knien reichen konnten. Im 19. Jahrhundert trugen die Damen Reifröcke. Ein Gestell aus Stahlbändern sorgte dafür, dass diese Röcke weit vom Körper abstanden. In den 1970er-Jahren stolperten Modebewusste auf hohen Plateauschuhen durch die Welt.

Diese Karikatur aus dem 19. Jahrhundert macht sich über die Reifrockmode lustig.

Die Skizze eines Modedesigners für ein Outfit

Straßenmode

Mode besteht nicht nur aus den Entwürfen großer Designer. Gerade junge Menschen lieben es, ihren eigenen Stil zu kreieren. Meistens werden sie dabei von aktuellen Strömungen der Jugendkultur, wie Punk oder Hip-Hop, beeinflusst. Diese Mode der Straße beeinflusst dann wiederum die großen Designer.

Ein Punkmädchen, fotografiert in den Straßen von New York City (2005).

Ein Modedesigner sein

Ein Modedesigner entwickelt Ideen für neue Kleidungsstücke. Auf Papier oder am Computer skizziert er, wie das fertige Kleidungsstück aussehen soll, und legt das Material fest. Auf dieser Grundlage entsteht ein erster Entwurf. Jetzt kann der Designer noch Veränderungen vornehmen und Dinge verbessern. Schließlich wird ein Schnittmuster angefertigt. Die Teile werden aus Stoff ausgeschnitten und zusammengenäht.

Komm zur Modenschau

Um seine neue Kleiderkollektion vorzustellen, veranstaltet ein Designer eine Modenschau. Models tragen die Kleidung und laufen vor dem Publikum eine Rampe entlang, den sogenannten Catwalk oder Laufsteg.

Der richtige Rahmen

Für die Modenschau wählt der Designer die Dekoration und die Musik aus. Sie müssen zum Thema und den gezeigten Kleidungsstücken passen. Die wichtigsten Menschen im Publikum erhalten Plätze in der ersten Reihe, damit sie alles sehen können und auch selbst von jedem gesehen werden.

Hinter den Kulissen arbeiten Maskenbildner an den Models.

Hinter den Kulissen

Die Models werden hinter den Kulissen angezogen und geschminkt. Ihr Haar wird so gestylt, wie der Designer das möchte. Hat ein Model ein Outfit präsentiert, läuft es zurück, wird umgezogen und aufs Neue gestylt. Die Ankleider, Maskenbildner und Friseure müssen sehr schnell arbeiten und gut organisiert sein.

Designer zeigen ihre neuen Kollektionen auf einer Modenschau.

Angepasste Kleidung

Die Kunden können die Kleider, die ihnen in der Schau gefallen haben, bestellen oder um ein paar Änderungen, wie z. B. bei der Farbe, bitten. Manchmal zeigen die Designer auf dem Laufsteg besonders ausgefallene Kleidungsstücke, um Aufmerksamkeit zu erregen. In den Handel gelangt dann aber nur eine weniger verrückte Variante.

Heiße Info!

Design zum Schmunzeln

Dieses Bild zeigt ein Stadtoutfit des französischen Designers Jean Paul Gaultier. Er liebt es, die Leute mit seinen Entwürfen zu schockieren oder zum Schmunzeln zu bringen.

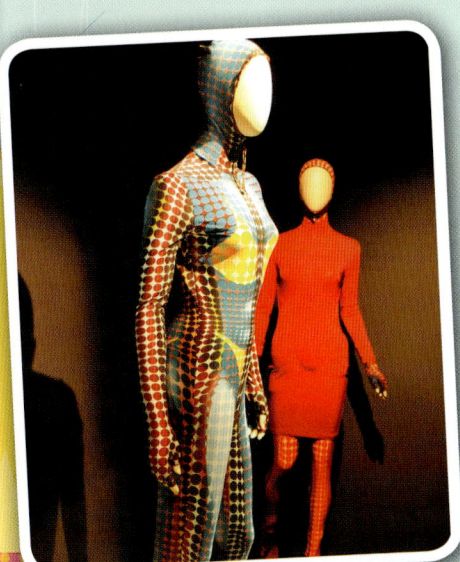

Die wertvollsten Objekte

Bilder und andere Kunstwerke sind wertvoll, weil sie einzigartig sind oder aus teuren Materialien gefertigt wurden.

ZAHLEN & FAKTEN!

Einige der wertvollsten Gemälde, mit der Summe, die sie bei einer Auktion erreicht haben:

> **Die Kartenspiele**r von Paul Cézanne, 170 Millionen Euro

> **Nummer 5** von Jackson Pollock, 112 Millionen Euro

> **Woman III** von Willem de Kooning, 110 Millionen Euro

> **Adele Bloch-Bauer I** von Gustav Klimt, 108 Millionen Euro

> **Der Schrei** von Edvard Munch, 91,3 Millionen Euro

Der diamantenbesetzte Schädel aus Platin von Damien Hirst mit dem Titel „For the Love of God"

Diamant-Eier

Diamanten werden schon lange zum Dekorieren von Objekten verwendet. Im 19. Jahrhundert fertigte der bekannte russische Juwelier Fabergé aufwendige Eier aus Gold, Silber und Juwelen an. Im Inneren gab es kleine edelsteinbesetzte Überraschungen, wie etwa goldene Eidotter oder Hühner. Fabergé-Eier werden auf Auktionen für bis zu 14 Millionen Euro verkauft.

Überall Diamanten

Man kann mittlerweile diamantenbesetzte Turnschuhe, Handtaschen und sogar Autoreifen kaufen. Vielleicht wollte der britische Künstler Damien Hirst diesen Trend kommentieren, als er 2007 einen menschlichen Schädel aus Platin entwarf und ihn mit 8 601 Diamanten besetzte. Er verkaufte ihn für 75 Millionen Euro.

Ein seltenes Fabergé-Ei

Die wertvollsten Gemälde

Der Rekord für das teuerste Kunstwerk ändert sich häufig. Weltberühmte Gemälde, wie die Mona Lisa von Leonardo da Vinci, werden nie verkauft, da sie einem Museum gehören. Die Mona Lisa hängt im Louvre in Paris (Frankreich) und ist bei Verlust für etwa 600 Millionen Euro versichert. 1911 wurde das Gemälde gestohlen. Doch zwei Jahre später tauchte es zum Glück wieder auf, als die Diebe es verkaufen wollten.

Die Mona Lisa von Leonardo da Vinci

Kunst sehen

Man kann Kunstwerke in Galerien und Museen weltweit bestaunen. Vom heimischen Computer aus kannst du digitale Nachbildungen im Internet bewundern.

Top-Museum

Der Louvre ist ein Museum in der französischen Hauptstadt Paris: Mit über 8 Millionen Besuchern im Jahr ist es das beliebteste Museum der Welt. Hier sind über 3000 Kunstwerke ausgestellt. Das berühmteste unter ihnen ist die Mona Lisa von Leonardo da Vinci. Die Besucher betreten den Louvre durch die berühmte Glaspyramide von Jeoh Ming Pei.

Ein Figurenring aus Kindern, die sich an den Händen halten

Der Eingang des Louvre in Paris (Frankreich)

Unterwasserkunst

Im Süden Spaniens findet man die erste Unterwasser-Skulpturen-Galerie der Welt. Es handelt sich um einen Ring aus Figuren, die von Kindern der Umgebung aus Beton gegossen wurden. Mit der Zeit wird die Strömung die Skulptur verändern und vielleicht ziehen sogar ein paar Meeresbewohner ein.

Schau nach oben!

In vergangenen Zeiten wurden Künstler oft beauftragt, die Decken großer Gebäude zu bemalen. Das berühmteste Deckengemälde der Welt befindet sich in der Sixtinischen Kapelle im Vatikan in Rom. Gemalt wurde es von Michelangelo im frühen 16. Jahrhundert. Es zeigt Szenen aus der Bibel und Michelangelo benötigte über vier Jahre für die Fertigstellung. Der Künstler arbeitete hoch oben auf einem hölzernen Gerüst und musste dabei die ganze Zeit nach oben schauen.

Die Erschaffung Adams aus dem riesigen Gemälde von Michelangelo an der Decke der Sixtinischen Kapelle

EXPERTENWISSEN!

> Viele große Museen besitzen inzwischen Seiten im Internet, die sich besonders an Kinder richten. Hier kann man Wissenswertes über Kunst erfahren und selbst zum Künstler werden.

> Einige Museen sind speziell für Kinder gemacht. Die Ausstellungsstücke dürfen angefasst werden oder sind zum Spielen da.

Architektur früher

Seit Tausenden von Jahren errichten die Menschen Gebäude. Dazu verwendeten sie die unterschiedlichsten Stile, Formen und Materialien. Bauwerke verraten uns viel über die Menschen, die sie gebaut haben.

Das Kolosseum in Rom (Italien)

Im Inneren der Cheops-Pyramide in Gizeh. Die Tunnel im Inneren zeigen zu den wichtigen Sternen.

Im Inneren der Pyramide

Die Pyramiden des alten Ägypten wurden als Gräber für die herrschenden Pharaonen (siehe Seite 136) gebaut. Die Pyramiden in Gizeh sind noch erhalten. Im Inneren gibt es Grabkammern, Gänge und Schächte. Da einige Tunnel an wichtigen Gestirnen ausgerichtet sind, nimmt man an, dass die Ägypter glaubten, die Seele des Pharao werde durch sie zum Himmel aufsteigen. Die Pyramidenform symbolisiert möglicherweise die Strahlen der Sonne.

Das römische Kolosseum

Die alten Römer waren geniale Baumeister. Eines der bekanntesten Gebäude aus dieser Zeit ist das Kolosseum in Rom. In diesem Amphitheater, einer Art Stadion, ließen sich die Bewohner der Hauptstadt unterhalten. Bis zu 70 000 Zuschauer sahen hier Gladiatoren zu, die gegeneinander oder gegen wilde Tiere kämpften. Löwen, Krokodile und Tiger wurden unterhalb der Arena in Käfigen gehalten und durch ein System aus Flaschenzügen an die Oberfläche gebracht.

Angkor Wat

Der Tempelkomplex von Angkor Wat in Kambodscha ist eines der größten, religiösen Monumente, die je gebaut wurden. Er wurde im 13. Jahrhundert errichtet und dem Hindu-Gott Vishnu gewidmet. Der ganze Komplex bedeckt etwa 2 qkm und ist von einem riesigen Graben umgeben. Seine Form sollte den Berg Meru darstellen. Von ihm glaubten die Menschen, dass er die Heimat der Götter und das spirituelle Zentrum des Universums sei.

Angkor Wat in Kambodscha

EXPERTENWISSEN!

❯ Die Römer waren die Ersten, die Zement zum Bauen benutzten.

❯ Historiker glauben, dass das Kolosseum auch geflutet wurde, um Seeschlachten aufzuführen.

Architektur heute

Architekten finden immer wieder neue Wege, um eindrucksvolle Gebäude zu errichten. Hier ein paar Beispiele für Gebäude, die wegen ihrer einzigartigen Form weltberühmt sind.

Das Opernhaus von Sydney bei Nacht

Opernhaus in Sydney

Das Opernhaus in Sydney stammt vom dänischen Architekten Jørn Utzon und wurde 1973 eröffnet. Es zählt inzwischen zum Weltkulturerbe und gilt als Meilenstein der Architekturgeschichte. Die dramatisch anmutende Dachkonstruktion erinnert an die weißen Segel der großen Schiffe. Nachts werden sie kunstvoll beleuchtet.

EXPERTENWISSEN!

> Das segelartige Dach des Opernhauses von Sydney besteht aus mehr als 1,1 Millionen Keramikkacheln.

> Berühmte zeitgenössische Architekten sind der Brite Norman R. Foster, die britisch-irakische Architektin Zaha Hadid oder die beiden Schweizer Jaques Herzog und Pierre de Meuron.

Die Sagrada Familia

In Barcelona, der zweitgrößten Stadt Spaniens, wird seit 1882 an einer neuen Kathedrale gebaut. Die Sagrada Familia wurde vom Architekten Antoni Gaudi entworfen. Er ließ sich dabei von natürlichen Formen inspirieren, etwa der Gestalt von Bäumen, Muscheln und Blumen. Wenn alles nach Plan verläuft, soll der Bau 2026 fertig sein, also nach einer Bauzeit von 144 Jahren.

Das Guggenheim-Museum

Entworfen vom amerikanischen Architekten Frank Gehry, eröffnete das Guggenheim-Museum in Bilbao (Spanien) 1997. Sein ungewöhnliches Äußeres machte es schnell zu einem der bekanntesten Gebäude der Welt. Wie ein Bildhauer schuf Gehry zunächst die Form des Gebäudes als Papierskulptur. Dabei ließ er sich vom Stadtbild Bilbaos, den Landschaftsformen der Region und von der Geschichte des Standorts beeinflussen.

Die riesigen, baumähnlichen Pfeiler der Sagrada Familia

Das Guggenheim ist ein Museum für moderne und zeitgenössische Kunst.

Wolkenkratzer

Der erste echte Wolkenkratzer wurde 1890 gebaut und hatte 10 Stockwerke. Seit damals wurden die Wolkenkratzer immer höher und höher. Der Burj Khalifa in Dubai ist unglaubliche 163 Stockwerke hoch.

Das Empire State Building

Das Empire State Building in New York wurde im Jahre 1932 fertiggestellt und war das erste Gebäude, das mehr als 100 Stockwerke besaß. Es ist 443 m hoch und war viele Jahre lang das höchste Gebäude der Welt. Nach den ursprünglichen Plänen sollte der 61 Meter hohe Mast als Landeplatz für Luftschiffe dienen.

 ZAHLEN & FAKTEN!

Einige der höchsten Gebäude der Welt

Burj Khalifa, Dubai: 828 m
Tokyo Sky Tree, Tokyo: 634 m
Abraj Al Bait, Mekka: 601 m
1 WTC, New York: 541,32 m
Taipei 101, Taiwan: 508,1 m
World Financial Center, Shanghai: 491,95 m

Petronas-Türme

Die Skyline Kuala Lumpurs in Malaysia wird von den beiden Petronas-Türmen dominiert – Zwillingstürme, die bis zu 452 m hoch sind. Zwischen 1998 und 2004 waren sie die höchsten Gebäude der Welt. In 170 m Höhe sind die beiden Türme durch eine 58 m lange Brücke verbunden. Die Form der Gebäude soll an einen Korb erinnern, denn das Korbweben ist ein traditionell wichtiges Handwerk in Malaysia.

Der Burj Khalifa in Dubai

Die Petronas-Türme in Kuala Lumpur (Malaysia)

Burj Khalifa

Der Burj Khalifa in Dubai wurde 2010 als Wohn- und Geschäftsgebäude fertiggestellt. Mit seinen 828 m ist es das höchste Gebäude der Welt. Seine Fahrstühle fahren mit 65 km/h auf und ab. Hier befinden sich der höchste Swimmingpool, das höchste Restaurant, der höchste Nachtclub und die höchste Moschee der Welt. Hohe Wolkenkratzer schwanken bei starken Winden. Der Burj Khalifa pendelt an der Spitze bis zu 2 m hin und her.

Ökobauten

Architekten entwerfen heutzutage Gebäude aus natürlichen Materialien, wie Stroh oder Bambus. Diese produzieren ihre eigene Energie und können Wasser und Wärme wiederaufbereiten.

Baumaterialien

Stroh ist ein guter, ökologischer Baustoff, da es kostengünstig vor Ort angebaut werden kann. Gepresste Strohballen dienen etwa als stabile Bausteine für Wände. Sie dämmen zugleich die Gebäude, halten die Wärme drin und die Kälte draußen. Alternativ können Erd-Strohmischungen oder verschiedene Erden verwendet werden. Im Gegensatz zu Ziegelsteinen oder Stahl kosten diese Materialien wenig und müssen nicht weit transportiert werden.

Heiße Info!

Grüner Garten

Das neue Kongresszentrum in Vancouver (Kanada) besitzt einen 24 qkm großen Dachgarten. Tausende verschiedene Pflanzen sollen dort einmal wachsen. Es wird sogar Bienenstöcke geben.

Neue Energie

Immer mehr Bauexperten versuchen, natürliche Energiequellen für die Gewinnung von Strom für ihre Gebäude zu nutzen. Sie montieren Solarplatten, die die Energie des Sonnenlichts einfangen und in elektrischen Strom umwandeln. Auf dem Dach können Windturbinen befestigt werden, die aus den Drehbewegungen elektrischen Strom generieren. Einige Häuser nutzen sogar geothermische Energie, die natürliche Hitze unter der Erde aufnimmt und in Elektrizität umwandelt.

Energie aus Abfall

Eines der Hauptziele des ökologischen Bauens ist, die Abfallmenge der Menschen zu reduzieren. Das dreckige Wasser, das beim Baden, Duschen oder in der Waschmaschine entsteht, kann für Toilettenspülungen wiederverwendet werden. Und sogar das Wasser aus der Toilette kann recycelt werden. Natürliche Mikroben können den Abfall in gartenfreundlichen Kompost umwandeln.

Ein ungewöhnlich aussehendes ökologisches Holzhaus in Deutschland

Worterklärung

Abstrakte Kunst Kunst, die Objekte oder Szenen nicht realistisch darstellt.

Arrangement Neubearbeitung und Interpretation eines bekannten Musikstücks.

Auditorium Der Raum, in dem die Zuschauer sitzen, auch Zuschauerraum genannt.

Blechbläserabschnitt Der Teil des Orchesters, in dem die Blechbläser sitzen und spielen.

Catwalk Eine lange Rampe für Models zum Darübergehen während einer Modenschau. Auch Laufsteg genannt.

Choreograf Jemand, der sich Schritte und Bewegungen ausdenkt und sie zu einer Tanzaufführung kombiniert.

Didgeridoo Ein Instrument der australischen Ureinwohner (Aborigines), das aus einem Zweig gefertigt wird.

Digitaltechnik Man verwendet elektronische Sensoren, um Bilder oder Geräusche aufzunehmen, um sie dann in Computerdaten umzuwandeln.

Download Bei einem Download lädt man sich eine bestimmte Datei oder ein Programm aus dem Internet auf seinen Rechner herunter.

Drehbuch Das geschriebene Manuskript eines Films.

E-Book Eine Computerdatei, die die Texte und Bilder eines Buches enthält. Sie wird meist mit einem Spezialgerät, dem E-Book-Reader, gelesen.

Flamenco Ein traditioneller spanischer Tanz, der zu den Rhythmen einer Gitarre aufgeführt wird.

Flügel Die beiden Seiten neben der Bühne, die das Publikum nicht sehen kann. Die Schauspieler warten hier auf ihren Einsatz.

Geometrisch Ein regelmäßiges Muster aus Formen und Linien.

Graffiti Ein Bild an der Wand, das für gewöhnlich mit Sprühdosen aufgetragen wird.

Haptik Wie sich etwas anfühlt.

Komponist Künstler, der Musikstücke verfasst.

Kulisse Hintergrundbild eines Theaterstücks oder eines Films.

Linse Ein gekrümmtes Stück Glas, das das Licht eines Objekts sammelt.

Loge Abgeschlossener Sitzraum mit teuren Sitzen und einer guten Sicht auf die Bühne.

Notationssystem Die Noten und Symbole, die für das Notieren von Musikstücken verwendet werden.

Offset-Druckverfahren Ein Druckverfahren, bei dem die Bilder auf eine große bewegliche Platte übertragen werden. Das Bild wird mit Tinte bedeckt und die Tinte wird auf eine Rolle in der Druckpresse übertragen.

Oper Eine traditionelle Weise, eine Geschichte mit Schauspiel, Gesang, Musik und Tanz aufzuführen.

Orchestergraben Ein Graben vor der Theaterbühne, in dem das Orchester sitzt.

Performance-Kunst Eine Aufführung oder Aktion eines Künstlers vor Publikum, bei der er sich selbst in die Kunst mit einbringt.

Pergament Unterlage zum Schreiben, die aus Tierhaut gefertigt wird.

Phonograph Die erste Maschine aus dem Jahre 1877, die ein Geräusch aufnehmen und wiederabspielen konnte.

Prosthetiks Körperteile aus Gummi, die von Schauspielern und Schauspielerinnen getragen werden, um ihre Erscheinung für die Rolle zu ändern.

Raga-Musik Indische Musik, die besonders auf die Emotionen der Zuhörer zielt.

Rampenlicht Scheinwerfer, die sich auf Fußhöhe am Rand der Theaterbühne befinden.

Samba Ein energiereicher Musikstil aus Südamerika.

Sitar Ein indisches Lauteninstrument, das ähnliche Saiten wie eine Gitarre besitzt.

Sopran Eine weibliche Singstimme, die sehr hohe Noten singen kann.

Schnürboden Der versteckte Teil über der Bühne, in dem sich die Ausrüstung für das Heben und Senken der Szenerien befindet.

Streicher Der Teil eines Orchesters, in dem Instrumente mit Bögen und Saiten gespielt werden.

Surrealismus Eine Kunstform aus dem frühen 20. Jahrhundert, die die Menschen mit ungewöhnlichen Bildern schockieren und überraschen wollte.

Symphonie Ein Stück klassischer Musik, das für ein Orchester geschrieben wurde.

Tango Ein traditioneller Tanz aus Argentinien für zwei Tänzer.

Tenor Die hohe männliche Stimmlage.

Venusfiguren Kleine rundliche Frauenfiguren, die vor etwa 35 000 Jahren in Teilen Europas geschnitzt wurden; gehören zu den frühesten Formen von Kunst, die je gefunden wurden.

Video-Kunst Eine Kunstdarstellung, die einen Film beinhaltet.

KAPITEL 8

DER MENSCHLICHE KÖRPER

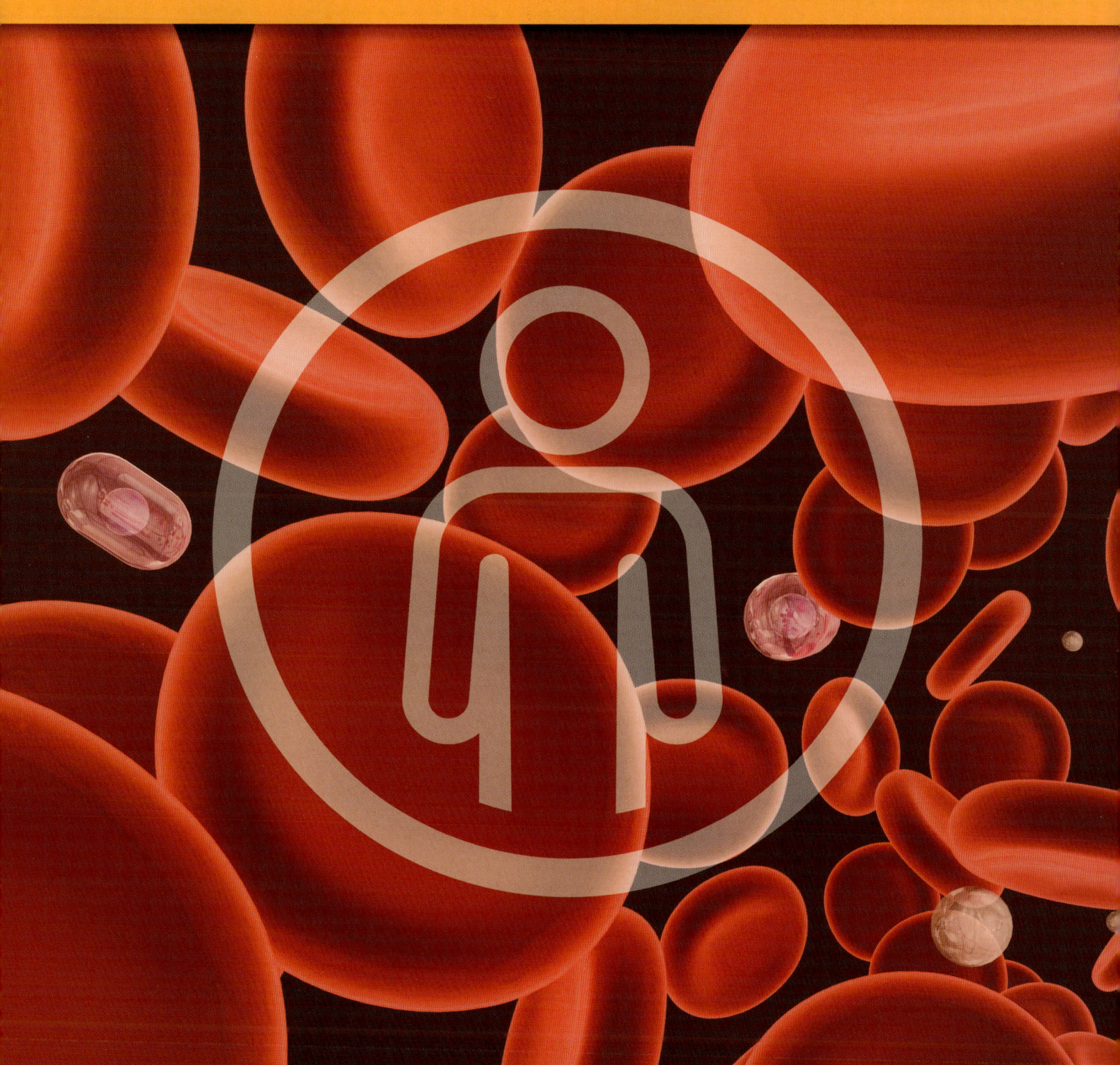

Die Bausteine des Körpers

Jeder Mensch entwickelt sich aus einer einzigen Zelle, die sich erst in zwei Zellen, dann in vier, dann in acht Zellen teilt. Das geht immer so weiter, bis es Milliarden von Zellen sind. In unserem Körper arbeiten etwa 200 verschiedene Arten von Zellen zusammen.

Im Inneren einer Zelle

In einer Sekunde laufen in jeder Körperzelle Tausende chemische Prozesse ab. Zellen brauchen Sauerstoff und Nahrung zum Überleben. Die Lungen und unser Verdauungssystem versorgen sie mit diesen Stoffen. Das Blut transportiert den lebenswichtigen Nachschub. Unsere größten Zellen sind so groß wie der Punkt am Ende dieses Satzes. Die kleinsten kann man nur durch ein hochauflösendes Mikroskop sehen.

Die Zellen sind angefüllt mit Zytoplasma, eine Art Gelee, das dafür sorgt, dass alles an seinem Platz bleibt.

Die Zelle ist von einer Haut, der Membran, umgeben. Darin befinden sich kleine Öffnungen (hier in Grün dargestellt), durch die die Zelle Nahrung nach innen und Abfallstoffe nach draußen transportiert.

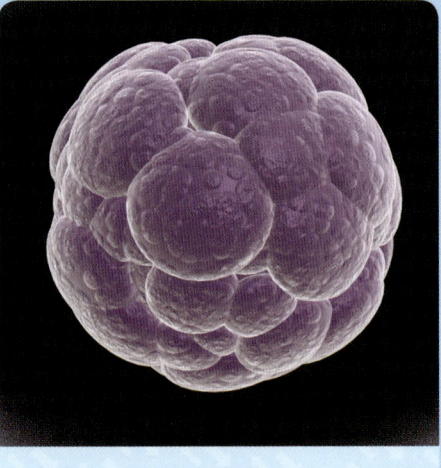

Teile der Zelle

1. Im **Zellkern** liegen die Chromosomen. Diese enthalten alle Informationen, die eine Zelle zum Wachsen und zum Teilen braucht.

2. Genau in der Mitte des Zellkerns befindet sich der **Nukleolus**. Dieser produziert winzige Strukturen, die sogenannten Ribosomen. Daraus entstehen wiederum Proteine, die die Zelle aufbauen und reparieren.

3. Die **Lysosomen** beseitigen schädliche und unerwünschte Substanzen. Sie beginnen außerdem damit, die Nahrung zu verdauen. Die kleineren Nahrungspartikel werden dann zu den Mitochondrien transportiert.

4. Die **Mitochondrien** spalten die Nahrung auf. Dabei entstehen Wasser und Kohlendioxid. Dieser Aufspaltungsprozess liefert die Energie für alle Zellfunktionen.

5. Die **Zentriolen** tauchen immer paarweise auf und helfen bei der Zellteilung.

Die DNS – der genetische Fingerabdruck

Die Desoxyribonukleinsäure oder kurz DNS ist der Bauplan des Körpers. Die DNS jedes Menschen ist einzigartig – sogar in der DNS von eineiigen Zwillingen findet man kleine Unterschiede.

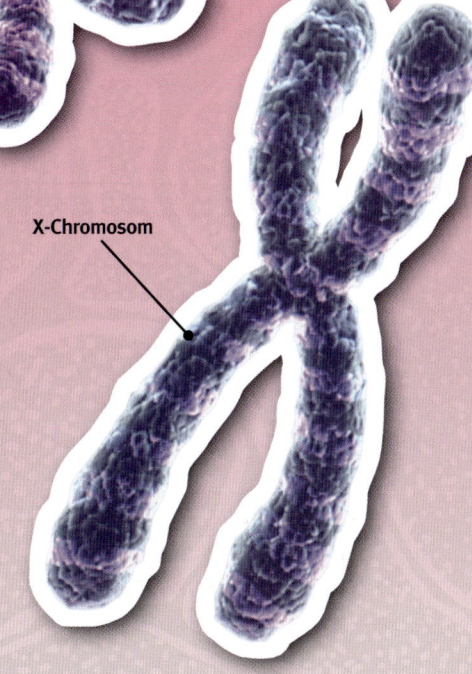

Y-Chromosom

X-Chromosom

Chromosomen

Chromosomen bestehen aus DNS und befinden sich in jedem Zellkern. Sie enthalten zwischen 25 000 und 35 000 Genen. Das sind die Informationen, die uns zu dem machen, was wir sind. Wir erben von unseren Eltern Gene. Deshalb hast du vielleicht die braunen Haare und die blauen Augen deiner Mutter oder die große Nase deines Vaters.

Mädchen oder Junge?

In jeder Körperzelle des Menschen findet man 23 Chromosomenpaare. Das 23. Paar besteht aus Chromosomen, die man je nach ihrer Form als X- oder Y-Chromosomen bezeichnet. Von diesem Paar hängt ab, ob jemand eine Frau oder ein Mann ist. Frauen haben zwei X-Chromosomen, Männer ein X- und ein Y-Chromosom.

Die DNS besteht aus einem langen, gedrehten Molekülstrang, der auch Nukleotid genannt wird.

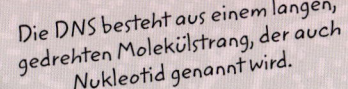

Heiße Info!

DNS-Test

Die Menschen hinterlassen überall DNS-Spuren. Das hilft der Polizei bei der Aufklärung von Verbrechen. Beim DNS-Test wird eine DNS-Spur vom Tatort mit einer DNS-Probe des Verdächtigen verglichen. Meist wird die Vergleichsprobe von der Wangeninnenseite genommen.

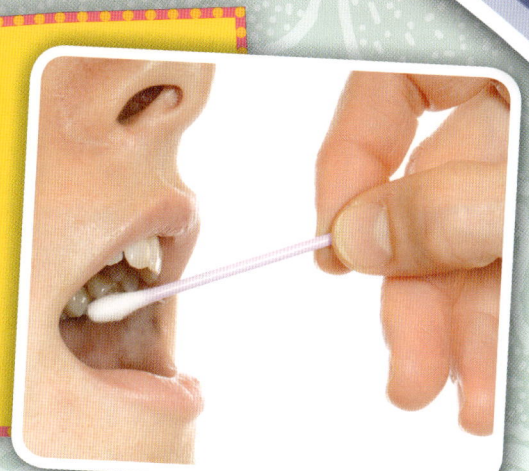

Die Haut

Die Haut ist das größte Organ des Menschen. Sie ist dehnbar, wasserdicht und enthält Nervenzellen, die Signale von außen an unser Gehirn weiterleiten. Sie schützt den Körper gegen schädliche Substanzen von außen.

Neue Haut

Die ganze Zeit werden neue Hautzellen produziert. Sie bewegen sich Stück für Stück an die Oberfläche, die etwa alle vier Wochen ersetzt wird.

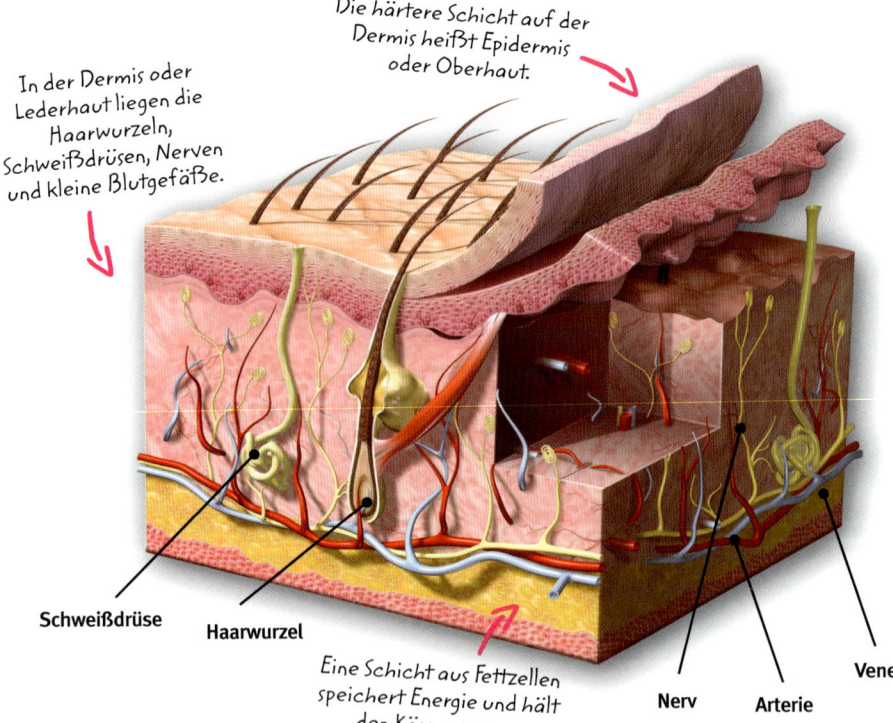

Die härtere Schicht auf der Dermis heißt Epidermis oder Oberhaut.

In der Dermis oder Lederhaut liegen die Haarwurzeln, Schweißdrüsen, Nerven und kleine Blutgefäße.

Schweißdrüse

Haarwurzel

Eine Schicht aus Fettzellen speichert Energie und hält den Körper warm.

Nerv   Arterie   Vene

So heilt die Haut

Schneidest du dich, reagiert dein Körper sofort.

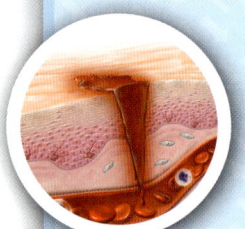

1. Das Blut verklumpt, die Blutung stoppt und es bildet sich schützender Schorf.

2. Unter der Oberfläche bekämpfen die weißen Blutkörperchen jegliche Bakterien, die durch die Wunde eingedrungen sind.

3. Von den äußeren Rändern her bildet sich neue Haut, bis die Wunde wieder zugewachsen ist.

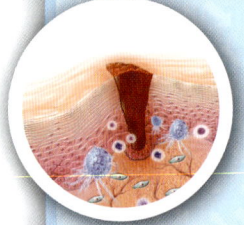

4. Ist die Haut nachgewachsen, trocknet die Kruste aus und fällt schließlich ab.

Tief in der Haut

Melanin wird von der Epidermis produziert. Es gibt der Haut ihre Farbe. Je mehr Sonne auf die Haut scheint, desto mehr Melanin wird produziert. Dadurch wird die Haut vor den ultravioletten Strahlen der Sonne geschützt.

Hellhäutige Menschen besitzen am wenigsten Melanin. Sehr häufig haben sie Sommersprossen, also kleine Punkte aus Melanin.

Menschen mit olivfarbener Haut produzieren eine mittlere Menge an Melanin.

Dunkelhäutige Menschen besitzen viele Zellen für die Melaninproduktion.

Haare und Nägel

Deine Haare und Nägel bestehen hauptsächlich aus Keratin – das ist dasselbe Protein, aus dem auch die oberste Hautschicht besteht. Die Abschnitte, die du sehen kannst, sind tot. Daher tut Haare- oder Nägelschneiden auch nicht weh.

Haare

Am ganzen Körper wachsen Haare – außer auf den Handflächen, den Fußsohlen, Lippen und den Augenlidern. Die Haarwurzeln liegen tief in der Haut. Auf einem Kopf wachsen durchschnittlich etwa 100 000 Haare. Sie leben zwei bis sechs Jahre, dann fallen sie aus und werden ersetzt.

Die Muskeln am Haarbalg sorgen dafür, dass sich die Haare aufstellen.

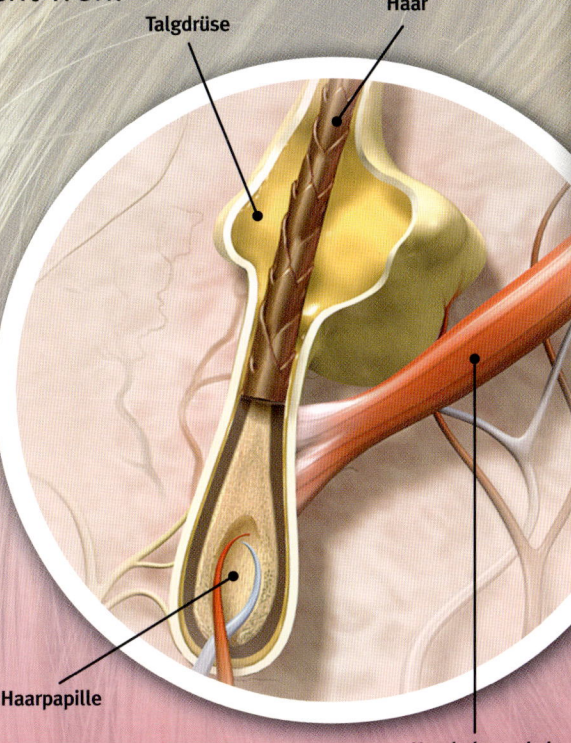

Talgdrüse

Haar

Haarpapille

Haarbalgmuskel

> **ZAHLEN & FAKTEN**

> ❯ Pro Tag verlieren wir 50 bis 100 unserer etwa 120 000 Haare auf dem Kopf.

> ❯ Jeden Monat wächst unser Haar etwa 6 mm.

> ❯ Fingernägel wachseln doppelt so schnell wie Zehennägel.

Nicht nur dekorativ

Haare halten uns warm. Wenn es kalt ist, bekommen wir eine Gänsehaut. Dann stellen sich die winzigen Haare an Armen und Beinen auf und versuchen so, warme Luft an der Haut zu halten. Die Augenbrauen schützen unsere Augen vor Schweiß, wohingegen die Wimpern und Nasenhaare den Staub abhalten.

Nägel

Die Nägel an den Händen und Füßen schützen jeweils die Fuß- und Fingerspitzen. Man kann mit ihnen Knoten lösen und sich kratzen. Die Fingernägel wachsen in der Woche etwa 0,75 mm. Bist du Rechtshänder, wachsen die Nägel an der rechten Hand schneller als die an der linken Hand.

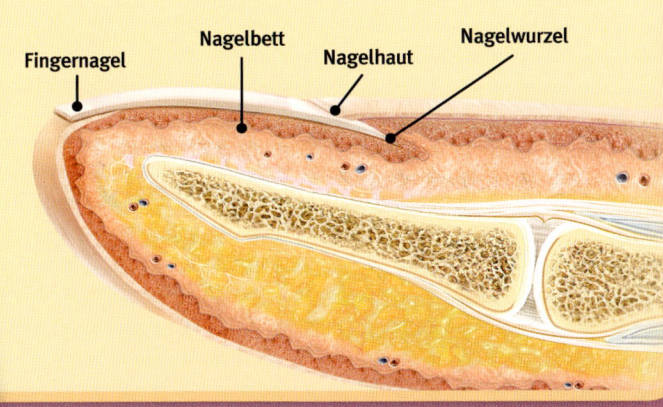

Fingernagel

Nagelbett

Nagelhaut

Nagelwurzel

Knochen

Die Knochen stützen unseren Körper und die inneren Organe. Ohne sie würden wir wie eine Qualle zusammenfallen. Sie erneuern sich ständig: Etwa 10 Prozent des Knochens eines Erwachsenen wird jedes Jahr ersetzt.

Wachsende Knochen

Babys kommen mit mehr als 300 Knochen auf die Welt, von denen einige später zusammenwachsen. Ein Erwachsener besitzt 206 Knochen. Die Knochen eines Babys bestehen aus einer Menge Knorpel. Dieser ist weich und flexibel. Während sie wachsen, wird der Knorpel durch harte Knochen ersetzt.

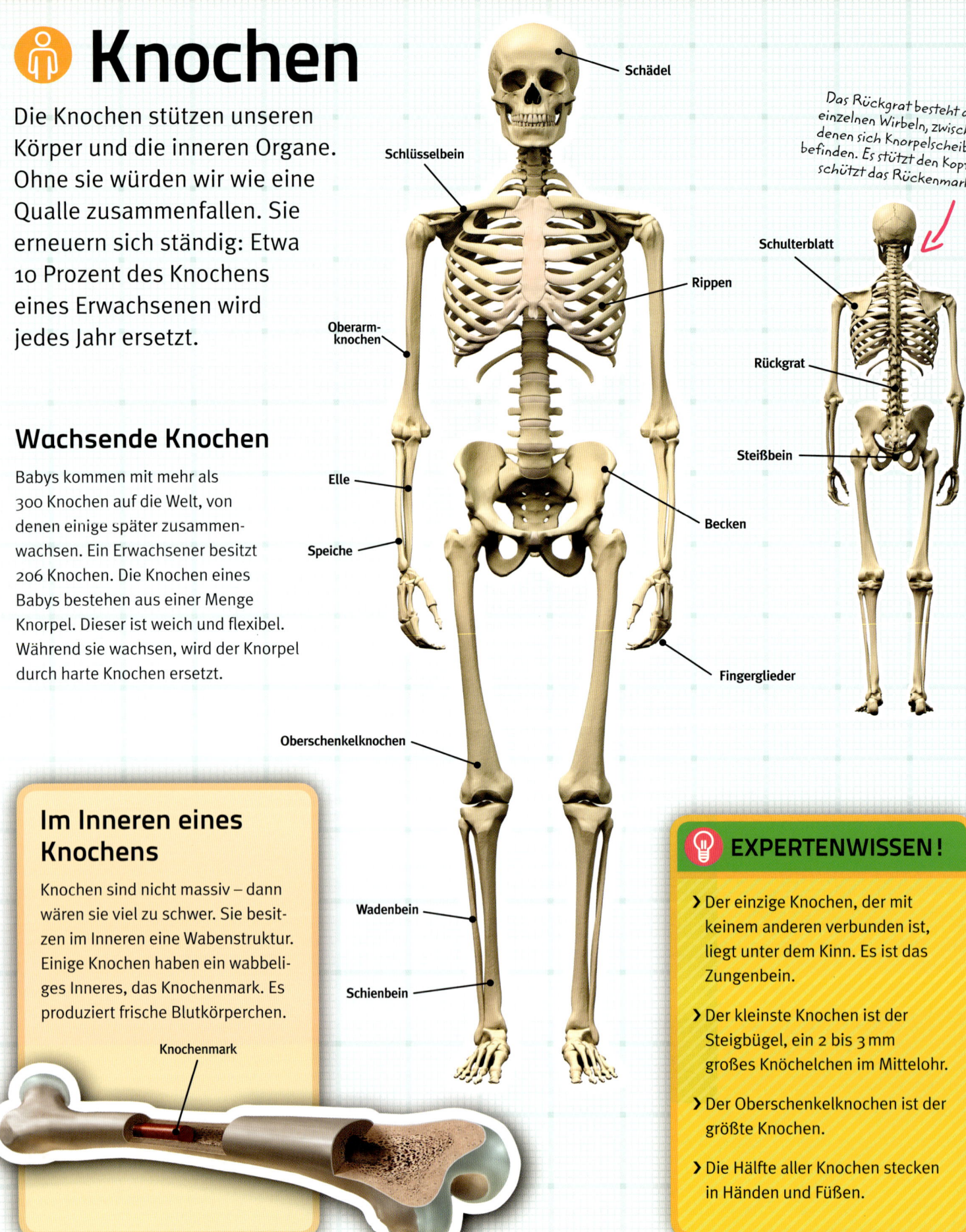

Schädel

Schlüsselbein

Rippen

Oberarm-knochen

Elle

Speiche

Becken

Fingerglieder

Oberschenkelknochen

Wadenbein

Schienbein

Das Rückgrat besteht aus einzelnen Wirbeln, zwischen denen sich Knorpelscheiben befinden. Es stützt den Kopf und schützt das Rückenmark.

Schulterblatt

Rückgrat

Steißbein

Im Inneren eines Knochens

Knochen sind nicht massiv – dann wären sie viel zu schwer. Sie besitzen im Inneren eine Wabenstruktur. Einige Knochen haben ein wabbeliges Inneres, das Knochenmark. Es produziert frische Blutkörperchen.

Knochenmark

EXPERTENWISSEN!

❯ Der einzige Knochen, der mit keinem anderen verbunden ist, liegt unter dem Kinn. Es ist das Zungenbein.

❯ Der kleinste Knochen ist der Steigbügel, ein 2 bis 3 mm großes Knöchelchen im Mittelohr.

❯ Der Oberschenkelknochen ist der größte Knochen.

❯ Die Hälfte aller Knochen stecken in Händen und Füßen.

Bänder und Gelenke

Durch Bänder und Gelenke können wir unseren Körper beugen und uns in viele verschiedene Richtungen bewegen. Ohne sie könnten wir nur stocksteif dastehen.

Gelenke

Die meisten Knochen sind durch Gelenke verbunden, die sich auf unterschiedliche Weise bewegen lassen. Das hier gezeigte Kniegelenk funktioniert wie ein Scharnier.

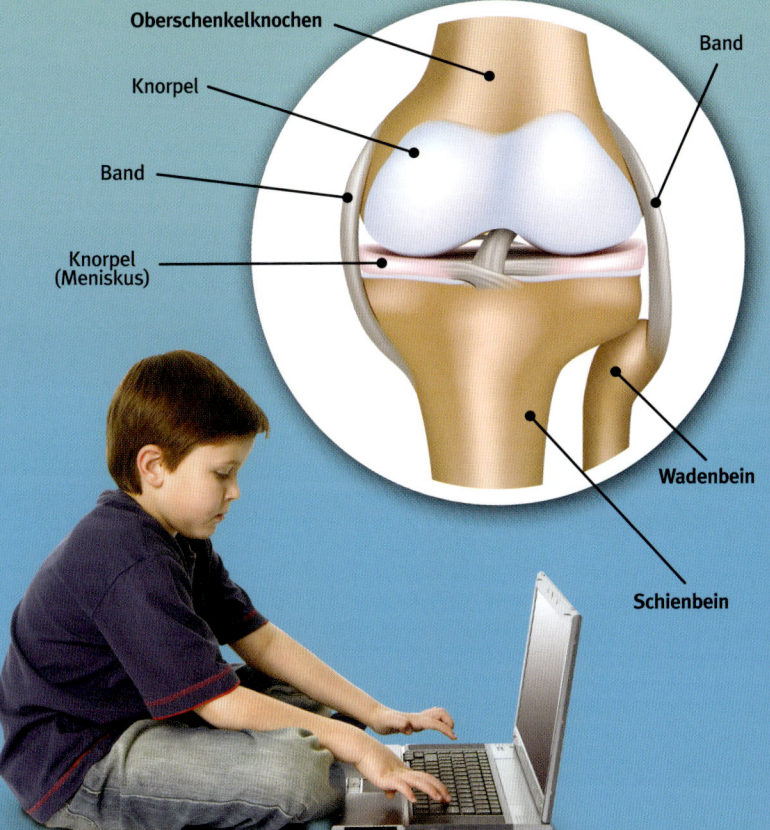

Oberschenkelknochen
Knorpel
Band
Knorpel (Meniskus)
Band
Wadenbein
Schienbein

Gelenkformen

1. Gleitende Gelenke findet man in der Wirbelsäule, den Handgelenken, den Füßen und am Schlüsselbein. Dabei gleiten die Knochen übereinander.

2. Bei einem Zapfengelenk steckt ein Knochen in einem anderen. Man findet diese Drehgelenke im Hals und im Unterarm.

3. Scharniergelenke findet man in den Knien, Ellenbogen, Fingern und Zehen. Sie bewegen sich wie bei einer Tür in eine Richtung vor und zurück.

4. Mit Kugelgelenken hat man am meisten Bewegungsfreiheit. Kugelgelenke sitzen in der Schulter und in der Hüfte.

5. Eigelenke biegen und drehen sich. Man findet sie in Handgelenken, Händen und Füßen.

6. Das Sattelgelenk gibt es nur beim Daumen.

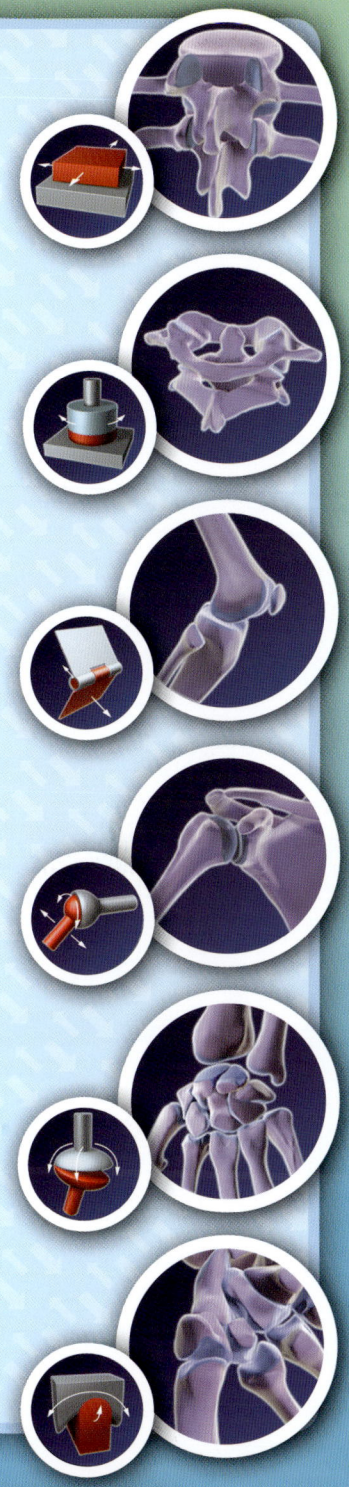

Bänder

Bänder sind faserartige, starke Stränge, die die Knochen zusammenhalten und die Gelenke stabilisieren. So können wir uns auf jede erdenkliche Weise bewegen – wir können die Zehen berühren, unsere Knie beugen und im Schneidersitz auf dem Boden sitzen.

Heiße Info!

Verbiegen als Schulfach

Schlangenmenschen besitzen sehr bewegliche Bänder. Daher können sie sich ganz wunderbar verbiegen. In der Mongolei lernen viele Kinder das Verbiegen bereits in der Schule.

Muskeln

Unsere Muskeln machen etwa die Hälfte unseres Körpergewichts aus. Wir besitzen mehr als 600 Muskeln. Ohne sie könnten wir nicht leben.

Hinter den Kulissen

Unsere Muskeln helfen uns nicht nur bei Bewegungen. Hinter den Kulissen pumpen sie Blut durch unseren Körper, transportieren die Nahrung durch den Verdauungstrakt und ermöglichen uns das Atmen.

Kaputte Achillessehne

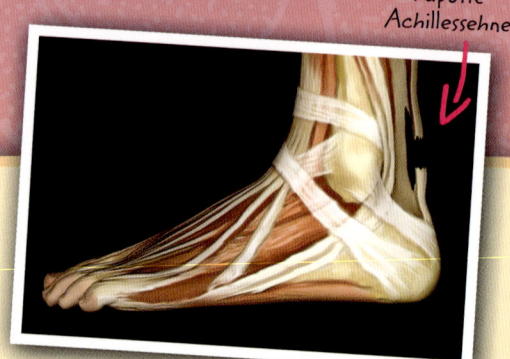

Zähe Sehnen

Sehnen sind starke, flexible Bänder, die einen Muskel mit einem Knochen verbinden. Die Achillessehne verbindet den Wadenmuskel mit der Ferse. Obwohl sie die stärkste Sehne ist, wird sie beim Sport manchmal verletzt.

 EXPERTENWISSEN!

➤ Bodybuilder besitzen die gleiche Menge an Muskeln wie du. Die Muskeln sind nur dicker.

➤ Der stärkste Muskel des menschlichen Körpers ist der Kaumuskel, der die Kiefer verbindet.

Die größten Muskeln

1. **Bizeps:** Dieser Muskel beugt den Arm.

2. **Trizeps:** Dieser Muskel streckt den Arm.

3. **Deltamuskel:** Ein Muskel an der Schulter, der den Arm hebt.

4. **Trapezmuskel:** Dieser Muskel im oberen Rücken bewegt die Schultern und den Nacken und hilft uns beim Atmen.

5. **Großer Brustmuskel:** Dieser Brustmuskel bewegt das Schultergelenk.

6. **Großer Gesäßmuskel:** Dieser Muskel ist für das Laufen, Rennen und Heben wichtig.

7. **Gerader Oberschenkelmuskel:** Ein Bündel aus Muskeln, die das Knie strecken.

8. **Gerader Bauchmuskel:** Ein langer, flacher Muskel, der uns beim Aufrichten und Sitzen hilft.

9. **Schräger Bauchmuskel:** Mithilfe dieses Muskels können wir uns drehen und seitwärts beugen. Sie schützen auch die Organe auf Bauchhöhe.

10. **Schneidermuskel:** Der längste Muskel des Körpers. Durch ihn können wir die Hüfte drehen und im Schneidersitz sitzen.

11. **Wadenmuskulatur:** Zwei Muskeln, die den Fuß und das Knie beugen.

12. **Hinterer Oberschenkelmuskel:** Eine Gruppe Muskeln am hinteren Bein, die die Hüfte strecken und das Knie beugen.

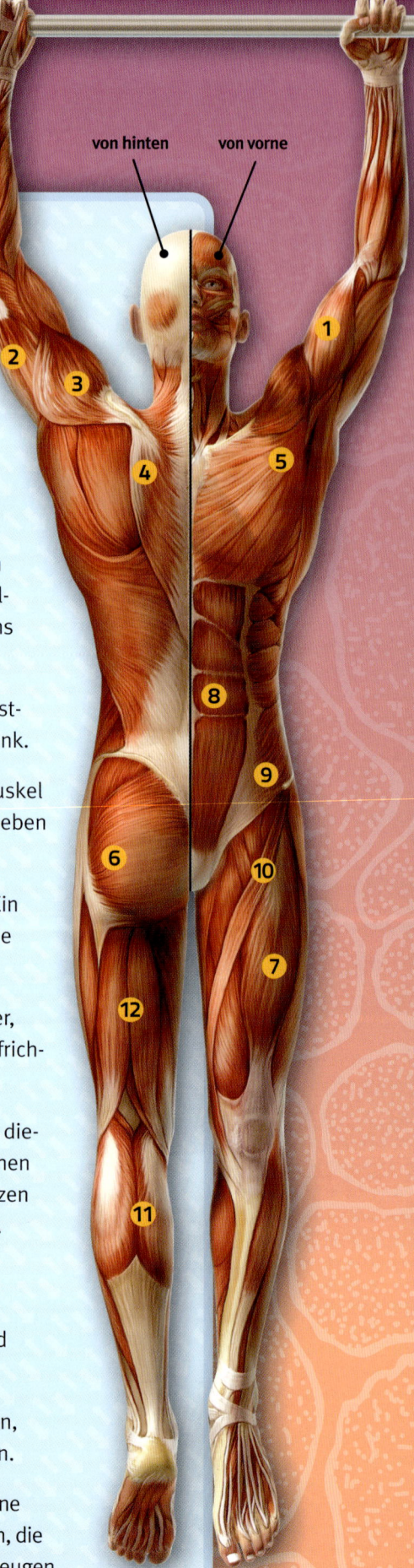

von hinten   von vorne

Wie Muskeln arbeiten

Muskeln sind der Motor des Körpers und verwandeln Energie in Bewegung.

Treibstoff der Muskeln

Wenn wir uns bewegen, atmen wir tiefer und unser Herz schlägt schneller, um die Muskeln mit sauerstoffreichem Blut zu versorgen.

Muskeln unter dem Mikroskop

Muskeln bestehen aus Bündeln dehnbarer Fasern. Jede Faser enthält kleine stabförmige Fasern, Myofibrillen genannt, die sich zusammenziehen und wieder entspannen.

Skelettmuskeln

Die Muskeln, die wir für unsere Bewegungen brauchen, werden Skelettmuskeln genannt. Doch es gibt noch zwei weitere Muskelarten, die wir nicht kontrollieren können.

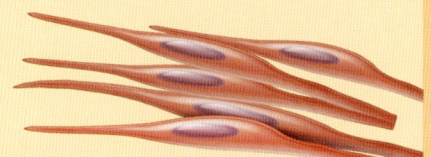

Glatte Muskeln

Glatte Muskulatur findet man in den Wänden von Blutgefäßen und Hohlorganen, wie Magen, Darm und Blase. Sie arbeiten automatisch und halten die Organe am Laufen.

Herzmuskeln

Herzmuskeln findet man nur im Herzen. Sie sind sehr stark und arbeiten unser Leben lang 24 Stunden am Tag.

Teamarbeit

Muskeln können nur ziehen und nicht drücken, daher müssen sie immer als Paar zusammenarbeiten.

1. Möchtest du deinen Arm beugen, zieht sich der Bizeps zusammen, um den Unterarm anzuheben. Der Trizeps entspannt sich.

2. Streckst du deinen Arm durch, entspannt sich der Bizeps und der Trizeps zieht sich zusammen. Dadurch bewegt sich der Unterarm nach unten.

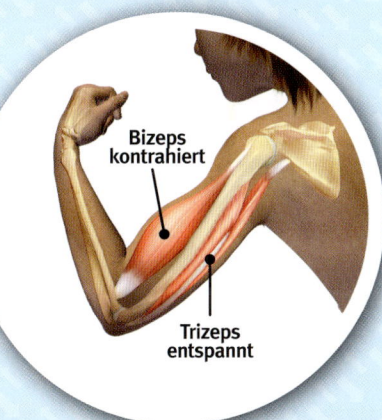

Bizeps kontrahiert

Trizeps entspannt

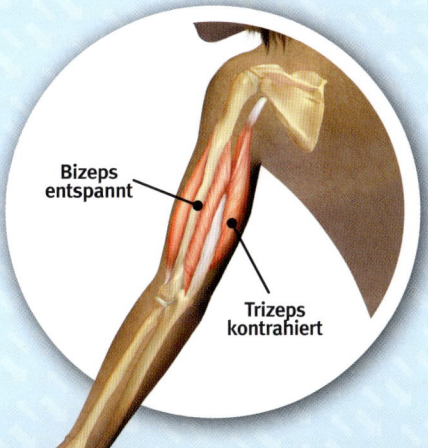

Bizeps entspannt

Trizeps kontrahiert

EXPERTENWISSEN!

> Könnten alle Muskeln deines Körpers gleichzeitig in eine Richtung ziehen, könntest du die Kraft von 25 Tonnen entwickeln.

Das große Ganze!

Die Organe

Ein Organ enthält mindestens zwei unterschiedliche Gewebearten, die bei ihrer jeweiligen Aufgabe zusammenarbeiten. In einem Organsystem wirken mehrere Organe als Einheit zusammen.

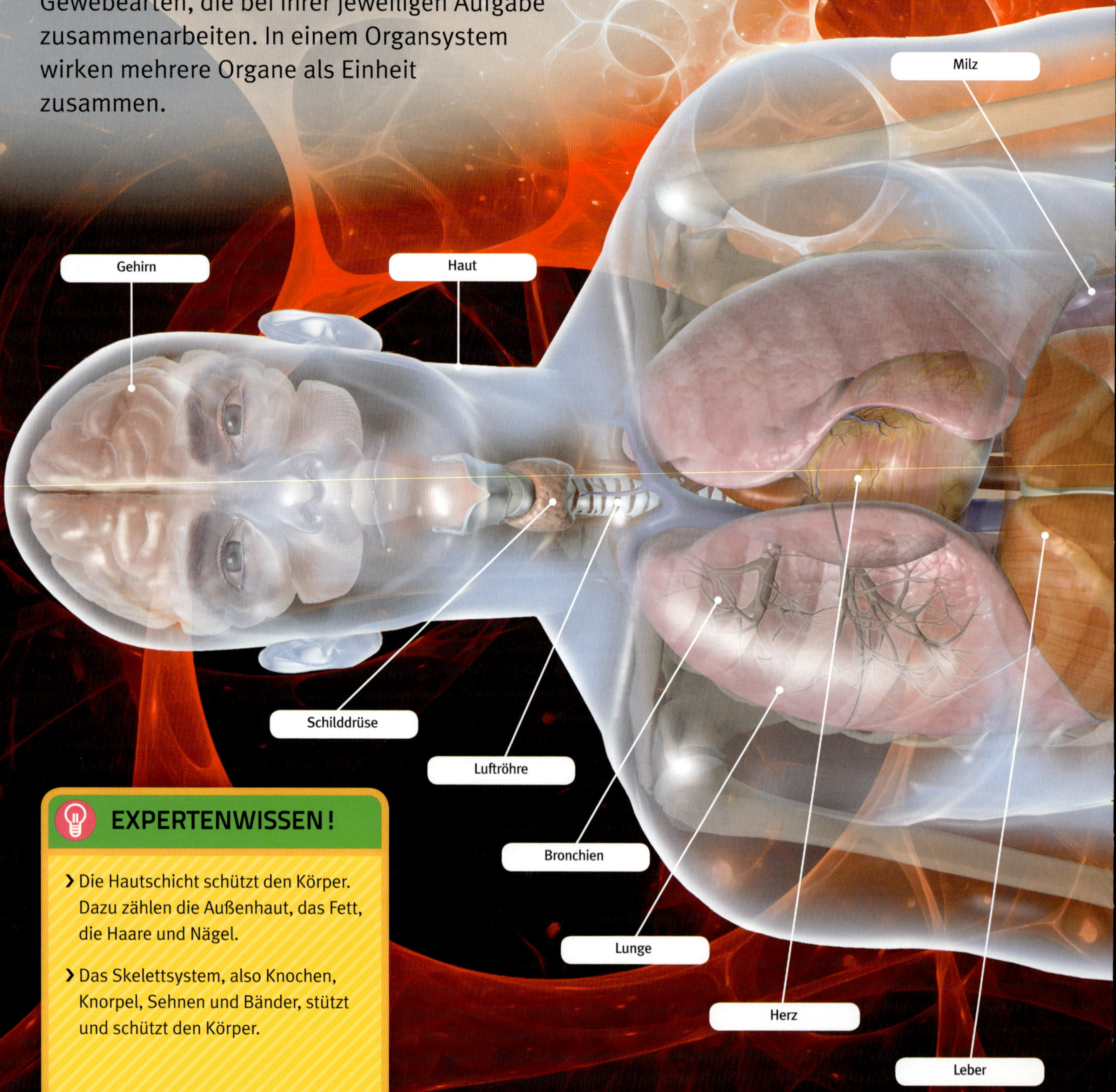

Milz

Gehirn

Haut

Schilddrüse

Luftröhre

EXPERTENWISSEN!

> Die Hautschicht schützt den Körper. Dazu zählen die Außenhaut, das Fett, die Haare und Nägel.

> Das Skelettsystem, also Knochen, Knorpel, Sehnen und Bänder, stützt und schützt den Körper.

Bronchien

Lunge

Herz

Leber

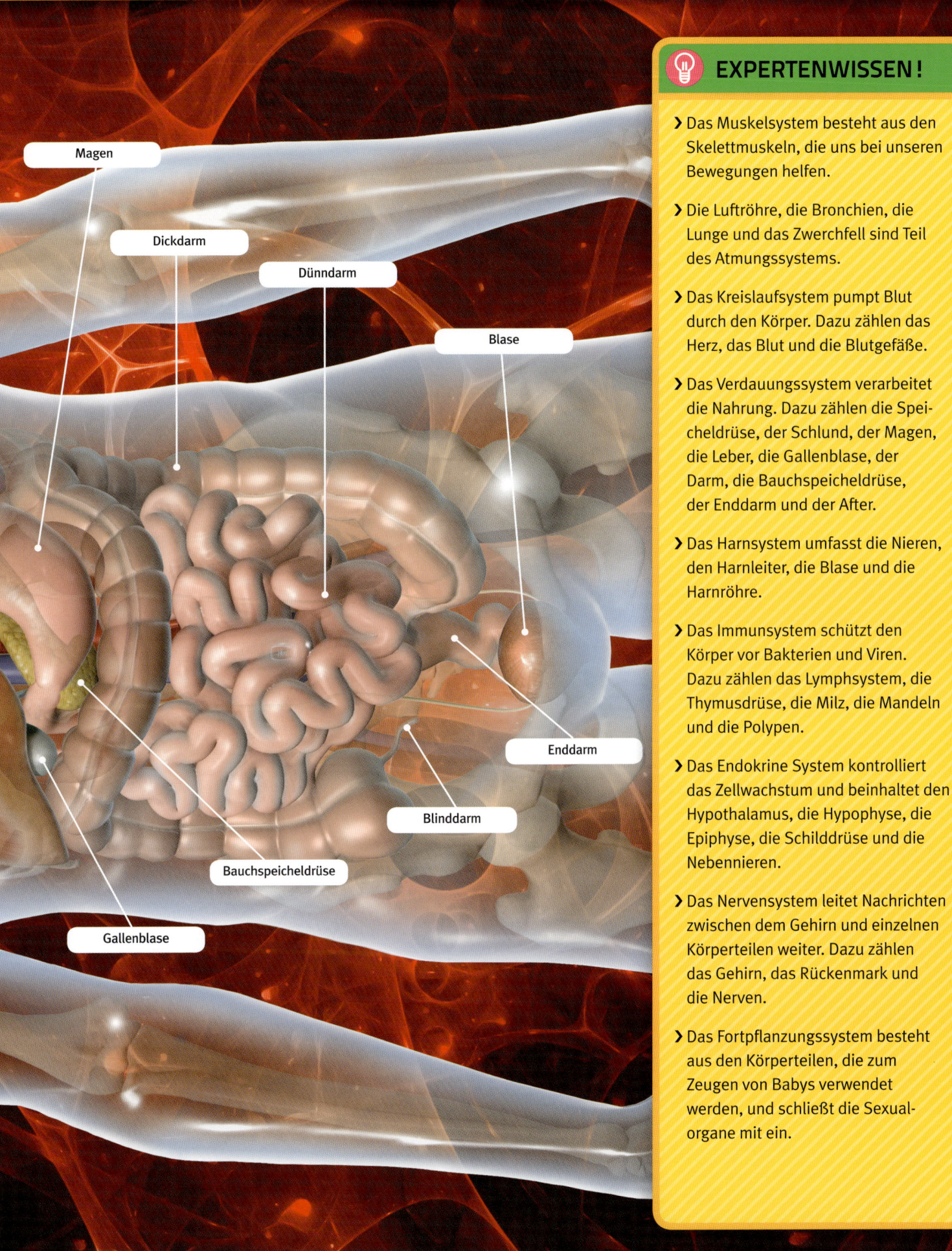

Magen

Dickdarm

Dünndarm

Blase

Enddarm

Blinddarm

Bauchspeicheldrüse

Gallenblase

EXPERTENWISSEN!

> Das Muskelsystem besteht aus den Skelettmuskeln, die uns bei unseren Bewegungen helfen.

> Die Luftröhre, die Bronchien, die Lunge und das Zwerchfell sind Teil des Atmungssystems.

> Das Kreislaufsystem pumpt Blut durch den Körper. Dazu zählen das Herz, das Blut und die Blutgefäße.

> Das Verdauungssystem verarbeitet die Nahrung. Dazu zählen die Speicheldrüse, der Schlund, der Magen, die Leber, die Gallenblase, der Darm, die Bauchspeicheldrüse, der Enddarm und der After.

> Das Harnsystem umfasst die Nieren, den Harnleiter, die Blase und die Harnröhre.

> Das Immunsystem schützt den Körper vor Bakterien und Viren. Dazu zählen das Lymphsystem, die Thymusdrüse, die Milz, die Mandeln und die Polypen.

> Das Endokrine System kontrolliert das Zellwachstum und beinhaltet den Hypothalamus, die Hypophyse, die Epiphyse, die Schilddrüse und die Nebennieren.

> Das Nervensystem leitet Nachrichten zwischen dem Gehirn und einzelnen Körperteilen weiter. Dazu zählen das Gehirn, das Rückenmark und die Nerven.

> Das Fortpflanzungssystem besteht aus den Körperteilen, die zum Zeugen von Babys verwendet werden, und schließt die Sexualorgane mit ein.

Die Lunge

Die Lunge ist ein schwammartiges Organ. Sie versorgt das Blut mit Sauerstoff, der dann in jede Zelle des Körpers transportiert wird. Beim Ausatmen entfernt die Lunge das giftige Kohlendioxid aus dem Körper.

Im Inneren der Lungen

Die Luft gelangt durch die Nase oder den Mund in den Rachen und von dort in die Luftröhre, die Trachee. Diese teilt sich in zwei Röhren auf, die sogenannten Bronchien. Die Bronchien bringen die Luft in die Lungenflügel. Dort verzweigen sich die Bronchien in immer kleinere Abschnitte, die sogenannten Bronchialäste. An deren Enden finden sich kleine Säckchen, die Lungenbläschen, von denen aus der Sauerstoff schließlich ins Blut gelangt.

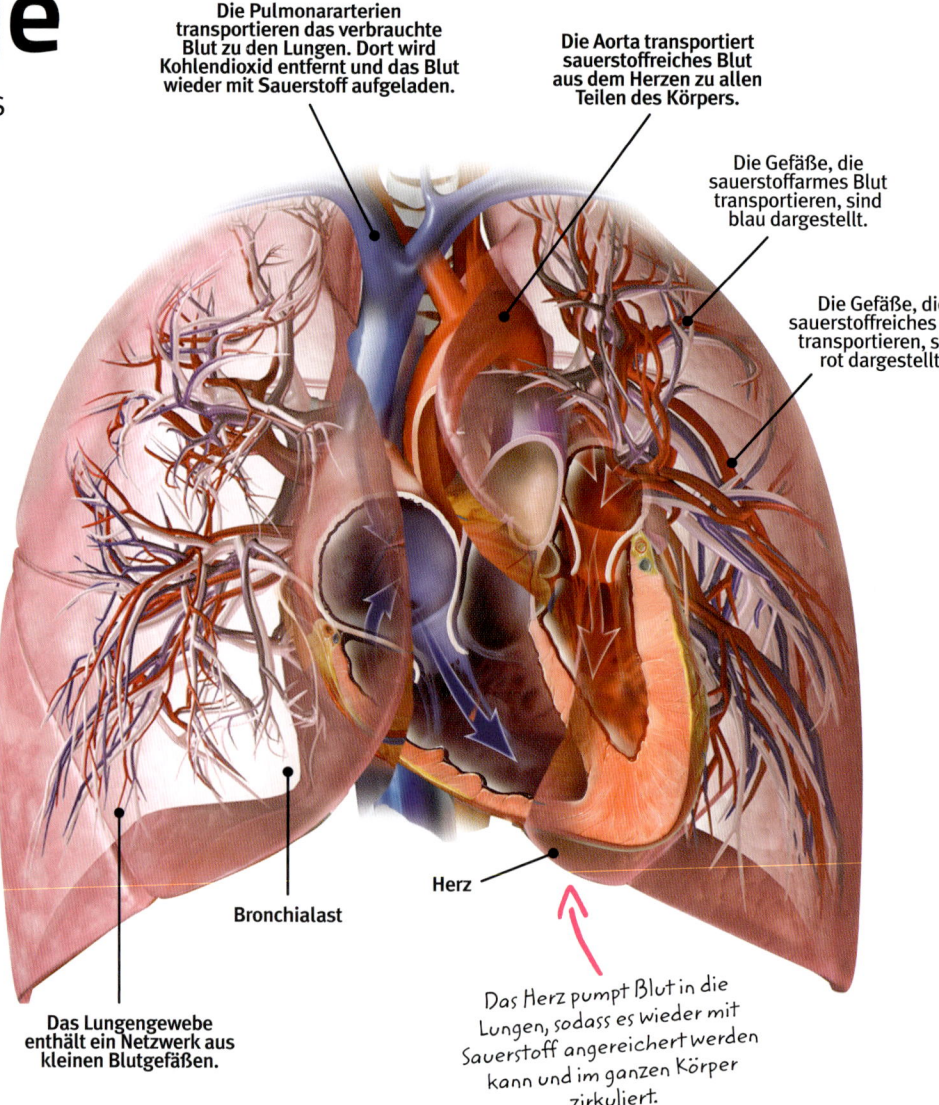

Die Pulmonararterien transportieren das verbrauchte Blut zu den Lungen. Dort wird Kohlendioxid entfernt und das Blut wieder mit Sauerstoff aufgeladen.

Die Aorta transportiert sauerstoffreiches Blut aus dem Herzen zu allen Teilen des Körpers.

Die Gefäße, die sauerstoffarmes Blut transportieren, sind blau dargestellt.

Die Gefäße, die sauerstoffreiches Blut transportieren, sind rot dargestellt.

Bronchialast

Herz

Das Lungengewebe enthält ein Netzwerk aus kleinen Blutgefäßen.

Das Herz pumpt Blut in die Lungen, sodass es wieder mit Sauerstoff angereichert werden kann und im ganzen Körper zirkuliert.

Atme tief ein

Wir atmen ganz automatisch, selbst wenn wir tief und fest schlafen. Würden wir aufhören zu atmen, würde der Sauerstoffspiegel des Körpers in wenigen Minuten gefährlich sinken.

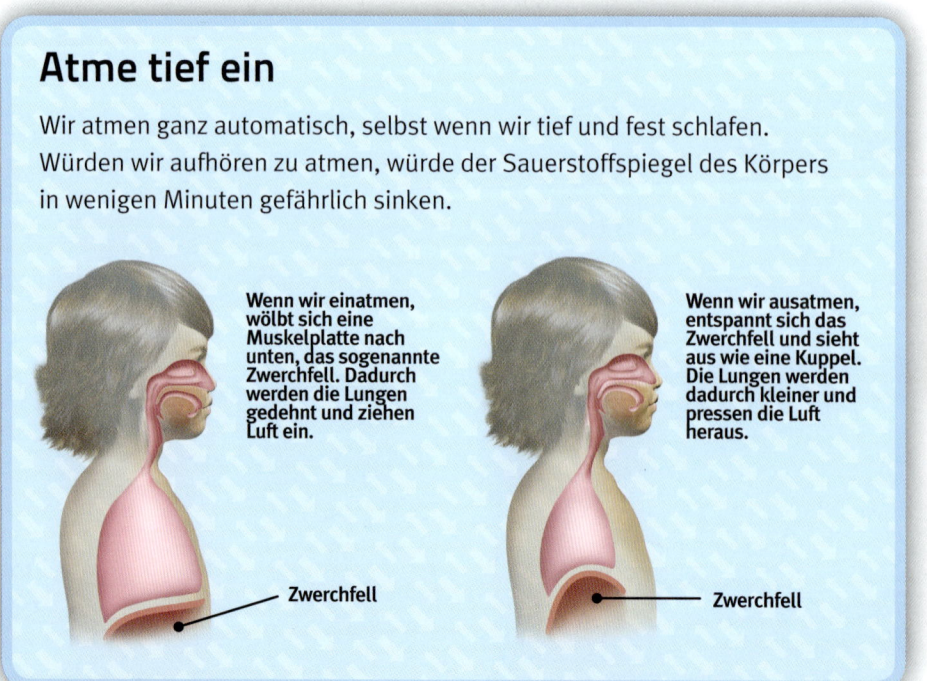

Wenn wir einatmen, wölbt sich eine Muskelplatte nach unten, das sogenannte Zwerchfell. Dadurch werden die Lungen gedehnt und ziehen Luft ein.

Wenn wir ausatmen, entspannt sich das Zwerchfell und sieht aus wie eine Kuppel. Die Lungen werden dadurch kleiner und pressen die Luft heraus.

Zwerchfell

Zwerchfell

Heiße Info!

Gähnen

Vielleicht gähnen wir, weil wir mehr Sauerstoff brauchen oder Kohlendioxid loswerden wollen, doch das weiß bis heute keiner so genau.

Die Atmung

Als Atmung, auch Respiration genannt, bezeichnet man den Transport des Sauerstoffs aus der Luft in die unterschiedlichen Gewebe des Körpers und das Entfernen des Kohlendioxids aus den Zellen.

Gasaustausch

Die mikroskopisch kleinen Kammern an den Enden der Bronchialäste nennt man Lungenbläschen (Alveolen). Sie tauschen das Kohlendioxid im Blut gegen Sauerstoff. Der Kohlendioxidspiegel im Blut zeigt dem Gehirn, wie schnell und tief geatmet werden muss, um das Kohlendioxid wieder loszuwerden.

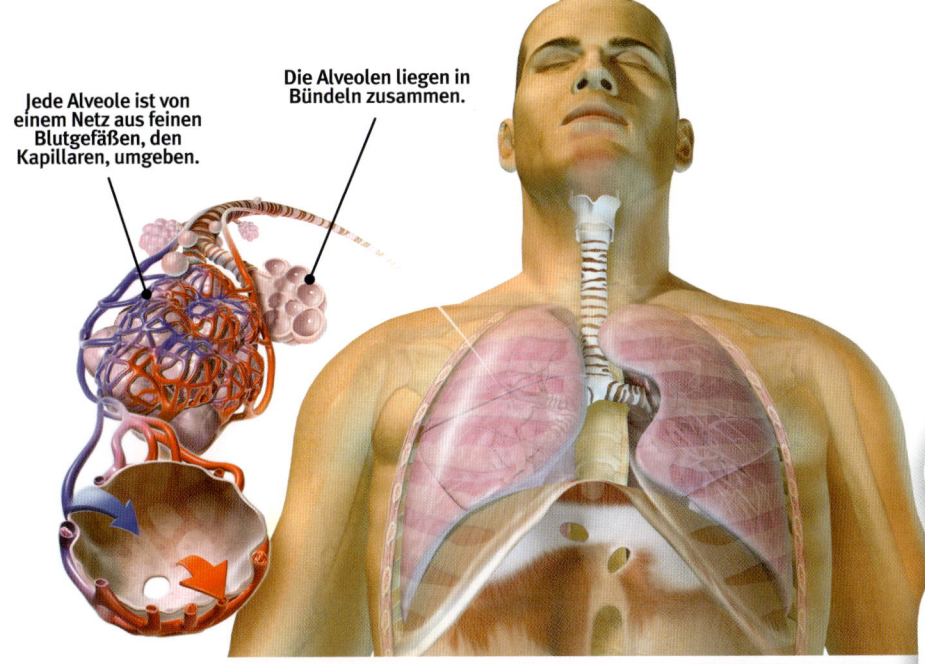

Jede Alveole ist von einem Netz aus feinen Blutgefäßen, den Kapillaren, umgeben.

Die Alveolen liegen in Bündeln zusammen.

ZAHLEN & FAKTEN!

> Wir atmen jeden Tag mehr als 20 000-mal ein und aus. Wenn wir 70 Jahre alt sind, haben wir mindestens 600 Millionen Atemzüge gemacht.

> Ein Erwachsener atmet in einer Minute 12- bis 20-mal. Wenn er Sport macht, sogar bis zu 70-mal. Babys atmen bis zu 60-mal in der Minute.

> Unsere Atemluft besteht zu 21 Prozent aus Sauerstoff und zu 0,04 Prozent aus Kohlendioxid. Die Luft, die wir ausatmen, enthält noch 16 Prozent Sauerstoff und 4 Prozent Kohlendioxid. Der übrige Anteil der Luft besteht größtenteils aus Stickstoff.

EXPERTENWISSEN!

> Die Lunge ist das einzige der inneren Organe, das mit der Außenwelt in Kontakt kommt.

> Der linke Lungenflügel ist etwas kleiner als der rechte, damit das Herz genug Platz hat.

Mach Krach!

Wir können sprechen, singen oder schreien, da die Lunge Luft über unsere Stimmbänder fließen lässt. Die Luft, die durch die Luftröhre zieht, weht um die Stimmbänder herum und lässt sie vibrieren. Je fester wir ausatmen, desto lauter ist das Geräusch, das wir machen.

Das Herz

Das Herz eines Menschen ist etwa so groß wie seine Faust. Es besteht aus einem speziellen Muskel, dem Herzmuskel. Dieser kommt sonst nirgendwo im Körper vor. Der Herzmuskel arbeitet härter als alle anderen und wird niemals müde.

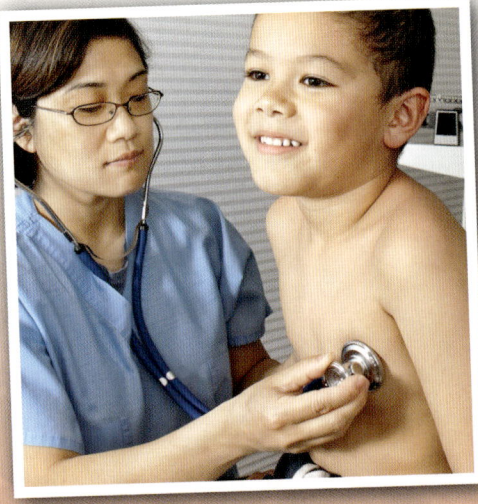

Aufbau des Herzens

Das Herz ist in vier Kammern unterteilt: zwei Vorhöfe, in denen das Blut gesammelt wird, und darunter zwei Pumpkammern, die sogenannten Ventrikel. Die rechte Seite des Herzens nimmt das sauerstoffarme Blut auf, das bereits durch den Körper gereist ist, und schickt es zu den Lungen. Dort wird es wieder mit Sauerstoff angereichert. Die linke Seite nimmt das sauerstoffreiche Blut aus den Lungen auf und pumpt es durch den ganzen Körper.

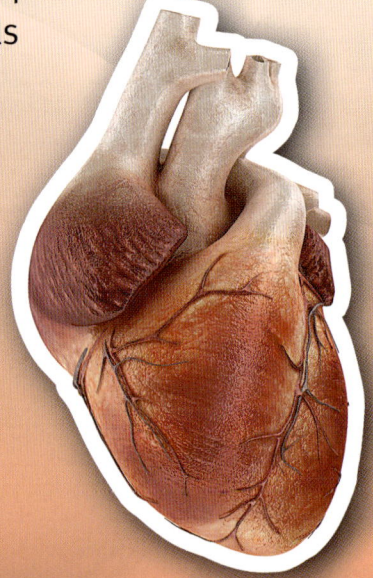

Die Herzklappen

Ventile, die sogenannten Herzklappen, sorgen dafür, dass das Blut nur in eine Richtung fließen kann. Das Klopfen des Herzschlags, das man durch ein Stethoskop hören kann, wird erzeugt, wenn sich die Herzklappen schließen.

Der Herzschlag

Füllt sich ein Ventrikel mit Blut, drückt sich das Herz zusammen, um das Blut in die Arterien zu pumpen. Entspannen sich die Ventrikel, fließt das Blut aus dem Vorhof durch die Klappen und füllt die Ventrikel für den nächsten Herzschlag.

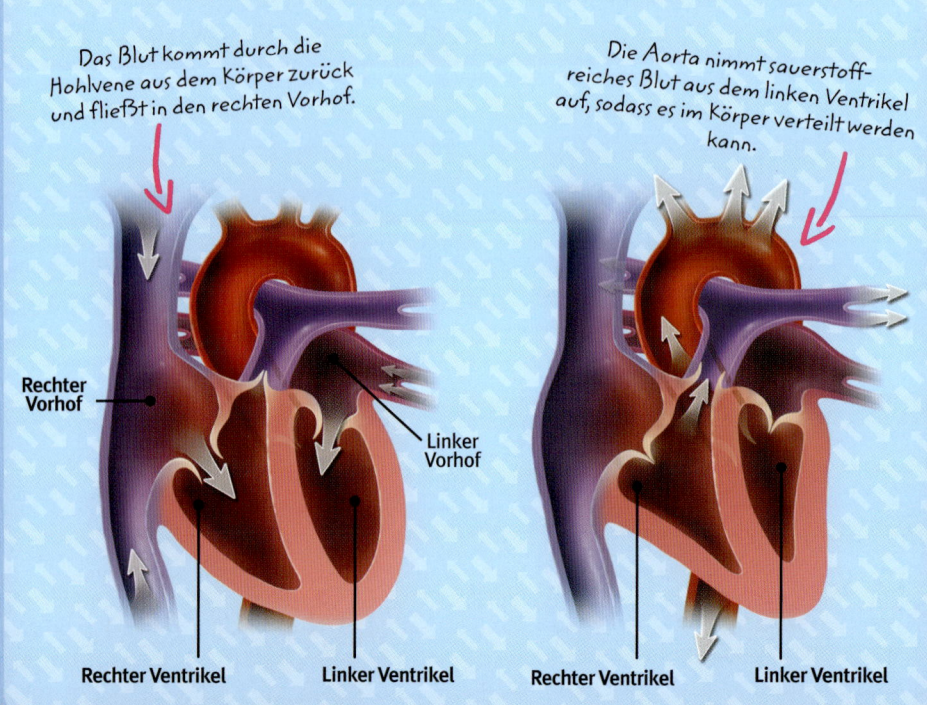

Das Blut kommt durch die Hohlvene aus dem Körper zurück und fließt in den rechten Vorhof.

Die Aorta nimmt sauerstoffreiches Blut aus dem linken Ventrikel auf, sodass es im Körper verteilt werden kann.

Rechter Vorhof

Linker Vorhof

Rechter Ventrikel   Linker Ventrikel   Rechter Ventrikel   Linker Ventrikel

 ZAHLEN & FAKTEN!

> Das Herz eines Erwachsenen schlägt jeden Tag etwa 100 000-mal.

> Bis wir 70 sind, hat unser Herz etwa 2,5 Milliarden Mal geschlagen.

> Jeden Tag pumpt das Herz mehr als 7 000 Liter Blut durch die 100 000 km langen Blutgefäße, die die wichtigen Nährstoffe und den Sauerstoff zu unseren Zellen transportieren.

> Jedes Blutkörperchen braucht nur etwa 20 Sekunden für seinen Weg durch den Körper.

Die Blutgefäße

Das Blut versorgt unsere Zellen mit Sauerstoff aus den Lungen und Nährstoffen aus dem Verdauungssystem. Es entsorgt auch Abfallstoffe, transportiert das Kohlendioxid zu den Lungen, wo es ausgeatmet wird. Andere schädliche Stoffe werden durch die Nieren aus dem Blut gefiltert.

Venen

Die Venen, in Blau dargestellt, transportieren kohlendioxidreiches und sauerstoffarmes Blut zurück zum Herzen. Die Venen besitzen Klappen, die das Blut daran hindern, wieder zurückzufließen.

Arterien

Die Arterien, hier rot dargestellt, transportieren das sauerstoffreiche Blut vom Herzen zu allen Körperteilen. Der Durchmesser variiert von daumendick bis hin zu den Arteriolen, die feiner als ein Haar sind.

Kapillaren

Arterien und Venen sind durch Kapillaren miteinander verbunden. Diese Blutgefäße sind so klein, dass die Blutkörperchen nur nacheinander passieren können. Ihre dünnen Wände sind durchlässig für Gas und Nährstoffe. Dort gibt das Blut den Sauerstoff in die umgebenden Gewebe ab und nimmt das Kohlendioxid auf.

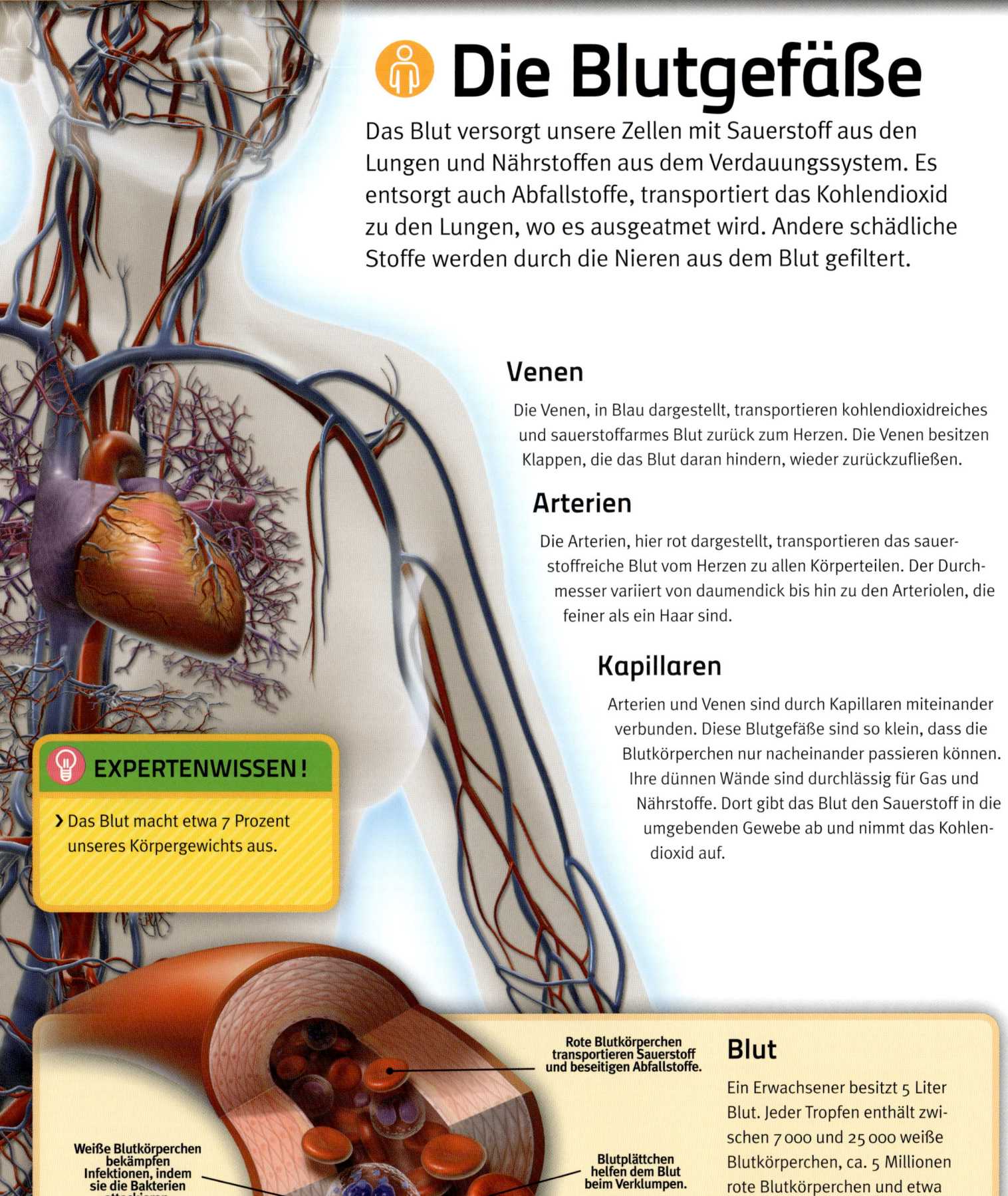

EXPERTENWISSEN!

› Das Blut macht etwa 7 Prozent unseres Körpergewichts aus.

Rote Blutkörperchen transportieren Sauerstoff und beseitigen Abfallstoffe.

Weiße Blutkörperchen bekämpfen Infektionen, indem sie die Bakterien attackieren.

Blutplättchen helfen dem Blut beim Verklumpen.

Blut

Ein Erwachsener besitzt 5 Liter Blut. Jeder Tropfen enthält zwischen 7 000 und 25 000 weiße Blutkörperchen, ca. 5 Millionen rote Blutkörperchen und etwa 200 000 Blutplättchen.

Die Verdauung

Das Verdauungssystem verarbeitet das Essen, das wir zu uns nehmen, zu winzigen Teilchen. Diese Partikel werden vom Blut aufgenommen und durch den Körper transportiert. Sie sind der Brennstoff für die Zelle, lassen sie wachsen und sich selbst reparieren.

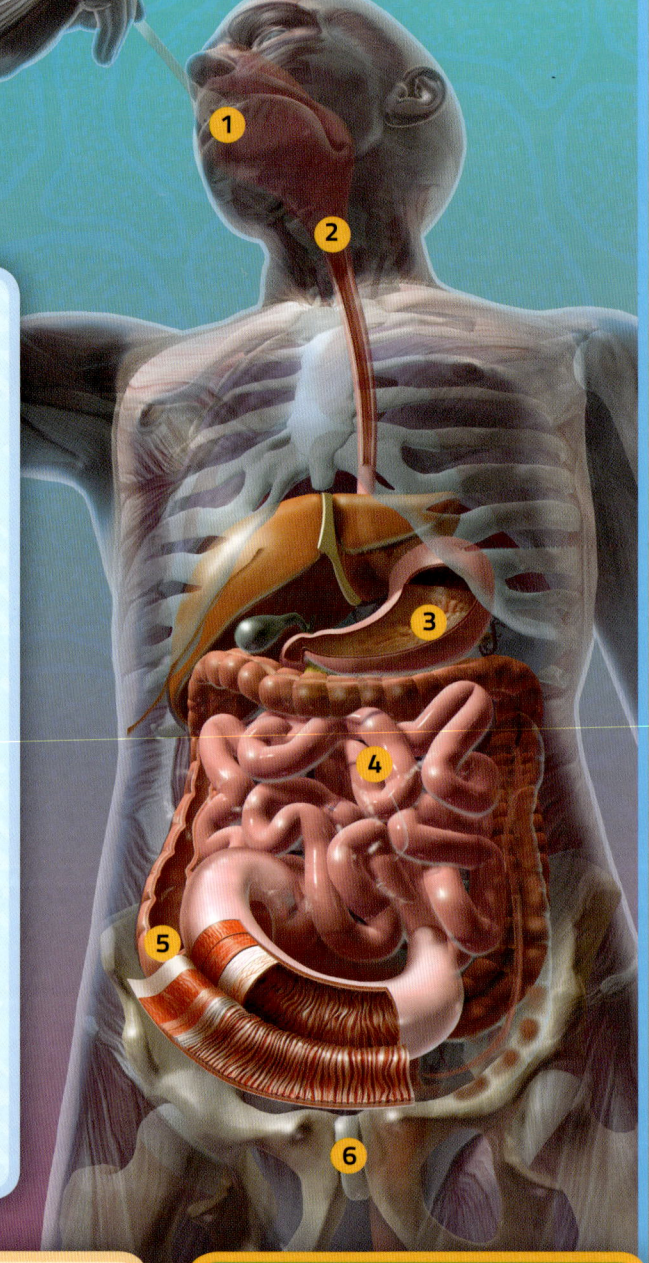

Einmal runterschlucken!

1. Unsere **Zähne** zermahlen das Essen. Die Zunge vermischt es mit Speichel, damit man es leichter schlucken kann.

2. Eine Klappe am hinteren Ende des **Halses** (der Kehldeckel) schließt die Luftröhre ab und hindert das Essen daran, in die Lungen zu gelangen. Die Halsmuskeln und der Schlund drücken das Essen in den Magen.

3. Die Muskeln im Magen durchmischen das Essen. **Saure Verdauungssäfte** verwandeln es in einen matschigen Brei.

4. Der Brei gelangt in den **Dünndarm**, der etwa 6 m lang ist und mit Millionen von Darmzotten ausgestattet ist. Diese sehen wie sehr kleine Finger aus. Hier gelangen die meisten Nährstoffe ins Blut.

5. Dann geht es weiter in den **Dickdarm**, der etwa 1,5 m lang ist. Dort werden dem Nahrungsbrei Wasser und die restlichen Nährstoffe entzogen.

6. Die Reste, die nicht verdaut werden können, gelangen zum **Enddarm**. Dort werden sie gesammelt und als Kot durch den Anus, den letzten Teil des Verdauungssystems, ausgeschieden.

Der Kehldeckel

Der Kehldeckel ist nicht nur dafür verantwortlich, dass kein Essen in die Luftröhre gelangt. Er erzeugt auch das Hicks-Geräusch bei einem Schluckauf. Ein Schluckauf wird von einem Krampf im Zwerchfell ausgelöst. Das Zwerchfell ist der Muskel zwischen der Lunge und dem Bauch. Der Krampf zwingt dich zum Einatmen und das Hick ist das Geräusch des sich schließenden Kehldeckels.

 EXPERTENWISSEN!

› Der Magen eines Erwachsenen kann etwa 1,5 Liter fassen.

› Die Reise durch unser Verdauungssystem dauert für eine Mahlzeit zwischen einem und drei Tagen.

Beiß zu

Ein Erwachsener besitzt, inklusive der 4 Weisheitszähne, 32 Zähne. Das Milchgebiss der Kinder zählt nur 20 Zähne. Menschliche Zähne sind für alle Arten von Nahrung gemacht.

Schneiden und mahlen

Der Mensch besitzt scharfe Frontzähne, die sogenannten Schneide- und Eckzähne, um das Essen zu zerschneiden. Weiter hinten sitzen die starken Mahlzähne, um die Nahrung zu zermahlen. Die Mahlzähne arbeiten mit der Zunge zusammen, um das Essen zu mischen, damit wir es nur noch schlucken müssen.

Der Zahnschmelz auf der Außenseite des Zahnes ist das härteste Material im menschlichen Körper.

Dentin oder Zahnbein ist härter als Knochen und schützt die Zahnpulpa im Inneren des Zahnes.

Zahnfleisch

Die Zahnpulpa enthält Blutgefäße und Nerven. Haben wir Zahnschmerzen, liegt die Ursache meist hier.

Gesundes Essen

Gesundes Essen hält unseren Körper fit. Dieser Teller zeigt dir, welche Lebensmittel zu einer ausgewogenen Ernährung dazugehören. Die größeren Abschnitte sollten die Hauptbestandteile deiner Mahlzeiten sein. Je kleiner der Abschnitt, desto weniger solltest du davon essen.

Brot, Müsli, Reis und Nudeln werden aus Getreide gemacht. Vollkornprodukte besitzen mehr Ballaststoffe und sind gut für das Verdauungssystem.

Obst und Gemüse sind voller Vitamine, Mineral- und Ballaststoffe. Am Tag sollten wir mindestens fünf Mahlzeiten davon zu uns nehmen.

Milchprodukte enthalten Kalzium, das unsere Knochen stark macht, aber leider auch viel Fett. Daher ist es besser, fettreduzierte Produkte zu verwenden oder nur kleine Mengen zu essen.

Salziges und Süßes schmeckt lecker, doch zu viel von beidem ist nicht gut für uns.

Fleisch, Fisch, Eier, Nüsse und Bohnen sind proteinreich. Dein Körper braucht dieses Eiweiß zum Wachsen und für Reparaturen.

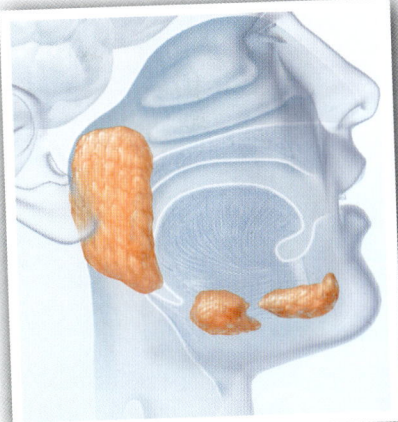

Speicheldrüsen

Die Speicheldrüsen eines Erwachsenen produzieren am Tag zwischen 0,75 und 1,5 Litern. Der Speichel aktiviert unsere Geschmacksknospen, hilft uns beim Schlucken trockener Nahrung und hält den Mund sauber.

Die Leber

Die Leber ist das größte der inneren Organe und das einzige, das nachwächst, wenn ein Teil entfernt wird. Dieses keilförmige, schwammähnliche Organ ist lebenswichtig. Wenn die Leber versagt, sterben wir innerhalb von 24 Stunden.

Die Aufgaben der Leber

Die Leber wandelt das verdaute Essen in Energie um und kontrolliert die Mengen von Fett, Eiweiß und Zucker im Blut. Sie stellt außerdem lebenswichtige Substanzen her, die überall im Körper gebraucht werden. Sie speichert Vitamine und Mineralstoffe und beseitigt Bakterien und Giftstoffe.

ZAHLEN & FAKTEN!

> Die Leber hat mehr als 500 wichtige Aufgaben zu erledigen.

> Die Leber eines Erwachsenen wiegt durchschnittlich 1,5 kg. Sie ist etwa so groß wie ein Rugby-Ball.

> In der Leber befinden sich etwa 0,5 Liter Blut. Das ist mehr als ein Zehntel der Gesamtblutmenge des Menschen.

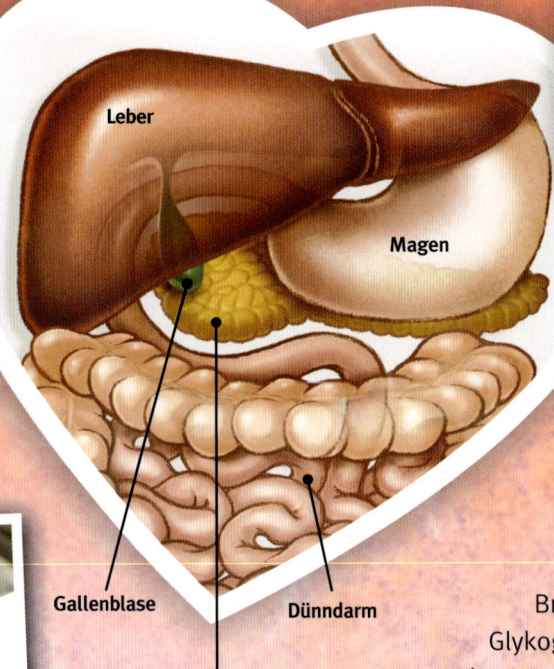

Leber

Magen

Gallenblase

Dünndarm

Bauchspeicheldrüse

Viel zu tun

Während der Verdauung wird das Blut mit Nährstoffen angereichert. Die Leber stellt daraus Substanzen her, die im ganzen Körper gebraucht werden. Sie speichert auch eine Art Zucker, das sogenannte Glykogen. Braucht der Körper schnell Energie, kann das Glykogen in Glukose umgewandelt und im Blut gelöst werden. Alle Abfallprodukte werden zurück zum Darm oder zu den Nieren transportiert, damit der Körper sie ausscheiden kann.

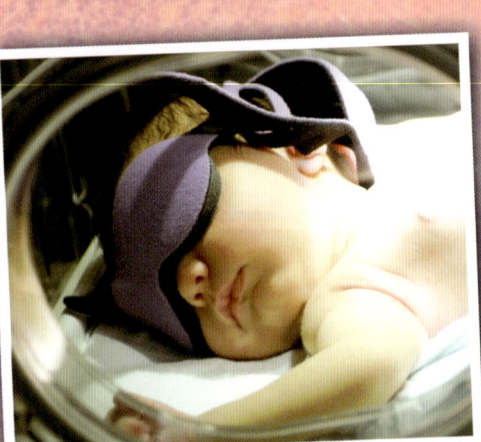

Bilirubin

Die Leber beseitigt auch das Abfallprodukt Bilirubin. Neugeborene Babys haben oftmals zu viel Bilirubin im Blut, da ihre Leber den Stoff noch nicht vollständig beseitigen kann. Das führt zu Gelbsucht. Sie werden dann mit ultraviolettem Licht behandelt, welches das Bilirubin zerstört.

Die Gallenblase

Die Leber gibt jeden Tag etwa einen Liter Gallenflüssigkeit in den Darm ab. Diese spaltet das Fett während der Verdauung auf. Es wird in einem erbsenförmigen grünen Organ gespeichert, der Gallenblase. Manchmal kristallisiert eine fettige Substanz, das Cholesterol, und bildet steinförmige Kristalle in der Gallenblase.

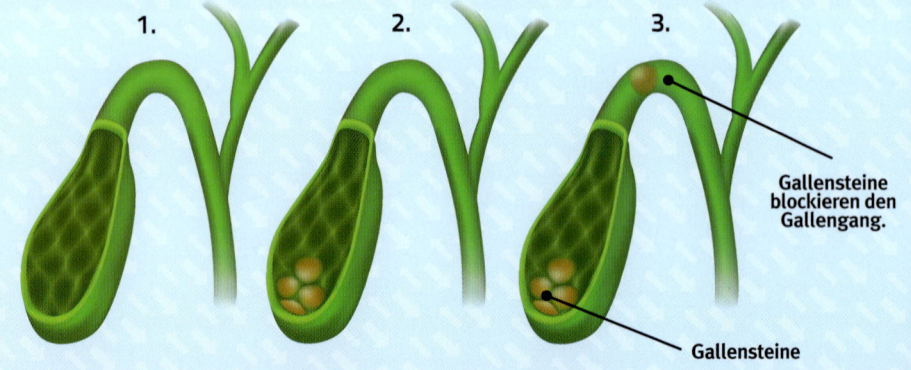

1.

2.

3.

Gallensteine blockieren den Gallengang.

Gallensteine

Die Nieren

Die Nieren sind das Reinigungssystem des Körpers. Jedes dieser bohnenförmigen Organe hat die Größe einer Faust und enthält Millionen kleiner Filterorgane, die Nephronen. Sie reinigen jeden Tag bis zu 180 Liter Blut.

EXPERTENWISSEN!

> Die Nieren sind stärker durchblutet als das Gehirn, die Leber und das Herz.

> Die erste erfolgreiche Nierentransplantation fand 1954 statt.

Abfallbeseitigung

Die Nieren mischen zu den Abfallprodukten Wasser hinzu, so entsteht Urin. Sie halten den Wassergehalt im Körper im Gleichgewicht, indem sie entsprechend mehr oder weniger Urin produzieren.

Die harte Oberfläche der Niere wird als Nierenkapsel bezeichnet.

Im Nierenbecken sammelt sich das Urin.

In der Nierenrinde wird das Blut gefiltert. Sie enthält Millionen Nephronen.

Im Nierenmark werden die Salz- und Wassermengen des Urins kontrolliert.

Nephronen

In den Nephronen findet das Filtern des Blutes statt. Nephronen sehen aus wie lange, dünne Röhren mit zwei verdrehten Stellen und einer langen Schlaufe. Diese haarnadelförmige Schleife nennt man auch Henle-Schleife. Die Nephronen sind von Kapillaren umgeben.

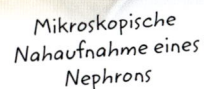

Henle-Schleife

Mikroskopische Nahaufnahme eines Nephrons

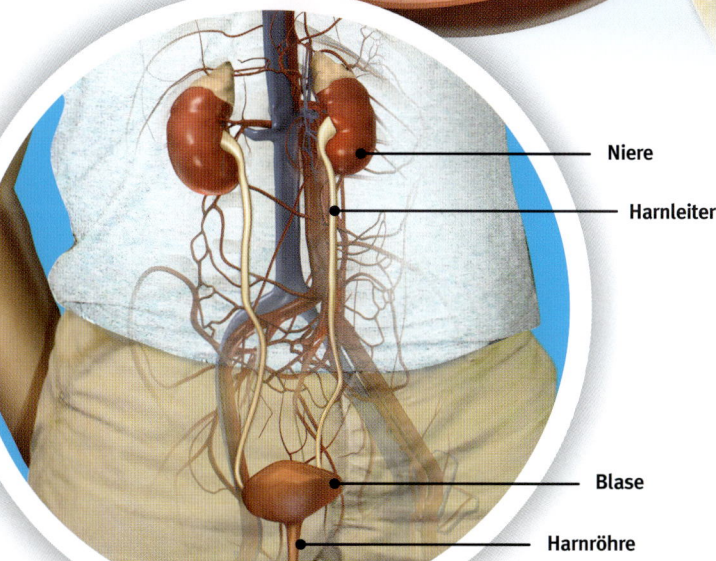

Niere

Harnleiter

Blase

Harnröhre

Zeit zu gehen!

Im Durchschnitt produziert ein Körper etwa 1,5 Liter Urin am Tag. Der Urin wandert aus den Nieren durch den sogenannten Harnleiter bis zur Blase. Dort wird er gesammelt. Die Blase ist eine Art dehnbarer Ballon, der sich nach und nach füllt. Werden die Wände der Blase gedehnt, schicken sie ein Signal an das Gehirn, dass sie geleert werden muss. Der Urin verlässt die Blase durch die Harnröhre. Die Blase eines Erwachsenen fasst zwischen 0,3 und 0,4 Liter Urin.

Das Immun- system

Unser Körper besitzt jede Menge Abwehr- mög- lichkeiten gegen Bakterien und Krank- heiten. Die erste ist die Haut. Können die Erreger die Haut jedoch durchdringen und ins Blut gelangen, müssen sie von den weißen Blutkörperchen, den Leukozyten, bekämpft werden. Diese werden im Knochenmark produziert.

Leukozyt

EXPERTENWISSEN!

❯ In unserem Körper gibt es zwi- schen 600 und 700 Lymphknoten.

❯ Wenn die Lymphknoten eine Infektion bekämpfen, werden sie größer. Bei einer Erkältung oder einem rauen Hals schwellen beispielsweise die Lymphknoten am Hals an.

Das Lymphgefäßsystem

Die Lymphe ist eine wässrige Flüssigkeit, die durch die dünnen Wände der Kapilla- ren fließt und Sauerstoff und Nährstoffe zu den Zellen der unterschiedlichen Gewebe bringt. Sie enthält Lymphozyten, die beim Kampf gegen eine Infektion helfen. Die Lymphgefäße sehen aus wie Blutgefäße, sie transportieren statt Blut jedoch die Lymphe. Sie bilden eine Art Entwässerungssystem, das über- schüssige Flüssigkeit aus den Geweben zurück zur Brust und von dort in den Blutkreislauf bringt.

Lymphknoten enthalten Lymphozyten, eine Art weiße Blutkörperchen, die Infektionen bekämpfen und uns vor Krankheiten schützen.

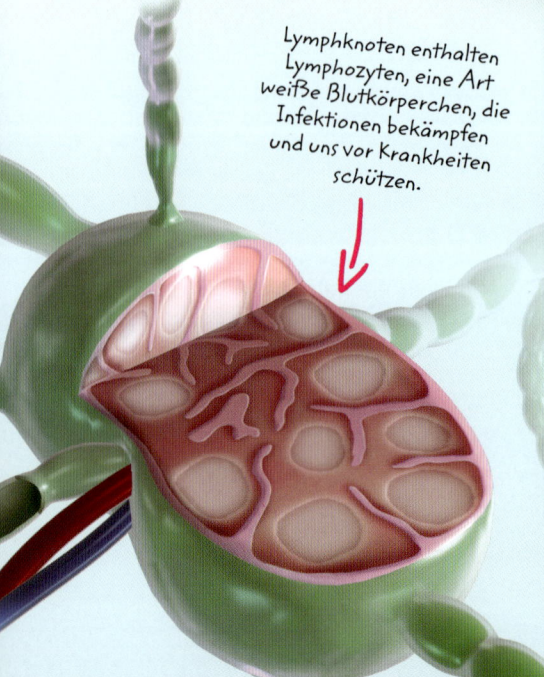

Die körpereigene Abwehr

1. Die **Mandeln** fangen und bekämpfen Bakterien und Viren, die durch den Mund in unseren Körper gelangen.

2. Die **Polypen** fangen und bekämpfen die Bakterien und Viren, die wir durch unsere Nase einatmen.

3. Die **Thymusdrüse** produziert ebenfalls T-Zellen, eine Art Lymphozyten.

4. Die **Milz** besitzt weiße Blutkörperchen und greift fremde Zellen an. Sie filtert auch alte und verletzte rote Blutkör- perchen aus dem Blut heraus.

5. Die **Lymphgefäße** transportieren die Lymphe durch den Körper.

6. Die bohnenförmigen **Lymph- knoten** filtern schädliche Subs- tanzen aus der Lymphe.

7. Die **Peyer-Plaques** im Dünndarm enthalten große Mengen Lymphozyten, die Bakterien und Gifte im Darm bekämpfen.

Das endokrine System

Das endokrine System besteht aus mehreren Drüsen. Diese Drüsen produzieren Hormone, die den Körperzellen sagen, was sie zu tun haben. Das endokrine System ist über den Hypothalamus im Gehirn mit dem Nervensystem verbunden. Hier werden auch die Nachrichten unserer Nerven empfangen.

Die Genies

Der Hypothalamus ist mit der Hypophyse verbunden. Zusammen kontrollieren sie das endokrine System. Die Hypophyse antwortet auf die Nachrichten des Hypothalamus und schickt Befehle an die anderen Drüsen und Organe.

Die Zirbeldrüse ist etwa so groß wie eine Erbse und befindet sich neben dem Zentrum des Gehirns (siehe Diagramm). Sie produziert mehrere Hormone, unter anderem Melatonin. Dieses Hormon kontrolliert den Schlaf.

Hypothalamus

Zirbeldrüse

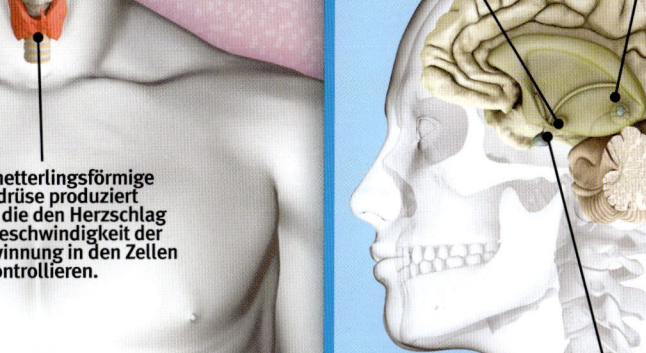

Hypophyse

Die Nebennieren sitzen an der Spitze der Nieren und produzieren vier Haupthormone, unter anderem Adrenalin. Dieses Hormon steigert die Leistungsfähigkeit des Körpers in Gefahrensituationen. Die Nebenniere kontrolliert auch den Stoffwechsel, den Blutzuckerspiegel und den Blutdruck.

Die schmetterlingsförmige Schilddrüse produziert Hormone, die den Herzschlag und die Geschwindigkeit der Energiegewinnung in den Zellen kontrollieren.

Die Bauchspeicheldrüse produziert verschiedene Hormone, unter anderem Insulin. Dieses hilft dem Zucker dabei, aus dem Blut in die Körperzellen zu gelangen. Ist der Blutzuckerspiegel hoch, verwandelt das Insulin den überschüssigen Zucker in Fett.

Die Eierstöcke (liegen im Becken) produzieren die weiblichen Sexualhormone. Diese spielen beim Wachsen der Brüste, dem Menstruationszyklus und der Schwangerschaft eine Rolle.

Beim Mann produzieren die Hoden das männliche Sexualhormon Testosteron. Dies führt zum Bartwuchs, größeren Muskeln und einer tieferen Stimme.

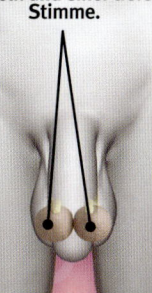

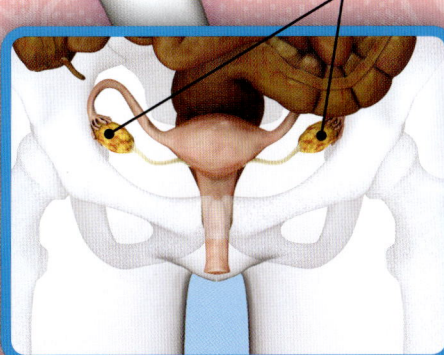

💡 EXPERTENWISSEN!

> Das endokrine System produziert mehr als 30 verschiedene Hormone – und jedes hat eine ganz bestimmte Aufgabe zu erledigen.

> Hunger und Durst werden vom Hypothalamus ausgelöst.

> Die Hypophyse besitzt die Größe einer Erbse und produziert doch einige der wichtigsten Hormone unseres Körpers, u. a. das Wachstumshormon.

Das Gehirn

Das Gehirn ist eine wabbelige Masse aus Fett und Proteinen und sieht wie eine graurosa Walnuss aus. Es enthält Millionen von Nervenzellen, die sogenannten Neuronen. Durch sie können wir denken und lernen. Sie kontrollieren außerdem unsere Muskeln und kümmern sich um Körperfunktionen wie Verdauung und Atmung.

Die äußere Schicht des Großhirns und des Kleinhirns wird Cortex oder auch graue Zellen genannt.

Der Frontallappen ist für Bewegungen, Entscheidungen, Problemlösen und Planen zuständig.

Das Kontrollzentrum des Körpers

Das Gehirn besteht aus einer linken und einer rechten Hälfte, Hemisphären genannt. Jede Hemisphäre kontrolliert genau die andere Seite des Körpers. Möchtest du mit der rechten Hand einen Ball werfen, gibt die linke Hemisphäre den Muskeln die Befehle.

ZAHLEN & FAKTEN!

› Dein Gehirn kann 4 bis 6 Minuten ohne Sauerstoff überleben.

› Das Gehirn eines Erwachsenen wiegt nur etwa 1,5 kg, doch es benötigt 1/5 der gesamten Körperenergie und des Sauerstoffbedarfs.

› Wenn man alle Falten glatt zöge, beträgt die gesamte Oberfläche der menschlichen Gehirnrinde etwa 2 500 qcm. Das ist die Größe eines Kissenbezuges.

Die entscheidende Verbindung

Der Hirnstamm verbindet das Gehirn mit der Wirbelsäule. Diese Informationsautobahn schickt elektrische Signale zwischen dem Gehirn und dem restlichen Körper hin und her. Sie kontrolliert die glatte Muskulatur und die Herzmuskulatur, die unsere inneren Organe am Laufen hält.

Das Hauptquartier

Das Großhirn bildet mit 85 Prozent des Gesamtgewichts den größten Teil des Gehirns. Mit diesem Abschnitt denken wir und kontrollieren unsere Skelettmuskeln. Jede Großhirnhälfte ist in vier Abschnitte unterteilt, die sogenannten Lappen. Darunter liegt das Kleinhirn, das die Bewegungen und das Gleichgewicht kontrolliert.

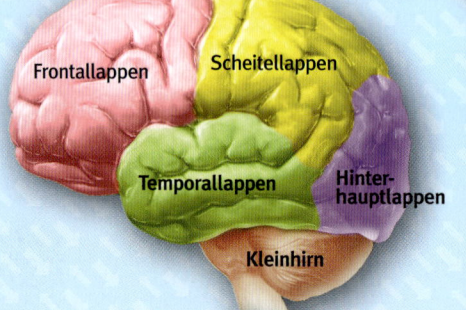

Frontallappen
Scheitellappen
Temporallappen
Hinterhauptlappen
Kleinhirn

Gehirngrößen

Dein Gehirn wiegt etwa 1 350 Gramm. Zum Vergleich hier einige Tiergehirne:

Elefant: 6 000 Gramm
Schimpanse: 400 Gramm
Hund: 72 Gramm
Katze: 30 Gramm

Das Nerven-system

Das Nervensystem besteht aus Billionen von Zellen, den sogenannten Neuronen. Sie überbringen dem Gehirn Nachrichten. Die Nachrichten wandern als elektrische Signale die Nervenbahnen entlang und springen in einem chemischen Prozess auf andere Nerven über.

Informationsaustausch

Von der Wirbelsäule aus breiten sich die Nerven in alle Körperteile aus. Diese Nerven geben die Nachrichten des Körpers an die Wirbelsäule weiter, wo sie ans Gehirn weitergeleitet werden. Das Gehirn schickt anschließend seine Befehle über die Wirbelsäule an den Körper zurück.

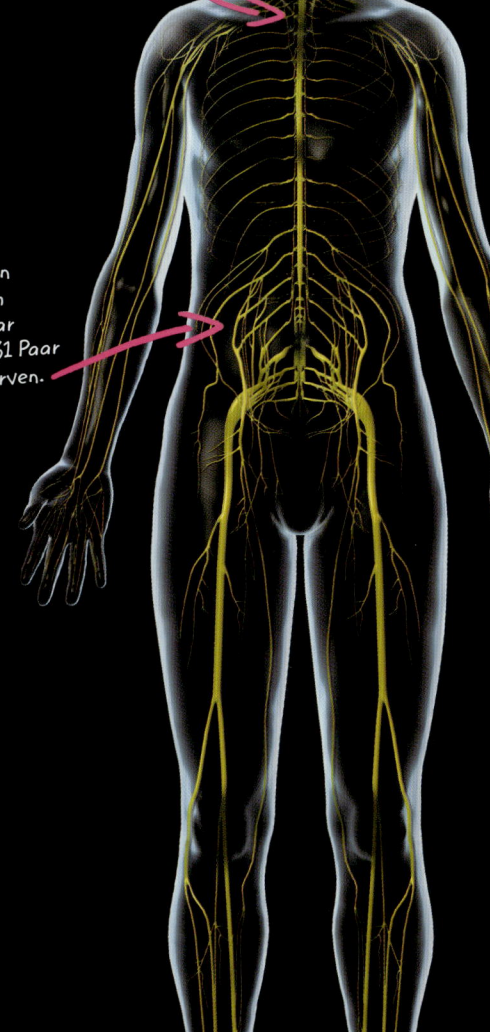

Die Wirbelsäule ist mit dem Hirnstamm verbunden. Zusammen bilden sie das zentrale Nervensystem.

Zum peripheren Nervensystem gehören 12 Paar Gehirnnerven und 31 Paar Rückenmarksnerven.

So arbeiten Neuronen

Neuronen haben Arme, die Dendriten, die die Informationen einsammeln. Diese Informationen reisen als elektrisches Signal einen langen, dünnen Teil entlang, das sogenannte Axon. Am Ende des Axons befindet sich eine Synapse, eine Abzweigung, an der die Information mithilfe chemischer Botenstoffe zum nächsten Neuron übertragen wird.

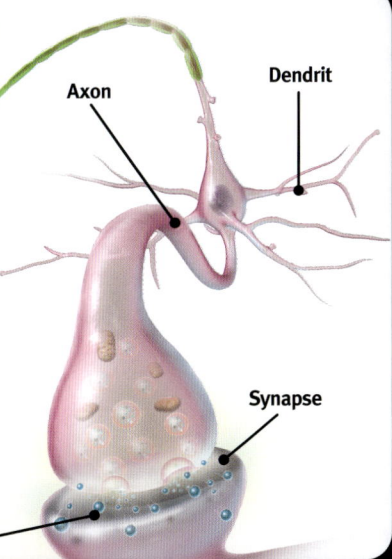

Axon
Dendrit
Synapse
Neurotransmitter

Heiße Info!

Aua!

Berühren wir mit unserer Hand etwas Heißes, zuckt die Hand zurück, noch bevor das Gehirn einen Befehl gibt. Das nennt man Reflex.

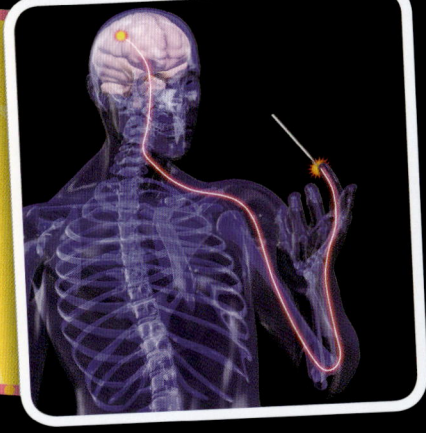

EXPERTENWISSEN!

> Die Nerven überbringen Nachrichten vom und zum Gehirn mit einer Geschwindigkeit von bis zu 100 Metern pro Sekunde.

Sehen

Wenn Licht durch die Pupille in unser Auge fällt, gelangen Bilder durch die Linse auf die Netzhaut, an der Rückwand des Augapfels. Dort werden sie auf dem Kopf stehend abgebildet.

Zapfen und Stäbchen

Die Retina enthält verschiedene Zellen: Die Stäbchen unterscheiden Hell und Dunkel und die Zapfen nehmen Farben wahr. Durch den Sehnerv wandern die elektrischen Signale zum Gehirn. Das Gehirn dreht das Bild um und interpretiert es.

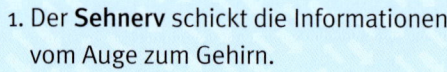

EXPERTENWISSEN!

› In der menschlichen Retina gibt es etwa 125 Millionen Stäbchenzellen. Sie reagieren auf Licht, Formen und Bewegung, aber nicht auf Farbe. In der Nacht müssen wir uns auf die Stäbchen verlassen.

› Bei manchen Menschen sind die Zapfen fehlerhaft, sie können den Unterschied zwischen den Farben nicht erkennen, häufig zwischen Rot und Grün. Das wird auch Farbenblindheit genannt.

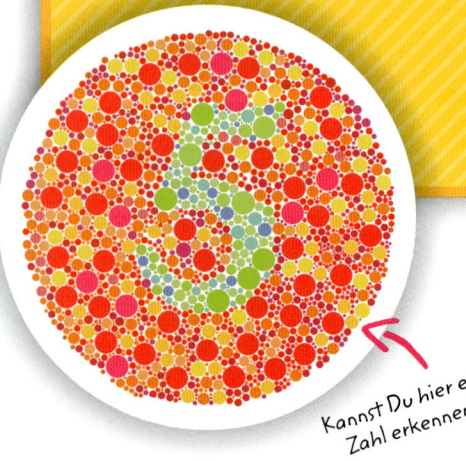

Kannst Du hier eine Zahl erkennen?

Im Inneren des Auges

Unsere Augen teilen dem Gehirn mit, was vor ihnen passiert. Das sind die Bestandteile des Auges:

1. Der **Sehnerv** schickt die Informationen vom Auge zum Gehirn.

2. Die Muskeln bewegen den **Augapfel**.

3. Die **Lederhaut** ist eine harte, weiße Schicht, die den Augapfel bedeckt.

4. Die **Regenbogenhaut** reguliert den Durchmesser der Pupille.

5. Die **Pupille** lässt Licht ins Auge. Ist es dunkel, wird sie größer.

6. Der Augapfel ist mit klarem Gelee gefüllt, auch **Glaskörper** genannt.

7. Die **Netzhaut** ist eine Hautschicht am Augenhintergrund.

8. Die **Linse** ist eine durchsichtige Scheibe, die ihre Form je nach der Entfernung des Gegenstandes ändern kann, auf den sie gerade schaut.

9. Die **Hornhaut** ist ein durchsichtiges, kuppelförmiges Fenster an der Vorderseite des Auges.

Unscharf

Kurzsichtige Menschen können weit entfernte Objekte nur schwer erkennen, da ihr Augapfel zu lang ist und das Licht vor der Retina gebündelt wird. Sind Menschen weitsichtig, sehen sie nahe Objekte verschwommen. Bei ihnen ist der Augapfel zu kurz, sodass das Licht erst hinter der Retina gebündelt wird, anstatt genau auf ihr.

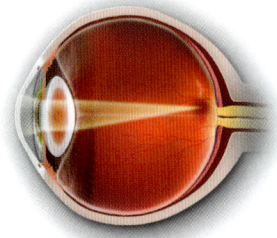

Normalsichtig

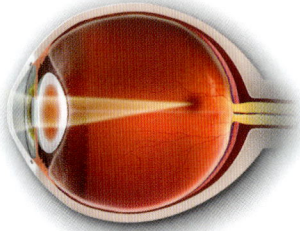

Kurzsichtig

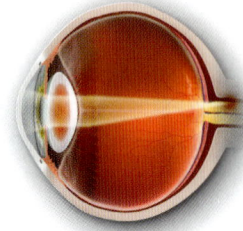

Weitsichtig

Hören

Die Teile des Ohres, die fürs Hören zuständig sind, liegen tief im Inneren des Kopfes unter dem Auge.

EXPERTENWISSEN!

❯ Das Außenohr sammelt Geräusche wie ein Trichter. Aus den unterschiedlichen Zeiten, die ein Geräusch zum linken oder rechten Ohr benötigt, errechnet unser Gehirn den genauen Standort der Geräuschquelle.

So hören wir

Geräusche kommen durch den Gehörgang ins Ohr und lassen das Trommelfell vibrieren. Die Vibrationen werden von den drei kleinen Gehörknöchelchen im Mittelohr (Hammer, Amboss, Steigbügel) weitergeleitet. Der Steigbügel überträgt die Vibrationen auf die Hörschnecke, in der winzige Härchen die Signale an Nervenzellen im Innenohr weitergeben. Diese übertragen die Information über den Hörnerv ins Gehirn.

Hörschnecke
Gehörknöchelchen
Trommelfell
Hörnerv
Gehörgang

Die Hörschnecke

Die Hörschnecke besitzt drei Abschnitte, die mit Flüssigkeit gefüllt sind. Der Paukengang und der Vorhofgang übertragen den Druck auf den Schneckengang, der das Corti-Organ enthält. Dieses antwortet, indem es Signale über den Hörnerv an das Gehirn sendet.

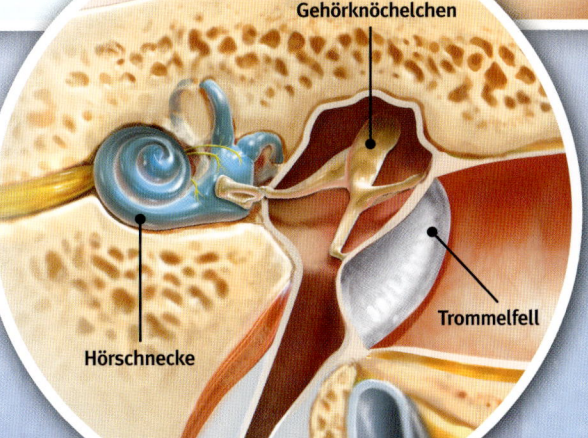

Gehörknöchelchen
Hörschnecke
Trommelfell

Der Steigbügel ist der kleinste Knochen des Menschen.

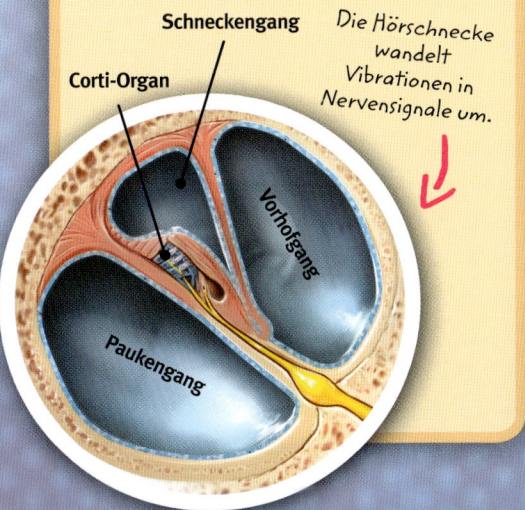

Schneckengang
Corti-Organ
Vorhofgang
Paukengang

Die Hörschnecke wandelt Vibrationen in Nervensignale um.

Ohrkunst

Heiße Info!

Das Durchstechen der Ohren wird seit Tausenden Jahren praktiziert. Sowohl die Männer als auch die Frauen der Massai tragen Ohrringe in ihren gedehnten Ohrläppchen.

Riechen und schmecken

Wer Schnupfen hat, schmeckt das leckerste Essen nicht. Der Geruchssinn spielt eine wichtige Rolle beim Schmecken. Wenn wir kauen, fließt Luft durch den Nasengang. Die Geruchsmoleküle des Essens erreichen die Geruchsrezeptoren der Nase.

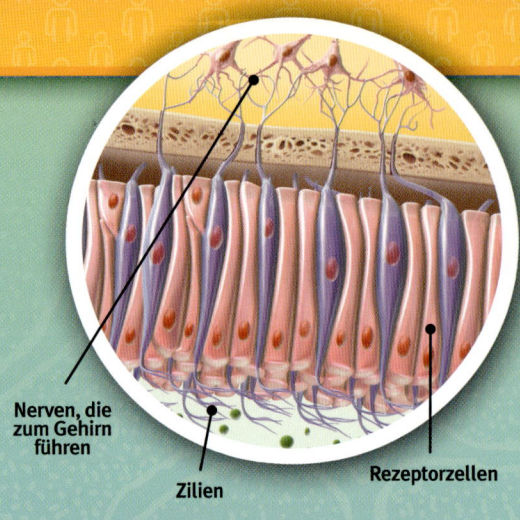

Nerven, die zum Gehirn führen

Zilien

Rezeptorzellen

Geruchssensoren

Die Geruchsregion ist mit feinen Haaren, den Zilien, bedeckt. Diese nehmen Geruchsmoleküle auf und schicken sie zu den Rezeptorzellen. Danach transportieren die Nerven die Informationen zum Gehirn.

Riech den Unterschied

Wenn wir etwas riechen, laufen winzige Partikel die Nase hinauf bis hin zu den beiden Riechflächen ganz oben in der Nase. Hier sitzen Millionen Rezeptoren, die Signale zum Gehirn senden und herausfinden, nach was die Partikel riechen. Die Nase eines Hundes ist hundertfach sensibler als die menschliche Nase.

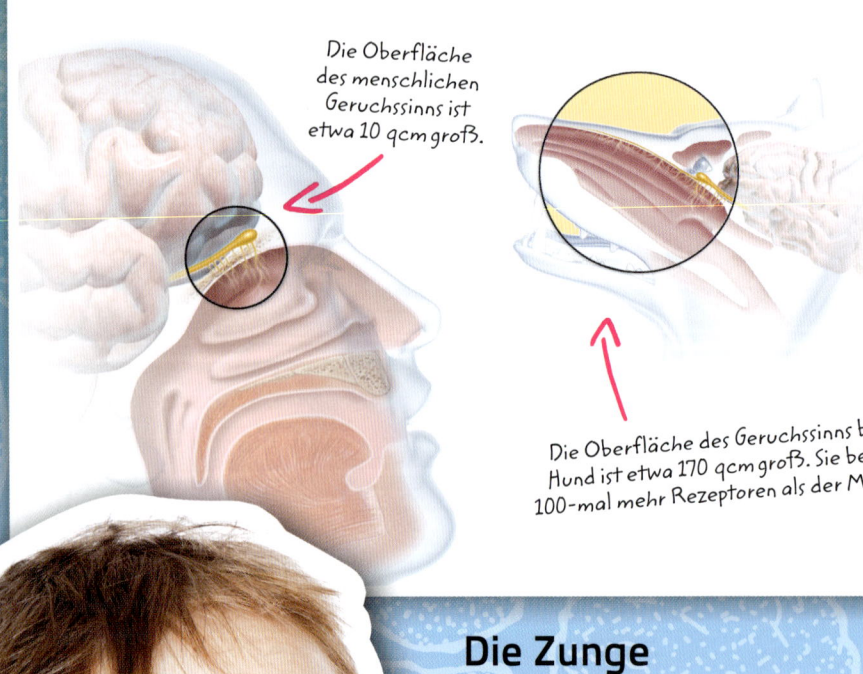

Die Oberfläche des menschlichen Geruchssinns ist etwa 10 qcm groß.

Die Oberfläche des Geruchssinns beim Hund ist etwa 170 qcm groß. Sie besitzt 100-mal mehr Rezeptoren als der Mensch.

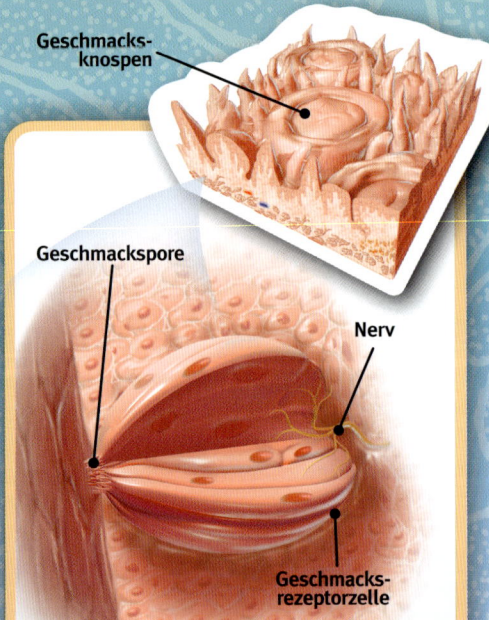

Geschmacks-knospen

Geschmackspore

Nerv

Geschmacks-rezeptorzelle

Die Zunge

Die Zunge kann sich in fast jede Richtung bewegen. Wir brauchen sie zum Kauen und Schlucken und zum Sprechen. Auf der Zunge befinden sich viele kleine Höcker, die sogenannten Papillen. Sie helfen dabei, das Essen im Mund herumzuschieben. Rund um die Papillen liegen die Geschmacksknospen, die fünf Geschmacksrichtungen wahrnehmen können: süß, bitter, salzig, sauer und umami (ein herzhafter Geschmack).

Geschmack

Unsere Zunge und das Innere des Mundes sind mit Tausenden Geschmacksknospen bedeckt, die bis zu 100 Rezeptorzellen enthalten. Jede ist mit mikroskopisch kleinen Haaren ausgestattet. Wenn wir kauen, aktivieren die chemischen Botenstoffe im Speichel die Geschmackshärchen und senden Signale ans Gehirn.

Fühlen

Unser Tastsinn findet sich überall am Körper. Er informiert unser Gehirn über die Welt um uns herum. In der unteren Schicht der Haut, der Dermis, befinden sich viele Nervenzellen, die Hitze, Kälte, Schmerz und Druck wahrnehmen können.

Fühle den Schmerz

Wir besitzen eine große Zahl an Schmerzsensoren. Sie warnen uns und unser Gehirn, sobald etwas nicht stimmt. Menschen, die an einer seltenen Krankheit leiden, empfinden keinen Schmerz. Das führt dazu, dass sie sich ständig verletzen, indem sie sich etwa auf die Zunge beißen, sich die Haut aufkratzen oder sich verbrennen, ohne es zu merken.

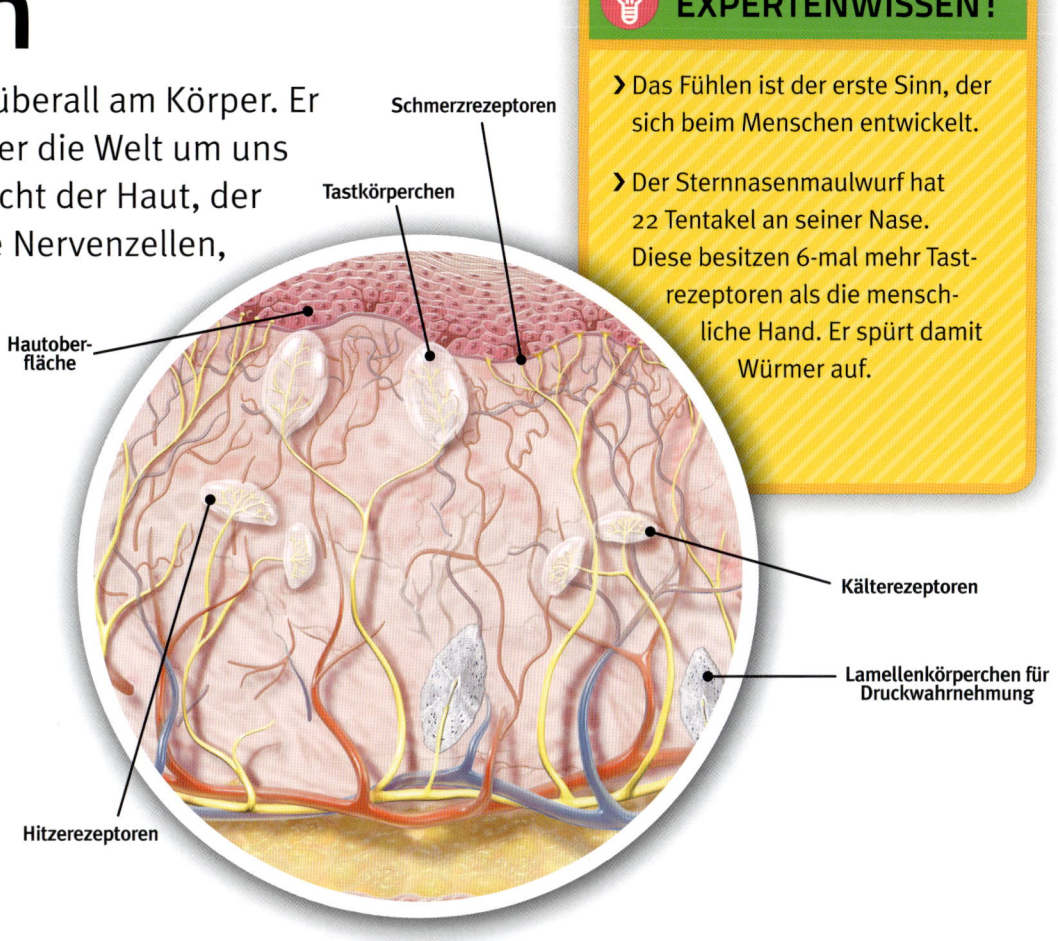

Schmerzrezeptoren

Tastkörperchen

Hautoberfläche

Kälterezeptoren

Lamellenkörperchen für Druckwahrnehmung

Hitzerezeptoren

EXPERTENWISSEN!

› Das Fühlen ist der erste Sinn, der sich beim Menschen entwickelt.

› Der Sternnasenmaulwurf hat 22 Tentakel an seiner Nase. Diese besitzen 6-mal mehr Tastrezeptoren als die menschliche Hand. Er spürt damit Würmer auf.

Wie fühlst du?

Das Tastzentrum des Gehirns, hier blau dargestellt, verarbeitet die Informationen aus den unterschiedlichen Körperteilen.

Arm

Handgelenk

Hand

Finger und Daumen

Auge

Nase

Gesicht

Lippen

Mund

Zunge

Hals

Supersensoren

Manche unserer Körperteile besitzen mehr Nerven als andere und sind daher empfindlicher. Dazu zählen die Hände, Lippen, das Gesicht, die Zunge und die Füße. Die am wenigsten empfindliche Stelle am Körper ist der Rücken. Jede Fingerspitze hat etwa 100 Rezeptoren. Blinde Menschen machen sich diese sehr sensiblen Werkzeuge beim Lesen zunutze. Ihre Schrift besteht aus erhabenen Punkten, die man erfühlen muss.

Das Fortpflanzungssystem

Zum Fortpflanzungssystem gehören all die Organe, die man benötigt, um ein Baby zu zeugen. Männer und Frauen haben unterschiedliche Fortpflanzungsorgane.

Männliche Fortpflanzungsorgane

Zu den männlichen Fortpflanzungsorganen zählen die Hoden, die das Sperma und das männliche Hormon Testosteron produzieren, und der Penis. Spezielle Drüsen produzieren die Samenflüssigkeit. In ihr werden die Samenzellen, auch Spermien genannt, transportiert.

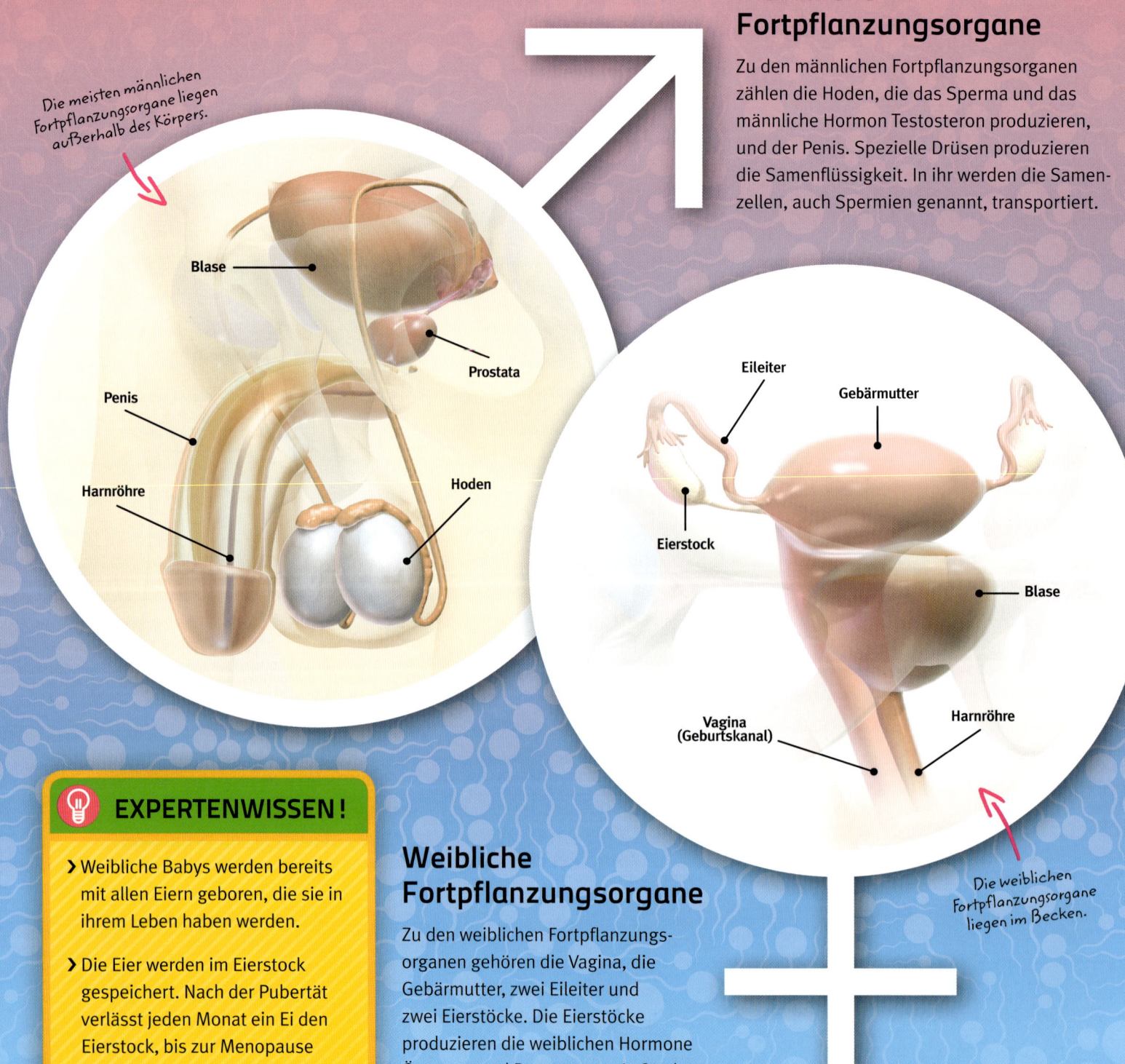

Die meisten männlichen Fortpflanzungsorgane liegen außerhalb des Körpers.

Blase

Prostata

Penis

Harnröhre

Hoden

Eileiter

Gebärmutter

Eierstock

Blase

Vagina (Geburtskanal)

Harnröhre

Die weiblichen Fortpflanzungsorgane liegen im Becken.

EXPERTENWISSEN!

› Weibliche Babys werden bereits mit allen Eiern geboren, die sie in ihrem Leben haben werden.

› Die Eier werden im Eierstock gespeichert. Nach der Pubertät verlässt jeden Monat ein Ei den Eierstock, bis zur Menopause (auch Wechseljahre genannt).

Weibliche Fortpflanzungsorgane

Zu den weiblichen Fortpflanzungsorganen gehören die Vagina, die Gebärmutter, zwei Eileiter und zwei Eierstöcke. Die Eierstöcke produzieren die weiblichen Hormone Östrogen und Progesteron. Außerdem lösen sich hier die Eier.

Neues Leben

Ein Ei und eine Samenzelle enthalten jeweils die Hälfte des genetischen Materials, aus dem sich ein Baby entwickeln kann. Verschmilzt eine Samenzelle mit einem Ei, wird das Befruchtung genannt.

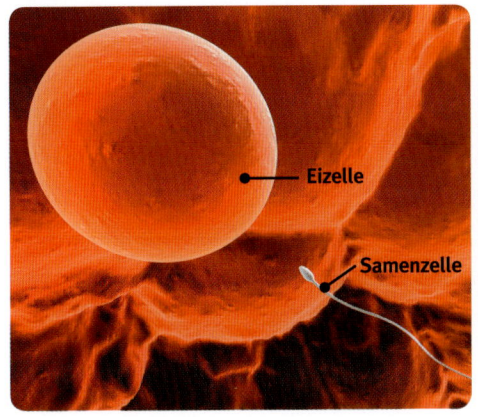

Eizelle

Samenzelle

Vom Ei zum Embryo

Die Eizelle und die Samenzelle verschmelzen und bilden eine Einzelle, kleiner als ein Stecknadelkopf. Das befruchtete Ei nistet sich in der Gebärmutterwand ein. Nach etwa sechs Wochen ist der Embryo so groß wie eine Traube und besitzt bereits Millionen von Zellen, die sich teilen und die Organe, Gliedmaßen, Augen und Ohren bilden.

So wächst ein Baby

Mit etwa drei Monaten wird aus dem Embryo ein Fötus, der sich zu bewegen beginnt. Er ist von Fruchtwasser umgeben, das ihn vor Stößen schützt. Über die Nabelschnur wird der Fötus mit Nahrung und Sauerstoff versorgt. Die Nabelschnur ist mit der Plazenta der Mutter verbunden.

Die Plazenta ist mit der Gebärmutter verbunden. Sie ist die Schnittstelle zwischen dem Blutkreislauf des Embryos und dem der Mutter. Sie versorgt den Embryo mit den Hormonen, die ihn wachsen und sich entwickeln lassen, und schützt ihn vor Bakterien.

Mit etwa sechs Monaten ist das Baby bereits sehr aktiv und hat jetzt gute Überlebenschancen, sollte es zu früh auf die Welt kommen.

In den letzten Monaten der Schwangerschaft steigt das Gewicht des Babys, damit es für das Leben außerhalb des Körpers der Mutter gerüstet ist.

Kurz vor der Geburt dreht sich das Baby normalerweise in der Gebärmutter so, dass es mit dem Kopf voran auf die Welt kommen kann.

Ist das Baby für die Geburt bereit, öffnet sich der Muttermund und es kommt über den Geburtskanal auf die Welt.

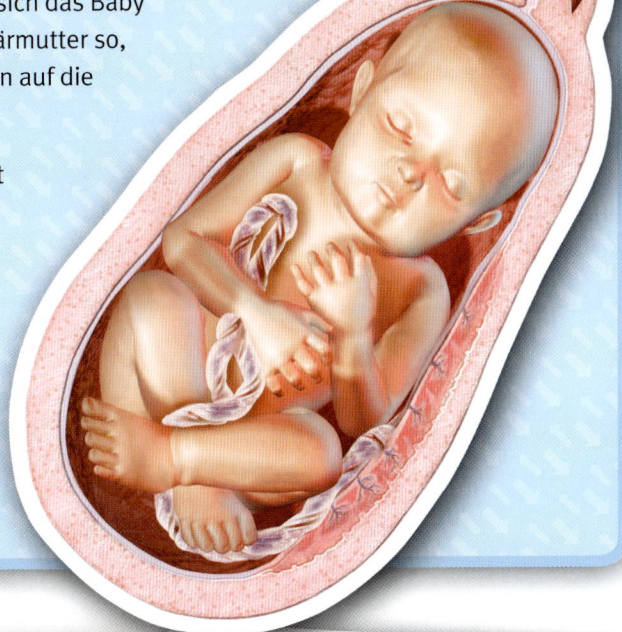

Heiße Info!

Zwillinge

Eineiige Zwillinge entstehen aus einer einzigen befruchteten Eizelle, die sich nach den ersten Tagen der Schwangerschaft in zwei aufteilt. Die haben dasselbe Geschlecht und zuerst auch identische DNS. Während ihrer Entwicklung verändert sich ihre DNS. Zweieiige Zwillinge entwickeln sich aus zwei einzelnen Eiern.

Medizinischer Fortschritt

In früheren Zeiten hatte Medizin eher etwas mit Aberglauben, Religion und Zauberei zu tun. Entdeckungen im 18. und 19. Jahrhundert förderten das Verständnis der Ärzte darüber, wie unser Körper funktioniert.

1628

Der Londoner Physiker William Harvey veröffentlicht ein Buch, in dem er beschreibt, wie das Herz das Blut durch den Körper pumpt.

131 v. Chr.

Galenus von Pergamon wird geboren. Er schnitt tote Affen und Schweine auf, um zu verstehen, wie ihr Organismus und somit auch der menschliche Körper funktioniert.

460 v. Chr.

Der griechische Mediziner Hippokrates wird geboren. Man bezeichnet ihn auch als Vater der modernen Medizin. Noch heute leisten Ärzte den „Hippokratischen Eid".

1932

Die Wissenschaftlerin Marie Curie, eine Pionierin auf dem Gebiet der Radioaktivität, gründete das Radium-Institut in Warschau (Polen).

1953

Die britischen Wissenschaftler James Watson und Francis Crick entdeckten die Struktur des DNS-Moleküls.

1967

Der südafrikanische Herzchirurg Christiaan Barnard führte die erste Herztransplantation am Menschen durch.

1954

Der amerikanische Chirurg Joseph E. Murray führte die erste erfolgreiche Nierentransplantation an eineiigen Zwillingen durch.

1796

Edward Jenner entwickelte eine Impfung gegen Pocken, indem er den Eiter einer Kuhpockenpustel in kleine Schnitte auf dem Arm eines Kindes einrieb.

1867

Joseph Lister verwendete Phenol, um Wunden und chirurgische Instrumente zu reinigen. Dadurch wurde die Chirurgie sauberer und sicherer als jemals zuvor.

1870er

Der französische Physiker Louis Pasteur und der deutsche Arzt Robert Koch bewiesen, dass Bakterien die Ursache für Krankheiten sind.

1928

Der schottische Bakteriologe Sir Alexander Flemming entdeckte das Penicillin, das immer noch das am häufigsten verwendete Antibiotikum ist.

1895

Der deutsche Physiker Wilhelm Conrad Röntgen entdeckte die Röntgenstrahlen.

EXPERTENWISSEN!

> Weitere medizinische Entwicklungen der Zukunft könnten Impfungen gegen Malaria und Krebs beinhalten – zwei der tödlichsten Krankheiten.

> Die Möglichkeit, Körperteile aus Stammzellen zu züchten, ist dank der neuesten Entwicklungen einen Schritt näher gerückt.

1983

Der HI-Virus, die Ursache für AIDS, wurde identifiziert.

2010

Spanische Ärzte führten die erste Transplantation eines kompletten Gesichts an einem Unfallopfer durch.

1978

Das erste Baby aus dem Reagenzglas wurde in Großbritannien geboren.

Worterklärung

Arterie   Ein dehnbares Blutgefäß, das das Blut vom Herzen weg führt.

Bakterien   Winzige, einzellige Formen, die manchmal Krankheiten auslösen können. Wir nennen sie daher auch Krankheitserreger. Andere Bakterien sind für uns nützlich.

Befruchten   Wenn ein Spermium mit einer Eizelle verschmilzt.

Blutplättchen   Zellfragmente, die eine Blutung durch Verklumpen stoppen.

DNS   DNS ist die Abkürzung für Desoxyribonukleinsäure. Man kann sie sich wie eine Liste voller Anweisungen vorstellen, die unseren Zellen sagt, was sie zu tun haben.

Drüse   Ein Organ, das chemische Botenstoffe für unseren Körper produziert.

Embryo   Bezeichnung für ein ungeborenes Baby während der ersten zehn Wochen seines Lebens in der Gebärmutter.

Fötus   Bezeichnung für ein ungeborenes Baby ab der elften Schwangerschaftswoche bis zur Geburt.

Fusion   Zusammenschluss, aus dem ein einziges Stück wird.

Gefäße   Hohle Röhren, die Flüssigkeiten wie Blut oder Lymphe transportieren.

Genetisch   Bezogen auf die Gene, die sich in den Chromosomen befinden.

Glukose   Eine einfache Form Zucker, die der Körper zur Energiegewinnung nutzt.

Hormone   Chemische Botenstoffe, die von einer Drüse produziert werden.

Kapillaren   Winzige, verzweigte Blutgefäße, die zwischen den Arterien und Venen ein Netzwerk bilden.

Keratin   Ein Protein, das man in der Haut, den Haaren und in Nägeln findet.

Kern   Das Gehirn der Zelle, die das Wachstum, die Bewegung und die Fortpflanzung regelt.

Klappe   Eine Vorrichtung wie eine Tür, die den Fluss von Flüssigkeiten kontrolliert.

Knochenmark   Der weiche, schwammartige Stoff, den man im Inneren großer Knochen findet. Er produziert rote und weiße Blutkörperchen und Blutplättchen.

Leukozyten   Weiße Blutkörperchen, die dem Körper bei der Bekämpfung von schädlichen Bakterien und Krankheiten helfen.

Lymphknoten   Ein ovales Organ, das Teil des Immunsystems ist.

Membran   Eine dünne Gewebeschicht.

Menopause   Die Zeit, in der die weiblichen Eierstöcke aufhören, Eier abzugeben. Meist im Alter von etwa 50 Jahren.

Mitochondrien   Die Kraftwerke der Zelle, die Energie aus Nahrung in eine Form umwandeln können, die Zellen verwenden können.

Molekül   Eine Gruppe von zwei oder mehr Atomen (die Bausteine des Lebens), die zusammenstecken.

Moleküle sind so winzig, dass man sie nur mit einem Elektronenmikroskop sehen kann.

Muttermund   Der Gebärmutterhals, der sich bei der Geburt eines Babys öffnet und den Weg zum Geburtskanal freigibt.

Nährstoff   Eine Substanz, die Nahrung für das Wachstum und den Stoffwechsel bereitstellt.

Organ   Eine Ansammlung von Stoffen, die zusammenarbeiten, um eine bestimmte Aufgabe zu erfüllen.

Proteine   Große Moleküle, die als Grundbausteine für alle Lebewesen dienen.

Pubertät   Die Zeit, wenn ein Kind zum Erwachsenen wird.

Stoff   Eine Ansammlung von Zellen gleicher oder ähnlicher Bauweise, die zusammen eine Aufgabe erledigen.

Stoffwechsel   Die Reaktionen in einer Körperzelle, die dazu führen, aus Nahrung Energie zu gewinnen.

Synapse   Die Verbindung zweier Nervenzellen, über die chemische Botenstoffe über eine sehr kurze Entfernung ausgetauscht werden.

Vene   Ein Blutgefäß, das das Blut zum Herzen hin transportiert.

Virus   Ein winziges, infektiöses Teilchen, hundertmal kleiner als eine Bakterienzelle, das uns krank machen kann.

Zelle   Die kleinste Einheit eines Lebewesens.

KAPITEL 9

WISSENSCHAFT

⚛ Die Anfänge der Wissenschaft

Das Wort Wissenschaft taucht in der deutschen Sprache im 17. Jahrhundert auf. Vorher nannte man die Menschen, die die Welt erkundeten, Naturphilosophen oder Alchemisten.

Die astronomische Uhr in Prag (Tschechische Republik).

Altgriechische Philosophen

Die Menschen im antiken Griechenland wollten die Welt um sie herum verstehen. Sie erfanden eine Wissenschaft, die sie Philosophie, also Liebe zur Weisheit, nannten. 387 v. Chr. gründete Platon in Athen eine Schule der Philosophen, die Platonische Akademie. Dort diskutierten Schüler und Lehrer über die Natur und ihre Gesetze, aber auch über die Frage nach einem guten und gerechten Leben.

Aristoteles (384 – 322 v. Chr.) war einer von Platons Schülern. Seine Sichtweisen beeinflussten die Wissenschaft bis weit ins 16. Jahrhundert hinein.

Sokrates (469 – 399 v. Chr.) ist einer der Gründer der westlichen Philosophie. Er entwickelte eine Denk- und Redensart, die wir Logik nennen.

Platon (428/427 – 347 v. Chr.) war ein Schüler des Sokrates und Gründer der Platonischen Akademie.

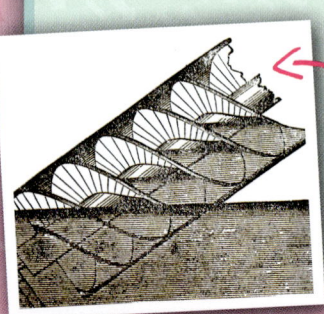

Archimedes, geboren 287 v. Chr. in Sizilien, war griechischer Naturwissenschaftler. Er erfand unter anderem die Archimedische Schraube.

Die wissenschaftliche Revolution

Als 1410 in Prag im heutigen Tschechien die astronomische Uhr aufgestellt wurde, glaubten die Menschen noch, dass die Erde das Zentrum des Universums sei. 1543 bewies Nikolaus Kopernikus hingegen, dass die Erde und die anderen Planeten sich in Wahrheit um die Sonne drehen. Diese kopernikanische Wende ermutigte zahlreiche Wissenschaftler. Kopernikus löste eine Revolution aus, die letztlich unsere moderne Wissenschaft hervorgebracht hat.

Wissenschaft heute

In ihrer 400-jährigen Geschichte hat die moderne Wissenschaft unser Verständnis von der Welt, in der wir leben, und vom Weltall entscheidend verändert. Wissenschaft basiert heute auf Experimenten, die wiederholt und somit überprüft werden können.

⬇ Mikroskop

Das Mikroskop wurde im 17. Jahrhundert entwickelt. Moderne Elektronenmikroskope verwenden beim Abtasten von Objekten Elektronen anstelle von Licht. Das Rasterkraftmikroskop kann sogar einzelne Atome darstellen.

💡 **EXPERTENWISSEN!**

❯ Die Philosophen der griechischen Antike wussten, dass die Erde eine Kugel ist. Eratosthenes berechnete im Jahre 240 v. Chr. den Erdumfang bereits ziemlich exakt.

❯ Ein Ziel der Alchemisten war es, billiges Metall in Gold zu verwandeln. Manche suchten nach einem Elixier, das Menschen unsterblich machen sollte.

⬆ Chemische Elemente

1808 fand der englische Naturforscher John Dalton heraus, dass jedes Element aus identischen Atomen besteht, die durch ihre Masse identifiziert werden können. 1869 entwickelte Dmitri Mendelejev das Periodensystem, das auf den Entdeckungen Daltons aufbaut.

⬆ Quantenphysik

Die Quantentheorie erklärt Wissenschaftlern, wie sich Teilchen zu einem Atom zusammenfinden. Sie ist die Grundlage für die Nutzung der Atomenergie oder den Bau elektrischer Schaltkreise, wie sie in einem Computer verwendet werden. Viele Teilchen können nur im Teilchenbeschleuniger untersucht werden.

⬆ Elektrizität

Im 18. Jahrhundert begannen Wissenschaftler wie Benjamin Franklin, mit Elektrizität zu experimentieren. Ein Jahrhundert später baute Michael Faraday den ersten elektrischen Motor und Thomas Edison entwickelte die erste verwendbare Glühbirne.

➡ Atomkraft

Nachdem der Neuseeländer Ernest Rutherford zu Beginn des 20. Jahrhunderts herausfand, dass Atome aus einem Kern und weiteren kleineren Teilchen bestehen, gelang ihm die erste Beobachtung einer Kernreaktion. Etwa 11 Prozent der weltweit produzierten Elektrizität stammt heute aus Kernkraftwerken.

Atome

Vor etwa 2 500 Jahren behauptete der griechische Philosoph Demokrit, dass das Universum aus winzigen Partikeln besteht, die nicht mehr geteilt werden können. Er nannte diese Teilchen „atomos". Das ist altgriechisch und bedeutet untrennbar.

Unteilbare Teilchen?

Wir wissen heute, dass Atome aus noch kleineren Teilchen bestehen. Doch hatte Demokrit teilweise Recht. Atome lassen sich zwar spalten, was dabei als Produkt entsteht, ist aber nicht mehr mit dem Ausgangsmaterial zu vergleichen. Atome sind nur 0,1 bis 0,5 Nanometer groß. Man kann sie nur mit einem starken Raster-Tunnelmikroskop oder einem Rasterkraftmikroskop betrachten.

Ein kleiner Bleistiftpunkt enthält Milliarden von Kohlenstoffatomen.

Die Eisenatome, die den Boden des Mars rot färben, sind die gleichen Eisenatome, die wir auf der Erde vorfinden.

Universalelemente

Es gibt mehr als 100 verschiedene Arten von Atomen und soweit wir wissen, sind es im ganzen Universum die gleichen. Ein Eisenatom auf dem Mars sieht genauso aus, wie das eines Meteoriten oder eines, das wir hier auf der Erde finden.

Noch schwerere Atome

Das schwerste Atom, das in der Natur vorkommt, ist Uran. Wissenschaftler versuchen seit längerem noch schwerere Atome mithilfe eines Teilchenbeschleunigers künstlich zu erzeugen. Die so geschaffenen Atome bestehen manchmal nur für Sekunden, ehe sie wieder zerfallen.

Heiße Info!

Die Chemie unseres Körpers

99 Prozent der Atome unseres Körpers sind entweder Wasserstoff-, Sauerstoff-, Kohlenstoff-, Stickstoff-, Phosphor- oder Kalziumatome. Da der menschliche Körper zu 60 Prozent aus Wasser (H_2O) besteht, sind Wasserstoff und Sauerstoff am häufigsten.

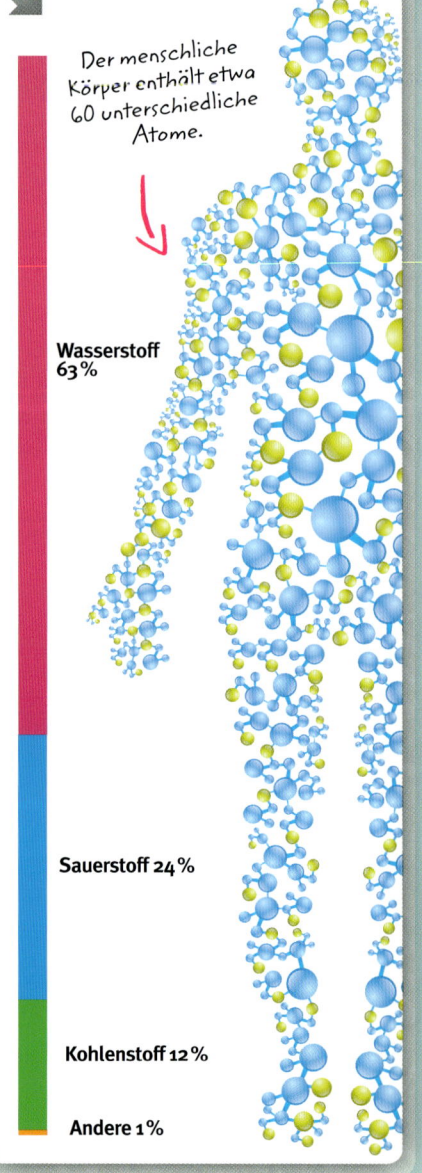

Der menschliche Körper enthält etwa 60 unterschiedliche Atome.

Wasserstoff 63 %

Sauerstoff 24 %

Kohlenstoff 12 %

Andere 1 %

Bausteine des Atoms

Jedes Atom enthält winzige Teilchen, die Protonen, Neutronen und Elektronen. Wir können sie zwar nicht sehen, aber aus der Art und Weise, wie Atome reagieren, können Wissenschaftler darauf schließen.

Im Inneren eines Atoms

Protonen und Neutronen liegen dicht zusammengedrängt im Zentrum des Atoms und bilden den Kern. Dieser ist von einer Wolke Elektronen umgeben, die unglaublich schnell um den Kern herumflitzen. Der Großteil eines Atoms besteht aus Leere. Wäre ein Atom so groß wie ein Fußballfeld, hätte der Kern die Größe einer Erbse. Die Elektronen sind sogar noch kleiner. Sie wären gerade mal so groß wie Zuckerkörner, die man auf den Rasen gestreut hat.

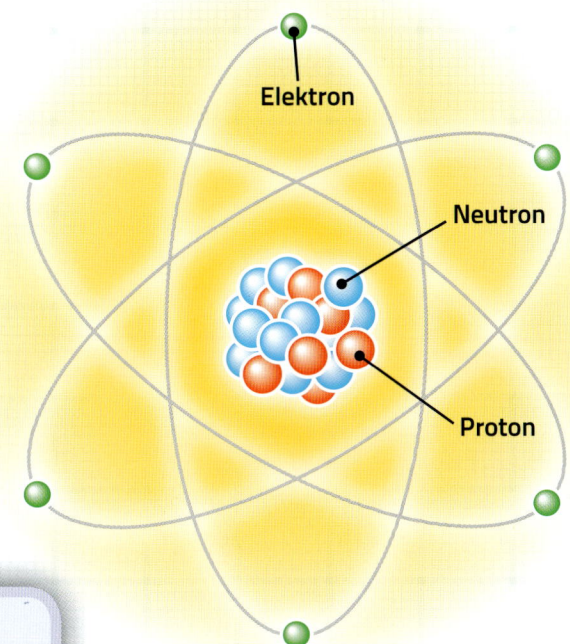

Elektron

Neutron

Proton

Protonen

Protonen sind positiv geladen. Ohne die Neutronen im Atomkern würden sich die Protonen also gegenseitig abstoßen. Es gibt aber auch ein Atom, das nur ein einziges Proton im Kern besitzt. Dieses Wasserstoffatom ist das einfachste Element von allen. Um sein Proton kreist ein einziges Elektron. Kalzium hingegen besteht aus 20 Protonen, 20 Neutronen und 20 Elektronen.

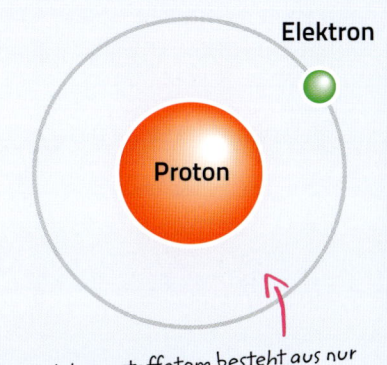

Elektron

Proton

Dieses Wasserstoffatom besteht aus nur einem Proton und einem Elektron.

Neutronen

Neutronen sind neutral geladen. Das bedeutet, sie sind weder positiv noch negativ geladen. Die Zahl der Neutronen beeinflusst auch die Masse und die Radioaktivität des Atoms. Viele Atome haben die gleiche Anzahl an Neutronen und Protonen, nur schwerere Elemente besitzen mehr. Blei hat z. B. 82 Protonen, 82 Elektronen und 125 Neutronen.

Elektronen

Elektronen sind negativ geladen. Sie bewegen sich auf bestimmten Ebenen um den Kern (die sogenannten Schalen). Jede Schale kann nur eine bestimmte Menge an Elektronen aufnehmen. Die Schale, die dem Kern am nächsten ist, enthält zwei Elektronen. Besitzt ein Atom mehr als zwei Elektronen, kommen diese auf eine neue Schale, die nun bis zu acht Elektronen tragen kann. Uran, das schwerste natürliche Atom, hat 92 Elektronen auf sieben Schalen.

Hier wird Uran für den Einsatz in Kernkraftwerken abgebaut.

Blei ist ein schweres Element, aus dem etwa Gewichte hergestellt werden.

Chemische Elemente

Die chemischen Elemente sind die Grundbausteine unserer Welt. Jedes Element besitzt eine ganz spezielle Anzahl an Protonen, Neutronen und Elektronen.

Das Gewicht der Atome

1869 schuf der russische Chemiker Dmitri Mendelejev das Periodensystem der Elemente, eine Tabelle, in der alle Elemente nach dem Gewicht ihrer Atome und ihren Eigenschaften geordnet sind. Mendelejev bemerkte, dass Elemente mit ähnlichen Eigenschaften in regelmäßigen Abständen oder Perioden auftauchten. Daher wurde seine Tabelle als Periodensystem bekannt.

Fehlende Bindeglieder

Als Mendelejev sein Periodensystem aufbaute, stellte er fest, dass es einige Lücken gab. Daraus schloss er, dass einige Elemente noch nicht entdeckt worden waren. Er hatte Recht. Gallium und Germanium werden heute beide als Halbleiter verwendet und wurden erst in den darauffolgenden Jahrzehnten entdeckt. Später kamen noch Scandium und Technetium hinzu. Die Eigenschaften dieser Elemente stimmten mit Mendelejevs Voraussagen überein.

Aus einer Mischung aus Scandium und Aluminium entstehen sehr leichte Fahrradrahmen.

Das Periodensystem

Jedes Element steht im Periodensystem unter einer Abkürzung seines Namens, auch Symbol genannt. Manche Symbole beziehen sich auf die lateinische Bezeichnung des Elements. Au steht zum Beispiel für Aurum, das lateinische Wort für Gold. Die Ordnungszahl gibt an, wie viele Protonen ein Element besitzt.

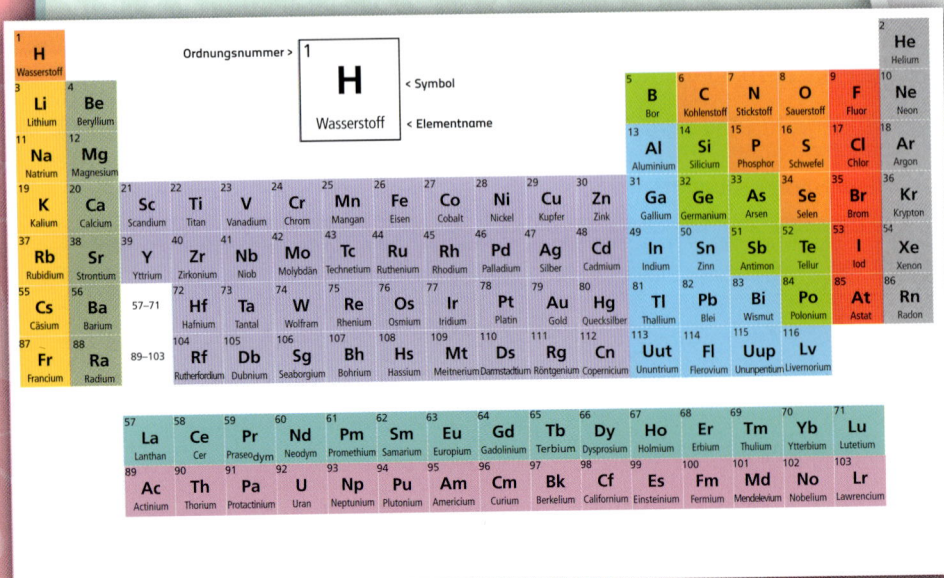

Moleküle

Moleküle entstehen, wenn Atome sich verbinden. Zwei Atome des gleichen Elements, wie z. B. Sauerstoff, können sich zu einem Sauerstoffmolekül verbinden. Sauerstoff kann aber auch mit zwei Wasserstoffatomen ein Wassermolekül bilden.

Vereinte Kräfte

Oftmals besitzen Atome nicht genügend Elektronen, um ihre äußersten Schalen zu befüllen. Das Sauerstoffatom besitzt acht Elektronen – zwei auf der inneren Schale und sechs auf der äußeren. Dort ist aber Platz für acht Elektronen. Deshalb kommen Sauerstoffatome nie alleine vor, sondern immer in Verbindung mit anderen Atomen, deren Elektronen ihre äußere Schale auffüllen. Das nennt man kovalente Bindung.

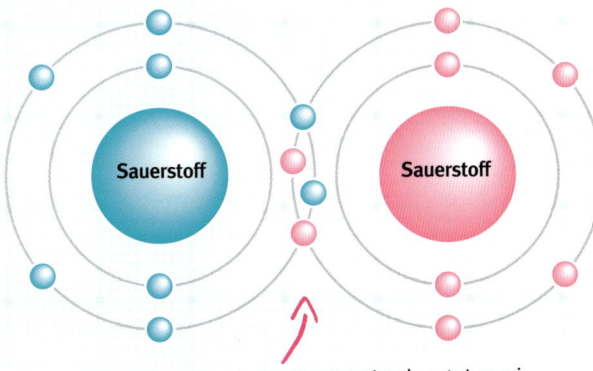

In diesem Sauerstoffmolekül teilen sich zwei Sauerstoffatome die Elektronen so, dass jedes acht Elektronen auf der äußeren Schale hat.

Ein Sauerstoffatom kann sich auch mit zwei Wasserstoffatomen verbinden. Die Wasserstoffatome haben dann jeweils zwei Elektronen auf ihrer inneren Schale und das Sauerstoffatom acht auf der äußeren Schale. Zusammen bilden sie ein Wassermolekül.

Wasser besteht aus Molekülen mit je zwei Wasserstoffatomen und einem Sauerstoffatom.

EXPERTENWISSEN!

> Eine chemische Verbindung besteht aus zwei oder mehr verschiedenen chemischen Elementen. Chemiker nutzen Abkürzungen, die einem verraten, welche Elemente sich in einem solchen Molekül befinden.

> Wasser bezeichnet man als H_2O. Das bedeutet, dass das Molekül zwei Wasserstoffatome (H) und ein Sauerstoffatom (O) besitzt.

Ein perfektes Paar

Manchmal geben Atome ihre Elektronen lieber einem anderen Atom, als es zu teilen. Natrium besitzt nur ein Elektron in der äußeren Schale, das es gern loswerden möchte. Chlor hat sieben Elektronen in seiner äußeren Schale und hält immer nach einem zusätzlichen Ausschau.

Nachdem Natrium ein Elektron abgegeben hat, besitzt es nun mehr Protonen als Elektronen und ist positiv geladen. Chlor besitzt nun mehr Elektronen als Protonen und ist negativ geladen. Natrium und Chlor sind durch elektrische Kraft nun fest miteinander verbunden. Ein geladenes Atom oder Molekül nennt man Ion und diese Verbindung eine ionische Bindung.

● Natriumion
● Chlorion

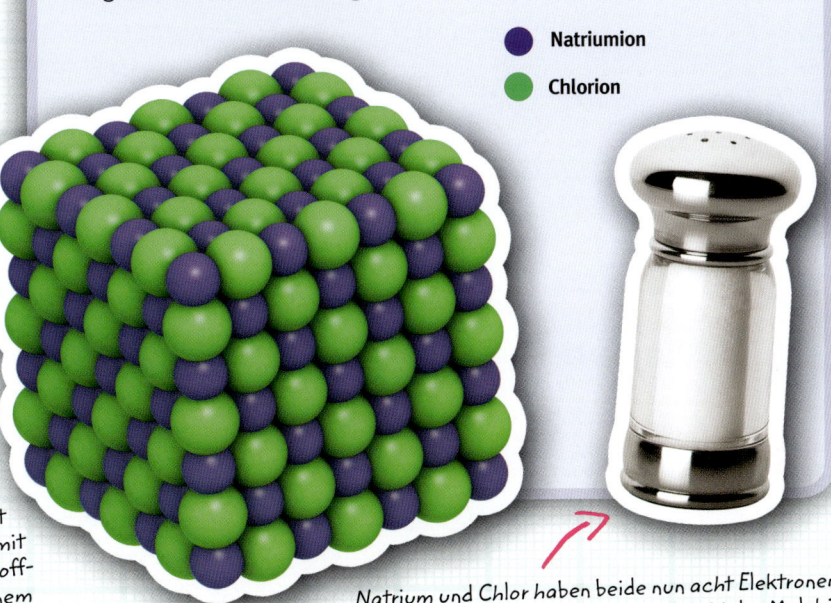

Natrium und Chlor haben beide nun acht Elektronen in ihrer äußeren Schale. Daraus entsteht das Molekül Natriumchlorid, das Tafelsalz.

Aggregatzustände

Fest, flüssig und gasförmig sind drei Aggregatzustände. Atome sind immer in Schwingung, die sich bei Wärme erhöht. Die schnellen Schwingungen lösen die Bindungen, die die Atome zusammenhalten. Daher verändern sich Stoffe meist, wenn sie wärmer werden: von fest zu flüssig zu gasförmig.

Eis ist die feste Form von Wasser.

Sogar Gestein kann flüssig werden, wenn es nur stark genug erhitzt wird.

Erhitzt der Brenner das Gas im Inneren eines Heißluftballons, bewegen sich die Atome weiter auseinander und der Ballon dehnt sich aus.

Festkörper

Die Teilchen in einem festen Gegenstand liegen eng aneinander. Daher können die Atome sich trotz der Schwingungen nicht groß ausdehnen. Ein Festkörper besitzt eine feste Form und Größe, die man nur durch Gewalt ändern kann – z. B. wenn man einen Apfel in zwei Hälften schneidet.

Flüssigkeiten

In Flüssigkeiten liegen die Teilchen weiter auseinander als in Festkörpern. Daher können sich die Atome dort freier bewegen. Flüssigkeiten haben keine bestimmte Form, es sei denn, man gießt sie in einen Behälter. Verschüttest du Flüssigkeit, breitet sie sich aus und nimmt die Form der Oberfläche an, auf der sie landet.

Gase

Gasteilchen bewegen sich sehr schnell. Zwischen den einzelnen Partikeln ist viel Platz und sie können jede erdenkliche Form ausfüllen, zum Beispiel einen Heißluftballon. Steigt die Temperatur eines Gases, bewegen sich die Moleküle noch weiter voneinander weg und das Gas dehnt sich in alle Richtungen aus. Die Luft besteht aus mehreren Gasen, z. B. aus Stickstoff, Sauerstoff, Argon und Kohlendioxid.

Heiße Info!

Plasma

Es gibt noch einen vierten Aggregatzustand – Plasma. Dieser entsteht, wenn Gas aufgeladen wird (z. B. indem es erhitzt wird) und die Elektronen sich losreißen. Fast das gesamte Universum und die Sonne bestehen aus Plasma. Beispiele auf der Erde sind Blitze, das Nordlicht und Neonlampen.

Gemische und Lösungen

Die meisten Dinge in der Natur sind Gemische, sogar die Luft, die wir atmen. In einem Gemisch befinden sich mindestens zwei Stoffe. Es findet keine chemische Reaktion statt und die Stoffe können auch wieder voneinander getrennt werden.

Schlammiges Wasser ist eine Suspension.

EXPERTENWISSEN!

> Luft ist eine Lösung von Gasen in anderen Gasen.

> Haushaltsübliches Ammoniak ist eine Lösung von Gas in Wasser.

> Palladium ist ein Metall, das Wasserstoff wie ein Schwamm aufsaugt, daher ist es eine Lösung von Gas in einem Feststoff.

> Metalllegierungen wie Messing sind Lösungen von Feststoffen in Feststoffen.

Suspensionen

Gibt man etwas Sand in ein Glas Wasser und rührt das Ganze mit einem Löffel um, wird der Sand erst für eine kurze Zeit im Wasser schweben, bevor er auf den Boden des Glases sinkt. Da sich der Sand und das Wasser nicht gleichmäßig vermischen, handelt es sich um eine Suspension und nicht um eine Lösung.

Kolloide

In einer Lösung sind die Teilchen etwa so groß wie Moleküle. Enthält eine Flüssigkeit gleichmäßig verteilte Teilchen, die größer als ein Molekül sind und die man aber trotzdem nicht sehen kann, wird die Mischung Kolloid genannt. Kolloide begegnen dir jeden Tag als Milch, Nebel und Papier.

Schlagsahne ist ein Kolloid.

Lösungen

Lösungen sind Gemische, in denen sich alle Moleküle gleichmäßig verteilen, ohne zu verklumpen. Wenn du anstelle von Sand Salz in dein Wasserglas füllst, wird das Salz sich auflösen. Obwohl du das Salz nicht mehr sehen kannst, kannst du es noch immer vom Wasser trennen. Dazu musst du es erhitzen und so lange warten, bis das Wasser verdampft ist. Lösungen können Gemische aus verschiedenen Gasen, aus Gasen und Flüssigkeiten, aus Gasen und Feststoffen, aus Flüssigkeiten und Feststoffen und aus verschiedenen Feststoffen sein.

Salz wird aus Meerwasser gewonnen, indem das Wasser in seichten Becken verdampft.

Säuren und Basen

Abgesehen von reinem Wasser sind alle Flüssigkeiten entweder Säuren oder Basen. Eine Säure besitzt viele Wasserstoffionen, eine Base viele Hydroxidionen.

Säuren

Säuren schmecken sauer wie Zitronensaft, der Zitronensäure enthält. Aus dem Alltag kennst du außerdem die Essigsäure aus dem Essig oder die Kohlensäure aus sprudelnden Getränken wie kohlesäurehaltigem Mineralwasser. Starke Säuren sind sehr gefährlich und können zu ernsthaften Verletzungen führen, doch auch sie sind nützlich. In Autobatterien findet man sehr starke Schwefelsäure.

Cola enthält Zitronensäure, Phosphorsäure und Kohlensäure.

Basen und Alkalien

Alkalien sind Basen, die sich im Wasser auflösen. Alle Alkalien sind Basen, doch nicht alle Basen sind Alkalien. Basen reagieren mit Ölen und Fetten, daher werden sie in starken Haushaltsreinigern verwendet. Ofenreiniger und Abflussreiniger enthalten oft Natriumhydroxid, und Ammoniak wird häufig als Fleckentferner eingesetzt.

Viele starke Haushaltsreiniger sind Alkalien.

Säuren und Basen in der Natur

Säuren und Basen findet man auch in unserem Körper. Mischen sich eine Säure und eine Base im richtigen Verhältnis, neutralisieren sie sich gegenseitig. Unser Magen produziert Säure, die unser Essen verdaut und Bakterien abtötet. Im Gegenzug dazu sind die Säfte der Bauchspeicheldrüse alkalisch, um die Magensäure im späteren Verdauungsprozess zu neutralisieren.

Während wir Sport treiben, bilden unsere Muskeln Milchsäure.

ZAHLEN & FAKTEN

Die pH-Skala gibt an, wie sauer oder basisch eine Substanz ist. Wasser ist neutral und hat die Nummer 7. Die stärkste Säure erhält die 0 und die stärkste Base die 14.

Flüssigkeiten und ihr pH-Wert:

0   Batteriesäure
1   Magensäure
2   Zitronensaft
3   Essig
4   Saurer Regen
5   Schwarzer Kaffee
6   Speichel
7   Reines Wasser
8   Meerwasser
9   Backpulver
10 Magnesiummilch
11 Ammoniak
12 Seifenwasser
13 Bleichmittel
14 Abflussreiniger

Chemische Reaktionen

Chemische Reaktionen treten immer dann auf, wenn mindestens zwei Elemente aufeinandertreffen und eine neue Substanz bilden. Sie ändern die Struktur ihrer Moleküle, bestehende Verbindungen werden gelöst und neue gebildet.

Veränderungen

Chemische Reaktionen sind für gewöhnlich nur sehr schwer oder kaum rückgängig zu machen. Normalerweise verändert einer der Stoffe das Aussehen oder es kommt zu einer energetischen Veränderung, die Hitze oder Licht produziert.

Brennende Kerzen sind ein Beispiel für Reaktionen, die Licht und Hitze produzieren.

Auf dem Weg vom Sand zum Silizium steht an erster Stelle eine chemische Reaktion.

Wechselnde Partner

Manchmal tauscht ein Element in einer Verbindung seinen Platz mit einem anderen Element. Diese Reaktion nennt man auch Verschiebung. Man verwendet sie, um Silizium für Computerchips herzustellen. Reagieren Sand (Siliziumdioxid oder SiO_2) und Kohlenstoff miteinander, verbinden sich Sauerstoff und Kohlenstoff zu dem Gas Kohlenstoffmonoxid (CO), und reines Silizium bleibt übrig.

Unumkehrbare Reaktionen

Brände sind eine Art der chemischen Reaktion, die man nicht wieder rückgängig machen kann. Ein weiteres Beispiel aus dem Alltag ist rostendes Metall. Kommt Eisen oder Stahl mit Sauerstoff und Wasser in Berührung, legt sich eine rote Schicht über die Oberfläche. Das ist Rost oder Eisenoxid.

Rost verwandelt Eisen und Stahl langsam in weiche, bröckelige Flocken.

EXPERTENWISSEN!

> Materie kann nicht neu gebildet oder zerstört werden. Obwohl Stoffe sich während einer chemischen Reaktion wandeln können, bleibt die Anzahl der Atome die gleiche.

> Ein Katalysator beschleunigt eine chemische Reaktion, bleibt jedoch selbst unverändert. Hitze ist ein gängiger Katalysator. Sie gibt ihre Energie zu einer Reaktion dazu und bleibt auch nach der Reaktion noch Hitze.

> Ein Hemmstoff ist etwas, durch das eine chemische Reaktion langsamer wird.

Metalle

Metalle sind gute Wärme- und Stromleiter. Sie glänzen im polierten Zustand und können gebogen und verformt werden.

Kupfer wird aus Kupfererz gewonnen.

Ganz schön selten

Etwa drei Viertel aller Elemente sind Metalle, doch viele davon sind selten. Die meisten Metalle werden aus Gestein gewonnen, das Erz genannt wird. Erze werden von Bergleuten in Minen abgebaut.

EXPERTENWISSEN!

› Eisen ist das häufigste Metall auf der Erde: Selbst der Erdkern besteht daraus.

› In der Erdkruste dominiert hingegen Aluminium.

› Das alkalische Metall Francium ist extrem selten. Die Wissenschaftler schätzen, dass es nur etwa 20–30 Gramm auf der ganzen Erde gibt.

› Quecksilber ist das einzige Metall, das bei Zimmertemperatur flüssig ist.

Wertvolle Elemente

Hast du schon von Neodym, Tantal, Europium oder Palladium gehört? Nein? Trotzdem hast du wahrscheinlich eines dieser Metalle zu Hause oder sogar in deiner Tasche. Zusammen mit Gold, Silber und Platin werden sie in Computern und Handys verwendet.

Alkalische Metalle

Einige der alkalischen Metalle sind so reaktionsfreudig, dass sie explodieren, wenn man sie in Wasser legt. Dazu zählen Lithium, Natrium, Kalium, Rubidium und Caesium. Man bewahrt sie deshalb in Öl auf.

Die alkalischen Metalle Lithium, Natrium, Kalium, Magnesium, Kalzium, Strontium und Barium werden alle in Feuerwerken verwendet.

 Heiße Info!

Legierungen

Eine Legierung ist ein Gemisch aus Metall und mindestens einem anderen Element. Legierungen sollen Metall härter und vielseitiger machen. Stahl ist beispielsweise härter als sein Hauptelement Eisen. Aus Stahl kann man Brücken bauen.

Kunststoffe

Es gibt tausende Arten von Kunststoffen, von der dünnen Plastiktüte bis hin zu Kevlar, aus dem man schusssichere Westen fertigt. Alle diese Materialien bestehen aus einer langen Kette von Molekülen, den Polymeren.

Was sind Kunststoffe?

Kunststoffe werden durch die Umwandlung von Naturprodukten oder aus künstlich hergestellten Substanzen gewonnen. Grundlage für die Kunststoffproduktion ist häufig Erdöl, das zu sogenannten Kohlenwasserstoffen veredelt und mit anderen Elementen vermischt wird. Diese verbinden sich mit den Kohlenstoffatomen zu kleinen Plastikeinheiten, den sogenannten Monomeren, die sich wiederum zu langen flexiblen Ketten, den Polymeren, zusammenschließen. Die Vorsilbe Poly- bedeutet viele. Eine Kette kann Hunderttausende Atome enthalten.

Sogar Kaugummi enthält Kunststoff.

EXPERTENWISSEN!

❯ Es dauert etwa 450 Jahre, bis eine Plastikflasche verrottet ist.

❯ Das Recyceln der Plastikflaschen verbraucht etwa nur halb so viel Energie, wie das Verbrennen in einer Müllverbrennungsanlage.

❯ Fast jedes Stück Kunststoff, das jemals produziert wurde, gibt es heute noch.

Beliebtes Polyäthylen

Polyäthylen ist der häufigste Kunststoff weltweit. Aus ihm werden Spielzeuge, Tragetaschen, Flaschen und sogar künstliche Kniegelenke hergestellt. Dieses Material ist sehr vielseitig und hat doch eine sehr einfache Struktur. Es besteht aus einer langen Kette von Kohlenstoffatomen mit je zwei Wasserstoffatomen. Es dauert Hunderte von Jahren, bis Polyäthylen verrottet, doch man kann es auch einschmelzen und wiederverwenden.

Etwa 25 recycelte Wasserflaschen stecken in dieser Fleecejacke.

25x

Künstliche Fasern

Du bist von Polymeren umgeben und kannst sie sogar anziehen. 1939 kam mit Nylon die erste künstliche Faser auf den Markt. Sie ist bis heute erfolgreich. Auch Fleece ist ein Kunststoff. Er wird oft aus recycelten Wasserflaschen hergestellt. Diese werden eingeschmolzen und durch winzige Löcher gepresst, sodass dünne Fäden entstehen. Daraus wird dann Kleidung produziert.

Das ist ein Polyäthylen-Molekül.

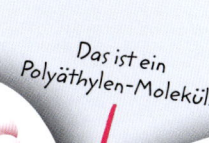

Das elektromagnetische Spektrum

Vom elektromagnetischen Spektrum hast du vielleicht noch nie gehört. Doch Teile davon nutzt du jeden Tag, wenn du Fernsehen schaust oder die Mikrowelle anschaltest.

Wellen machen

Photonen sind Energieteilchen, die so klein sind, dass man sie nicht sehen kann. Aus ihnen bestehen das Licht und noch andere elektromagnetische Strahlungen. Photonen verhalten sich wie kleine Teilchen, doch sie bilden auch Wellen. Radiowellen sind z. B. so groß wie ein Haus, während Gammastrahlen kleiner als ein Atom sind. Diese unterschiedlichen Wellen bilden das elektromagnetische Spektrum.

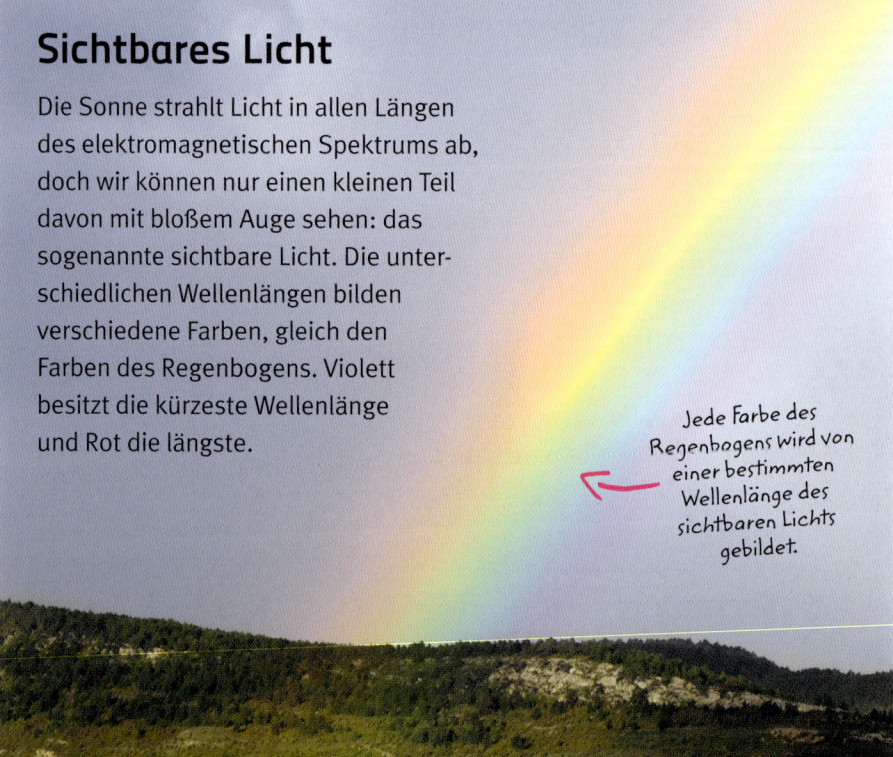

Sichtbares Licht

Die Sonne strahlt Licht in allen Längen des elektromagnetischen Spektrums ab, doch wir können nur einen kleinen Teil davon mit bloßem Auge sehen: das sogenannte sichtbare Licht. Die unterschiedlichen Wellenlängen bilden verschiedene Farben, gleich den Farben des Regenbogens. Violett besitzt die kürzeste Wellenlänge und Rot die längste.

Jede Farbe des Regenbogens wird von einer bestimmten Wellenlänge des sichtbaren Lichts gebildet.

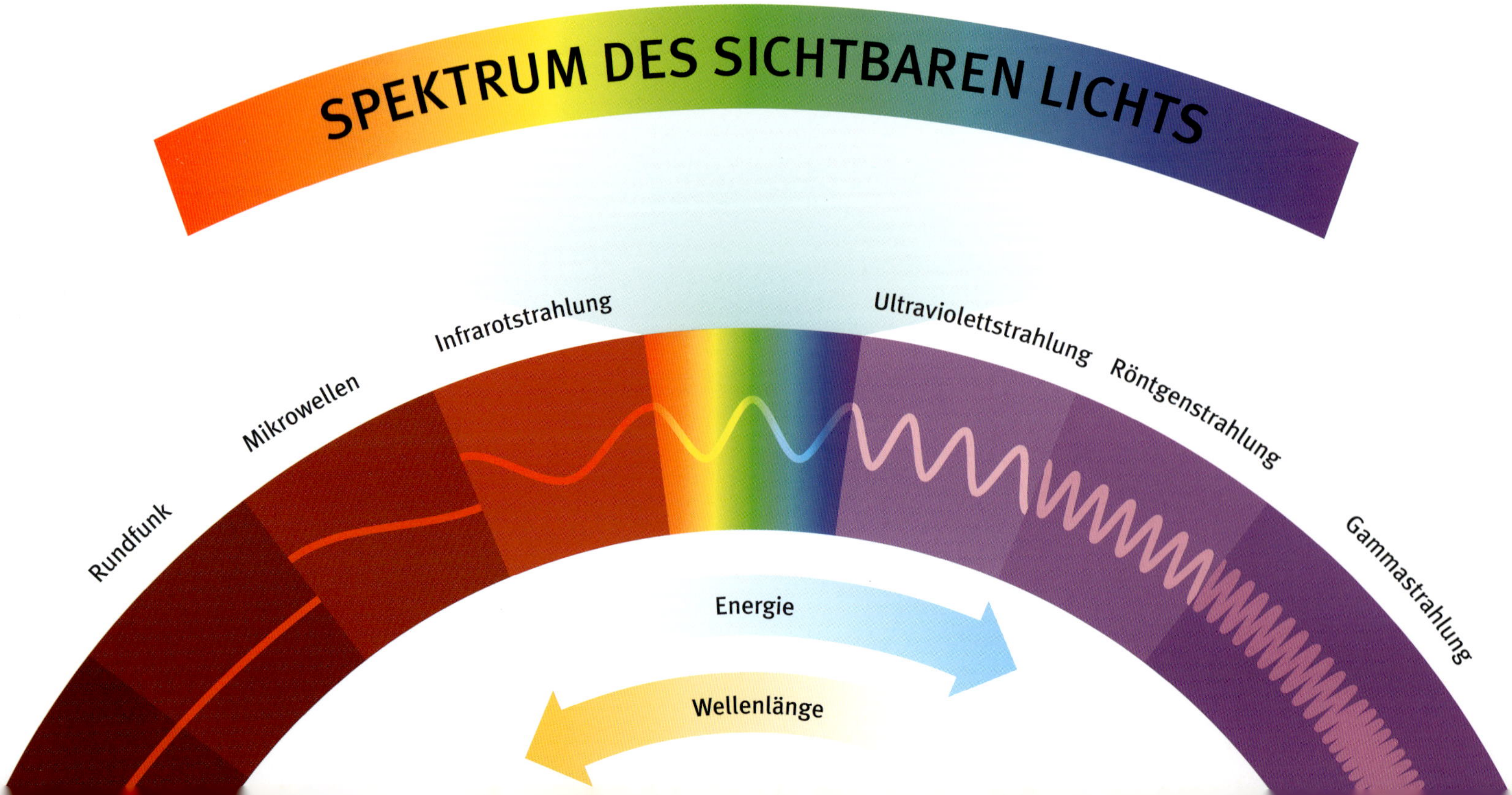

SPEKTRUM DES SICHTBAREN LICHTS

Rundfunk

Mikrowellen

Infrarotstrahlung

Ultraviolettstrahlung

Röntgenstrahlung

Gammastrahlung

Energie

Wellenlänge

Radiowellen

Radiowellen sind die längsten im gesamten Spektrum. Sie übertragen Fernseh- und Radiosignale. Sie werden auch zur Erkundung entfernter Planeten, Nebel und Galaxien eingesetzt. Radioteleskope bestehen aus einer großen Schale, dem Parabolspiegel, der Radiowellen aus dem All aufnimmt und bündelt. Diesen Signalen verdanken wir viele neue Entdeckungen.

Handys kommunizieren mit nahegelegenen Sendeanlagen über Mikrowellensignale.

Röntgenstrahlen

Viele Dinge im Weltall geben Röntgenstrahlen ab: schwarze Löcher, Neutronensterne und die Sonne. Die Medizin verwendet Röntgenstrahlen, um in deinen Körper zu blicken. Die elektromagnetischen Wellen können Materie durchdringen, werden aber schwächer, je dichter das Material ist. Knochen sind auf dem Röntgenbild weiß, da sie eine Menge Strahlen blockieren.

Viele Radioteleskope nutzen mehrere kleinere Parabolspiegel, die miteinander verbunden sind.

Mikrowellen

Radarsysteme können entfernte Objekte aufspüren. Sie senden Mikrowellen aus. Treffen diese auf ein Hindernis, werden sie zurückgeworfen. Das Radarsystem misst die Zeit, welche die Strahlen brauchen, um zum Sender zurückzukehren. Dadurch lässt sich die Position des getroffenen Objekts ermitteln. Mikrowellen übertragen auch Handysignale, kommunizieren mit Satelliten und wirken in Mikrowellenherden.

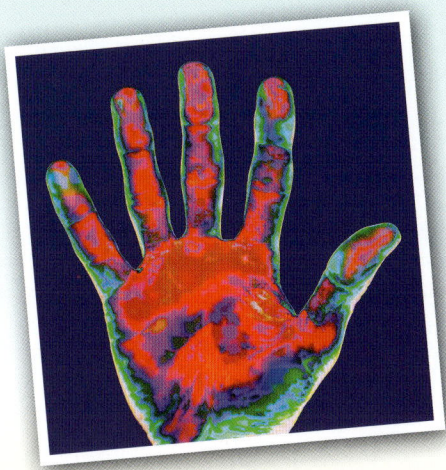

Ultraviolettes Licht

Ultraviolettes Licht ist für uns unsichtbar, doch einige Insekten können es wahrnehmen. Manche Blumen offenbaren unter ultraviolettem Licht Muster, die Insekten zum Bestäuben anlocken. Forensiker nutzen das ultraviolette Licht, um an einem Tatort Körperflüssigkeiten aufzuspüren. Wichtige Dokumente besitzen oft Bilder, die man nur unter ultraviolettem Licht sehen kann. Dadurch sind sie schwieriger zu fälschen.

Dieses Kind hat eine Münze verschluckt. Metall blockiert die Röntgenstrahlen, sodass die Münze wie eine weiße Scheibe aussieht.

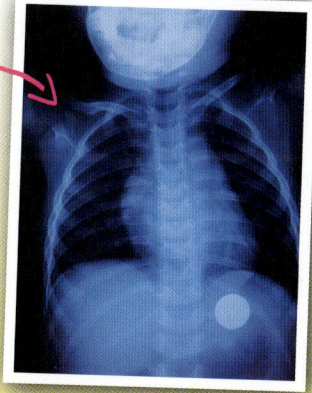

Gammastrahlen

Gammastrahlen besitzen die kleinste Wellenlänge und die energiereichsten Wellen im ganzen Spektrum. Sie werden im Weltall durch Supernova-Explosionen, Pulsare, Quasare und schwarze Löcher hervorgerufen. Auf der Erde werden sie von radioaktiven Atomen und Nuklearexplosionen generiert. Gammastrahlen sind gefährlich und können lebendes Gewebe schädigen, daher werden sie für die Zerstörung von Krebszellen eingesetzt.

Bienen können ultraviolette Muster auf Blumen sehen, die für uns unsichtbar sind.

Infrarotstrahlen

Die längsten Infrarotstrahlen haben die Größe eines Stecknadelkopfes. Wir nehmen sie als Wärme wahr. Andere Wellen sind mikroskopisch klein und überhaupt nicht warm. Diese winzigen Infrarotwellen werden etwa bei Fernbedienungen und Alarmanlagen eingesetzt. Infrarotkameras helfen der Feuerwehr, Menschen in verrauchten Räumen zu finden.

Licht im Dunkeln

Die Sonne ist etwa 149 Millionen Kilometer von der Erde entfernt und Licht bewegt sich mit einer Geschwindigkeit von 300 000 km pro Sekunde. Das Licht, das wir gerade sehen, ist also vor etwa 8 Minuten von der Sonne gestartet.

 EXPERTENWISSEN!

› Wenn das Sonnenlicht die Erdatmosphäre erreicht, werden die kürzeren Wellen des Lichts (violett und blau) von Gasmolekülen aufgenommen und verteilt. Darum sieht der Himmel blau aus.

Spiegelung

Bis es von einer Oberfläche abprallt, ist das Licht unsichtbar. Deshalb ist es im Weltall dunkel, weil das Sonnenlicht nicht reflektiert wird. Gleichzeitig sind Dinge ohne Licht unsichtbar. Sie existieren zwar im Dunkeln, doch wir sehen sie nicht. Trifft das Licht auf raue Oberflächen, wird es in alle Richtungen gestreut. Von einer glatten Oberfläche prallt es jedoch im selben Winkel zurück, wie es aufgetroffen ist.

Du siehst deine Reflexion im Wasser, weil die Oberfläche glatt und flach ist. Im Sand ist hingegen nichts zu sehen, da dieser das Licht streut.

Spiegel drehen das Bild um.

Spiegelbild

Ein Spiegel hat eine sehr glatte Oberfläche. Wenn ein Lichtstrahl auftrifft, entspricht der Einfallswinkel (also der Winkel, in dem das Licht auf den Spiegel fällt) dem Ausfallswinkel, in dem das Licht den Spiegel verlässt. Spiegel drehen das Bild von links nach rechts, zeigen es also spiegelverkehrt. Dein Spiegelbild erscheint deshalb verkehrt herum.

Brechung

Tritt ein Lichtstrahl von einem durchsichtigen Material in ein anderes über, verändert sich seine Geschwindigkeit und die Richtung. Man sagt, das Licht wird gebrochen. Das ist so ähnlich, wie wenn du durch Wasser läufst, dann wirst du auch langsamer.

Dieser Löffel sieht so aus, als ob er an der Wasseroberfläche gebrochen wäre, da das Licht gebrochen wird.

 **Heiße Info!**

Lebendiges Licht

Einige Lebewesen produzieren ihr eigenes Licht. Diese Biolumineszenz ist eine chemische Reaktion. Zu diesen leuchtenden Tieren zählen Leuchtkäfer und Glühwürmchen. Die meisten leben jedoch im Meer, wie diese Qualle.

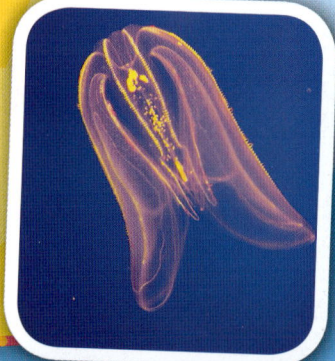

Licht verstehen

Die Sonne produziert weißes Licht. Doch Weiß ist keine Farbe, wie Isaac Newton 1666 bewies, als er einen Lichtstrahl durch ein Prisma leitete.

Welche Farbe hat Licht?

Die Menschen dachten früher, dass Licht keine Farbe hat. Doch indem Isaac Newton das Licht durch ein Prisma leitete, bewies er, dass das nicht stimmt. Die unterschiedlichen Wellenlängen des Lichts verlassen das Prisma in unterschiedlichen Winkeln und zeigen deren Farben. Regentropfen verhalten sich wie natürliche Prismen und brechen das Sonnenlicht in Form eines Regenbogens.

Wird weißes Licht in einem Prisma gebrochen, teilt es sich in seine verschiedenen Farben auf.

Additive Farbe

Wird farbiges Licht gemischt, ist das Ergebnis heller als die beiden Farben vorher. Rot, Grün und Blau sind die Primärfarben des Lichts: Werden alle drei gemischt, ergibt es die Farbe Weiß. Fernseh- und Computerbildschirmpixel nutzen dieses System. Jeder Pixel hat drei winzige rote, grüne und blaue Lichtquellen, die sich additiv mischen und jede Farbe herstellen, wenn man sie aus der Ferne sieht.

Additive Farbmischung

Wird rotes und grünes Licht gemischt, entsteht Gelb. Werden rotes, grünes und blaues Licht gemischt, ergibt sich Weiß.

Subtraktive Farbmischung

Das subtraktive Farbsystem wird beim Drucken verwendet: Aus Gelb, Magenta und Cyan kann jede andere Farbe gemischt werden.

Subtraktive Farbe

Farbige Pigmente und Tinten mischen sich nach dem subtraktiven System: Werden sie gemischt, ist das Ergebnis dunkler als die Ausgangsfarben. Cyan, Magenta und Gelb sind die Primärfarben dieses Systems. Werden alle miteinander gemischt, ergibt sich Schwarz.

Reflektierendes und absorbierendes Licht

Ein roter Apfel ist in Wirklichkeit nicht rot – er besitzt keine Farbe (oder Lichtenergie). Er sieht rot aus, weil er das rote Licht zu unseren Augen reflektiert. Die Farbe eines Gegenstands hängt davon ab, welche Wellenlängen des Lichts geschluckt, also absorbiert und welche reflektiert werden. Ein Gegenstand, der weiß aussieht, reflektiert, alles Licht und absorbiert nichts. Ein schwarzer Gegenstand absorbiert alles und reflektiert nichts, während andere Farben alle Wellenlängen absorbieren, außer der eigenen Farbe.

Ein roter Apfel absorbiert alle Farben außer Rot und ein grüner Apfel absorbiert alle Farben außer Grün.

Der Schall

Genau wie das Licht bewegt sich der Schall in Wellen fort, doch er besteht nicht aus Partikeln. Der Schall lässt Luftmoleküle vibrieren und diese Vibrationen werden ans Ohr weitergeleitet.

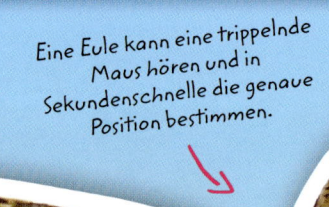

Eine Eule kann eine trippelnde Maus hören und in Sekundenschnelle die genaue Position bestimmen.

Wir sehen den Blitz, bevor wir den Donner hören, weil Licht schneller ist als Schall.

So bewegt sich Schall

Da sich der Schall durch Vibrieren der Moleküle bewegt, gibt es im luftleeren Raum des Weltalls keine Geräusche. Schallwellen durchdringen hingegen Wasser und Metall. Dort reisen sie sogar schneller als durch Luft. Festnetztelefone wandeln Schallwellen in elektrische Signale um, die durch Kupferdrähte übertragen werden. Heutzutage werden sie durch faseroptische Kabel ersetzt, die Schallwellen in Lichtimpulse umwandeln.

Tonhöhen

Töne haben eine bestimmte Tonhöhe. Je stärker der Schall die Luftteilchen vibrieren lässt, desto höher ist der Ton. Die Zahl der Schwingungen in einer Sekunde nennt man Frequenz. Sie wird in der Einheit Hertz (Hz) gemessen. Ein gesunder Mensch hört Geräusche im Bereich zwischen 16 und 18 000 Hz. Viele Tiere hören jedoch viel besser.

Dopplereffekt

Wenn ein Boot über einen See gleitet, entstehen vorne und hinten Wellen. Die Wellen vor dem Schiff werden zusammengedrückt, da das Boot ihnen folgt. Sie werden gestaucht. Die Wellen hinter dem Schiff werden hingegen gedehnt. Das nennt man Dopplereffekt. Bei Schallwellen passiert das auch. Kommt ein Polizeiauto näher, klingt die Sirene höher, weil die Wellen enger beieinander liegen. Ist es vorbeigefahren, werden die Wellen länger und das Geräusch erscheint tiefer.

Überschallknall

Fliegt ein Flugzeug schneller als der Schall, werden die Schallwellen hinter dem Flugzeug verdichtet und verursachen einen lauten Knall. Der Knall wird auch Überschallknall genannt. Um diesen Düsenjäger hat sich beim Durchdringen der Schallgrenze eine Wolke aus Kondenswasser gebildet, auch Dampfkegel genannt.

Dampfkegel

Sirenen klingen höher, wenn sie auf uns zukommen, und tiefer wenn sie an uns vorbeifahren. Dies nennt man Dopplereffekt.

Die Akustik

Schall verhält sich in vielen Dingen wie Licht. Er kann reflektiert, gebrochen und absorbiert werden. Die Lehre von den Eigenschaften des Schalls heißt Akustik.

Reflektierender Schall

Ebenso wie Licht prallt auch der Schall an Objekten ab und wird zurückgeworfen. Stehst du in der Nähe eines Berges und rufst laut, hörst du ein paar Sekunden später dein Echo. Du kannst die Entfernung zum Berg bestimmen, indem du die Zeit misst, die bis zum Eintreffen des Echos vergeht, und die Geschwindigkeit des Schalls berücksichtigst. Diese Echoortung setzen auch Delfine und Fledermäuse ein, um ihre Beute zu fangen. Schiffe nutzen ein ähnliches System, genannt Sonar, um Unterwasserobjekte zu erkennen.

Dieses Tonstudio ist schallisoliert.

Ultraschallgeräte produzieren Bilder von ungeborenen Babys, indem sie das Echo von Hochfrequenz-Schallwellen einfangen.

Schallschluckung

Alles schluckt Schall. Die Luft absorbiert hohe Frequenzen leichter als niedrige. Daher hörst du bei einem Sturm über dir den Donner als lautes Krachen. Ist er jedoch weiter weg, hört es sich wie ein dunkles Gegrummel an. Das beste Material, um den Schall zu absorbieren, ist eines voller Löcher, da die Schallwellen sich dort verfangen und ihre Energie verlieren. Die wird dabei messbar in Hitze umgewandelt.

Echo und Beugung

Wenn Tontechniker einen Zuschauerraum entwerfen, vermeiden sie harte und glatte Materialien, da sie ein Echo erzeugen und so den Klang stören. Raue Oberflächen zerstreuen den Schall, sodass er den gesamten Raum füllt. Schallwellen bewegen sich um Hindernisse herum und breiten sich aus. Das nennt man Beugung. Sie lässt uns hören, was hinter einer Säule oder jenseits einer angelehnten Tür geschieht.

Der Zuschauerraum hat verwinkelte Deckenelemente, die den Schall verteilen.

EXPERTENWISSEN!

> Elefanten kommunizieren nachts über große Distanzen hinweg. Dann ist es kühler und der Schall wandert weiter. Viele ihrer Nachrichten sind im Niederfrequenzbereich und können in einem Umfeld von 285 Quadratkilometer gehört werden. Diese niedrige Frequenz wird auch Infraschall genannt und kann vom Menschen nicht mehr gehört werden.

Schwerkraft

Die Schwerkraft sorgt dafür, dass sich zwei Objekte gegenseitig anziehen. Die Schwerkraft der Erde hindert uns daran, ins Weltall zu schweben. Doch zwischen allen Dingen, die eine Masse besitzen, besteht auch eine Anziehungskraft.

💡 **EXPERTENWISSEN!**

› Die Masse gibt die Menge an Materie an, die ein Gegenstand besitzt.

› Gewicht ist das Ergebnis der Schwerkraft, die an der Masse zieht.

› Wer auf der Erde 50 kg wiegt, würde auf dem Mars 19 kg wiegen, da dort die Schwerkraft geringer ist.

Fallende Bälle

Lässt du zwei gleich große Bälle fallen, von denen der eine doppelt so schwer ist wie der andere, erwartest du wahrscheinlich, dass der schwerere zuerst den Boden berührt. Doch das stimmt nicht. Sie kommen gleichzeitig auf. Das ist der Beweis dafür, dass die Schwerkraft alle Objekte im gleichen Maß anzieht, es sei denn, der Luftwiderstand bremst die Gegenstände ab.

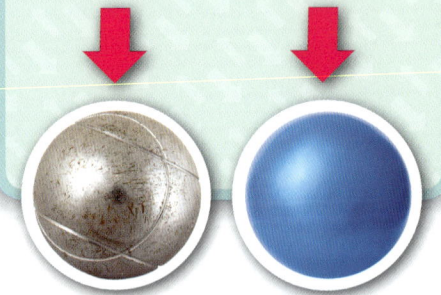

Die Schwerkraft sorgt dafür, dass manche Dinge besonders schwer zu heben sind.

Die Schwerkraft ist gut für dich

Die Schwerkraft sorgt dafür, dass das Tragen schwerer Gegenstände anstrengend ist. Unser Körper reagiert darauf und bildet starke Muskeln und Knochen. Verringert sich die Schwerkraft, verkümmern sie. Daher müssen Astronauten an Bord der Internationalen Raumstation regelmäßig trainieren, um ihre Körper in einem guten Zustand zu halten.

Die Kräfte der Gezeiten

Die Schwerkraft der Erde hält den Mond auf seiner Umlaufbahn. Die Anziehungskraft des Mondes und der Sonne, in Kombination mit der Rotation der Erde, führen zu den Gezeiten, die unsere Meere senken und steigen lassen. Der Mond und die Sonne ziehen auch Flüsse, Seen und selbst Landmassen an.

Der Erdanziehung entkommen

Eine große Herausforderung ist das Erreichen der sogenannten Fluchtgeschwindigkeit. Ein Raumschiff muss 40 235 km/h schnell sein, um der Erdanziehung zu entkommen. Dafür braucht man große Mengen Treibstoff an Bord. Da der Treibstoff sehr viel wiegt, braucht man noch mehr davon, um das Raumschiff ins Weltall zu schießen.

Die Schwerkraft des Mondes wirkt sich auf nahe gelegene Meere stärker aus und sorgt für eine Flut.

Magnetismus

Als die Menschen in Magnesia, im antiken Griechenland, zwei Steine fanden, die aneinander hingen, glaubten sie an einen magischen Besitz. Wissenschaftler haben seitdem herausgefunden, dass drehende Elektronen die Ursache dieser geheimnisvollen Macht sind.

Natürliche Magnete

Eisenerz enthält natürlich vorkommenden Magneteisenstein, auch Magnetit genannt. Die Eigenschaften dieses Materials sind seit der Antike bekannt. Sie wurden nach Magnesia, einer Stadt im alten Griechenland benannt.

Kompassnadeln wurden früher aus Magnetit hergestellt.

Magnetit ist eine Form des Eisenoxids.

Mit Eisenspänen kann man die magnetischen Felder sichtbar machen.

+

−

Gegensätze ziehen sich an

Alle Magnete besitzen ein Nord- und ein Südpolende. Unterschiedliche Pole ziehen sich gegenseitig an. Gleich geladene Pole stoßen einander hingegen ab. Magnete bestehen aus Eisen, Nickel, Kobalt oder aus einer Kombination dieser Metalle und sie ziehen genau diese Stoffe an.

Einen Magneten herstellen

Kreist ein Elektron um den Kern eines Atoms, entsteht ein Magnetfeld. Normalerweise kommen die Elektronen paarweise vor und ihre Wirkung hebt sich gegenseitig auf. In einem Eisenatom gibt es jedoch vier ungepaarte Elektronen, die sich in jede Richtung bewegen können. Wird ein Magnet über ein Stück Eisen gerieben, richten sich diese ungepaarten Elektronen in eine Richtung aus und aus dem Eisenstück wird ebenfalls ein Magnet.

Heiße Info!

Magnetosphäre

Der Eisenkern der Erde verhält sich wie ein riesiger Magnet. Sein Kraftfeld (die Magnetosphäre) schützt uns vor den Sonnenwinden, den Plasmaströmen der Sonne. Er lenkt sie zu den Polen ab. Hier zeigen sich die Winde manchmal als spektakuläres Schauspiel am Himmel, dem sogenannten Nord- oder Südlicht.

Elektrizität

Elektrizität ist eine faszinierende Kraft der Natur. Jedes Atom enthält positiv geladene Protonen und negativ geladene Elektronen. Wie Magnete ziehen sich die unterschiedlich geladenen Teilchen an. Die Teilchen mit der gleichen Ladung stoßen sich ab oder bewegen sich voneinander weg.

Statische Elektrizität

Reibt man zwei verschiedene Materialien aneinander, werden die Elektronen zwischen ihnen unterschiedlich verteilt. Die Reibung deiner Schuhe auf einem Teppich erzeugt zum Beispiel so eine elektrische Ladung. Fasst du dann an einen metallenen Türgriff, bekommst du einen elektrischen Schlag. Ein Van-de-Graaff-Generator erzeugt eine solche statische Elektrizität durch die Reibung eines Gummibandes auf Metall. Die Elektronen sammeln sich in einer Metallkuppel. Wer sie berührt, erhält eine beeindruckende Frisur.

Jedes Haar wird aufgeladen und stößt das andere ab.

Strom erzeugen

Einige der äußeren Elektronen eines Atoms können auf ein anderes Atom übergehen. Das Atom, das Elektronen verliert, ist dann positiv geladen und das Atom, das Elektronen gewinnt, ist negativ geladen. Befindet sich am Ende einer Leitung eine negative Ladung und am anderen Ende eine positive Ladung, werden die negativen Elektronen zum positiven Ende fließen und einen elektrischen Strom erzeugen.

Elektrizität benötigt einen geschlossenen Kreis, um zu fließen, daher sind Vögel auf Stromleitungen sicher.

ZAHLEN & FAKTEN

> Elektrizität fließt mit einer Geschwindigkeit von 300 000 km pro Sekunde. Könntest du dich so schnell bewegen, hättest du beim Einschalten des Lichts schon sieben Mal die Welt umrundet.

> Die gesamte Energie eines großen Unwetters ist etwa so groß, dass damit die gesamte USA für 20 Minuten mit Strom versorgt werden könnte.

Leiter und Nichtleiter

Die meisten Metalle sind sehr gute Stromleiter. Das bedeutet, dass die Elektronen sich leicht von den Atomen lösen und sich bewegen. Andere Materialien sind gute Nichtleiter – ihre Elektronen sind fest mit den Atomen verbunden und können nur schwer von einem zum anderen kommen. Plastik, Wolle, Glas und Gummi sind solche Isolatoren.

Plastik ist ein Isolator und bewahrt uns vor Stromschlägen.

Wärmeenergie

Moleküle, die sich bewegen, erzeugen Hitze. Je schneller die Bewegung, desto mehr Hitze entsteht. Selbst kalte Dinge besitzen Hitzeenergie, da sich auch ihre Atome bewegen.

Die Wärmeenergie in der Luft lässt das Eis an einem heißen Tag schnell schmelzen.

Wärmeleitung

Steckst du einen Löffel bis zur Hälfte in kochendes Wasser, wird die andere Hälfte auch heiß. Das Wasser, erhitzt die Metallmoleküle im eingetauchten Teil und bringt sie zum Schwingen. Einen Teil dieser Energie geben sie an die Moleküle außerhalb des Wassers ab und leiten so die Wärme weiter. Metalle sind gute Wärmeleiter, Plastik und Holz hingegen nicht.

Bügeleisen haben Metallplatten, die die Wärme gut leiten.

Der Plastikgriff ist ein guter Nichtleiter.

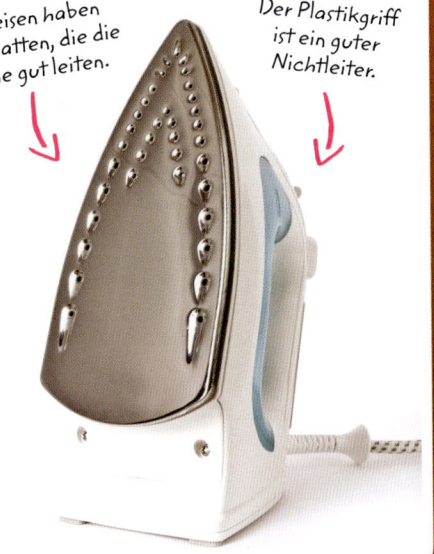

So bewegt sich Wärme

Die Wärme fließt immer in Richtung der niedrigeren Temperatur. Hat alles die gleiche Temperatur, fließt keine Energie. Stellst du eine Tasse mit heißem Kaffee und ein Glas kalte Milch auf den Tisch, verliert der Kaffee seine Wärme, bis er die Raumtemperatur erreicht hat. Zur gleichen Zeit erwärmt die Raumluft die Milch.

Strahlung

Infrarotstrahlung ist Teil des elektromagnetischen Spektrums, besteht also aus Wellen. Sie benötigt deshalb keinen Leiter und kann sich durch das Vakuum des Weltalls bewegen. Darum können wir die Hitze der Sonne spüren, obwohl sie über 149 Millionen km entfernt ist. Alle Dinge können Infrarotstrahlung abgeben und aufnehmen. Je mehr Infrarotstrahlung etwas abgibt, desto heißer ist es.

💡 **EXPERTENWISSEN!**

> Kelvin ist eine Temperaturskala, die extreme Hitze und Kälte misst. Sie beginnt bei 0 K. Dies ist die niedrigste Temperatur, bei der die Teilchen aufhören, sich zu bewegen. 0 K entsprechen etwa – 273,15 °C. Wasser gefriert bei 273,16 K (0 °C) und kocht bei 373,16 K (100 °C).

Konvektion

Bei der Konvektion wird die Wärme durch die Bewegung von Gas oder einer Flüssigkeit weitergegeben. Wärmt man Wasser in einem Topf auf, dehnt es sich aus und verliert an Dichte. Das warme Wasser steigt nach oben in die kälteren Regionen und drückt das kalte Wasser nach unten. Das führt zu einem Kreislauf, der die Wärme überall hin transportiert. Heizkörper nutzen hauptsächlich die Konvektion, um einen Raum zu erwärmen.

Der Topf wird durch Wärmeleitung erhitzt, die Flüssigkeit im Inneren durch Konvektion.

Kernenergie

Nuklearenergie wird bei nuklearen Reaktionen
freigesetzt. Sie entsteht durch Kernschmelze
oder Kernspaltung.

Kernkraftwerke erzeugen Elektrizität durch Kernspaltung. Sie
kommt auch bei Atomwaffen zum Einsatz. Zum Glück wurden
bislang nur zwei Atombomben eingesetzt. Sie fielen im Zweiten
Weltkrieg auf Japan. Es finden aber regelmäßig Atomtests in
abgelegenen Wüstengegenden statt. Dieses Bild zeigt die typische
Pilzwolke, die entsteht, wenn eine Atombombe explodiert.

Die Sonne und andere
Sterne erzeugen ihre
Energie durch
Kernschmelze.

 EXPERTENWISSEN!

> Bei einer Kernschmelze entsteht Energie durch das Zusammenstoßen zweier Atome bei Höchstgeschwindigkeit. Sie bilden gemeinsam ein größeres Atom. Der Druck im Kern der Sonne ist so groß, dass die Wasserstoffatome zusammengedrängt werden und sich zu Helium-3 verbinden.

> Während einer Kernspaltung werden Uran- oder Plutonium-Atome mit Neutronen beschossen, die den Kern in zwei Hälften spalten. Das setzt Energie und noch mehr Neutronen frei, die eine Kettenreaktion auslösen.

> Atome bestimmter Stoffe wie Uranium oder Plutonium besitzen so viele Protonen und Neutronen, dass die Kernenergie sie kaum zusammenhalten kann. Das bedeutet, sie sind instabil oder radioaktiv.

> Manche radioaktiven Atome werden stabiler, wenn sie Partikel abgeben, die sogenannten Alpha- und Beta-Teilchen. Dabei werden oft auch Gammastrahlen freigesetzt.

> Alpha-Partikel sind nur dann gefährlich, wenn sie eingeatmet oder verschluckt werden. Die Beta-Partikel und die Gammastrahlen schädigen hingegen die Zellen des Körpers und lösen die Strahlenkrankheit aus. An ihr erkranken die Menschen, wenn es einen schweren Unfall im Kernkraftwerk gibt. Die Strahlenkrankheit kann aber auch durch radioaktive Niederschläge entstehen, die nach der Explosion einer Atombombe herunterregnen.

Bewegung

Im Weltall bewegt sich alles, von der Sonne bis zum kleinsten Atom. Um ein Objekt zu bewegen oder seine Richtung zu ändern, müssen Kräfte wirken. Das kann die Schwerkraft sein, die die Erde auf ihrer Umlaufbahn um die Sonne hält, oder die elektromagnetische Kraft, die Elektronen im Inneren des Atoms hält.

Das heiße Gas aus dem Jetpack bewegt sich mit großer Kraft nach unten. Als ein Resultat bewegt sich der Mann mit derselben Kraft nach oben.

Der rote Ball wird sich nur bewegen, wenn der weiße Ball ihn trifft.

Wer mehr wiegt, braucht mehr Schwung beim Anstoßen, um beim Schaukeln gleich hoch zu kommen.

1. Newtonsches Gesetz

1687 veröffentlichte Sir Isaac Newton seine drei Gesetze der Bewegung. Das erste ist das Trägheitsgesetz. Es besagt, dass ein Gegenstand immer in dem Zustand verbleiben möchte, in dem er sich gerade befindet. Bewegt er sich, wird er mit der gleichen Geschwindigkeit in dieselbe Richtung weiterziehen, bis ihn eine Kraft von außen stoppt. Ruht er, kann ihn nur eine Kraft von außen in Bewegung setzen.

2. Newtonsches Gesetz

Das zweite Gesetz beschreibt, wie eine Kraft die Trägheit eines Gegenstandes überwinden kann. Wird dieselbe Kraft auf zwei unterschiedlich schwere Gegenstände ausgeübt, wird der Gegenstand mit der geringeren Masse schneller beschleunigt als der mit der größeren.

3. Newtonsches Gesetz

Das dritte Gesetz besagt, dass es zu jeder Bewegung auch eine gleichwertige Gegenbewegung gibt. Wird eine Kanonenkugel abgefeuert, gibt es eine rückwärts gewandte Kraft, die genauso groß ist wie die, welche die Kugel nach vorne treibt. Die Kanone bewegt sich aber deutlich weniger, da sie viel schwerer ist als die Kugel.

Heiße Info!

⭐ Kinetische Energie

Alles was sich bewegt, besitzt kinetische Energie, auch Bewegungsenergie genannt. Mechanische Kräfte ziehen diese Achterbahn auf den höchsten Punkt der Anlage. Die Schwerkraft lässt sie dann das Gefälle hinunterfahren. Dank der gespeicherten Bewegungsenergie kann sie dann die nächste Anhöhe erklimmen. Das geht so weiter, bis die kinetische Energie erschöpft ist.

Reibung und Aerodynamik

Luft ist ein physikalischer Stoff, der ein Gewicht und Kraft hat. Sie kann alles bewegen, das ihr ausgesetzt wird.

Schwung

Nach dem 1. Newtonschen Gesetz kann ein Gegenstand nur durch eine Kraft gestoppt werden. Um einen Gegenstand mit großer Masse oder hoher Geschwindigkeit anzuhalten, benötigt man viel Kraft. Man sagt, dieser Gegenstand hat viel Schwung. Dieser ist so groß wie das Produkt aus Masse und Geschwindigkeit.

Ein Zug ist schwer und schnell. Daher benötigt er länger, um anzuhalten.

Ein Kugelstoßpendel demonstriert Schwung und Reibung zugleich.

Reibung

Auf der Erde lässt die Reibung des Bodens und der Luft irgendwann jeden Gegenstand zum Stehen kommen, der nicht durch eine Maschine angetrieben wird. Ein Kugelpendel demonstriert sowohl den Schwung als auch die Reibung. Trifft ein Ball auf einen anderen, wird dessen Energie auf den nächsten übertragen. Der letzte Ball in der Reihe kann die Energie nicht weitergeben, er schwingt aus. Das geht so lange, bis die Reibung in der Luft und zwischen den Bällen dem Pendel die Energie raubt.

Aerodynamik

Die Aerodynamik untersucht, wie die Luft um Gegenstände fließt. Die Flügel eines Flugzeugs sind so gebaut, dass die Luft über dem Flügel schneller fließt. Das verringert den Luftwiderstand, sodass er kleiner ist als unter dem Flügel. Der Unterschied des Luftdrucks hebt das Flugzeug hoch in die Luft. Der Rumpf des Flugzeugs ist schmal und nach vorne spitz zulaufend. Dadurch ist der Luftwiderstand geringer.

Nach dem Start eines Flugzeugs wird das Fahrwerk eingeklappt, um die Reibung zu verringern.

Anpresskraft und Widerstand

Die Spoiler eines Formel-1-Autos wirken wie Flugzeugflügel, nur umgekehrt. Die Aerodynamik drückt das Fahrzeug nach unten auf die Straße. So kann es mit höherer Geschwindigkeit um die Kurve schießen. Gleichzeitig versuchen die Designer, den Luftwiderstand des Autos zu reduzieren, indem sie alles so stromlinienförmig wie möglich bauen.

Die Designer eines Formel-1-Autos verbringen Hunderte Stunden damit, es so aerodynamisch wie nur möglich zu bauen.

Einfache Maschinen

Einfache Maschinen machen die Arbeit zwar nicht leichter, aber sie verringern den benötigten Aufwand. Sie basieren auf Prinzipien, die bereits vor Jahrtausenden entdeckt wurden. Zu den einfachen Maschinen zählen auch das Rad und die Achse. Sie erleichterten den Transport von Dingen. Beim Rad kommt immer nur ein kleiner Teil mit dem Boden in Kontakt. Das verringert die Reibung.

Das Gewinde

Diese Fruchtpresse besitzt einen Schraub-mechanismus, der den Saft aus den Früchten presst.

Rampen und Schrauben

Eine Rampe macht das Bewegen von Dingen leichter. Es ist harte Arbeit, eine Last die Treppe hinaufzutragen. Diese Last eine lange, flache Rampe hinaufzu-schieben, dauert zwar länger, ist jedoch weniger aufwendig. Das Gewinde einer Schraube funktioniert wie eine Rampe. Eine Schraube mit einem großen Gewinde kann man nur schwer dre-hen, dafür braucht man nur wenig Umdrehungen. Eine Schraube mit einem engen Gewinde lässt sich leichter drehen, muss aber öfter gedreht werden, um zum gleichen Ergebnis zu gelangen.

Flaschenzüge

Ein Flaschenzug besteht aus einer Rolle, über die ein Seil in einer Rille läuft. Mit ihm kann man Lasten anheben. Hängen an einem Flaschenzug mit einer Rolle 100 kg an einem Seil, muss man auch 100 kg Kraft aufbrin-gen, um die Last zu heben. Ver-wendet man zwei verbundene Flaschenzüge, muss man nur noch 50 kg Kraft aufbringen. Allerdings musst du das Seil dann 2 m lang ziehen, um die Last 1 m nach oben zu heben.

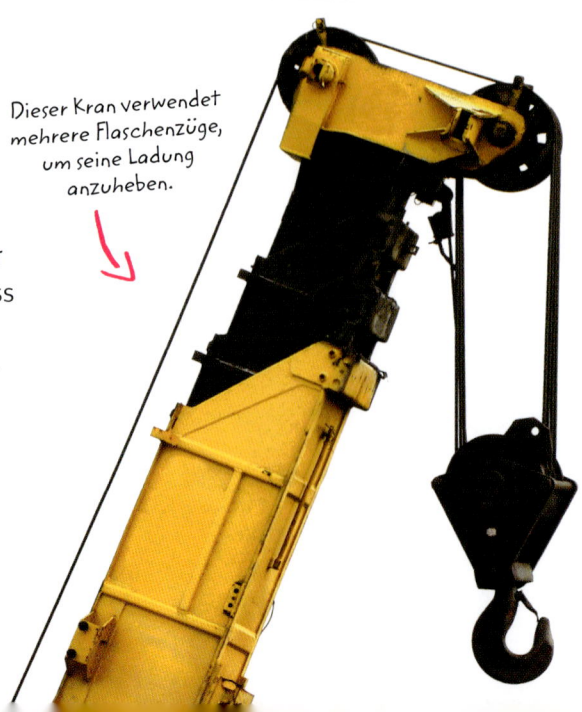

Dieser Kran verwendet mehrere Flaschenzüge, um seine Ladung anzuheben.

Hebel

Hebel übertragen die Kraft von einer Stelle auf eine andere, indem sie einen Dreh- oder Angelpunkt verwenden. Hebel sind in drei Kategorien unterteilt, je nach Lage des Drehpunktes.

Scheren sind Hebel erster Klasse. Die Last (der Widerstand des Kartons beim Schneiden) und die Kraft (der Aufwand beim Schneiden) befinden sich an entgegengesetzten Enden und der Drehpunkt liegt zwischen ihnen. Je näher der Drehpunkt an der Last ist, desto weniger Kraft wird benötigt.

Nussknacker sind Hebel zweiter Klasse. Der Drehpunkt und die Kraft befinden sich an entgegen-gesetzten Enden und die Last (die Nuss) liegt dazwischen.

Eine Pinzette ist ein Hebel dritter Klasse. Der Drehpunkt und die Last liegen an entgegen-gesetzten Enden und die Kraft befindet sich dazwischen.

Die Dichte

Die Dichte gibt an, wie eng die Moleküle in einem Material beieinander stehen. Hast du eine Dose voll Mehl und eine voll Getreideflocken, ist die Dose mit Mehl schwerer und dichter, da sie weniger Luft enthält.

Anker bestehen aus dichtem Metall, daher sinken sie schnell.

Das Archimedische Prinzip

Versuch mal einen Wasserball vollständig unterzutauchen. Das Wasser wird ihn immer wieder nach oben drücken. Nimmst du stattdessen eine Kanonenkugel, wird diese sinken. Vor über 2 200 Jahren fand ein griechischer Wissenschaftler namens Archimedes heraus, dass ein Gegenstand im Wasser so lange sinkt, bis das von ihm verdrängte Wasser genauso schwer ist wie der Gegenstand selbst. Dinge, die dichter als Wasser sind, können nicht genügend Wasser verdrängen. Daher sinken sie auf den Boden hinab.

 EXPERTENWISSEN!

> Zu schweren Dingen sagt man oft, sei seien schwer wie Blei. Doch zwei sehr seltene Metalle, Osmium und Iridium, sind doppelt so dicht und damit noch schwerer als Blei.

> 2011 entwickelten Wissenschaftler eine sehr heiße Substanz, das sogenannte Quark-Gluon-Plasma in einem Teilchenbeschleuniger. Das Plasma war dichter als ein Neutronenstern. Ein Kubikzentimeter dieses Materials würde 40 Milliarden Tonnen wiegen.

Schwimmende Baumstämme

Vielleicht denkst du, dass besonders schwere Gegenstände automatisch sinken und besonders leichte Gegenstände schwimmen? Ein großer Baumstamm schwimmt jedoch auf dem Fluss, während kleine Kieselsteine sinken. Dies geschieht, weil der Kiesel eine höhere Dichte aufweist als das Holz. Ob ein Gegenstand schwimmt, kannst du herausfinden, indem du sein Gewicht mit dem einer gleich großen Menge an Wasser vergleichst.

Heiße Info!

Fliegende Laternen

Die Kerzen im Inneren der Himmelslaternen erwärmen die Luft: Dadurch verliert die Luft im Inneren im Vergleich zu der Luft außen an Dichte. Die Laternen steigen in den Himmel auf und fliegen davon.

Diese Baumstämme sind sehr schwer und schwimmen trotzdem.

Im Laufe der Zeit

Kluge Köpfe

Im Laufe der Geschichte haben Wissenschaftler viel zu unserem Verständnis der Astronomie, der Physik, der Mathematik und der Chemie beigetragen. Angefangen beim Teleskop bis hin zur Quantenphysik – jede Entdeckung hat die Art, wie wir heute leben, beeinflusst.

384 – 322 v. Chr.

ARISTOTELES

Griechischer Philosoph, der viele neue und einflussreiche Ideen der Wissenschaft entwickelte.

287 – 212 v. Chr.

ARCHIMEDES

Griechischer Mathematiker, Physiker und Ingenieur, der Maschinen entwickelte, die ihrer Zeit weit voraus waren.

1473 – 1543

NIKOLAUS KOPERNIKUS

Polnischer Astronom und Mathematiker, der zu beweisen half, dass sich die Erde um die Sonne dreht.

1847 – 1931

THOMAS EDISON

Ein amerikanischer Erfinder, der unter anderem die Glühbirne und den Phonographen (ein Gerät, das Tonaufnahmen abspielte) erfand.

1858 – 1947

MAX PLANCK

Deutscher theoretischer Physiker, der die Quantentheorie hervorbrachte und dafür 1918 den Nobelpreis erhielt.

1564–1642

GALILEO GALILEI

Ein italienischer Physiker, Mathematiker, Astronom, Philosoph und Erfinder, der das Teleskop verbesserte und viele astronomische Entdeckungen machte.

1643–1727

SIR ISAAC NEWTON

Dem englischen Wissenschaftler wird nachgesagt, dass er seine Theorie der Schwerkraft entwickelte, nachdem ihm ein Apfel auf den Kopf gefallen ist. Auch für seine drei Newtonschen Gesetze bekannt.

1706–1790

BENJAMIN FRANKLIN

Einer der Gründerväter der USA und führender Wissenschaftler und Erfinder, der viele Entdeckungen rund um die Elektrizität machte.

1879–1955

ALBERT EINSTEIN

Deutscher Physiker, der die Relativitätstheorie entwickelte und für diese Formel weltberühmt ist:
$$E = mc^2.$$

1942 –

STEPHEN HAWKING

Britischer Physiker, Autor von „Eine kurze Geschichte der Zeit" und berühmt für seine Arbeiten über schwarze Löcher.

💡 EXPERTENWISSEN!

› Der Nobelpreis ist der bekannteste Wissenschaftspreis. Er wurde nach Alfred Nobel benannt, einem schwedischen Forscher, der das Dynamit erfand.

› Der jüngste Preisträger bislang war William Lawrence Bragg, der 1915 den Physik-Nobelpreis im Alter von 25 Jahren erhielt.

› 1903 war Marie Curie die erste Frau, die den Preis bekam. Sie ist die einzige Frau, die ihn mehr als einmal gewonnen hat.

Worterklärung

Atom Die kleinste Einheit eines Elements.

Atomgewicht Das Gewicht aller Protonen, Neutronen und Elektronen eines Atoms.

Atomzahl Die Zahl der Protonen eines Atoms.

Drehpunkt Der Punkt, an dem ein Hebel ansetzt und sich dreht.

Elektrischer Strom Der Fluss elektrisch aufgeladener Partikel, der normalerweise in Ampere gemessen wird.

Elektron Ein winziges, negativ geladenes Teilchen, das in Atomen vorkommt. Es kreist innerhalb einer bestimmten Bahn um den Atomkern.

Element Eine reine Substanz, die nicht mehr ohne Weiteres in andere Substanzen zerlegt werden kann.

Energie Energie existiert in unterschiedlichen Formen: Wärme, kinetische oder mechanische Energie, Licht, elektrische oder Lageenergie. Energie kann nicht verloren gehen, doch sie kann in eine andere Form übergehen. Stoßen zwei Gegenstände zusammen, kann die Bewegungsenergie in Wärme umgewandelt werden.

Forensiker Forensiker sind Wissenschaftler, die an der Aufklärung von Verbrechen beteiligt sind.

Gemisch Eine neue Substanz, die entsteht, wenn man zwei oder mehr Elemente miteinander kombiniert.

Halbleiter Halbleiter sind Feststoffe, deren elektrische Leitfähigkeit von ihrer Temperatur abhängt.

Ion Ein Ion ist ein elektrisch geladenes Atom oder Molekül.

Kernspaltung Das Aufspalten schwerer Atomkerne, aus denen jeweils zwei leichtere Kerne entstehen. Bei diesem Prozess wird Energie freigesetzt.

Kohlenwasserstoff Eine Chemikalie, die aus Wasserstoff- und Kohlenstoffatomen besteht. Öl ist die Hauptquelle der Kohlenwasserstoffe.

Kraft Etwas, das die Bewegung eines Gegenstandes verändert oder ihn verformt.

Stromkreislauf Ein geschlossenes System, durch das elektrischer Strom fließen kann.

Lageenergie Die gespeicherte Energie eines Gegenstandes, die sich auf seine Lage im Weltraum bezieht. Ein Ball besitzt zum Beispiel eine Lageenergie, bevor man ihn zu Boden wirft.

Legierung Ein Gemisch aus verschiedenen Metallen.

Leiter Ein Material, durch das Hitze und Strom fließen kann.

Masse Die Menge an Materie eines Gegenstandes oder das Gewicht.

Materie Alles, das ein Gewicht hat und einen Raum einnimmt.

Mineral Eine natürlich vorkommende Substanz, die bei Zimmertemperatur fest und stabil ist.

Molekül Eine Gruppe aus zwei oder mehr Atomen, die miteinander verbunden sind.

Nanometer Ein milliardstel Meters.

Neutron Ein neutrales Teilchen, das in den Kernen der Atome vorkommt.

Nord- und Südlicht Ein an den Polen auftretendes, natürliches Phänomen. Treffen elektrisch geladene Teilchen aus Sonnenwinden auf die Erde, leuchten sie als farbige Bänder am Himmel über Nord- und Südpol.

Nuklear Auf den Kern eines Atoms bezogen

Nukleus Der Kern eines Atoms, bestehend aus Protonen und Neutronen.

Parabolspiegel Parabolspiegel haben in etwa die Form einer runden Schüssel. Sie werden in Radioteleskopen eingesetzt. Hier bündeln sie die Signale aus dem All in der Mitte, wo sich der Empfänger des Teleskops befindet.

Partikel Ein winziges Stückchen Materie.

PH-Skala Die Skala, die misst, wie sauer oder basisch eine Substanz ist.

Pole Das positive oder negative Ende eines Magneten, einer elektrischen Zelle oder einer Batterie.

Proton Ein positiv geladenes Teilchen, das man im Kern eines Atoms findet.

Quantentheorie Diese Theorie basiert auf der Idee, dass Strahlungsenergie (als Licht) aus kleinen, einzelnen Energiepaketen besteht. Der Zweig der Physik, der sich mit atomaren und subatomaren Partikeln beschäftigt, wird auch Quantenmechanik genannt.

Radioaktiver Niederschlag Radioaktives Material, das durch eine nukleare Explosion in die Luft geschleudert wurde, fällt zurück auf die Erde.

Radioaktivität Die Strahlung, die dann auftritt, wenn ein Atomkern instabil ist und zerfällt. Gefährliche Strahlung wird frei, wenn die Teilchen sich losreißen.

Radioteleskop Ein Radioteleskop ist ein Gerät zum Empfang von Signalen aus dem All. Es besteht aus einem Sender, einem Empfänger und einem Parabolspiegel.

Reibung Der Widerstand, der dadurch entsteht, dass ein Gegenstand sich über einen anderen bewegt.

Schwarzes Loch Ein gewaltiges Objekt im Weltall, das genug Schwerkraft besitzt, um alles in sich hinein zu ziehen, sogar Licht.

Schwung Die Bewegung eines sich bewegenden Gegenstandes, errechnet aus dem Produkt seiner Masse und der Geschwindigkeit.

Sonnenwind Ein Elektronen- und Protonenstrom, der aus der oberen Atmosphäre der Sonne frei wird.

Strahlenkrankheit Schaden, der den Körperzellen zugefügt wird, wenn der Körper einem unnatürlich hohen Maß an radioaktiver Strahlung ausgesetzt ist.

Subatomare Partikel Protonen, Neutronen und Elektronen.

Vakuum Ein Raum, der keine Luft oder Materie enthält.

Verschmelzen Zwei Dinge zu einem verbinden.

Wellenlänge Die Entfernung zwischen dem Scheitel einer Welle und der nächsten.

Widerstand Der Widerstand der Luft oder einer Flüssigkeit, der etwas verlangsamt.

KAPITEL 10

TECHNIK

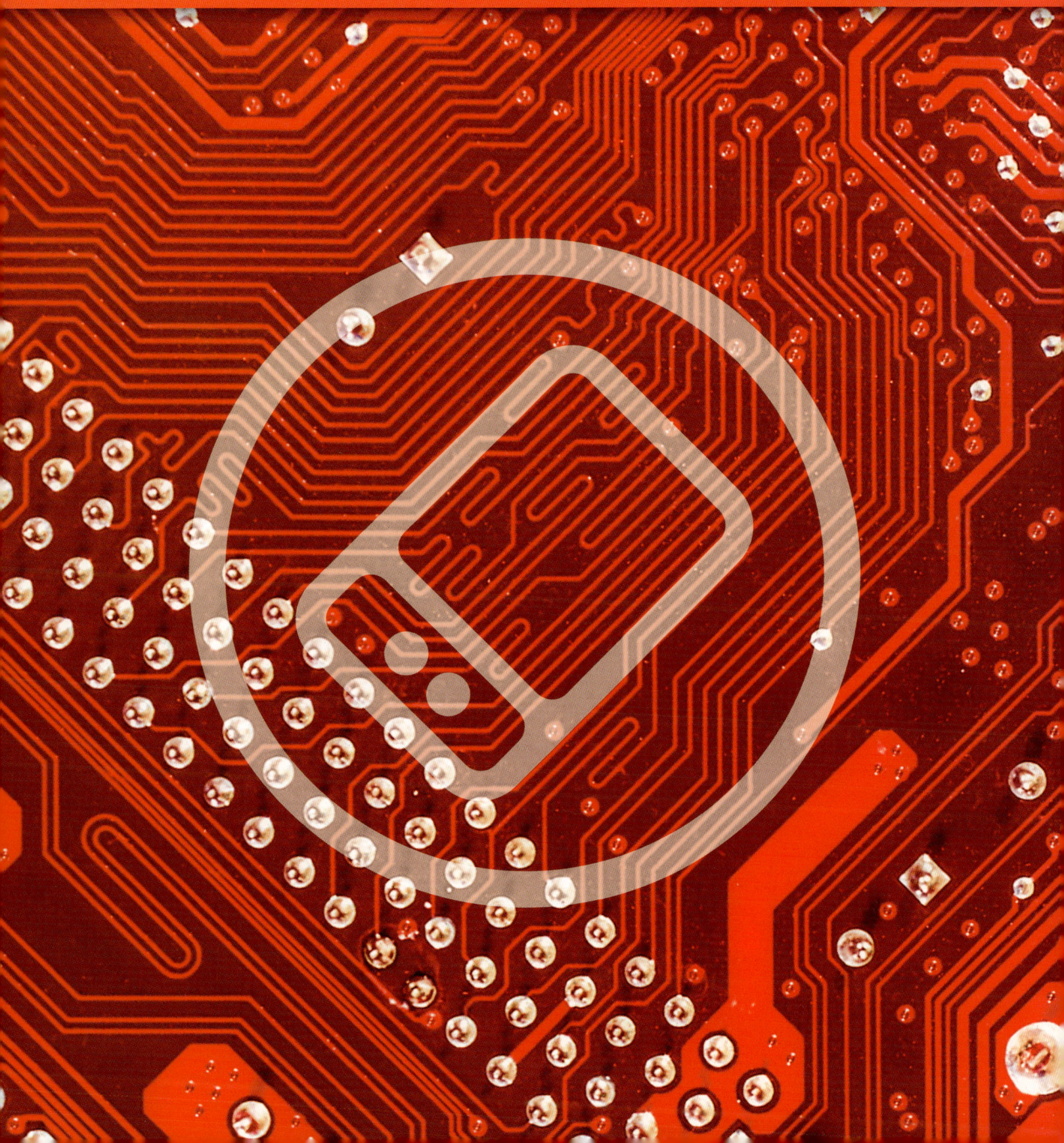

Was du wissen musst!

Die Welt verbinden

Das Internet begann in den frühen 1960er-Jahren als ein Netzwerk für die amerikanische Regierung, Universitäten und Forschungslabore. In den 1990er-Jahren wurde es erstmals für die Öffentlichkeit zugänglich.

So funktioniert das Internet

Schickst du eine Nachricht oder eine Datei per E-Mail zu einem Freund, wird diese in Datenpakete unterteilt. Kommen diese Pakete beim Computer deines Freundes an, werden sie wie ein Puzzle wieder zusammengesetzt. Bei kleinen Dateien dauert diese Reise nur wenige Sekunden.

Ein Netz unter Wasser

Glasfaserkabel durchziehen den Grund des Meeres und verbinden deinen Computer mit denen anderer Kontinente. Wird eines dieser Kabel unterbrochen, weil es etwa von einem Schiffsanker beschädigt wurde, nehmen die Daten einfach eine andere Route.

Stahldraht

Glasfasern

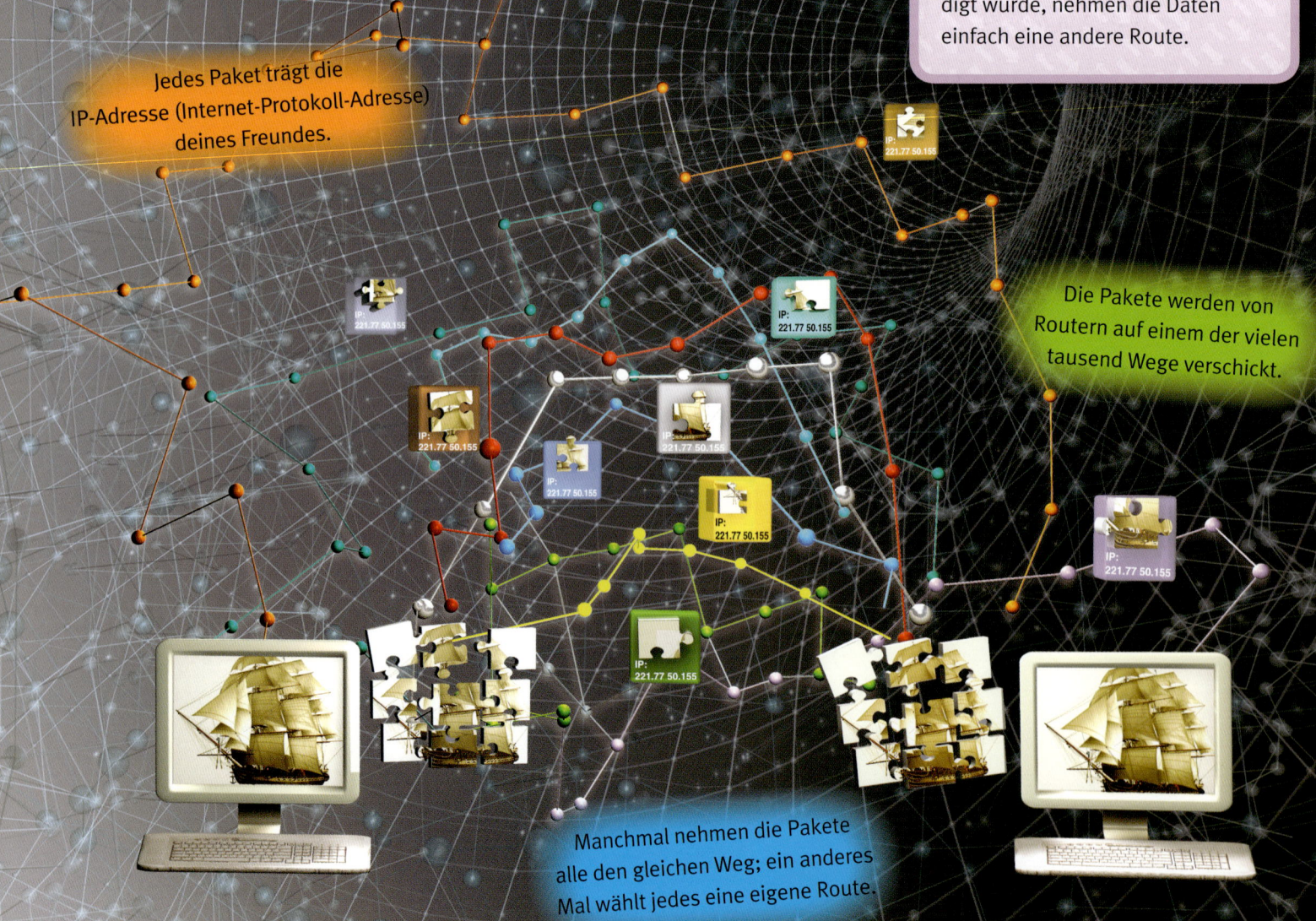

Jedes Paket trägt die IP-Adresse (Internet-Protokoll-Adresse) deines Freundes.

Die Pakete werden von Routern auf einem der vielen tausend Wege verschickt.

Manchmal nehmen die Pakete alle den gleichen Weg; ein anderes Mal wählt jedes eine eigene Route.

Die digitale Revolution

Vor etwa fünfundzwanzig Jahren hatte noch kaum jemand vom Internet gehört. Heute hat es unser Leben bereits total verändert.

⬆ Die Datenwolke

Wenn du dich bei Facebook anmeldest, verwendest du das sogenannte Cloudcomputing. Facebook speichert mehr als 60 Milliarden Bilder in der Cloud. Cloud ist das englische Wort für Wolke. Diese Datenwolke besteht aus vielen einzelnen Rechnern, die überall auf der Welt verteilt sind.

⬆ Soziale Netzwerke

Etwa 3 Milliarden Menschen weltweit nutzen heute das Internet. Jeden Tag verschicken sie 267,4 Milliarden E-Mails und starten 2,85 Milliarden Suchanfragen bei Google. Facebook hat 845 Millionen aktive Nutzer, die etwa 250 Millionen Fotos am Tag hochladen, während 465 Millionen Menschen Twitter verwenden und bis zu 175 Millionen Tweets verschicken.

⬇ In Kontakt bleiben

Wir können mittlerweile kostenlos telefonieren und uns dabei sogar sehen. Ein Computer mit Webcam und Internet genügt, um mit Menschen auf der ganzen Welt in Kontakt zu bleiben.

⬆ Immer in Bewegung

Smartphones sind mittlerweile schneller mit dem Internet verbunden als viele Computer zu Hause. Außerdem bieten Apps weitaus mehr Funktionen an, die vom Gitarrenstimmgerät bis hin zu Spielen reichen. Über QR-Codes wird das Smartphone automatisch mit einer Website verbunden.

💡 EXPERTENWISSEN!

❭ Das World Wide Web ist nicht das gleiche wie das Internet. Das Internet ist ein riesiges Netzwerk, das Computer auf der ganzen Welt miteinander verbindet. Das World Wide Web hingegen ist ein Teil des Internets, eine Sammlung aus miteinander verlinkten Seiten, die man im Internet besuchen kann.

❭ Der englische Physiker Sir Tim Berners-Lee erfand das Netz im Jahre 1989 mit der Hilfe des belgischen Computerwissenschaftlers Robert Cailliau.

❭ Die Adresse einer Website nennt man auch URL. Diese Abkürzung steht für Uniform Resource Locater (einheitlicher Ressourcenanzeiger).

Heutige Computer

Als die ersten Computer in den frühen 1950er-Jahren verkauft wurden, kosteten sie über 1 Million US-Dollar, das entspricht heute gut 7 Millionen Euro. Anstelle der mikroskopisch kleinen Transistoren von heute wurden damals Elektronenröhren verbaut, die so groß waren wie Glühbirnen. Diese frühen Computer hatten die Größe eines ganzen Zimmers.

Die OLED-Technik (organische Leuchtdiode) ermöglicht ultradünne Bildschirme. Das Display ist sehr hell, verbraucht aber wenig Energie.

Das Touchpad nimmt die Berührungen der Fingerspitzen wahr.

Prozessor

Die Festplatte speichert Daten auf einer oder mehreren, sich drehenden Aluminium- oder Glasscheiben, die mit einem magnetischen Material bedeckt sind.

Laptops werden mit wiederaufladbaren Batterien betrieben, die bis zu acht Stunden arbeiten können.

Ein Laser im optischen Laufwerk liest CDs, DVDs oder Blu-Ray-Discs

Hauptplatine

Tastatur

Eine optische Maus verwendet eine Leuchtdiode (LED), um Bewegungen zu registrieren.

Computer für unterwegs

Die Laptops und Tablets von heute sind tausendmal leistungsfähiger als die ersten Computer. Das Hirn der modernen Computer ist der Hauptprozessor, kurz CPU (Central Processing Unit). Hier werden die Daten anhand von Befehlen verarbeitet.

Silizium-Chip

In einem Computer arbeiten verschiedene Chips zusammen, die auf Leiterplatten angebracht sind. Manche führen Rechenprozesse durch, andere enthalten einen Datenspeicher. Sie alle enthalten Millionen von Transistoren, winzige elektronische Schalter, die auf eine Siliziumscheibe „gedruckt" werden.

ZAHLEN & FAKTEN

Bits und Bytes

1 Bit ist die kleinste Dateneinheit eines Computers.

1 Byte besteht aus 8 Bit.

1 Kilobyte sind 1024 Bytes.

1 Megabyte sind 1024 Kilobyte.

1 Gigabyte sind 1024 Megabyte

1 Terabyte sind 1024 Gigabyte.

1 Petabyte sind 1024 Terabyte.

1 Exabyte sind 1024 Petabyte.

1 Zettabyte sind 1024 Exabyte.

Computer der Zukunft

Laut einiger Wissenschaftler hat das Computerzeitalter gerade erst begonnen. In ein paar Jahren wird sich die Technik so rapide geändert haben, dass wir über die Größe heutiger Laptops und Tablets lachen.

Moores Gesetz

Moores Gesetz ist nach Gordon Moore benannt. Dieser Mann sagte voraus, dass sich die Anzahl der Transistoren auf einem Silizium-Chip alle 18 bis 24 Monate verdoppeln würde, bei gleichbleibenden Kosten. Das stellte sich als wahr heraus. Heutzutage sind Transistoren so klein, dass man über 2 000 Stück übereinander stecken müsste, um die Dicke eines Haares zu erreichen.

Alle Informationen, die momentan in diesem Datenzentrum gespeichert sind, passen eines Tages auf einen winzigen Mikrochip.

Quantensprung

Die Nanotechnologie (siehe Seite 304) könnte künftig leistungsstarke Computer in der Größe einer Kreditkarte ermöglichen, die von einer Stimmerkennungssoftware gesteuert werden. Einige Experten glauben, dass Computer bald unsere Welt ausmachen und auf Wänden, Möbeln oder in Kleidung zu finden sind.

Je mehr Transistoren auf einem Chip verbaut werden können, desto schneller und kleiner werden die Computer.

⚡ EXPERTENWISSEN!

> In der Mitte des 21. Jahrhunderts wird eine einzige Mikro-Speicherkarte denselben Speicherplatz haben, wie das gesamte heutige Internet zusammen.

Denkspiele

Wissenschaftler sagen vorher, dass Computer in Stirnbändern bald die Daten direkt in unser Gehirn leiten könnten. Würdest du dann ein Videospiel spielen, könntest du nicht nur sehen und hören, was passiert, sondern auch noch schmecken, riechen und fühlen.

Künstliche Intelligenz

Kann jemand eine schwierige Rechnung in einer Sekunde lösen oder einen Großmeister im Schach besiegen, halten wir ihn für sehr intelligent. Computer können beides, doch sie besitzen noch nicht einmal den gesunden Menschenverstand eines Dreijährigen.

EXPERTENWISSEN!

❯ Der Turing-Test gibt Auskunft über die Intelligenz eines Computers. Menschen müssen dabei beurteilen, ob sie sich gerade mit einem Computer oder einem anderen Menschen unterhalten. Schafft der Computer es, über 30 Prozent der Zeit einen Menschen zu täuschen, hat er den Test bestanden. Bisher hat kein Computer bestanden.

Wie schlau ist der Computer wirklich?

Computer haben schon Großmeister im Schach geschlagen und Quizshows gewonnen, doch es gibt auch einige Dinge, die ein Computer nicht kann, obwohl sie für uns völlig normal sind: Computer können keine neuen, komplizierten Ideen entwickeln, keinen Comic lesen oder wie ein Mensch sprechen.

Computer können heutzutage schon die besten Schachspieler besiegen.

Künstliche neuronale Netze werten große Datenmengen aus und können darin Muster erkennen. So könnten sie die Menschen zukünftig vor herannahenden Stürmen warnen.

Künstliche Intelligenz wird Robotersonden helfen, andere Planeten zu entdecken.

Neuronale Netze

Wissenschaftler versuchen, Computer wie menschliche Gehirne denken zu lassen, damit sie lernen können, Muster zu erkennen und Entscheidungen zu fällen. Dieses System nennt man künstliche neuronale Netze. Man kann damit etwa Wetterphänomene vorhersagen, illegale Banktransaktionen aufdecken und den Autopiloten eines Flugzeugs betreiben.

Das Weltall entdecken

Künstliche Intelligenz könnte schon bald Raumschiffe steuern. Die European Space Agency entwickelt gerade ein Kontrollsystem, das in robotergesteuerten Fahrzeugen und Satelliten eingesetzt werden kann. Sie sollen lernfähig sein, selbstständig Probleme erkennen, Reparaturen ausführen und Entscheidungen treffen.

Robotertechnik

Roboter besitzen oft bewegliche Arme, Motoren, ein System aus Sensoren, eine Stromversorgung und ein Computergehirn. Die meisten Roboter wurden für besonders schwierige, gefährliche oder auch langweilige Arbeiten entwickelt.

Dieser winzige Schlangenroboter kann sogar in menschliche Körper hineinkriechen, um dort eine chirurgische Operation durchzuführen.

Schlangenroboter

Schlangenroboter gibt es in vielen Formen und Größen. Sie sind spezialisiert darauf, in enge Räume zu kriechen, und unterstützen vor allem Such- und Rettungsarbeiten. Die NASA entwickelt gerade einen intelligenten „Snakebot", um die Oberfläche fremder Planeten auch dort zu erkunden, wo fahrende Roboter nicht hinkommen.

Die meisten Industrieroboter arbeiten in Autofabriken.

Industrieroboter

Einen industriell genutzten Roboterarm kann man mit einem menschlichen Arm mit Schulter, Ellenbogen und Handgelenk vergleichen. Roboter sind jedoch verlässlicher und exakter als der Mensch. Sie erledigen jeden Tag schwere Arbeiten, ohne zu ermüden, bohren Löcher immer an der exakt gleichen Stelle, müssen nichts essen und haben keinen Urlaub.

Roboter-haustier

Viele Robotertiere können bereits sehen, hören und auf ihre Umgebung reagieren. Es gibt sogar schon Roboterwachhunde, die Fotos von Eindringlingen machen. Die neuesten elektronischen Haustiere besitzen eine künstliche Intelligenz, mit der sie Kommandos erlernen und ihr Verhalten anpassen können.

Roboterhaustiere verlieren keine Haare und du musst nicht mit ihnen spazieren gehen.

Heiße Info!

Die Drecksarbeit erledigen

Roboterstaubsauger merken sich den Grundriss des Hauses, passen sich an die verschiedenen Bodenbeläge an, leeren selbstständig ihren Staubbeutel und begeben sich zurück in ihre Ladestation, wenn ihr Akku leer ist. Sie besitzen Sensoren, mit denen sie Hindernisse wahrnehmen können.

Hightech-Häuser

Das moderne Zuhause wird immer grüner und klüger. Viele Menschen stellen ihren eigenen Strom her, haben intelligente Energiesparsysteme und recyceln Wasser. Hausautomationssysteme steuern immer mehr Prozesse im Haushalt.

Intelligente Häuser

Hausautomationssysteme steuern die elektrischen Geräte im Haushalt per Computer. Sie schalten etwa das Licht und den Fernseher aus, wenn jemand den Raum verlässt. Bei starkem Sonnenschein tönen sie die Fenster. Sie gießen Zimmerpflanzen, füttern Haustiere und schließen abends die Rollläden.

Der Heliotrop produziert fünfmal mehr Energie, als er verbraucht.

Einige intelligente Kühlschränke besitzen bereits einen eingebauten Ernährungsberater, der dich darauf hinweist, wenn du dich für etwas Ungesundes entscheidest.

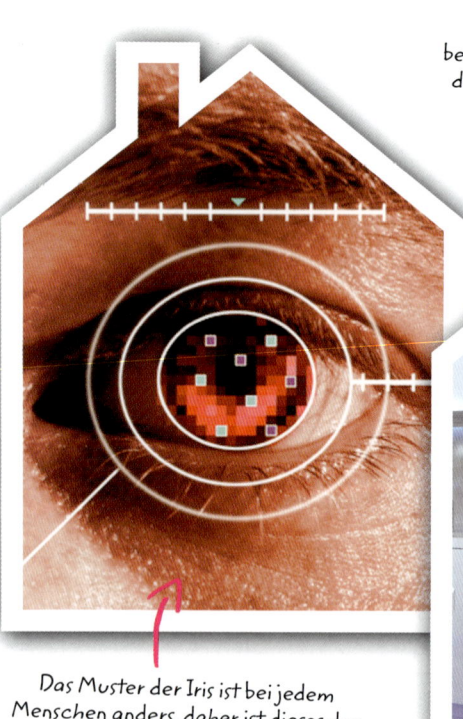

Das Muster der Iris ist bei jedem Menschen anders, daher ist dieses der perfekte biometrische Schlüssel.

Drehendes Ökohaus

Der Heliotrop in Freiburg ist ein drehbares Haus, das der Sonne folgt. Diese treibt die Solarmodule auf dem Dach an. Gleichzeitig fällt das Sonnenlicht durch die Fenster und die Wärme wird für die Fußbodenheizung gespeichert. Die Geländer auf dem Dach und an den Balkonen dienen als Wasser- und Heizungsrohre, die von der Sonne erwärmt werden. Ist es sehr heiß, dreht das Haus der Sonne den fensterlosen Rücken zu.

Schlüssel vergessen?

Anstelle eines Schlüssels öffnet uns künftig ein Scan der Finger oder der Augen das Haus. Biometrische Türschlösser erkennen den Fingerabdruck oder die Iris (den farbigen Teil des Auges) all derer, die im Haus wohnen.

Schlaue Geräte

Es gibt Ideen für viele schlaue Geräte, zum Beispiel Waschmaschinen, die das benötigte Wasser anhand der Wäschemenge bestimmen, Herde, die die Temperatur des Essens überwachen und die benötigte Kochzeit festlegen, oder Kühlschränke, die den täglichen Verbrauch auflisten, daraus Kochrezepte ableiten und Einkaufslisten aufs Handy schicken.

Alles ist möglich!

Von alters her bauen Menschen Türme. Doch erst die Erfindung des Aufzugs und die Produktion von langen, leichtgewichtigen Stahlträgern machte es möglich, Wohn- und Büroblocks zu bauen, die mehr als fünf Stockwerke besitzen.

In schwindelnder Höhe

Je höher ein Hochhaus ist, desto mehr zerrt der Wind an ihm. Die einzelnen „Röhren" des Burj Khalifa in Dubai verhindern, dass der Wind Wirbel bildet, die den Turm ins Schwanken bringen könnten. Trotz allem schwankt der Burj Khalifa an der Spitze bis zu 2 Meter vor und zurück.

Im Gleichgewicht

Zwischen dem 88. und dem 92. Stockwerk des Taipei 101 in Taiwan schwingt ein 660 Tonnen schweres Pendel vor und zurück. Dadurch kann der Turm trotz des Windes sein Gleichgewicht halten. Ein solches Tilgungspendel wird oft in Hochhäusern eingebaut, um die Erschütterungen durch den Wind oder kleinere Erdbeben auszugleichen.

 EXPERTENWISSEN!

Historische Hochhäuser

> Das Home Insurance Building in Chicago wurde 1884 gebaut und war das erste Hochhaus, das von einem Stahlgerüst aus Säulen und Balken gestützt wurde.

> Das Empire State Building in New York wurde 1932 eröffnet. Als erstes Gebäude besaß es mehr als 100 Stockwerke.

Die drei Windräder des World Trade Centre in Bahrain produzieren etwa 15 Prozent des benötigten Stroms.

Wind nutzen

Die Form des Bahrain World Trade Centres dient dazu, den Wind zu nutzen. An den drei Brücken, welche die beiden Türme miteinander verbinden, hängt je ein Windrad zur Stromgewinnung.

Der Burj Khalifa wurde 2010 eröffnet und ist seitdem das höchste Gebäude der Welt.

Auf der Straße

Die Fortschritte und Verbesserungen in der Autokonstruktion haben die Anzahl der tödlichen Unfälle bereits deutlich reduziert. Jetzt wollen die Ingenieure die Straßen sicherer machen. Denn etwa ein Drittel aller Autounfälle wird durch die Straßen selbst verursacht.

Fahrerlose Autos

Fahrerlose Autos würden Autounfälle reduzieren.

Von Robotern gesteuerte Autos ermöglichen es dem Fahrer, unterwegs am Computer zu arbeiten oder fernzusehen. Diese fahrerlosen Autos könnten sich mithilfe von Satelliten orientieren und sich mittels Sensoren mit anderen Autocomputern austauschen. Sie würden automatisch die spritsparendste Fahrweise wählen – Unfälle wären Vergangenheit. In Nevada (USA) sind fahrerlose Autos bereits zugelassen. Schon bald könnten sie auch bei uns herumfahren.

Leuchten im Dunkeln

Die Markierungen auf niederländischen Straßen sollen künftig mit einem Pulver angereichert werden, das tagsüber Sonnenlicht aufnimmt und nachts für etwa 10 Stunden leuchtet. Bald könnten auch Warnschilder aus Farben, die sich gemäß der Temperatur verändern, vor Eis und Glätte warnen.

Kluge Brücke

2007 stürzte in Minneapolis eine Brücke über dem Mississippi wegen Materialermüdung ein und tötete 13 Menschen. An ihrer Stelle wurde eine Brücke der neuesten Generation errichtet. Sie enthält 323 Sensoren, die kleinste Beschädigungen durch den Verkehr oder die Witterung an einen Computer melden. Sensoren in der Fahrbahn aktivieren bei Frost automatisch ein Enteisungsspray.

EXPERTENWISSEN!

> Bestünde die Fahrbahnoberfläche aus Solarzellen, könnte man Straßen und Gehwege in Stromquellen verwandeln und die Zahl der Kraftwerke reduzieren.

> Diese extrastarken Hightech-Oberflächen könnten sich selbst erwärmen und Schnee und Eis zum Schmelzen bringen. Außerdem könnten sie Signalschilder beinhalten, die den Fahrer auf Gefahren aufmerksam machen.

Grüner werden

Wissenschaftler arbeiten intensiv daran, den Verkehr effizienter zu gestalten, damit wir trotz steigender Treibstoffpreise genauso mobil bleiben können und dabei noch Energie sparen und die Umwelt schonen.

Hybridautos

Benzin- oder dieselbetriebene Autos besitzen zwar eine große Reichweite, belasten aber durch Abgase die Umwelt und sind teuer. Elektroautos verschmutzen die Umwelt weniger, können bisher aber nur etwa 160 km zurücklegen. Dann müssen sie an die Steckdose. Kombiniert man einen Benzinmotor und einen Elektromotor in einem Auto, spricht man von einem Hybridantrieb. Knapp 90 000 Hybridautos fahren auf Deutschlands Straßen.

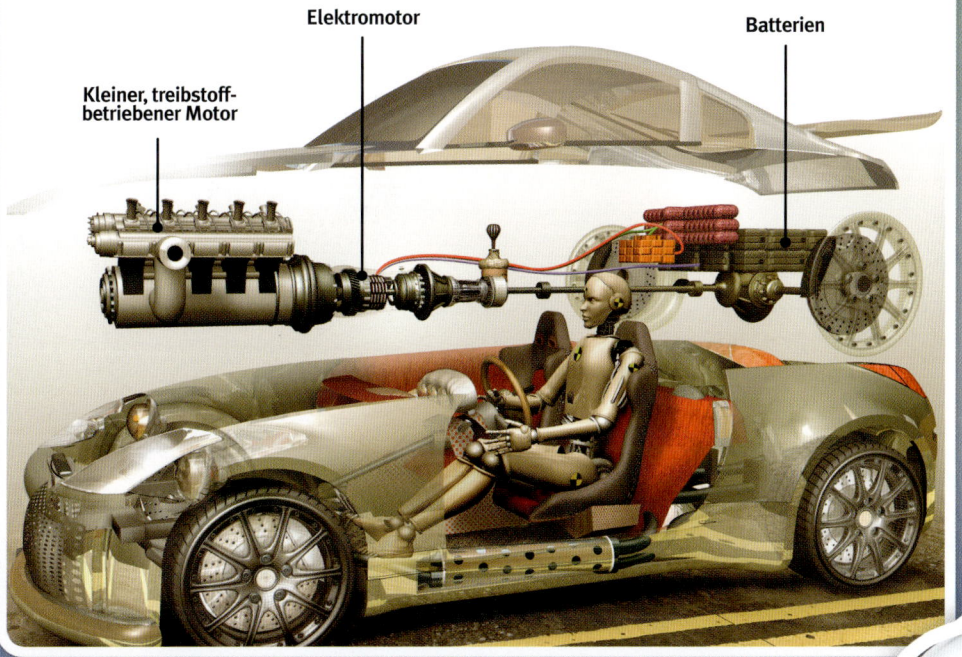

Elektromotor

Batterien

Kleiner, treibstoffbetriebener Motor

Solarbetriebene Boote

Auf dem Wasser sollen künftig solar- und hybridbetriebene Boote den Ausstoß von Treibhausgasen und schädlichem Feinstaub reduzieren helfen. Die 31 Meter lange Tûranor PlanetSolar ist mit 470 qm Solarzellen bedeckt. Im Mai 2012 umrundete sie als erstes Solarelektrofahrzeug die Erde.

Grünes Licht

Interaktive Straßenbeleuchtungen mit Bewegungssensoren könnten Energie sparen, da sie nur leuchten, wenn tatsächlich ein Auto heranfährt. Ein sogenanntes Wind-Licht-System ist sogar noch energieeffizienter. Es wird von winzigen Windrad-Generatoren mit Strom versorgt. Der Sog vorbeifahrender Autos treibt diese Minikraftwerke an.

Elektroautos können die Luftverschmutzung durch Treibhausgase um 40 Prozent reduzieren.

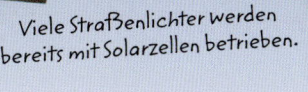

Viele Straßenlichter werden bereits mit Solarzellen betrieben.

Fliegen ohne Flügel

Stell dir vor, du könntest in New York in einen Zug steigen, durch einen transatlantischen Tunnel reisen und in London etwa eine Stunde später aussteigen. Züge in Vakuumröhren könnten das Reisen über lange Strecken verändern, genauso wie das Flugzeuge im 20.Jahrhundert getan haben.

Der Vactrain

Der Vactrain ist eine Idee für eine Magnetschwebebahn. Ein elektromagnetisches Feld soll die Züge in der Luft halten, um Rollwiderstand zu vermeiden. Anders als ihre überirdischen Kollegen würden die Züge jedoch durch luftleere Röhren fahren. Der Luftwiderstand entfiele dadurch. Statt mit 580 km/h könnten die Züge so mit bis zu 5 000 km/h dahinjagen.

EXPERTENWISSEN!

> Die erste kommerziell genutzte Magnetschwebebahn nahm 2003 ihren Dienst zwischen der Innenstadt und dem Flughafen von Shanghai auf.

> In Japan, der Heimat des berühmten Hochgeschwindigkeitszuges Shinkansen, wird derzeit eine neuartige Magnetschwebebahn getestet. Sie soll ab dem Jahr 2027 die Fahrzeit zwischen Tokio und Osaka halbieren.

EXPERTENWISSEN!

> Bei einem Magneten ziehen ungleiche Pole einander an, gleiche Pole stoßen einander ab. Eine Magnetschwebebahn besitzt große Magneten an der Unterseite. Auch auf der Fahrbahn sind Magneten angebracht. Diese beiden Magnetfelder stoßen sich gegenseitig ab, sodass der Zug auf einem 1 bis 10 cm dicken Luftkissen über der Fahrbahn schwebt. Dann werden elektromagnetische Spiralen mit Strom versorgt. Diese verändern immer wieder ihre magnetischen Pole. Dadurch bewegen die Spiralen den Zug vorwärts.

> Die japanische Schwebebahn MCX01 erreicht so 581 km/h.

Elektrische Flugsteuerung

Moderne Flugzeuge werden durch die elektronische Flugsteuerungstechnik kontrolliert. Die Handlungen des Piloten werden nicht mehr durch Stahlseile und Schubstangen, sondern als elektronische Signale an die jeweiligen Teile des Flugzeugs übermittelt.

Flugzeuge ohne Piloten

Künftig könnten Passagierflugzeuge aus der Ferne gesteuert werden. Dabei kommt die gleiche Technik zum Einsatz, wie wir sie bereits von unbemannten Drohnen kennen. Drohnen werden für Aufklärungs- und Kampfmissionen eingesetzt.

Der Superjumbo

Der doppelstöckige Airbus A380 ist so lang wie zwei Blauwale und seine Flügelspannweite entspricht der Breite eines Fußballfeldes. Die Hauptkomponenten werden in Frankreich, Deutschland, Spanien und in Großbritannien hergestellt. Für den Transport der einzelnen Komponenten zur Airbus-Fabrik nach Toulouse (Frankreich) wurden Straßen verbreitert und spezielle Lastkähne und Kanäle gebaut.

Etwa ein Viertel der Flugzeugkonstruktion besteht aus leichtem, karbonfaserverstärktem Kunststoff.

Die Teile des A380 werden in ganz Europa hergestellt und in der Fabrik in Frankreich wie ein Riesenpuzzle zusammengesetzt.

1. Das **Cockpit** liegt zwischen den beiden Passagierdecks.

2. Beim Start entwickeln die **Triebwerke** eine Schubkraft, die der von 3 500 Autos entspricht.

3. Eine Kamera am **Heck** der Maschine ermöglicht Passagieren einen Blick aus der Vogelperspektive.

4. Die **Hauptcomputer** befinden sich unter dem Cockpit.

5. In das Flugzeug passen zwischen **555** und **853 Passagiere**.

6. Das **Kabinenlicht** wechselt zwischen Tag- und Nachtlicht, um den Jetlag zu minimieren.

7. Die superleisen **Turbinen** verringern den Lärm an Bord.

8. Der A380 besitzt **22 Reifen** – mehr als jedes andere Passagierflugzeug.

F-22 Raptor

Moderne Kampfflugzeuge wie die F-22 Raptor (Foto unten) kombinieren Tarnung mit Technik. Form und Oberfläche des Fliegers minimieren sein Radarecho. Alle Waffen- und Flugsysteme werden von einem Hochleistungsrechner kontrolliert. Spezielle Übertragungstechnik verhindert, dass die Kommunikation zwischen Flugzeug und Bodenstation abgehört werden kann.

Am Rande des Weltalls

Suborbitale Flugzeuge fliegen im Grenzgebiet zwischen der Erdatmosphäre und dem Weltall. In dieser Höhe nimmt die Luftreibung ab, sodass sie Geschwindigkeiten von bis zu 5 000 km/h erreichen.

 EXPERTENWISSEN!

> 1947 flog der amerikanische Pilot Chuck Yeager als erster Mensch schneller als der Schall (Mach 1).

> 1962 erreichte die X-15 eine Geschwindigkeit von 6,7 Mach. Das ist viermal schneller als eine Pistolenkugel.

Überschallflug

Die Concorde war das erste zivile Überschallflugzeug der Welt. Seit sie 2003 außer Dienst gestellt wurde, gehört das Reisen mit Überschall der Vergangenheit an. Dennoch arbeiten Forscher bereits an Hyperschallflugzeugen. Sie sollen die Reisezeit zwischen Europa und Australien auf vier Stunden reduzieren. Ein Plan sieht vor, das Flugzeug mittels Strahltriebwerk auf Überschallgeschwindigkeit zu bringen und dann einen Raketenantrieb zu zünden, um sechsfache Schallgeschwindigkeit zu erreichen.

Aufgrund der Form ihrer Flügel musste die Concorde in einem sehr steilen Winkel abheben und landen. Damit der Pilot die Landebahn trotzdem gut sehen konnte, bekam das Flugzeug eine nach unten klappbare Nase.

Die WhiteKnightTwo besitzt einen Doppelrumpf, der dem des SpaceShipTwo ähnelt. Das SpaceShipTwo hängt zwischen den beiden Rümpfen, wenn es auf eine Höhe von 15 000 m gebracht wird.

SpaceShipTwo bei der Farnborough Flugshow (GB)

SpaceShipTwo

Mehr als 530 Passagiere haben bereits eine Reise ins All an Bord einer Maschine der Virgin Galactic gebucht. Der erste Testflug wurde bereits 2010 absolviert. Das suborbitale Flugzeug besteht aus zwei Teilen: SpaceShipTwo, in dem sechs Passagiere Platz finden, und der WhiteKnightTwo, der Trägermaschine. Die WhiteKnightTwo hebt auf ganz normalen Startbahnen ab und befördert SpaceShipTwo in eine Höhe von 15 000 m. Dann löst sich SpaceShipTwo, startet seine Trägerraketen, um auf etwa 110 000 m Höhe zu fliegen.

Nanotechnologie

Stelle dir eine Welt vor, in der alles so klein ist, dass es in Millionstel Millimetern gemessen wird. ‚Nano' bedeutet Milliardstel. Ein Nanometer ist also ein Milliardstel eines Meters. Die Nanotechnologie wird unser Leben im 21. Jahrhundert verändern.

Nanoroboter

Nanoroboter können so programmiert werden, dass sie von einem Diamanten bis hin zu Lebensmitteln alles herstellen können. Statt Materialien zu verarbeiten, könnten Nanoroboter Gegenstände produzieren, indem sie sie einfach Atom für Atom aufbauen. Auf diese Weise wäre die Produktion von Dingen viel billiger und es würde kein Abfall entstehen.

Nanoroboter könnten sich selbst vervielfältigen. Sind es genug, beginnen sie mit der Produktion.

 ZAHLEN & FAKTEN

Mikro-Maßeinheiten

> Ein Nanometer ist genauso lang wie das Wachstum eines Fingernagels in einer Sekunde.

> Ein Atom ist etwa 0,1 bis 0,5 Nanometer groß.

> Ein Computertransistor ist 100 bis 200 Nanometer breit.

> Ein menschliches Haar hat einen Durchmesser von 60 000 bis 100 000 Nanometern.

Heutige Nanotechnologie

Die Ideen der Nanotechniker klingen wie Science-Fiction, doch die Nanotechnik ist bereits ein Teil unseres Lebens. Flecken abweisende Stoffe sind mit Nanokristallen überzogen, während einige Kosmetika und Sonnencremes nanoskopisch kleine Teilchen enthalten. Nanobeschichtungen findet man auf selbstreinigendem Glas und einige Tennisbälle besitzen bereits eine innere Schicht aus Nanopartikeln, die verhindert, dass Luft entweicht.

Traum oder Albtraum?

Nanoroboter könnten unser Leben deutlich erleichtern. Einige Leute befürchten jedoch, dass Nanopartikel uns vergiften könnten und gefährlich für die Natur sind. Eine andere Theorie, das sogenannte Graue-Schmiere-Szenario, besagt, dass Nanomaschinen außer Kontrolle geraten und sich rasend schnell vermehren werden. Am Ende würden diese künstlichen Kreaturen alles Leben auf der Erde verdrängen.

Nanomaterialien

Aus den neuesten Nanomaterialien könnte man Fernseher so dünn wie Papier herstellen. Diese könnte man zusammenrollen. Außerdem ließe sich ein zusammenfaltbarer Computer für die Hosentasche produzierer.

Graphen

2004 entdeckten Physiker ein fast unsichtbares Material, Graphen genannt. Dieses ist 200-mal stärker als Stahl und härter als ein Diamant. Es dehnt sich wie Gummi, leitet Wärme und Strom besser als Kupfer und ist fast schwerelos. Eine Schicht Graphen ist nur so dick wie ein Atom. Eine Schicht mit 1 mm Stärke würde aus 3 Millionen Blättern bestehen. In Zukunft werden aus diesem Material superschnelle Telefone und papierdünne Computer gebaut.

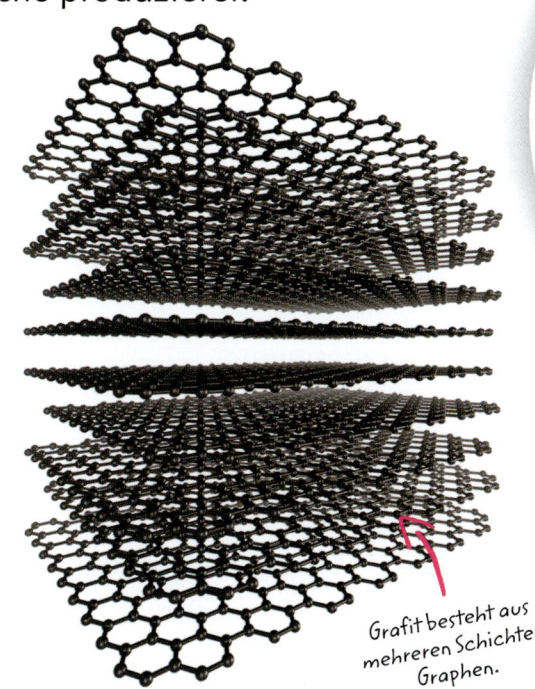

Grafit besteht aus mehreren Schichten Graphen.

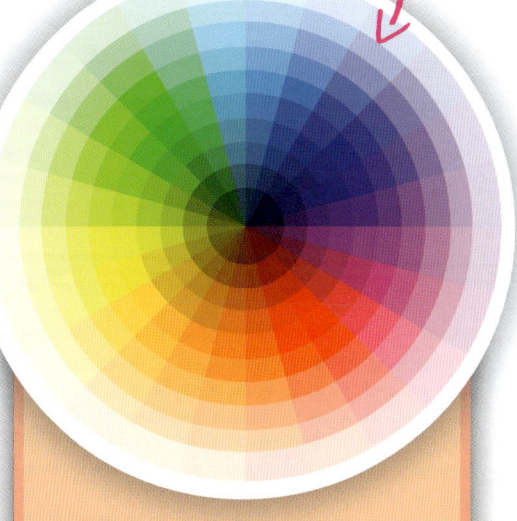

Quantenpunkte können jegliche Farbe im Spektrum darstellen.

Quantenpunkte

Quantenpunkte könnten schon bald in vielen Dingen auftauchen, von Energiesparlampen zu Telefonen, Fernsehgeräten und Kinoleinwänden. Sind sie aktiviert, leuchten diese Kristalle in einer bestimmten Farbe, abhängig von ihrer Größe und dem verwendeten Material. Die heutigen LED-Bildschirme verwenden nur etwa 30 Prozent der Farben, die unser Auge sehen kann. Doch Gruppen aus Quantenpunkten werden strahlende Farben aus dem kompletten Farbspektrum erzeugen.

Kohlenstoff-Nanoröhren

Rollt man eine Schicht Kohlenstoffatome zu einem Zylinder zusammen, erhält man eine Kohlenstoff-Nanoröhre. Diese ist hundertmal stärker als Stahl und gleichzeitig sechsmal leichter. Aus diesen Nanoröhren produziert man derzeit leichte und robuste Tennis- oder Golfschläger, künftig vielleicht Autos und Flugzeuge.

Wissenschaftler konnten aus den Kohlenstoff-Röhren bereits einen superstarken Faden drehen, dünner als ein menschliches Haar.

Der Klebstoff aus den Kohlenstoff-Nanoröhren hat die Füße eines Geckos zum Vorbild. Eines Tages werden wir vielleicht mit Schuhen aus Nanoröhren wie Spiderman die Wände hochlaufen können.

EXPERTENWISSEN!

› Kohlenstoff-Nanoröhren könnten zu ultraleichten Seilen verarbeitet werden. Diese hätten genug Kraft, um einen Weltraumaufzug zu ziehen, der Fracht und Menschen ins Weltall befördert.

Stromerzeugung

Strom gilt häufig als saubere Energie. Es kommt aber auf die Art der Erzeugung an. Viele Kraftwerke verbrennen bei der Stromherstellung nämlich Kohle, Öl oder Gas. Dabei werden Treibhausgase frei.

Kraftwerke

In New York baute Thomas Edison 1882 eines der ersten Kraftwerke. Bis dahin musste die Energie dort produziert werden, wo sie gebraucht wurde. Kraftwerke ermöglichten es, elektrischen Strom an einem Ort zu produzieren, der ganz woanders benötigt wurde. Die meisten Kraftwerke erzeugen Wasserdampf, der Turbinen antreibt, die wiederum Strom erzeugen. Die dazu notwendige Hitze gewinnen sie aus unterschiedlichen Brennstoffen.

Stromleitungen transportieren den Strom dorthin, wo er gebraucht wird.

Die Dampfturbine eines Kraftwerks

EXPERTENWISSEN!

› Elektrizität wird normalerweise durch das Verbrennen eines Brennstoffes in einem Ofen gewonnen.

› Die Hitze aus dem Ofen umströmt Rohre mit kaltem Wasser. Die Wärme bringt das Wasser zum Kochen und es bildet sich Wasserdampf, der sich ausdehnt.

› Der Dampf treibt die Schaufeln einer Turbine an.

› Die Turbine ist mit einem Generator verbunden, der aus der Energie der Turbine Strom gewinnt.

Atomenergie

Kernreaktoren erhitzen Wasser durch Kernspaltung. Uranium wird zu Kügelchen geformt, in Metallröhren gefüllt und in ein Wasserbecken abgelassen. Dort werden die Atome gespalten. Dabei wird viel Energie freigesetzt. Atomkraftwerke produzieren sehr saubere Energie, doch das Uranium gibt Strahlung ab und diese kann in größeren Mengen gefährlich sein. Außerdem gibt es keine Lösung für die Entsorgung radioaktiver Abfälle.

Erneuerbare Energien

Kohle, Öl und Erdgas bezeichnet man als fossile Brennstoffe. Wenn sie verbrannt werden, produzieren sie Treibhausgase. Außerdem werden uns diese Brennstoffe bald ausgehen. Wissenschaftler suchen deshalb nach sauberen und erneuerbaren Energiequellen.

Biokraftstoff

Biokraftstoffe werden aus Pflanzen gewonnen und erzeugen weniger Luftverschmutzung als fossile Brennstoffe. Ethanol wird aus Getreide, Zuckerrohr oder Kartoffelschalen gewonnen und kann mit Benzin vermischt werden. Biodiesel wird hingegen aus Pflanzenöl gewonnen und treibt Dieselmotoren an. Biokraftstoffe sind eine nachhaltige Energiequelle, doch sie werden meist aus Nahrungsmitteln hergestellt.

Windkraft

In Kraftwerken werden Turbinen durch Dampf angetrieben und ihre Energie in einen Generator übertragen. Windturbinen produzieren auf die gleiche Weise Strom. Sie verwenden statt des Dampfes aber Wind. Der Generator eines Windrads befindet sich im Kasten hinter dem Propeller.

Solarenergie

Das Sonnenlicht besteht aus Photonen, kleinen Teilchen der Sonnenenergie. Treffen die Photonen auf eine photovoltaische Zelle, werden einige aufgenommen. Diese Photonen stoßen einige der Elektronen aus der Zelle frei. Die Elektronen fließen in einem Kreis und erzeugen elektrischen Strom.

Windparks werden oft auf offener See gebaut, da es dort mehr Wind gibt.

Die Samen der Sonnenblume können zur Herstellung von Biodiesel verwendet werden.

Ein Feld aus Solarplatten produziert mehr Energie als eine vergleichbare Flächen auf der Pflanzen für Biokraftstoffe angebaut werden.

Wasserkraft

Die 2,3 km lange Drei-Schluchten-Talsperre ist das größte Wasserkraftwerk der Welt. Das Wasser aus dem Stausee wird durch Röhren zu 32 Turbinen geleitet, die mit Generatoren verbunden sind. Sie erzeugen 10 Prozent des in China produzierten Stroms, etwa so viel wie 11 Atomkraftwerke.

Biotechnologie

Die Biotechnologie nutzt die Biologie, um neue Produkte herzustellen. Zu den Erzeugnissen der Biotechnologie gehören zum Beispiel gezüchtete Pflanzen und Tiere oder Joghurt.

Geschichte

Die Biotechnologie begann bereits vor Tausenden Jahren, als die Menschen begannen, mithilfe von Mikroben Wein, Brot und Käse zu produzieren. Als Mais und Kartoffeln im 15. Jahrhundert aus Amerika nach Europa gebracht wurden, züchteten die europäischen Bauern Varianten heran, die an die lokalen Bedingungen angepasst waren.

Bakterien verwandeln Milch in Joghurt. Das ist ein Beispiel für Biotechnik.

Selektive Zucht

Züchter wählen einzelne Pflanzen und Tiere aus, um bestimmte Eigenschaften zu züchten. Ein Zuchtziel kann beispielsweise sein, dass Kühe mehr Milch geben, Kartoffeln gegen Krankheiten resistent werden und Blumen schöner blühen. Hunde sahen früher alle sehr ähnlich aus. Nur aufgrund der selektiven Zucht haben wir heute so viele unterschiedliche Typen.

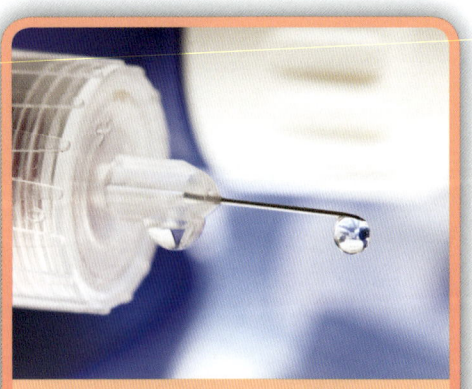

Andere Nutzungen

Mithilfe der Biotechnik stellen wir Medizin her, spüren genetisch bedingte Krankheiten auf und behandeln sie. Biokraftstoff (siehe Seite 307) und biologisch abbaubare Kunststoffe sind ebenfalls Produkte der Biotechnologie. Abbaubare Kunststoffe entstehen aus stärkehaltigen Pflanzen wie Mais oder Weizen.

Jahrhundertelange selektive Züchtung schuf Hunde in allen Formen und Größen.

Kleine Helfer

Heiße Info!

Als im Jahre 2010 die Bohrinsel Deepwater Horizon explodierte, schluckten Bakterien im Wasser tonnenweise Öl. Heutzutage züchten Biotechniker diese Bakterien, um mit ihnen zukünftige Ölteppiche zu beseitigen.

Gentechnik

Bei der traditionellen Zucht werden viele Gene (siehe Seite 227) miteinander vermischt. Die Gentechnik hingegen kann einzelne Gene verändern und austauschen. So wurde etwa in die DNS von Schweinen das Gen einer Qualle eingesetzt, um ein Ferkel zu erhalten, das im Dunkeln leuchtet.

EXPERTENWISSEN!

> Das erste genmanipulierte Nahrungsmittel kam 1994 in den Handel. Es war eine Tomate.

Genetische Veränderungen können eine Pflanze gegenüber Trockenheit widerstandsfähiger machen.

Kritik

Die Gentechnik ist sehr umstritten. Gegner und Befürworter sind uneinig darüber, wie gewinnbringend sie für die Menschen ist.

Durch das Hinzufügen des Gens einer krankheitsresistenten Wildpflanze könnte der Einsatz von Chemikalien reduziert werden.

Befürworter der Gentechnik

Die Anhänger der Gentechnik glauben, dass die Gentechnik nur eine andere Art der selektiven Zucht ist. Genmanipulierte Pflanzen produzieren mehr Nahrung und brauchen weniger Land, Wasser, Düngemittel und Pestizide. Das könnte den Menschen in Entwicklungsländern helfen, die auf Maniok, Mais und Reis als Hauptnahrungsmittel angewiesen sind. Neben der Steigerung der Ernte könnten die Lebensmittel auch mit mehr Vitaminen und Mineralstoffen angereichert werden.

Gegner der Gentechnik

Gegner der Gentechnik glauben, dass die gentechnisch veränderten Pflanzen andere Pflanzen und Insekten schädigen könnten. Außerdem fürchten sie, dass Lebensmittel aus gentechnisch veränderten Pflanzen und Tieren die Menschen krank machen könnten. Genmanipulierte Pflanzen, die gegen Unkrautvernichtungsmittel resistent sind, könnten den Einsatz dieser giftigen Chemikalien schließlich erhöhen statt senken.

Dieses Bild entstand am Computer und ist nicht echt. Es verdeutlicht aber die Idee, dass die Gentechnik Gene zweier unterschiedlicher Organismen kombinieren kann.

Bienen könnten den Pollen einer genmanipulierten Pflanze auf eine organische Pflanze in der Umgebung übertragen.

Essen der Zukunft

Die Weltbevölkerung wird bis zum Jahr 2050 auf 9 Milliarden Menschen anwachsen. Wissenschaftler suchen immer neue Wege, um die zusätzlichen zwei Milliarden Menschen satt zu bekommen. Die Lösung könnte eine Ernährung mit Insekten, Algen und Fleisch aus Laboren sein.

💡 ZAHLEN & FAKTEN

Das brauchst du für einen 100-g-Hamburger

3 kg Korn, Gras oder Heu

200 l Wasser

7 qm Weide- und Ackerland

Genug Energie, um eine Mikrowelle 18 Minuten laufen zu lassen.

Niederländische Wissenschaftler haben den ersten Burger aus dem Reagenzglas geschaffen.

Diese leckeren Insekten aus Thailand sind reich an Proteinen.

Seetang ist ein sehr nährstoffreiches Lebensmittel.

Käferburger gefällig?

In Afrika, Asien und Südamerika werden mindestens 1400 Insektenarten gegessen. Die kleinen Biester haben wenig Fett und sind reich an Proteinen. Insektenfarmen benötigen viel weniger Energie als Fleischproduzenten. Viele Menschen ekeln sich aber davor, diese Krabbeltiere zu essen. Wissenschaftler versuchen deshalb, die Proteine zu extrahieren und in Würsten und Pasteten zu verarbeiten.

Künstliches Fleisch

Weltweit werden jährlich etwa 250 Millionen Tonnen Fleisch verspeist. Bis 2050 könnte sich die Menge verdoppeln. Die Fleischproduktion benötigt viel Land und Wasser. Daher entwickeln Wissenschaftler künstliches Fleisch. Es wird noch Jahre dauern, bis wir ein Laborlamm essen werden, doch ein künstlicher Hamburger wurde erst kürzlich von niederländischen Wissenschaftlern produziert.

Super Seetang

Seetang ist reich an Nährstoffen, fettarm und gesund. Außerdem ist er gut für die Umwelt. Seetang nimmt Kohlendioxid auf und produziert Sauerstoff und er verbraucht kein kostbares Land, Platz oder Frischwasser. Viele Menschen essen bereits Seetang oder Algen. Carrageen und Agar, die zum Eindicken von Lebensmitteln verwendet werden, werden aus Algen gewonnen.

Landwirtschaft

Künftig könnte ein Mangel an fruchtbarem Land die Ernährung der Weltbevölkerung gefährden. Wissenschaftler wollen daher Pflanzen an den Orten anbauen, die man bisher für ungeeignet hielt. Dazu zählen zum Beispiel Wüsten und Innenstädte.

Treibhaushochhaus

Nahrungsmittelerzeuger prüfen derzeit den Bau von Treibhaushochhäusern mitten in der Stadt. Die Idee sieht vor, im obersten Stockwerk Samen in Schalen zu säen. Dann sollen die Pflanzen auf Förderbändern langsam immer weiter nach unten wandern. Während dieser Zeit werden die Pflanzen mit Nährstoffen und Wasser versorgt und können sich entwickeln. Unten angekommen, wäre die Pflanze erntereif.

Meerwassertreibhaus

Auch in der Wüste ließe sich Landwirtschaft betreiben, zumindest in Meeresnähe. Dazu bräuchte man nur ein spezielles Gewächshaus: Solarzellen (siehe S. 307) könnten eine Anlage zur Entsalzung von Meerwasser antreiben, die das Wasser herunterkühlt und als feinen Nebel im Gewächshaus verteilt. Der Wasserdunst kondensiert wie Dampf an einem kalten Fenster und bewässert so die Pflanzen.

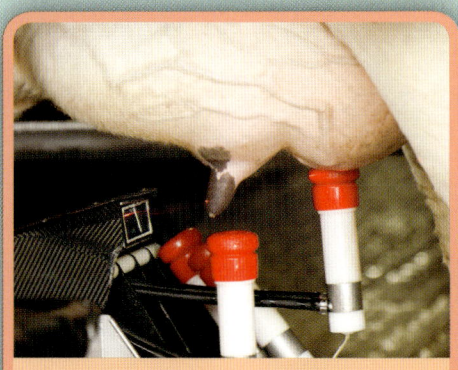

Zukünftige Helfer

Landwirtschaft ist schon heute Hightech. Es gibt Roboter, die Kühe melken, Maschinen, die Früchte ernten, und Traktoren mit Satellitennavigation. Künftig übernehmen Roboterschwärme vielleicht sogar die gesamte Feldarbeit und der Bauer kommt nur noch zur Kontrolle vorbei.

Treibhäuser und Meerwasser könnten Wüsten in fruchtbares Land verwandeln.

Das Treibhaus hätte seine eigenen Bienen und andere hilfreiche Insekten.

EXPERTENWISSEN!

› Man könnte auf Felder Mikroben aussäen, die Stickstoff aus der Luft aufnehmen. Dadurch würde man den Anteil an Stickstoffdüngern reduzieren.

› Infrarotlicht wird künftig genau verraten, wo Unkraut wächst, damit der Unkrautvernichter zielgerichtet ausgebracht werden kann.

› Sensoren im Boden könnten bald einem Computer mitteilen, wie viel Dünger und Wasser die Pflanzen brauchen.

Medizin

Bislang glaubten Wissenschaftler, dass die Menschen nicht älter als 120 Jahre werden könnten. Neue Technologien zur Reparatur beschädigter Zellen und zur Herstellung von Ersatzorganen könnten allerdings bald ein Leben über diese Altersschwelle hinweg ermöglichen.

Stammzellen können künftig vielleicht neue Organe bilden, Rückenmarksschädigungen wieder beheben oder Krankheiten heilen.

Ein Nanoroboter spritzt Medikamente in ein rotes Blutkörperchen.

Nanomedizin

Die Nanotechnik (siehe Seite 304) könnte die Medizin verändern. Bei der Behandlung eines Herzinfarkts oder zur Bekämpfung von Krebs könnten schon bald kleine Nano-roboter in der Größe eines Bakteriums eingesetzt werden. Sie könnten Medikamente genau dorthin bringen, wo sie benötigt werden, Krebszellen gezielt abtöten oder eine chirurgische Operation durchführen. Eines Tages werden Wissenschaftler mithilfe der Nanotechnologie auch neue Körperteile heranziehen können.

Gentherapie

Die Gentherapie ist ein aufregendes neues Feld in der Medizinforschung. Hier werden Gene (siehe Seite 227) zur Behandlung von Krankheiten oder zur Vorsorge eingesetzt. Schädliche Gene könnten einfach durch eine gesunde Kopie ersetzt oder anderweitig ausgeschaltet werden.

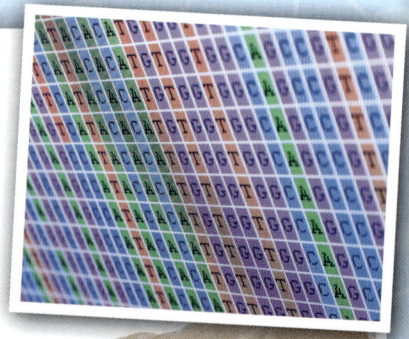

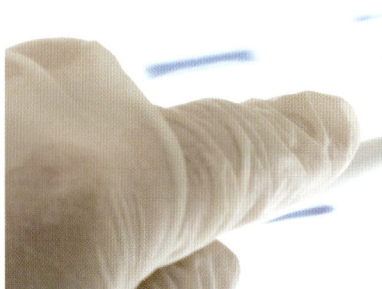

Gene sind Abschnitte auf der DNS. Die DNS einer Person wird als Sequenz mit den Buchstaben A, T, G und C aufgeschrieben.

Stammzellentechnik

Die Stammzellen sind etwas Besonderes. Sie können sich in unterschiedlichen Zellen ent-wickeln und zugleich selbst erneuern. Die Stammzellen eines Embryos können sich in jede der 200 Zelltypen unseres Körpers verwandeln. Die Stamm-zellen eines Erwachsenen sind nicht mehr ganz so vielseitig. Die Wissenschaftler müssen sie verändern, um andere Zell-typen zu bilden. Sie erhoffen sich dadurch Wege zur Bekämp-fung vieler Krankheiten, wie Alzheimer und Diabetes. Aus Stammzellen könnte man auch Ersatzorgane heranziehen.

Bionik

Schon heute schaffen Wissenschaftler künstliche Körperteile, die auf die Nerven- und Muskelsignale des Körpers reagieren. Um diese Signale ausführen zu können, müssen die kleinen Roboter der Funktionsweise natürlicher Körperteile folgen. Wenn Wissenschaftler die Natur nachbauen, spricht man von Bionik.

Bionischer Arm

Genau wie ein richtiger Arm werden bionische Arme vom Gehirn gesteuert. Chirurgen bauen das Nervensystem des Patienten (siehe Seite 247) so um, dass die Signale, die früher den natürlichen Arm bewegt haben, zu Elektroden in der Brust umgeleitet werden. Ein Computer verarbeitet die Signale aus dem Gehirn zu Befehlen für den bionischen Arm.

Bionisches Bein

Sensoren melden die Bewegung, die Belastung und den Winkel des Knies. Daraus errechnet ein Minicomputer die Veränderungen, die für einen reibungslosen Bewegungsablauf notwendig sind.

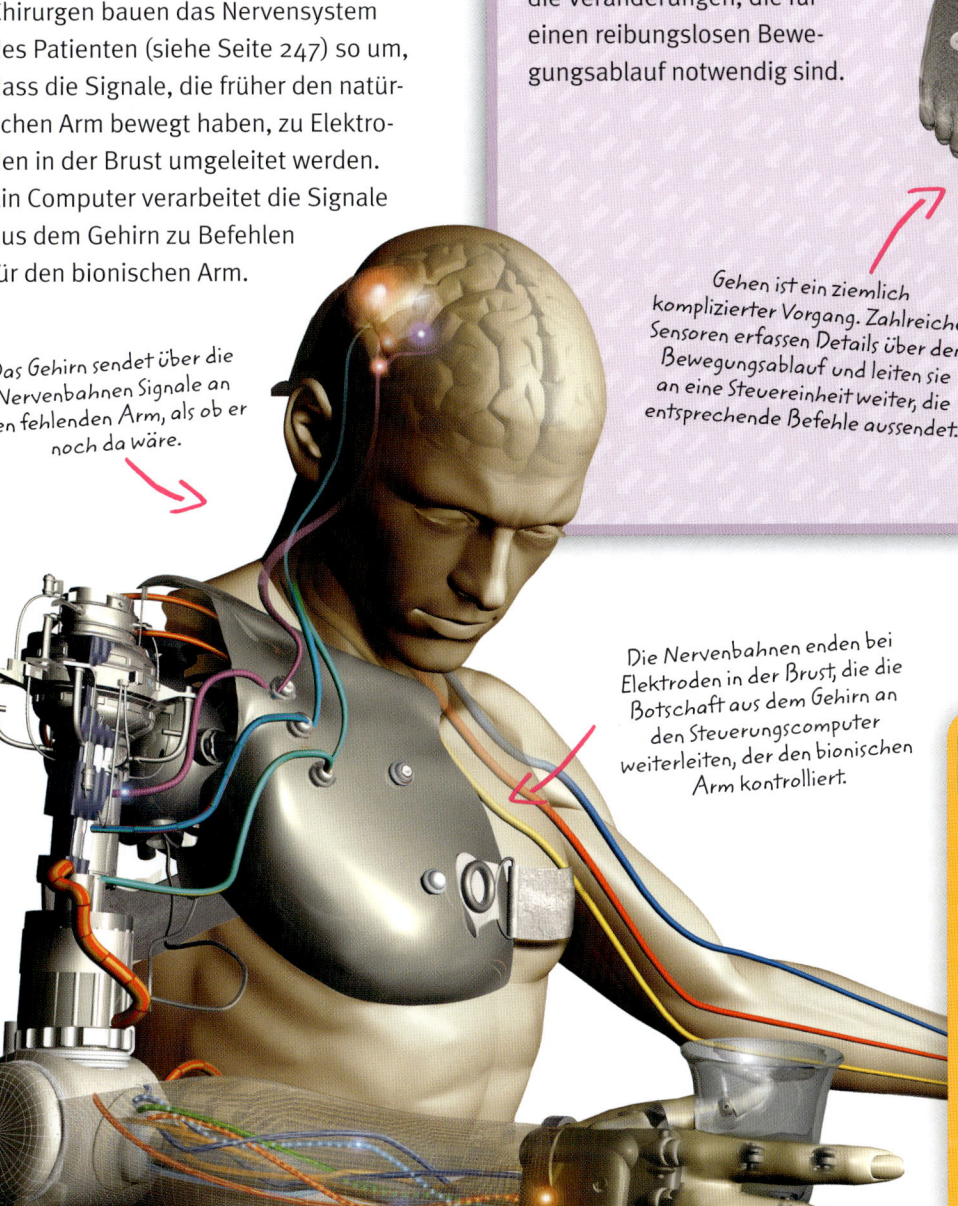

Das künstliche Kniegelenk bewegt sich wie ein echtes Knie.

Das Bein wird hydraulisch bewegt.

Gehen ist ein ziemlich komplizierter Vorgang. Zahlreiche Sensoren erfassen Details über den Bewegungsablauf und leiten sie an eine Steuereinheit weiter, die entsprechende Befehle aussendet.

Das Gehirn sendet über die Nervenbahnen Signale an den fehlenden Arm, als ob er noch da wäre.

Die Nervenbahnen enden bei Elektroden in der Brust, die die Botschaft aus dem Gehirn an den Steuerungscomputer weiterleiten, der den bionischen Arm kontrolliert.

EXPERTENWISSEN!

> Durch Elektromotoren bewegte Roboteranzüge, können gelähmten Menschen beim Laufen helfen.

> Bionische Augenimplantate könnten Blinden das Sehen ermöglichen, indem sie Licht in elektronische Impulse umwandeln.

> Schon bald könnte es auch künstliche Bauchspeicheldrüsen und Nieren geben.

Worterklärung

Atom Die kleinste Einheit eines Elements

Biometrik Die Methoden zum Vermessen von Lebewesen, insbesondere die Erfassung einzigartiger persönlicher Merkmalen, wie dem Fingerabdruck.

Bionik Technologien, welche die Prinzipien aus der Natur nachahmen. Dazu zählen etwa künstliche Körperteile, aber auch Roboter, die sich wie Tiere fortbewegen.

Chip (Computer) Ein kleiner elektrischer Schaltkreis, der Informationen verarbeitet.

Daten (Computer) Informationen, die von einem Computer gespeichert oder verarbeitet werden.

DNS Die Desoxyribonukleinsäure (DNS) enthält unser Erbgut. Sie sieht wie eine verdrehte Leiter aus und findet sich im Zellkern. Man kann sie mit einer Liste von Befehlen vergleichen, die der Zelle sagt, was sie zu tun hat.

Drohne Ein Flugzeug ohne Pilot, das vom Boden aus oder aus einem anderen Flugzeug heraus kontrolliert wird.

Elektron Ein winziges, elektrisch geladenes Teilchen, das Teil eines Atoms ist und negative Ladung trägt.

Exoskelett Eine Art Roboteranzug, der gelähmten Menschen das Gehen ermöglicht.

Fossile Brennstoffe Brennstoffe wie Öl, Kohle oder Erdgas, die sich in Millionen von Jahren aus den Überresten prähistorischer Pflanzen und Tiere entwickelt haben.

Gene Gene sind Bausteine der DNS und enthalten Informationen, Befehle und Merkmale, die von einem Elternteil an den Nachwuchs weitervererbt werden.

Glasfaserkabel Ein Kabel, das aus einzelnen Glasfäden aus Glas besteht. Diese Glasfäden sind so dünn wie ein menschliches Haar und können digitale Informationen in Form von Lichtimpulsen rasend schnell übertragen.

GPS Das globale Positionierungssystem besteht aus einer Anzahl von Satelliten, die um die Erde kreisen. Sie arbeiten zusammen und ermöglichen es uns, den eigenen Standort auf der Erde exakt zu bestimmen.

Grafit Eine weiche, schwarze Form des Kohlenstoffs, die in Bleistiften verwendet wird.

Hydraulisch Hydraulische Systeme übertragen Kraft, indem sie Druck auf eine Flüssigkeit ausüben. Meist arbeiten hydraulische Systeme mit speziellen Ölen.

Kohlenstoff Eines der häufigsten Elemente.

Kohlenstoff-Emissionen Der Ausstoß von Kohlendioxid in die Luft, meist verursacht durch die Verbrennung fossiler Brennstoffe.

Kreuzen Pflanzen oder Tiere verschiedener Arten oder Sorten miteinander paaren, um neue Arten oder Sorten zu schaffen. Das Maultier ist beispielsweise das Produkt einer Kreuzung aus einer Pferdestute mit einem Eselhengst.

LED Eine Leuchtdiode. Wenn LEDs an einen Stromkreis angeschlossen werden, lassen die Elektronen in der Diode Photonen frei. Diese nehmen wir als Licht wahr.

Leiterplatte Eine dünne Platte, auf die elektrische Kabel „gedruckt" werden, die die elektrischen Teile eines Computers, Smartphones oder Fernsehers verbindet.

Mach Die Mach-Zahl gibt das Verhältnis einer Geschwindigkeit zur Schallgeschwindigkeit an. Mach 2 ist beispielsweise die doppelte Schallgeschwindigkeit.

Mikrobe Winzige Mikroorganismen, die nur unter dem Mikroskop zu erkennen sind, zum Beispiel Bakterien.

Neuronales Netzwerk Ein Computersystem, das dem Gehirn und dem Nervensystem des Menschen nachempfunden ist.

Neuron Ein anderes Wort für Nervenzelle. Diese Zellen sind für den Informationsfluss im Körper verantwortlich.

Organismus Ein Tier, eine Pflanze oder eine einzellige Lebensform.

Ozonschicht Eine Schicht in etwa 10 km Höhe, die eine hohe Konzentration des Gases Ozon enthält. Sie wehrt den Großteil der gefährlichen ultravioletten Strahlung ab, die von der Sonne kommt.

Photolumineszenz Etwas leuchtet im Dunkeln.

Photovoltaik Die Umwandlung von Lichtenergie aus dem Sonnenlicht in elektrischen Strom mithilfe von Solarzellen.

QR-Code Ein schnell antwortender Barcode, der mit einer Kamera im Smartphone eingescannt werden kann und einen direkt mit einer Website oder einer Telefonnummer verbindet.

Radar Das Radar bestimmt die Position, Bewegung und Art eines Objekts, indem es die Radiowellen aufnimmt, die von dessen Oberfläche reflektiert wird.

Silizium Silizium ist ein chemisches Element. Sand und Glas enthalten beide Silizium. Sehr feines Silizium bildet die Grundlage moderner Computerchips.

Smartphone Ein Smartphone verbindet ein tragbares Telefon mit der Computertechnologie.

Solarmodul Ein Solarmodul besteht aus einer Gruppe von Solarzellen, die Sonnenlicht in Elektrizität umwandeln.

Stammzellen Zellen, die sich selbst mehrere Male hintereinander durch Teilung erneuern können. Stammzellen können gezüchtet werden und in andere spezialisierte Zellen verwandelt werden.

Transistor Ein Transistor ist ein elektronisches Bauteil, das wie ein Schalter funktioniert. Transistoren regeln in elektrischen Geräten den Elektrizitätsfluss.

Treibhausgase Gase wie zum Beispiel Kohlendioxid, Methan oder Fluorkohlenwasserstoffe, die zur Erwärmung der Erdatmosphäre, dem sogenannten Treibhauseffekt, beitragen.

Turbine Turbinen wandeln die Energie aus einem Wasser-, Dampf- oder Gasstrom in mechanische Energie um, aus der ein Generator dann elektrischen Strom erzeugt.

Uranium Ein radioaktives Metall, das als Brennstoff in Atomkraftwerken eingesetzt wird.

Zelle Die kleinste Einheit eines Organismus. Der Mensch besitzt über 200 verschiedene Zellarten.

Register

Fett markierte Zahlen verweisen auf Fotos